台灣
文化資產保存史綱
增訂版

林會承 ◆ 著

目錄

前言

以國際視野、以台灣立場，來撰寫一本台灣文化資產保存的歷史大綱，以供文化教育行政人員、相關系所師生、以及文化工作者參考之用，是我近年來的計畫目標之一。大約從 10 年前開始，我利用手頭上的有限資料，接連發表了數篇先期研究成果 [1]；2008 年底，透過既往的研究心得，開始嘗試建立完整的論述架構，以及進行部分章節的試寫工作；而於此同時，數種台灣文化資產保存的斷代史或基礎研究成果先後問世 [2]，對於不同時期的相關資料提供了良好的參考價值；加上自 2001 年以後，因編輯《台灣文化資產保存年鑑》之需，而陸續蒐集整理「文化資產保存法」施行後的相關史料，使得撰述條件漸趨成熟。2009 年 8 月以後，學校核准我一年的教授休假，讓我有較充裕的時間，可以心無旁騖的展開書寫工作。

撰寫一本通史性的著作，原本即不是一件容易的事。台灣近代 400 多年來，經歷過五個政權先後統治，各時期對於文化資產保存的觀念、機制及成果不一，加上史料分布既廣且雜；而近年來台灣文化資

---

1 作者的先期研究成果，如：〈文化資產綜論〉（2000 研習營講義，未發表）、〈台灣古蹟保存體制的變遷〉《泛太平洋地區文化資產保存機構永續經營國際研討會論文輯》（2003：159-173）、《台灣文化事典》文化資產相關詞條（2004）、〈台灣新舊「文化資產保存法」的比較〉《2006 文化資產行政國際研討會論文集》（2006：121-144）、〈台灣文化資產保存的關鍵史事〉《新活水雙月刊》（2007（14）：5-11）、〈台灣文化資產總論〉及文化資產相關詞條《台灣大百科全書》（藝術文化卷）（2007）、〈台灣文化資產保存的法制歷程〉《律師雜誌》（2008（346）：1-15）等。

2 例如：黃俊銘《日據時期台灣文化資產研究與保存文獻彙編：以史蹟名勝天然紀念物為主（文獻導讀部分）及（文獻彙編部分）》（1996）、梁靜萍《日據時期台灣「建築文化資產」保存活動發展之歷史過程》（1996）、吳永華《台灣歷史紀念物：日治時期台灣史蹟名勝與天然紀念物的故事》（2000）、許淑君《台灣「文化資產」保存發展歷程之研究（1895-2001）：以文化資產保存法令之探討為主》（2001）、傅朝卿翻譯‧導讀《國際歷史保存及古蹟維護：憲章‧宣言‧決議文‧建議文》（2002）、趙俊祥《台灣古蹟的歷史形成過程：以清代志書「古蹟」為探討》（2003）、黃士娟《台灣近現代の建築保存に關する研究》（2005）、李國玄《日治時期台灣近代博物學發展與文化資產保存運動之研究》（2006）等。

3 於「文化資產保存法」公布施行後成立或改制的專業科系有：國立藝術學院傳統藝術研究中心（1988）、國立藝術學院傳統藝術研究所（1993）、政大民族學系（1993）、台南藝術學院博物館學研究所（1996）、樹德技術學院古蹟建築維護系（1998，2000 年改名為建築與古蹟維護系，2008 年改名為建築與環境設計系）、雲林科技大學文化資產維護研究所（1999）、台南藝術學院古物維護研究所（1999）、台灣藝術學院傳統工藝系（2000）、台北大學民俗藝術研究所（2001，

產保存環境處於急遽成長及變異的階段，尚未定型；以及於 1999 年九二一大地震之後，台灣文化資產保存活動蓬勃發展，猶未沉澱，總體成效一時之間尚難以客觀評估；上述的情況，增添了瞭解及撰述的複雜度及困難度。

即使如此，有鑑於近年來，台灣多所公私立大學設立了專業系所[3]、多座大型的公立博物館先後成立[4]、數個中央部會將文化資產保存相關事務列為施政、督導、獎助或考試的單獨類別[5]、以及每年發表或出版的文化資產保存相關專業或通俗的論著為數眾多[6] 等，使得文化資產保存具有獨立學門的雛形。為了有助於台灣文化資產保存的茁壯發展、以及滿足台灣社會現階段的需求，也只能勉強為之，至於前述的不確定性，在本書中盡可能採取中性

描述，而不添加過多的價值判斷。

本書旨在以宏觀的歷史演變為主軸，透過客觀而詳實的史料來重現台灣文化資產保存歷程的輪廓。書名「台灣文化資產保存史綱」中，「台灣」一詞，在清代及日本時代係指台灣島及澎湖，在戰後係指台灣島、澎湖、金門、馬祖及其周邊的小島；「文化資產保存」一詞，因國家及時代，而有所不同，這個名詞既重要又複雜，在導論中將詳細的說明；至於「史綱」一詞，在於表明本書的內容，主要描述有文字記載以來，台灣文化資產保存歷史發展的脈絡及概況，但是為了具有較佳的參考價值，因此將其細節部分列為附註、或整理成表格列於書後。此外，為了有助於讀者對於台灣文化資產保存歷程有全面性的瞭解，將重要的歷時性史料整理成：表 1 台灣文

2015 年改名為民俗藝術與文化資產研究所）、臺北藝術大學建築與古蹟保存研究所（2002，2011 年後與傳統藝術研究所合併為建築與文化資產研究所）、高雄大學民族藝術學系（2002）、輔仁大學博物館學研究所（2002）、中原大學文化資產研究所（2002，2007 年併入建築系碩士班中）、逢甲大學歷史與文物管理研究所（2002）、臺北藝術大學博物館研究所（2005）、雲林科技大學文化資產維護系（2005）、金門技術學院建築與文化資產保存學系（2005，2007 年改名為建築學系）、佛光大學文化資產與創意學系（2008）等。
國立藝術學院於 2001 年 8 月 1 日改名為國立臺北藝術大學；國立台南藝術學院於 2004 年 8 月 1 日改名為國立台南藝術大學；樹德技術學院於 2000 年改名為樹德科技大學；台灣藝術學院之前身為創立於 1955 年的國立藝術學校，1960 年改名為國立台灣藝術專科學校，1994 年改制為學院，2001 年改名為國立台灣藝術大學。

4 於「文化資產保存法」公布施行後成立的大型公立博物館有：國立自然科學博物館（1986）、國立科學工藝博物館（1997）、國立海洋生物博物館（2000）、國立台灣史前文化博物館（2001）、台北縣立十三行博物館（2003）、國立台灣歷史博物館（2007）、國立海洋科學博物館（2014）等。

5 例如：考試院的公務人員考試類組、教育部的公費留學考試類組、國科會的重點計畫補助、研考會的考核、經建會的國家重大計畫工程管考、工程會的工程督導等。

6 2001 年以後的出版品資料，請參見歷年林會承主編《台灣文化資產保存年鑑》（2002-2010）及王嵩山主編《2005-2008台灣無形文化資產保存年鑑》（2009）。

化資產保存大事紀年表、表2台灣文化資產法規增修年表、表3台灣文化資產保存事件年表、表4台灣歷年重要文化資產普查活動。

文化資產保存涉及土地、構造物、名銜或物質權益，以及如導論所言，其價值是隱性而緩慢的，極易遭到破壞或遺棄，無法單憑道德性訴求，而需透過政府法制的建構，才能有效的推動保護工作，換言之，法律為文化資產保存的基礎。有鑑於此，本書以法制為基準，將台灣文化資產保存歷程區分為以下的六個時期：(1) 法制建置前文化資產的記載、(2)「史蹟名勝天然紀念物保存法」時期、(3) 戰後初期的雜沓與重建、(4)「文資法第1版」時期、(5)「文資法第2版」時期、(6)「文資法第3版」時期[7]。在各法制時期中，大體上區分為以下的四個面向，依序分項介紹：法規與機制、主管機關的保存成果、相關單位的協力政策及作為、民間的保存活動與事蹟。

在內容方面，於1982年「文化資產保存法」（以下簡稱「文資法第1版」）公布施行後，台灣的文化資產保存工作大體上採取中央集權制，因此以全國性的事務為主要的敘述對象[8]；1997年「文化資產保存法」修正公布，將古蹟的主管機關改為各級政府，開啟了中央與地方分權負責之門；2005年「文資法第2版」施行後，進一步的改採中央與地方雙軌制，致使地方力量的崛起；2016年「文資法第3版」施行後，文化資產類別增加成為14種，其中的大多數者均擁有中央與地方兩個層級，只有歷史建築與紀念建築二種由地方政府所自行負責；前述的三個時期中的主文部分仍以全國性的事務為主，但是部分地方政府的重要法制，於適當小節中加以說明。其次，大約在1990年代後期，台灣社會文化意識興起，相關部會或機構的政策及計畫多將文化或文化資產保存列為工作內容的主題之一，以及做為遴選工作團隊的評估指標之一，對於台灣文化資產保存成果有相加相乘的功效，為了完整瞭解台灣文化資產保存的總體面向，本書的內容涵蓋其他機關的相關作為，而不僅限於主管機關所推動的法定文化資產保存業務。

為了書寫及閱讀上的方便，本文中的機關名稱以簡稱為主，以下為常見的簡稱及其全銜：文建會（行政院文化建設委員

---

7 「文資法第3版」時期為於2020年後所增列的一個章節。

8 在「文資法第1版」的開始時期，只有民俗及有關文物由地方政府保存及維護；於2000年2月所增列的歷史建築，由地方政府進行登錄。

會）、文資中心（國立文化資產保存研究中心籌備處）、傳藝中心（國立傳統藝術中心）、文資總處（文化建設委員會文化資產總管理處籌備處）、農委會（行政院農業委員會）等。在年代簡稱方面，其所指涉的意涵，類似如下：20年代（1920-1929）、60年代（1960-1969）、70年代（1970-1979）等。此外，少數的同義字之運用因時代或習慣不同而有所差異，如「蹟」或「跡」、「記念」或「紀念」、「岩」或「巖」等，本書以忠實呈現原始文件或法規的書寫方式為原則，而不加以統一。

在蒐集整理史料及田調觀察之時，隨著手頭資料增多，越是發現台灣文化資產保存歷程及內容的複雜性及豐富性，遠超乎預期之外，許多事務是我以往所不知、或僅片斷瞭解，撰述過程可說是邊學邊寫，在一時之間很難周全或圓滿；其次，筆者專長為建築史、聚落學及有形文化資產研究，對於無形文化資產及自然遺產的理解及接觸有限，在撰述時只能參考相關資料或就教於友人；上述的缺失，只能請讀者見諒。另外，本書所運用的資料以至2009年底為準，在此之後的資料，請參閱該年度的《台灣文化資產保存年鑑》。

筆者在1977年因撰寫碩士論文之故，而介入台灣文化資產保存活動，30多年來，伴隨著鹿港老街保存運動、「文化資產保存法」公布施行、九二一大地震、「文資法第2版」修正公布、文化資產總管理處籌備處成立等一路走來，深刻感受到現今台灣文化資產保存成果，是許多學者專家、行政人員、文化工作者、大眾傳播記者、學校老師、甚至文化資產所有權人及地方鄉親辛勤付出、共同努力，一點一滴、集腋成裘而有，相當的不容易。本書的撰述，除了前述供作教學研究參考之外，同時也藉以對投注於台灣文化資產保存的前輩及朋友們表達敬意，另一方面，也希望有助於國人疼惜這些得來不易的珍貴但脆弱的資產。

本書初稿完成後承蒙許雪姬、傅朝卿、黃俊銘三位教授在百忙中提供珍貴的修正意見及相關資料或訊息；撰寫期間承蒙黃士娟、黃琡玲、陳思萍、陳佳慧、蔡幸真、劉郡芷等小姐協助資料蒐集、整理或翻譯，以及許多朋友或學生在相關工作上的幫助，上述諸位均為義務協助，謹此表達謝意。此外，感謝台灣文創發展基金會王榮文兄支持本書初版的印行，以及遠流出版公司黃靜宜、張詩薇、陳錦輝等先生小姐在編校印刷上的協助。

（本書「前言」，原書寫於2011年4月初版）

2022 年增訂版的簡要說明

本書初次出版（2011 年 4 月）後，台灣文化資產的內容及作法產生明顯的改變；首先是 2016 年 7 月，於本書原版印行的 5 年多之後，國內的「文化資產保存法」再次進行大規模的修正及公布，首度將文化資產的種類區分為「有形文化資產」及「無形文化資產」2 大類，將其類別提高成為 14 種之多；2017 年 9 月文化部展開了「再造歷史現場」計畫，吸引許多地方政府投入其轄區內的文化保存及推廣計畫。除了上述的兩大事務之外，許多主管機關也分別展開以往僅略有接觸、但尚未周全推動的水下、石滬、眷村、鐵道、原住民族、文化路徑等與文化資產保存與再利用有關的工作。

有鑑於文化部、文化資產局及各縣市政府的相關主管機關，多仍積極的從事與其文化資產有關的保存及再利用工作，因而決定將原書出版之後所出現的相關事務彙整成為新的一章，也就是本增訂版的第六章，以方便讀者瞭解。除此之外，在原書中有部分地方或單位名稱的改變、其內容有所改變或略加修改調整、少數的缺漏字句，於本增訂版中一併加以增列或修正；在增修的部分，初步完成於 2020 年底，於 2021 年底進行編輯時，為了幫助讀者瞭解，增列 2021 年底前自然地景的地質公園的指定名單。

國內於 2012 年 12 月 25 日將以下的縣加以改變、或將縣及市合併為直轄市：台北縣→新北市、台中市及台中縣→台中市、台南市及台南縣→台南市、高雄市及高雄縣→高雄市；於 2014 年 12 月 25 日將以下的縣改變為直轄市：桃園縣→桃園市。由於縣市名稱及轄區的改變，上述的各縣市名稱，於本書第五章（含）以前，以縣市名稱為準，如台北縣、台中縣、台南縣、高雄縣、桃園縣等；於本書第六章以後，以直轄市的名稱為準，如新北市、台中市、台南市、高雄市、桃園市等。此外，本書的照片，亦以拍照年代的地方名稱為準。

本新版的出版，首先要謝謝文化部文資局吳華宗先生及多位同仁們幫忙蒐集檔案資料，以及國立臺北藝術大學與遠流出版公司的支持和執行；其次，謝謝張尊禎小姐對於本新版的編輯與版面設計，以及汪瑜菁小姐對於本書內容的核對。

導論

1 台灣於 1968 年 5 月展開「古
物保存法」修正工作，1972
年後將其修正案名稱改為「古
物古蹟保存法」，1979 年後
改為「文化資產保存法」，
次年送行政院審議。相關資
料，請參見第三章第二節 60
年代中期文化作戰與「古物
保存法」修正 p.90。

台灣目前的文化資產保存工作已步上軌道，民間保存風氣也很興
盛，多數國人對於文化資產有所聽聞，但未必完整而確實瞭解，
在分章敘述台灣文化資產保存歷程之前，首先簡要介紹：(1) 文化資
產、世界資產及其他國家相關名詞的定義及類別，(2) 文化資產的意
義及價值，(3) 文化資產保存工作的本質。

一、文化資產、世界資產及其他國家相關名詞的定義及類別

「文化資產」一詞為台灣目前所採用的名稱，其所指涉的對象，
與台灣清代方志所稱的「古蹟」及「風俗」、日本時代的「史蹟名勝
天然紀念物」、戰後初期的「古物」，以及聯合國教科文組織的「世
界遺產」、「世界記憶」、「水下文化遺產」及「無形文化遺產」（統
稱「世界資產」），日本的「文化財」，法國的「歷史文物」等，雖
因時代思潮變遷或國情不同而略有差異，但是從宏觀的角度來說，屬
於相同的範疇。在進入主文論述之前，先概略的介紹文化資產、世界
資產、以及日與法兩國相關名稱之定義及類別，藉以瞭解此領域的總
體輪廓。至於台灣清代、日本時代及戰後初期相關名稱的定義及類別，
於後面章節中進一步的說明。

彰化縣鹿港龍山寺為「文資
法第 1 版」古蹟類的古建築
物（2009）。

（一）「文化資產」的定義及類別

　　「文化資產」一詞似乎首度出現於「古物保存法」修正期間，於 1978 年 8 月 28 日教育部召開「商討修正『古物古蹟保存法草案』暨有關事宜」的會議紀錄中提到，有委員建議將法案名稱「古物古蹟」[1] 一詞，改為「文化資產」（教育部 1981：七之 2）；次年 2 月 2 日教育部召開「商討修正『古物古蹟保存法草案』暨有關事宜（第二次專案小組）會議」時，已將法案名稱變更為「文化資產保存法修正條文草案」[2]（教育部 1981：十之 1）。同年 2 月 6 日行政院函頒「加強文化及育樂活動方案」[3]，其「重要措施」第六項的標題有：「文化資產管理委員會之設置」一詞，在說明中提到：「古物之觀念也已有重大改變，如各國均側重文化價值而改稱為『文化資產』……。」1982 年 5 月 26 日「文化資產保存法」公布施行後（以下簡稱「文資法 1-1 版」），「文化資產」一詞成為法定名稱。

　　「文化資產保存法」於首度公布施行後，曾經歷過四次修正公布，以下統稱之為「文資法第 1 版」；於 2005 年 2 月 5 日、8 月 1 日及 10 月 31 日將本法進行整體性及結構性的改變後修正公布，其分類及條文內容與「文資法第 1 版」明顯不同，以下簡稱之為「文資法第 2 版」，隨後經歷過二次的修正公布；於 2016 年 7 月 27 日再次經歷過大規模的修法，其分類及條文內容與「文資法第 2 版」明顯不同，以下簡稱之為「文資法第 3 版」。國內「文化資產保存法」制定及修正公布的程序及本書為了描述上的需要而稱之為「統稱」及「簡稱」等名稱[4]，如下：

統稱		公布時間	各版簡稱	附件
文資法第 1 版	1	1982 年 5 月 26 日	文資法 1-1 版	……
	2	1997 年 1 月 22 日	文資法 1-2 版	……
	3	1997 年 5 月 14 日	文資法 1-3 版	……
	4	2000 年 2 月 9 日	文資法 1-4 版	……
	5	2002 年 6 月 12 日	文資法 1-5 版	……
文資法第 2 版	6	2005 年 2 月 5 日	文資法第 2 版	含同年 8 月 1 日及 10 月 31 日
	7	2011 年 11 月 9 日		含 2012 年 4 月 20 日
	8	2012 年 5 月 15 日		……
文資法第 3 版	9	2016 年 7 月 27 日	文資法第 3 版	……

2 依據教育部 1980.8.19 台（69）社二五一五九號函行政院「檢送『文化資產保存法草案』（審查整理本）有關部份條文之說明及總說明五十份，復請鑒照。」的總說明提及「此外又有關於空間的藝術如國劇、國樂、民族舞蹈、國術、歌謠等等，以及有關傳統思想觀念的民俗資料如敬祖、信仰、年節、遊樂等風俗習慣等之保存亦日益重要，因之乃有訂定『文化資產保存法』之必要。」（教育部 1981：26-2）當時代表行政院參與修正案的政務委員陳奇祿事後提及，將「古物古蹟」改名為「文化資產」，係因修正案內容「擴大包括無形體的文化資產、民俗資料、和自然文化景觀」（陳奇祿 1981：74）。相關資料，請參見第三章第二節 60 年代中期文化作戰與「古物保存法」修正 p.90。

3 1979.2.6 行政院台（68）教字第一○三九號函頒。相關資料，請參見第三章第三節 70 年代晚期鄉土文化保存與「加強文化及育樂活動方案」函頒 p.92。

4 「文資法第 1 版」各簡稱的內容，請參見第四章第一節 p.106；「文資法第 2 版」於 2011 年 11 月 9 日修正第 35 條，主要是放寬土地容積移轉的空間範圍規定；2012 年 5 月 15 日修正內容，主要是配合政府組織改造，將原由行政院文化建設委員會主管之事務改由文化部主管，其相關條文包括：第 4 條 1、3 項，第 6 條 2 項，第 35 條 1 項，第 90 條 2 項，第 103 條。

「文化資產保存法施行細則」於 1984 年 2 月 22 日訂定發布（以下簡稱「文資細則 1-1 版」）、2001 年 12 月 19 日第 1 次修正發布（以下簡稱「文資細則 1-2 版」），以下統稱上述二版為「文資細則第 1 版」。2006 年 3 月 14 日配合「文資法第 2 版」的修正公布，而進行大規模修正公布，其後於 2009 年 11 月 27 日、2010 年 6 月 15 日、2015 年 8 月 31 日及 9 月 3 日四度修正發布，以下統稱為「文資細則第 2 版」。2017 年 7 月 27 日配合「文資法第 3 版」的修正公布，再度進行大規模的修正公布，其後於 2019 年 12 月 12 日再度修正公布，以下統稱為「文資細則第 3 版」。

1.「文資法第 1 版」

依據「文資法第 1 版」第 3 條規定，文化資產指「具有歷史、文化、藝術價值」之資產。原本分為 5 類，至「文資法 1-4 版」修正後增加歷史建築，共計有 6 類，分別為：古物、古蹟、民族藝術、民俗及有關文物、自然文化景觀、歷史建築。「文資法 1-4 版」中各類之定義如下[5]：

一、古物：指可供鑑賞、研究、發展、宣揚而具有歷史及藝術價值或經教育部指定之器物。

二、古蹟：指依本法指定、公告之古建築物、傳統聚落、古市街，考古遺址及其他歷史文化遺蹟。

三、民族藝術：指民族及地方特有之藝術。

四、民俗及有關文物：指與國民生活有關食、衣、住、行、敬祖、信仰、年節、遊樂及其他風俗、習慣之文物。

五、自然文化景觀：指人類為保存歷史文化及保育自然之需要，而指定具有保存價值之自然區域、動物、植物及礦物。

六、歷史建築：指未被指定為古蹟，但具有歷史、文化價值之古建築物、傳統聚落、古市街及其他歷史文化遺蹟。

於「文資法第 1 版」第 49 條中，將自然文化景觀區分為生態保育區、自然保留區及珍貴稀有動植物三種。

在「文化資產保存法施行細則」中，對於上述各類加以進一步的解釋及細分，以下為「文資細則 1-2 版」的條文 [6]：

第二條　本法第三條第一款所稱器物，指年代久遠之禮器、樂器、兵器、農具、舟車、貨幣、繪畫、書法、雕塑、織物、服飾、器皿、圖書、文獻、印璽、文玩、家具、雜器及其他文化遺物。

第三條　本法第三條第二款及第六款所稱古建築物，指年代長久之建築物，其重要部分仍完整者，包括城郭、關塞、宮殿、衙署、書院、宅第、寺塔、祠廟、牌坊、陵墓、堤閘、橋樑及其他具有歷史、文化、藝術價值之建築物。

第三條之一　本法第三條第二款及第六款所稱傳統聚落，指與傳統建築物群結合為一體，形成歷史風貌或具有地域性特色之區域。

第三條之二　本法第三條第二款及第六款所稱古市街，指具有特殊地方風格，為歷史上重要之生活中心所形成之街廓。

6 「文資細則 1-2 版」修正後，新增第 3-1、3-2、4-1 條，並修正第 3 條之條文，「文資細則 1-1 版」第 3 條條文為：「本法第三條第二款所稱古建築物，指年代久遠之建築物，其全部或重要部分仍完整者；包括城郭、關塞、市街、宮殿、衙署、書院、宅第、寺塔、祠廟、牌坊、陵墓、堤閘、橋樑及其他建築物。」請參見表 14「文化資產保存法施行細則」第 1 版修正對照表 p.321。

台北縣三峽古街為「文資法第 1 版」古蹟類的古市街（2009）。

↑ 南投縣八通關古道為「文資法第 1 版」古蹟類的其
他歷史文化遺蹟（2017）。

↖ 台北市圓山遺址為「文資法第 1 版」古蹟類的考古
遺址（2010）。

← 台北縣淡水河紅樹林自然保留區為「文資法第 1 版」
自然文化景觀的一種（2009）。

台東縣蘭嶼雅美族人拼板舟具備「文資法第 1 版」民族藝術類的條件（2009）。

台東縣縣長公館為歷史建築（2009）。

澎湖縣望安島鎮符（安置五營兵將）具備民俗及有關文物條件（約 1996）。

第四條　　　本法第三條第二款所稱遺址，指年代久遠之人類活動
　　　　　　舊址，已淹沒消失或埋藏於地下，或僅部分殘存者；
　　　　　　包括居住、信仰、教化、生產、交易、交通、戰爭、
　　　　　　墓葬等活動舊址。

第四條　　　本法第三條第二款及第六款所稱其他歷史文化遺蹟，
之一　　　　指具有特殊歷史價值之文化活動地點或區域。

第五條　　　本法第三條第三款所稱民族及地方特有之藝術，指足
　　　　　　以表現民族及地方特色之傳統技術及藝能；包括編織、
　　　　　　刺繡、窯藝、琢玉、木作、髹漆、竹木牙雕、裱褙、
　　　　　　版刻、造紙、摹搨、作筆製墨、戲曲、古樂、歌謠、
　　　　　　舞蹈、說唱、雜技等。

2.「文資法第 2 版」

2005 年 2 月 5 日「文化資產保存法」第五次修正公布，即俗稱的「文資法第 2 版」，其第 3 條規定「文化資產，指具有歷史、文化、藝術、科學等價值，並經指定或登錄」之資產，分為 7 類 9 種，各類之名稱及定義如下：

一、古蹟、歷史建築、聚落：指人類為生活需要所營建之具有歷史、文化價值之建造物及附屬設施群。

二、遺址：指蘊藏過去人類生活所遺留具歷史文化意義之遺物、遺跡及其所定著之空間。

三、文化景觀：指神話、傳說、事蹟、歷史事件、社群生活或儀式行為所定著之空間及相關連之環境。

四、傳統藝術：指流傳於各族群與地方之傳統技藝與藝能，包括傳統工藝美術及表演藝術。

五、民俗及有關文物：指與國民生活有關之傳統並有特殊文化意義之風俗、信仰、節慶及相關文物。

六、古物：指各時代、各族群經人為加工具有文化意義之藝術作品、生活及儀禮器物及圖書文獻等。

七、自然地景：指具保育自然價值之自然區域、地形、植物及礦物。

　　在「文資細則第2版」中，對於上述各類種進一步的解釋及細分，相關條文如下：

第二條　　本法第三條第一款所定古蹟及歷史建築，為年代長久且其重要部分仍完整之建造物及附屬設施群，包括祠堂、寺廟、宅第、城郭、關塞、衙署、車站、書院、碑碣、教堂、牌坊、墓葬、堤閘、燈塔、橋樑及產業設施等。

　　　　　　本法第三條第一款所定聚落，為具有歷史風貌或地域特色之建造物及附屬設施群，包括原住民部落、荷西時期街區、漢人街庄、清末洋人居留地、日治時期移民村、近代宿舍及眷村等。

第三條　　本法第三條第二款所定遺物，指下列各款之一：

　　　　　　一、文化遺物：指各類石器、陶器、骨器、貝器、木器或金屬器等過去人類製造、使用之器物。

　　　　　　二、自然遺物：指動物、植物、岩石或土壤等與過去人類所生存生態環境有關之遺物。

　　　　　　本法第三條第二款所稱遺跡，指過去人類各種活動所構築或產生之非移動性結構或痕跡。

　　　　　　本法第三條第二款所定遺物、遺跡及其所定著之空間，包括陸地及水下。

第四條　　本法第三條第三款所定文化景觀，包括神話傳說之場所、歷史文化路徑、宗教景觀、歷史名園、歷史事件場所、農林漁牧景觀、工業地景、交通地景、水利設施、軍事設施及其他人類與自然互動而形成之景觀。

第五條　　本法第三條第四款所定傳統工藝美術，包括編織、刺繡、製陶、窯藝、琢玉、木作、髹漆、泥作、瓦作、剪粘、雕塑、彩繪、裱褙、造紙、摹搨、作筆製墨及金工等技藝。

　　　　　　本法第三條第四款所定傳統表演藝術，包括傳統之戲曲、音樂、歌謠、舞蹈、說唱、雜技等藝能。

第六條　　本法第三條第五款所定風俗，包括出生、成年、婚嫁、

7 例如，文建會文化資產總管理處籌備處之內部單位，即有：有形文化資產組、無形文化資產組的名稱。請參見第五章第一節第一小節第3項主管及管理機關的調整 p.154。

喪葬、飲食、住屋、衣飾、漁獵、農事、宗族、習慣等生活方式。

本法第三條第五款所定信仰，包括教派、諸神、神話、傳說、神靈、偶像、祭典等儀式活動。

本法第三條第五款所定節慶，包括新正、元宵、清明、端午、中元、中秋、重陽、冬至等節氣慶典活動。

第七條　　本法第三條第六款所稱藝術作品，指應用各類材料創作具賞析價值之藝術品，包括書法、繪畫、織繡等平面藝術與陶瓷、雕塑品等。

本法第三條第六款所稱生活及儀禮器物，指各類材質製作之日用器皿、信仰及禮儀用品、娛樂器皿、工具等，包括飲食器具、禮器、樂器、兵器、衣飾、貨幣、文玩、家具、印璽、舟車、工具等。

本法第三條第六款所定圖書文獻，包括圖書、文獻、證件、手稿、影音資料等文物。

　　除了上述的法定名稱之外，於「文資法第2版」修正公布之後，在文化資產保存界及行政機關中，為了研究或業務分配上的需要[7]，參考聯合國教科文組織所推動的世界遺產及無形文化遺產、以及日本「文化財保護法」的分類系統，將台灣的文化資產歸納為：有形文化資產、無形文化資產及自然資產三大類，諸家定義未必相同，一般而

澎湖縣望安花宅聚落為「文資法第2版」的重要聚落（2015）。

言，其所涵蓋「文資法第 2 版」的類型如下：

　　(1) 有形文化資產：或簡稱為「有形資產」，包括古蹟、歷史建築、聚落、遺址、文化景觀、古物。

　　(2) 無形文化資產：或簡稱為「無形資產」，包括傳統藝術、民俗及有關文物、保存技術及其保存者。

　　(3) 自然資產：自然地景。

　　在學術研究上，將有形文化資產及無形文化資產合稱為「文化性資產」[8]；將聚落及文化景觀歸類為「複合資產」，即兼具文化性資產及自然資產雙重性質；在自然資產中，包括「野生動物保育法」所關照的保育類野生動物。

　　上述所提到的專有名詞，於「文資法第 3 版」修正公布後，將其中的「有形文化資產」及「無形文化資產」二詞，做為「文資法第 3 版」

8 「文化性資產」一詞，除了前述定義之外，於 2002 年文建會辦理「文化性資產清查」時，其所指涉的對象，大體上為尚未具有法定身分的所有有形文化資產，請參見第四章第二節第二小節第 6 款產業文化資產清查（文化性資產清查）p.125。

↖彰化縣鹿港聚英社南管曲藝為「文資法第 2 版」傳統藝術類的表演藝術（2009）。

↗澎湖石滬文化景觀：吉貝石滬群為「文資法第 2 版」的文化景觀（2010）。

←台北大龍峒保安宮中元普渡奉輀法會時有友廟來拜會，為民俗及有關文物（2010）。

9 1945 年 10 月 24 日聯合國成立，同年 11 月 16 日於巴黎成立教科文組織，隨即先後推動了一些全球性文化工作，例如：國際著作權保護公約（Universal Copyright Convention, 1952）、軍事衝突中文化資產保護公約（Convention for the Protection of Cultural Property in the Event of Armed Conflict, 1954）、防範文化資產非法走私公約（Convention on the Means of Prohibiting and Preventing the Illicit Import, Export and Transfer of Ownership of Cultural Property, 1970）、保護瀕危語言（Endangered Languages, 2001）及保護及推廣多元文化公約（Convention on the Protection and Promotion of the Diversity of Cultural Expressions, 2005.10）等，隨後將「軍事衝突中文化資產保護公約」及「防範文化資產非法走私公約」合併為「可移動資產與博物館」（Movable Heritage and Museums）計畫的一部分，此計畫隨後改稱為「移動的遺產」（Movable Heritage），並列為世界遺產的項目。

的種類名稱，請詳見下一款說明。即使如此，為了行文上的方便，本書適度的運用上述名稱，其所指涉的意涵即如前所述。

3.「文資法第 3 版」

2016 年 7 月 27 日「文化資產保存法」第十次修正公布，即是簡稱的「文資法第 3 版」，其所指定或登錄之文化資產，包括：一、有形文化資產：古蹟、歷史建築、紀念建築、聚落建築群、考古遺址、史蹟、文化景觀、古物、自然地景；二、無形文化資產：傳統表演藝術、傳統工藝、口述傳統、民俗、傳統知識與實踐。

其各種類及類別的定義及項目，請參見相關的法規彙編；其相關的內容，請參見本書第六章。

（二）聯合國教科文組織（UNESCO）世界資產的分類名稱及定義

聯合國教科文組織所關照的世界資產，至 2009 年為止，包括 5 大類，其中的可移動資產與博物館（Movable Heritage and Museums）9 之執行對象，為以非洲為主的低開發或災後國家，透過阻絕非法走私、教育培訓、博物館專業建構等方式，來保護該地區內的資產，至目前為止尚處於宣導及凝聚共識階段，並未制定專屬的公約、或推動強制性或制度性的作為；其餘的 4 類：(1) 世界遺產、(2) 世界記憶、(3) 水下文化遺產、(4) 無形文化遺產 10 的情形如下。

1. 世界遺產（World Heritage）

聯合國教科文組織於 1972 年訂定「世界文化與自然遺產保護公約」（Convention Concerning the Protection of the World Cultural and Natural Heritage，以下簡稱「世遺公約」），1975 年「世遺公約」正式生效，1976 年底成立世界遺產委員會（World Heritage Committee）及世界遺產基金（World Heritage Fund）兩個機構，用以推動世界遺產登錄（Inscription）工作，1977 年「世界遺產公約作業準則」（Operational Guidelines for the Implementation of the World Heritage

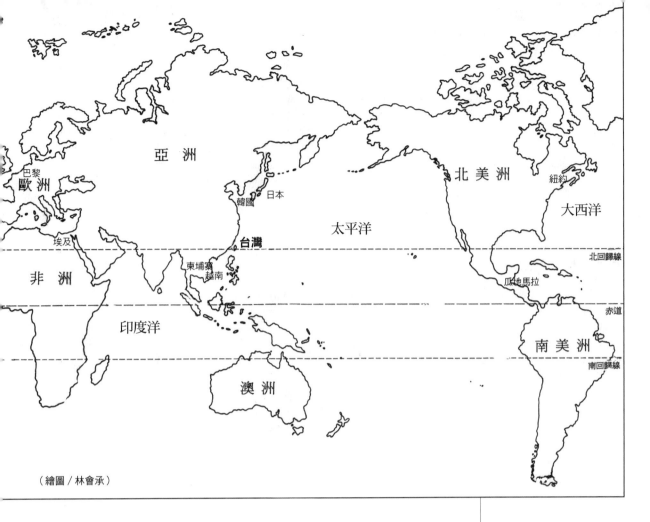

亞洲

歐洲

巴黎

北美洲

紐約

日本

韓國

太平洋

台灣

大西洋

埃及

北回歸線

柬埔寨
越南

非洲

印度洋

瓜地馬拉

赤道

南美洲

南回歸線

澳洲

（繪圖／林會承）

Convention，以下簡稱「世遺準則」）公布，1978 年展開登錄工作；1992 年成立世界遺產委員會祕書處：世界遺產中心（The UNESCO World Heritage Centre），綜理世界遺產保存的庶務性工作。

（1）世界遺產分類

依據「世遺公約」[11] 及其他相關文件的規定，世界遺產分為：文化遺產（Cultural Heritage）、自然遺產（Natural Heritage）及複合遺產（Mixed Cultural and Natural Heritage）三次類，以及文化景觀（Cultural Landscapes）與移動的遺產（Movable Heritage）等兩類尚未個別登錄的類別：

（a）文化遺產：依據「世遺公約」第 1 條規定，包括：(i) 紀念物（Monuments）：具備歷史、藝術或科學上顯著普世價值的建築物、紀念雕塑與繪畫、考古遺跡或遺物、銘刻、穴居及綜合物件；(ii) 建築群（Groups of Buildings）：分散的或串連的建築群，其建築物、同

10 聯合國教科文組織秘書處下設立五個計畫部門（programme sectors）：Education（ED, 教育部門）、Natural Sciences（SC, 自然科學部門）、Social and Human Sciences（SHS, 社會科學與人文科學部門）、Culture（CLT, 文化部門）& Communication and Information（CI, 傳播與訊息部門），前述的世界記憶為 CI 所推動的計畫之一，而其餘三類為 CLT 所推動的計畫。

11 相關條文，請參見聯合國教科文組織官方網站：http://www.icomos.org/。

世界遺產中的文化遺產：印度泰姬瑪哈陵（Taj Mahal, 2009）。

世界遺產中的自然遺產：越南下龍灣（Ha Long Bay, 2005）。

世界遺產中的文化景觀：法國羅亞爾河流域（The Loire Valley, 2007）。

世界遺產中的複合遺產：瓜地馬拉提卡國家公園（Tikal National Park）馬雅遺址（2008）。

12 相關條文，請參見聯合國教科文組織世界遺產中心官方網站：http://whc.unesco.org/。

質性、或位居地景中具有歷史、藝術或科學上的顯著普世價值；(iii) 場所（Sites）：具備歷史、美學、民族學或人類學上顯著普世價值的人造物或人與自然共塑的作品，以及考古等場所。

(b) 自然遺產：依據「世遺公約」第 2 條規定，包括：(i) 具備美學或科學上顯著普世價值之呈現物質及生物成因的個體或群體的自然形貌；(ii) 具備科學或保存上顯著普世價值的地質及地文成因的區域，以及範圍明確的瀕危動植物棲地；(iii) 具備科學、保存或美景的顯著普世價值的自然景點或範圍明確的自然區域。

(c) 複合遺產：依據「世遺準則」第 46 條規定 [12]「部分或全部符合本公約第 1 條與第 2 條所界定的文化遺產與自然遺產，可視為複合遺產」。

1992 年，於聯合國教科文組織世界遺產委員會第 16 屆會議中，決議將「特定類型資產登錄世界遺產名錄準則」（Guidelines on the Inscription of Specific Types of Properties on the World Heritage List，以下簡稱「特定準則」）列為「世遺準則」之附錄 3，以彌補文化遺產分類定義之不足。在「特定準則」中列舉四種類型、以及其定義、次類定義、登錄原則，分別是：(1) 文化景觀（Cultural Landscapes）、(2) 歷史城鎮與城鎮中心（Historic Towns and Town Centres）、(3) 運河遺產（Heritage Canals）、(4) 路徑遺產（Heritage Routes）。

依據「特定準則」第 10 條規定，文化景觀分為三次類：(1) 人類設計及創造的景觀（clearly defined landscape designed and created intentionally by man），包括基於美觀、通常與宗教或紀念性建築園區結合的花園或公園；(2) 有機演化的景觀（organically evolved landscape），源自初始社經、行政、與／或宗教需求，反應其自然環境而有的形式，呈現出形式與構成的演進歷程，可分為遺跡（或化石）、傳承中的生活景觀；(3) 聯想的文化景觀（associative cultural landscape），透過自然元素、而非人為物件而有顯著的宗教、藝術或文化意涵的景觀。此外，依據第 14 條規定，歷史城鎮與城鎮中心分

為三次類：(1) 廢棄的歷史城鎮（no longer inhabited historic towns）、(2) 歷史城鎮（still inhabited historic towns）、(3) 20 世紀新鎮（new towns of the twentieth century）。

1993 年世界遺產委員會第 17 屆會議通過〈文化景觀行動計畫〉（Action Plan for Cultural Landscapes），同年開始依據「世遺準則」第 47 條規定：「文化景觀為文化遺產，為本公約第 1 條所界定的『自然與人類相結合的作品』，它們展現在自然環境及隨之而有的內外在社經及文化力量的實質限制與／或機會影響下，人類社會與聚落的演進歷程。」從世界遺產的「場所」（World Heritage Sites）中遴選符合其要件者，另立文化景觀名錄。

(2) 世界遺產登錄標準

在世界遺產的相關文件中，並未具體說明世界遺產的評估基準，但是從「世遺公約」及「世遺準則」的內容來看，顯著普世價值（Outstanding universal value「世遺準則」第 49-53 條）為評估要件之一；而真實性（Authenticity「世遺準則」第 79-86 條）及完整性（Integrity「世遺準則」第 87-95 條）為具備顯著普世價值的必要條件；此外，遺產的保護（Protection）及經營管理體系（Management system），為參考指標之一。

在「世遺準則」第 77-78 條（Criteria for the assessment of outstanding universal value），規定具備以下條件（criteria）之一者，得視為具備顯著普世價值，並具備登錄為世界遺產的資格[13]：

第 77 條

i　　　足以代表人類創作才華的傑作（represent a masterpiece of human creative genius）；

ii　　　展現出世界的某一時期或某一文化區內，建築或技術、紀念性藝術、城鎮規劃或地景設計發展中，人類價值的重大交流（exhibit an important interchange of human values, over a span of time or within a

13 以下條文為因應 1994 年 11 月於日本奈良發表〈奈良真實性文件〉（The Nara Document on Authenticity）後，同年 12 月於泰國普吉島（Phuket, Thailand）所召開之第 18 屆聯合國教科文組織世界遺產委員會所修正之內容。

cultural area of the world, on developments in architecture or technology, monumental arts, town-planning or landscape design）；

iii 唯一或罕見能證明一個文化傳統、或尚存或已消失的文明（bear a unique or at least exceptional testimony to a cultural tradition or to a civilization which is living or which has disappeared）；

iv 一種建築類型、建築或技術組群、或地景的顯著案例，足以理解人類歷史的重要階段（be an outstanding example of a type of building, architectural or technological ensemble or landscape which illustrates (a) significant stage(s) in human history）；

v 足以代表一或多種文化，或者人類與環境互動、特別是在不可逆的變遷衝擊下顯得脆弱之傳統聚落、土地或海洋使用模式的顯著案例（be an outstanding example of a traditional human settlement, land-use, or sea-use which is representative of a culture(or cultures), or human interaction with the environment especially when it has become vulnerable under the impact of irreversible change）；

vi 與具有顯著普世意義有直接或具體關連的事件或民俗、觀念、信仰、藝術或文學作品（委員會認為此標準宜併列於其他標準中考量）（be directly or tangibly associated with events or living traditions, with ideas, or with beliefs, with artistic and literary works of outstanding universal significance)(The Committee considers that this criterion should preferably be used in conjunction with other criteria）；

vii　　擁有罕見自然現象，或具備特有的自然美景或美學重要意義的區域（contain superlative natural phenomena or areas of exceptional natural beauty and aesthetic importance）；

viii　　足以代表地球生成主要階段的顯著案例，包括生命演化、造成地貌演變的重要且進行中的地質作用，或重要的地形或地文（be outstanding examples representing major stages of earth's history, including the record of life, significant on-going geological processes in the development of landforms, or significant geomorphic or physiographic features）；

ix　　對陸域、淡水水域、海岸、海洋生態系及動植物群落演化及發展而言，具有重要性且正進行生態或生物作用的顯著案例（be outstanding examples representing significant on-going ecological and biological processes in the evolution and development of terrestrial, fresh water, costal and marine ecosystems and communities of plants and animals）；

x　　最重要及最有意義的存有原生生物多樣性的自然棲地，包括就科學或保育而言，擁有顯著普世價值但瀕危物種（contain the most important and significant natural habitats for in-situ conservation of biological diversity, including those containing threatened species of outstanding universal value from the point of view of science or conservation）。

第78條

符合真實性及完整性、以及具備確保其良好狀況之適當保護及經營管理體系之資產，才能視為具備顯著普世價值（To be

deemed of outstanding universal value, a property must also meet the conditions of integrity and / or authenticity and must have an adequate protection and management system to ensure its safeguarding）。

2. 世界記憶（Memory of the World）

亦稱為聯合國教科文組織世界史料遺產（UNESCO World Documentary Heritage），為 1992 年教科文組織為保護、推廣與數位化（digitizing）珍貴的平面、電子、立體的文件、手稿、口述、影音、圖書、檔案等，所推動的一個國際性計畫。本計畫由教科文組織秘書長指派 10-15 人所組成的國際諮詢委員會（International Advisory Committee, 簡稱 IAC）負責執行。世界記憶的登錄基準包括：在時代、地點、社群、主題、形式與風格、社會精神或社區中所呈現的意義及價值，以及其罕見性、完整性、威脅性、管理及運用計畫。1995 年公布「保全史料遺產作業準則」（Memory of the World Programme, General Guidelines to Safeguard Documentary Heritage），自 1997 年開始，每兩年登錄一次，至 2009 年共登錄 7 次、193 件，如：「土耳其西台文明楔形文字碑」（2001）、《荷蘭東印度公司檔案》（2003）、《菲律賓人民力量革命廣播錄音檔案》（2003）、《古納西族東巴文獻手稿》（2003）及《安妮·法蘭克日記》（2009）等。

3. 水下文化遺產（Underwater Cultural Heritage）

聯合國教科文組織於 2001 年第 31 屆大會中，通過「保護水下文化遺產公約」（Convention on the Protection of the Underwater Cultural Heritage 2001，以下簡稱「水下公約」）。依據「水下公約」第 1 條規定：水下文化遺產指至少 100 年來，周期性或連續性，部分或全部位於水下的具有文化、歷史或考古價值的所有人類生存遺跡，例如：(1) 遺址、構造物、房屋、工藝品及人類遺骸，以及其考古及自然環境；(2) 船舶、飛行物及其他交通工具，或其一部分，其貨櫃或其他物件，以及其考古及自然環境；(3) 具有史前特質的物件。但是海底管線及電纜、以及使用中的設施，不屬於水下文化遺產。「水下公約」目前尚屬於宣示性文件，並未規範登錄的相關辦法。

4. 無形文化遺產（Intangible Cultural Heritage）

即聯合國教科文組織的簡體中文版所稱之「非物質文化遺產」，基於國人的習慣，本文稱之為「無形文化遺產」。

1999年，聯合國教科文組織執行委員會公布「人類口述及無形遺產傑作宣示」（The Proclamation of Masterpieces of the Oral and Intangible Heritage of Humanity），並自2001年起宣布人類口述及無形遺產傑作（Masterpieces of the Oral and Intangible Heritage of Humanity）；2003年聯合國教科文組織大會第32屆會議中，通過「保全無形文化遺產公約」（Convention for the Safeguarding of the Intangible Cultural Heritage，以下簡稱「無形公約」），以做為法制基礎，2006年正式生效；在「無形公約」第5條第1項中，規定在聯合國教科文組織內設立保全無形文化遺產委員會，以做為執行單位；以及在第25條第1項中規定設立保全無形文化遺產基金；2008年公布「保全無形文化遺產公約執行作業準則」（Operational Directives for the Implementation of the Convention for the Safeguarding of the Intangible Cultural Heritage，以下簡稱「無形準則」）[14]，隨後展開人類無形文化遺產代表作名錄（The Representative List of the Intangible Cultural Heritage of Humanity）的登錄（Inscription）工作[15]。

(1) 無形文化遺產分類

依據「無形公約」第2條規定，無形文化遺產包括：(a) 口頭

[14] 相關條文，請參見聯合國教科文組織無形文化遺產官方網站：http://www.unesco.org/culture/ich/。

[15] 2001、2003、2005 年，聯合國教科文組織共宣布人類口述及無形遺產傑作 90 筆（elements），2008 年「無形準則」公布後，同年將上述 90 筆列入人類無形文化遺產代表作名錄中，2009 年新增 76 筆。

↙聯合國教科文組織登錄的無形文化遺產：印尼皮影戲（2006）。

↘聯合國教科文組織登錄的無形文化遺產：越南雅樂（2005）。

傳說與表述，包括做為無形文化資產工具的語言（oral traditions and expressions, including language as a vehicle of the intangible cultural heritage）；(b) 表演藝術（performing arts）；(c) 社會風俗、禮儀、節慶（social practices, rituals and festive events）；(d) 有關自然界和宇宙的知識和實踐（knowledge and practices concerning nature and the universe）；(e) 傳統的手工藝技能（traditional craftsmanship）。

(2) 無形文化遺產登錄基準

無形文化遺產的登錄基準，在「無形準則」第 19 條登錄條件（Criteria for inscription）中列有以下五款：

R.1　　　登錄對象的文化內涵符合「無形公約」第 2 條要求（The element constitutes intangible cultural heritage as defined in Article 2 of the convention）；

R.2　　　登錄行動對於該遺產的曝光度及內涵瞭解、以及促進互動有所助益，進而能反映出世界文化的多元性、驗證人類的創造力（Inscription of the element will contribute to ensuring visibility and awareness of the significance of the intangible cultural heritage and to encouraging dialogue, thus reflecting cultural diversity worldwide and testifying to human creativity）；

R.3　　　保護措施周詳，有助於登錄對象的保存以及推廣（Safeguarding measures are elaborated that may protect and promote the element）；

R.4　　　登錄對象的提報應盡可能由涵蓋範圍最廣的相關社群、團體，同時也不排除在自由意願下、事先且正式同意的相關個人（The element has been nominated following the widest possible participation of the community, group or, if applicable, individuals concerned and with their free, prior and informed consent）；

R.5　　　登錄對象應位於申請國內，且登錄於該國無形文化
　　　　遺產名單中，如「無形公約」第 11 及 12 條所規定
　　　　（The element is included in an inventory
　　　　of the intangible cultural heritage present in
　　　　the territory(ies) of the submitting State(s)
　　　　Party(ies), as defined in Articles 11 and 12）。

（三）　日本「文化財保護法」的定義及類別

日本「文化財保護法」於 1950（昭和 25）年公布，隨後於 1996（平成 8）年及 2005（平成 17）年進行修正。於修正後的「文化財保護法」

日本有形文化財的國寶：日光東照宮（2009）。

↑日本白川的合掌造聚落於
1995年被世界遺產所登錄
（2008）。

↗日本重要傳統建造物群：
長野縣妻籠宿（2008）。

的第2條中，將日本的文化財分為8大類（文建會2000a：1-2、維基百科〈日本文化財〉），分別為：

1. 有形文化財

建造物、繪畫、雕刻、工藝品、墨跡、典籍、古文書、及其他有形的文化資產，在我國歷史和藝術上具有高度價值者，以及考古資料和其他高學術價值的歷史資料。

2. 無形文化財

戲劇、音樂、工藝技術及其他無形文化資產，在我國歷史、藝術上具有高度價值者。

3. 民俗文化財

有關衣食住、職業、信仰、節慶活動等風俗習慣、民俗藝能，以及其所用的衣服、器具、房屋及其他物件，對瞭解我國國民的生活形態變遷，不可缺少者。

4. 紀念物

貝塚、古墳、城市遺址、古城遺跡、古宅及其他遺跡，在我國歷史或學術上具有高價值者。庭園、橋梁、峽谷、海濱、山岳及其他名勝地，在我國藝術上、觀賞上具有高度價值者，以及動物、植物及地質礦物，對我國具有高度學術價值者。

5. 文化景觀

指日本各地區人們獨特的生活、生產、以及一方水土氣候形成的景觀，如梯田、里山等，即日本的原始人文風貌。

6. 傳統建造物群

和周圍的環境構成一體，形成歷史性風景的傳統建造物群，並且具有高度價值者。

7. 文化財保存技術

指保護文化財過程中必須的製作、修護一類的技術。

8. 考古遺址

這種文化財與上述各種文化財不同，仍處於地下埋藏狀態。

（四） 法國「歷史文物保存法」的定義及類別

法國「歷史文物保存法」公布於 1913 年，最近修正為 1997 年。在「歷史文物保存法」中，有關古蹟及古物之定義如下（文建會 2000b：1、12）：

第 1 條　　本法所稱古蹟，指具有歷史、藝術價值，基於公共利益應予保存之建築物。

↙法國世界遺產的一部分：羅亞爾河流域的香波堡（Chateau de Chambord, 2007）。

↘法國世界遺產的一部分：羅浮宮（Palais du Louvre, 2004）。

法國世界遺產：凡爾賽的宮
殿和園林（Palais, Trianons et
parc de Versailles, 2007）。

第 14 條　　本法所稱古物，指具有歷史、藝術、科學或技術價值，
　　　　　基於公共利益應予保存之動產。

二、文化資產的意義及價值

　　對於當今多數國人而言，文化資產「理所當然」應加以保存，至於
確實的意義及價值則未必能清楚表述。在「文資法第 1 版」第 1 條開宗
明義表示，制定「文化資產保存法」之意義為：「充實國民精神生活，
發揚中華文化為宗旨。」於「文資法第 2 版」第 1 條略加修改為：「充
實國民精神生活，發揚多元文化。」在國際相關文獻中，1964 年第二
屆國際歷史文化紀念物建築師與技師會議發表的「威尼斯憲章」（The
Venice Charter）前言中提到：「歷代人類遺留至今的歷史紀念物見證
其古老的傳統。」在 1994 年發表的〈奈良真實性文件〉（The Nara
Document on Authenticity）中提到：「世界上多元文化與遺產為豐富人

類精神及智慧所無可取代的資源。」

　　文化資產具有物質價值，但是主要以無形的方式回饋至個人、社會、國家及國際上。從歷史角度來看，文化資產有助於見證人類文明發展、認知及傳承歷史文化與科學文明，以及瞭解歷史脈絡提供現今人類社會省思；從政治角度來看，文化資產有助於文化主體性的建構、民族自信心及認同感的強化；從社會文化角度來看，文化資產有助於個人及社會品質涵養的提升、對於歷史文化的珍惜及生命價值的省思等。隨著國際交流便捷及頻繁，文化資產成為展示國家知識力量及文化深度、提升旅遊收益、以及國際交流的重要平台之一。而近年來，在經濟全球化之後，為突破現階段理性知識的局限，先進國家紛紛推動文化創意產業，包括文化資產在內的文化藝術，使其成為產業升級或加值的重要根源之一。

　　文化資產的意義超越時間、土地、個人、族群、政權界限，其價值是隱性而緩慢的。上述特性，與一般世俗所注重的自我短期功利迥然不同，導致文化資產保存工作，不可避免的面對一些挑戰，最常見的是對於文化資產價值的不瞭解、或是與經濟利益衝突而任意破壞或遺棄；或著迷於流行、尖端、現代化等絢爛名號，而輕忽了其價值，致使其自然消失；而最大的阻力，來自於政治力量的干預，對於非我族類文化資產的打壓與摧毀。

　　文化資產是脆弱的物件，文化資產保存工作為相對弱勢的事務，因此唯有積極提升民間保存風氣，以及強化政府保存法制，雙管齊下，才能確保其安全無虞。

三、文化資產保存工作的本質

　　文化資產以其類型的不同，其保存的工作內容及重點也有所不同。在「文化資產保存法」或「文化資產保存法施行細則」中並未明言保存工作的內容，但在各版條文中針對各類資產保存，先後提到以

16 布拉憲章發表於 1979 年，於 1982、1988、1999 年三度修正，條文及相關説明，請參閱傅朝卿翻譯導讀《國際歷史保存及古蹟維護：憲章·宣言·決議文·建議文》（2002：160-185）。

下各名詞，其後有括號者代表該類別所特有的名詞：研究、調查或勘察、發掘或採掘（遺址）、採集、蒐集及整理（傳統藝術及民俗）、登記或列冊、指定或登錄、修復或保護、保育（自然文化景觀）、保管或收藏、管理維護、環境保護、再利用、評鑑或審議、發揚、宣揚或發展、傳授或傳習、展覽、獎勵或處罰、權力轉移等各項工作。

由國際文化紀念物與歷史場所協會澳大利亞國家委員會（The Australian National Committee of ICOMOS）所發表的「布拉憲章」（The Burra Charter）16 中，所條列的與保存（conservation）相關的用詞及其運用的原則，包括：維護（maintenance）、維修（preservation）、修復（restoration）、重建（reconstruction）、調適（adaptation）、利用（use）、相容的利用（compatible use）、詮釋（interpretation）、經營管理（managing a place）等。

在聯合國教科文組織「無形公約」第 3 條中對於無形文化資產「保全」（safeguarding）一詞的解釋為：確保無形文化資產延續發展的措施，包括：認知（identification）、建檔（documentation）、研究（research）、維修（preservation）、保護（protection）、推廣（promotion）、提升（enhancement）、特別的經由正規或非正規教育的推廣（transmission particularly through formal or nonformal education）、振興（revitalization）等。

透過上述各種資料，大體上可以將文化資產保存工作歸納為以下的各類：(1) 準備工作：法規制定、組織建構、政策研擬等，(2) 基礎工作：研究、調查、發掘、建檔等，(3) 賦予法定身分：提報、登記或列冊、指定或登錄等，(4) 維修措施：修復、保護、評鑑等，(5) 維護措施：維護、保育、保管或收藏、環境保護等，(6) 教育推廣：教育、展覽、推廣、傳習、交流等，(6) 再利用工作：空間規劃設計、經營管理、創意產業等，(7) 其他：人才培育、行政支援、督導、審查、捐獻、贊助、獎勵、懲罰等。

文化資產保存工作需要良好的計畫及工作精緻度，才能呈現出其

內涵及價值；其次，文化需要時間薰陶，才能涵養出其品味，因此每一個文化資產修復或保育工作，均應被視為是一個文化活動，而非工程定作，宜求其「好」、而不求其「快」；再者，文化資產保存工作兼具研究與施作雙重內容，也就是一面做一面學習瞭解，文化資產的內涵各有不同，未必有適合的定型化規範、精確的工期或經費推估方法，而是依據個案性質加以設計，其內容需要有足夠的彈性，以古蹟及歷史建築修復為例，幾乎每個案子都需要變更設計，才能符合其實際需求。由於具備文化活動的性質，因此其工作場域應被做為教育、推廣、傳習及交流場所，而非「工地」。

從「世遺公約」第 76-95 條的規定中，可以瞭解到真實性（Authenticity）及完整性（Integrity）為文化資產價值評估的重要準則，也是其保存工作的最高原則之一。在「文資細則 1-2 版」第 46 條中規定，古蹟修復應保存原有之色彩、形貌及文化風貌、採用原用或相近之材料、使用傳統之技術及方法等。在「文資法第 2 版」第 21 條中規定，古蹟應保存原有形貌及工法。綜合上述法規及現今論述，文化資產保存工作以保存其真實性、完整性、生命力（viability）、永續性（sustainability）、可逆性（reversibility）等為原則，其對象包括：形貌、材料、工法、環境等。

歷經長久演變，每筆文化資產多擁有不同時期的物件或痕跡，特別是聚落及文化景觀等廣域型資產，其構成元素未必是均質或合宜的，但是適度的加以保存可以呈現出時間縱深、以及時代或生態的改變，增添文化資產內涵的豐富度。即使如此，文化資產保存工作也並非是一味的凍結原貌，在不傷害核心價值下，為了延長其壽命而添加補強措施、經過嚴謹考證後的還原修補、以及因應經營管理之需而增加必要的現代構造物，在符合可逆性、辨識性、以及良好的環境協調性或對比性的工料形貌原則下，經過充分討論後，應是可以考慮。

文化資產保存工作，包括了經常性、定期性及不定期性等修復及維護管理，在「文資細則第 2 版」中規定了保存維護計畫（第 16、22 條）及管理維護（第 20 條）的內容，而「文化資產保存法」的相

17 本辦法，於 2017 年 6 月之後，改名為「考古遺址監管保護辦法」。

關子法如：「古蹟管理維護辦法」、「古蹟修復及再利用辦法」、「遺址監管保護辦法」[17] 等也詳細規範了保存工作的相關細節。

　　文化資產保存工作為文化工作之一種，屬於廣義的社會公益事業之一，其成效需要歷經長久的時間，於累積足夠專業資料、改變社會風氣及個人涵養後，才能逐漸的浮現。職是之故，一個稱職的文化資產保存工作者，需要擁有一顆樸素的心，秉持著「前人種樹、後人乘涼」的態度，將其工作視為一種付出奉獻，「歡喜做、甘願受」，以期待一個具有更佳品質及更有智慧的未來社會。

法制建置前
文化資產的記載

在人類的天性中，似乎具備了一些對於自然、歷史或文化的移情、眷戀或關懷的複雜情感，甚至於進一步的付諸行動，透過文字記錄或身體力行，致力於保存的相關工作。

台灣文化資產保存的原動力，究竟在什麼時候，才逐漸的由隱性的個別作為，轉變成為顯性的社會氛圍，有待進一步的考證，但是透過歷史文獻及公私文書，可以瞭解到：台灣社會中自發性的文化保存或自然保育的知識與行為，大約於清領之後便已有之。

台灣是一個很特殊的地方，不僅擁有關鍵的地理區位、豐富而多樣的生態環境、宜人的氣候、豐盛的天然物資等優越條件，同時在不同季節有不同方向的強烈季風侵襲、以及周遭被洶湧的洋流所環繞等極具挑戰性的自然環境。上述的條件，使得台灣自遠古以來，便是不同族群的混居之地，從而建構了豐富而具有多元、斷層、多變、混血等特徵的台灣文化容顏。

在清廷統治之前，台灣已歷經過舊石器時代、新石器時代、南島語族 1 時期、荷（1622-1668）2 西（1626-1642）統治時代、鄭氏王

1 即為居住於台灣最早時期的族群，該族群為廣泛的南島語族群的原始社群；20 世紀末期該族群的領袖發起其統稱、2000 年於憲法中稱其為「原住民族」。

2 1662 年荷蘭聯合東印度公司在鄭成功攻擊下撤離台灣，1664 年再度占領基隆，並整建聖薩爾瓦多城，1668 年因傳聞鄭經將派艦攻擊、及貿易情形不佳而毀城撤守。（林會承 1999：427-430）

3 荷西時期史料如：村上直次郎原譯、郭輝與程大學中譯《巴達維亞城日記》（1-3 冊，1970、1990）、江樹生譯《熱蘭遮城日記》（1-4 冊，1999-2004）等；鄭氏王朝史料如：楊英《從征實錄》（約 1674）、江日昇《台灣外紀》（1704）等。

4 依據盛清沂等《台灣史》的歸納整理，台灣清代的行政體制，大體上分為五個時期：(1) 1684-1723（康熙 23- 雍正 1）年的一府三縣時期，(2) 1723-1812（雍正 1- 嘉慶 17）年的一府四縣二廳時期，(3) 1812-1875（嘉慶 17-光緒 1）年的一府四縣三廳時期，(4) 1875-1885（光緒 1-11）年的二府八縣四廳時期，(5) 1885-1895（光緒 11-21）年的一省三府一州十一縣三廳時期。（1977：243-258）

漢人社會野台戲為傳統藝術之表演藝術的一種（引自 1930《日本地理大系第十一卷台灣篇》，國立中央圖書館台灣分館【於 2013 年後改稱為國立台灣圖書館】典藏）。

朝時代（1662-1683）等數個文化期。這些史前或歷史時期的文明，在目前所知的有限史料中[3]，並沒有文化資產保存活動的相關記載。

1683 年清廷打敗鄭氏王朝，占領台灣及澎湖，次年建立了府、縣廳級的行政體制[4]，負責轄區內的行政、稅收、司法、教育等事務（許雪姬 1993：8-22），其多數時間的有效統治對象為台灣島西半部、宜蘭的平原及丘陵的漢人及平埔族人，以及澎湖的漢人。各級政府的中高階官吏多來自中國各地，以北京話為官方語言，本地讀書人的漢文說寫能力差強人意，但是基層民眾則以福佬語、客家語及原住民語為日常用語，官民溝通多需透過專人翻譯。在清代統治的 200 餘年間，台灣漢人及平埔族人社會多維持著街市、自然村或部落型態，以農漁商業為主要的謀生方式，自成社會經濟單元。

清廷是一個龐大的帝國，擁有複雜的法律體系，但是未曾建置文化資產保存的相關法律與機制。即使如此，在台灣清代，由各級政府所編修的方志、以及來台官吏或文人撰述的部分專書中[5]，其內容涵蓋現今所稱「文化資產」的資料。其中的方志屬於準官方文獻，具有相似的體例，內容較為周延，且多經過必要的審核及校訂程序，相較於私人著作，較能秉持理性客觀的原則，以及具有社會公信力，為瞭解台灣清代知識分子的文化資產觀念、態度及知識的適合對象。以下即以台灣清代方志、特別是如後所述體例完整的 21 種為主，輔以日本時代初期的少數方志做為討論對象。

至於台灣民間基於文化傳承、民俗、人道關懷或其他理由，自行設立社會藝能或救濟組織，並付諸具體的行動，除了廣泛見諸於各地的武館、曲館、陣頭之外，也有少數者以自然保育工作為其目標之一。

一、方志中文化資產的定位

在清廷統治台灣的 212 年間（1684-1895），各級政府奉中央或上級指示[6]、或由地方官自行推動編修之方志，包括府志、州縣廳志，

5 較具參考價值者，如：郁永河《裨海紀遊》（1697）、黃叔璥《台海使槎錄》（1736）、六十七《番社采風圖考》（1745）、蔣元樞《重修台郡各建築圖說》（1778）、陳盛韶《問俗錄》（1826）、唐贊袞《台陽見聞錄》（1891）等。

6 台灣方志中，因應上級修志而編纂者，如：蔣毓英《台灣府志》（1685）為因應同年（康熙 24 年）敕令編修《大清一統志》而編（季麒光 1685：139）；蔣鏞《澎湖續編》（1829）、周璽《彰化縣志》（1832）、陳淑均《噶瑪蘭廳志》（1832）及鄭用錫《淡水廳志初稿》（1830）為因應 1827（道光7）年重修《府志》及《福建通志》而編（高志彬 1987：68）；林豪《澎湖廳志》（1893）、沈茂蔭《苗栗縣志》（1894）、屠繼善《恆春縣志》（1894）、盧德嘉《鳳山縣採訪冊》（1894）、倪贊元《雲林縣採訪冊》（1894）、陳朝龍與鄭鵬雲《新竹縣採訪冊》（1894）及胡傳《台東州採訪修志冊》（1895）為因應 1892（光緒18）年倡修《台灣通志》而編修（高志彬 1987：91）。

8 在「目」之下，似乎沒有特
定稱呼，為了方便敘述，以
下稱之為「條」或「條目」。

9 如：余文儀《續修台灣府
志》（1764）共 26 卷、范咸
與六十七《重修台灣府志》
（1746）共 25 卷、屠繼善
《恆春縣志》（1894）共 23
卷、劉良璧《重修台灣府志》
（1741）共 20 卷。

10 在各府縣廳的方志中，多
另有「八景」的記載，「八景」
為其轄區內具有特色的景觀，
如范咸與六十七《重修台灣
府志》（1746）卷一形勝
中，即條列「台灣八景」，
如下：安平晚渡、沙鯤漁火、
鹿耳春潮、雞籠積雪、東溟
曉日、西嶼落霞、斐亭聽濤、
澄台觀海；「八景」類似民
間俗稱的「名勝」（蕭瓊瑞
2006：4-15）；除了「台灣
八景」之外，其卷一形勝中
也描述了台灣縣、鳳山縣、
諸羅縣、彰化縣的邑中八景
（1746：45-47）。

11 或稱〈風土志〉（如：高
拱乾《台灣府志》（1695）、
李丕煜與陳文達《鳳山縣志》
（1719）等）或〈風教志〉
（如：陳淑均《噶瑪蘭廳志》
（1832）等），也有列為「風
俗目」（如：陳文達《台灣
縣志》（1720）、謝金鑾《續
修台灣縣志》（1807）等），
為方便論述，以下統稱為〈風
俗志〉。

以及《福建通志》（台灣府）、州縣採訪冊、街莊志等，總計有 40
多種，其中體例及內容完備者有 21 種之多 [7]（陳捷先 1996：189）。

於方志之內多有「卷」、「目」等層級 [8]，各書繁簡不一，多數
者為 10 卷上下，也有少數高達 20 多卷者 [9]。以高拱乾《台灣府志》
（1695）為例，分為 10 卷、80 目，其卷名依次為：〈封域志〉、〈規
制志〉、〈秩官志〉、〈武備志〉、〈賦役志〉、〈典秩志〉、〈風土志〉、
〈人物志〉、〈外志〉及〈藝文志〉。在廳縣志中，以周鍾瑄與陳夢
林《諸羅縣志》（1717）為例，分為 12 卷、47 目，其卷名依次為：
〈封域志〉、〈規制志〉、〈秩官志〉、〈祀典志〉、〈學校志〉、〈賦
役志〉、〈兵防志〉、〈風俗志〉、〈人物志〉、〈物產志〉、〈藝
文志〉及〈雜記志〉。[10]

（一）方志中古蹟的定義及分類

於體例完備的方志中多有〈風俗志〉一類 [11]，其內容多以漢人禮
教觀念為基礎，詮釋民情風俗的意義，其後區分「漢俗」及「番俗」，
分別介紹物質文化、生命禮俗、歲時祭祀、鬼神信仰、祈福辟邪等；
而「叢談」一類的條目中，也或多或少記錄了一些民間的特殊習俗，
即現今文化資產中的傳統藝術、以及民俗及有關文物的相關資料。茲

漢人社會的廟口文化為民俗及有關文物的一種（引自 1931《日本地理風俗大系第十五卷》，
國立中央圖書館台灣分館【於 2013 年後改稱為國立台灣圖書館】典藏）。

摘錄高拱乾《台灣府志》（1695）、周鍾瑄與陳夢林《諸羅縣志》（1717）及林豪《澎湖廳志》（1893）中的相關條目及活動，條列如下：

1. 高拱乾《台灣府志》〈卷七風土志〉（1695）

歲時　　　賀正、假開、鬧廳、鬧傘、食供、春祈福、清明、洗佛、競渡、半年丸、乞巧會、普施、中秋餅、重九、冬至、餉耗、送神、迎神、餽歲、辭歲、守歲等

2. 周鍾瑄與陳夢林《諸羅縣志》〈卷八風俗志〉（1717）

漢俗　　　衣食、婚姻喪祭、雜俗（壓醮尾、中元盂蘭會、米卦、刺繡、荷包、王醮等）、歲時（假開、鬧廳、鬧傘、食供、競渡、半年丸、乞巧會、普施、社戲、重九、添歲、餉耗、歲神、迎神、辭歲等）

番俗　　　狀貌、服飾、飲食、盧舍、器物（杙、織布機、壺盧、嘴琴、鼻簫、蘆笛、薩鼓宜、弓箭、鏢鎗、盾牌、霞籃等）、雜俗

3. 林豪《澎湖廳志》〈卷九風俗〉（1893）

服習　　　士習、民業

儀文　　　婚姻、壽辰、誕育、喪葬

歲時　　　新正、接神、元宵、清明、端陽、半年節、中元、中秋、重陽、冬至、小除、除夕

風尚　　　飲食、衣服、居處、王醮（遊天河、遊地河）、七子班、米卦

　　方志中對於風俗慣習之記載，多屬於概略性的描述，而非針對特定的工藝美術、音樂戲曲或遊藝技能等，對於瞭解當時無形文化資產的幫助有限。

　　在〈雜記志〉[12] 中，多包括古蹟[13]、寺廟、墳墓等項目。就前述的 21 種方志而言，其中 16 種列有古蹟或類似名稱的卷或目，只有 5 種未列[14]，說明了收錄古蹟相關資料，為編纂方志的一種慣例[15]。〈雜

---

[12] 或稱為〈外志〉（如：高拱乾《台灣府志》（1695）、李丕煜與陳大達《鳳山縣志》（1719）等）或〈雜志〉或〈雜記〉（如：范咸與六十七《重修台灣府志》（1746）、王必昌《重修台灣縣志》（1752）等），為方便論述，以下統稱〈雜記志〉。

[13] 少數的方志將古蹟獨立為一卷，如：劉良璧《重修台灣府志》〈卷 18 古蹟〉（1741）、陳培桂《淡水廳志》〈卷 13 古蹟考〉（1870）等。

[14] 未列入古蹟相關資料者為：胡建偉《澎湖紀略》（1769）、蔣鏞《澎湖續編》（1829）、周璽《彰化縣志》（1832）、陳淑均《噶瑪蘭廳志》（1832）、林豪《澎湖廳志》（1893）。

[15] 如盧德嘉《鳳山縣採訪冊》所述，1894（光緒 20）年台灣省通志總局修纂通志的札開中提到：「為照台灣修纂通志，各府廳州縣疆域、鄉堡、村鎮、山川、……學校、人物、古蹟、名宦、……番社、風俗、物產、典禮、政事、藝文、……並一切地方建置興廢沿革，均關記載。……」說明了古蹟為方志的常備內容之一。（1894：15）

記志〉通常包括緒言及主文兩個部分，緒言多概述該卷的意義及功能；主文多區分災祥、古蹟、寺廟、墳墓、叢談等項目，依次逐條介紹，其中的古蹟、寺廟、墳墓等，記錄了現今文化資產中的古蹟、歷史建築、文化景觀及自然地景等相關資料。

「古蹟」一詞，為多數方志所採用，且都未加以註釋，似乎將之視為一個通用的名詞，在部分方志的凡例或〈雜記志〉緒言的字裡行間中，編纂者不經意的透露出古蹟係指年代悠久的物件 [16]，而多數方志的「古蹟」係指與人類生活有關的自然景色，至於重要的寺廟、墳墓等則單獨列為一目 [17]，可知編纂者多不將使用中的寺廟及墳墓等視為古蹟；少數編纂者則強調物件與人文的結合 [18] 或其他觀點 [19]。部分方志的編纂者，基於不同觀點而採用名蹟、遺蹟或勝蹟 [20] 等名稱，為了論述上的方便，以下統稱之為「古蹟」。

在古蹟項目內，多數的方志將其視為單獨的一類，但部分者將井泉、宅墓及園亭附於其後 [21]，說明了前述各類的性質與古蹟有所關聯。少數方志於古蹟目下，區分次類，如陳文達《台灣縣志》將其區分為：城、井、澤、池 4 類（1720：205-207），陳壽祺《重纂福建通志》將其區分為：名勝、園宅、冢墓、石刻 4 類（1829：143-147）[22]；而范咸與六十七《重修台灣府志》〈雜記〉卷將其區分為：樓堞、園亭、寺廟、墳墓等目，而無古蹟目（1746：539）。

16 如：高拱乾《台灣府志》〈外志〉所述：「一二前人曩跡，荒碑殘碣，遊覽興懷，何地蔑有？」（1695：217）陳文達《台灣縣志》〈雜記志〉所述：「足以供好古者之博覽。」（1720：205）劉良璧《重修台灣府志》〈古蹟〉所述：「往蹟已湮，而弔古者不勝情焉。」（1741：493）

17 少數者將寺觀附於古蹟之後，如：劉良璧《重修台灣府志》（1741）、王瑛曾《重修鳳山縣志》（1762）、陳培桂《淡水廳志》（1870）、沈茂蔭《苗栗縣志》（1894）等。

18 如陳文達《台灣縣志》凡例所述：「台灣荒裔之區，古蹟恆不多見。間或有之，不過因地而著，非如內郡之名山大川，足以供人遊玩也；非有學士大夫之吟詠，足以流傳弗衰也。」（1720：10-11）劉良璧《重修台灣府志》〈古蹟〉所述：「登越王之台，頓生哀思；過田橫之墓，不禁歔欷！往蹟已湮，而弔古者不勝情焉。」（1741：493）

19 在謝金鑾《續修台灣縣志》後跋中隱含以清代文化為準的論點：「竊謂古蹟屬本朝者，自宜入地志。若在未建置以前，敬堂固謂古蹟有欽仰之意，不宜施於偽氏矣；則『古蹟』不如『勝蹟』、『遺蹟』之為當也。」（1807：638）而劉良璧《重修台灣府志》凡例中也有類似的看法：「台地前為夷島，本無奇勝。」（1741：26）陳培桂《淡水廳志》〈古蹟考〉則認為古蹟考的目的「雖曰搜奇，實非志怪。」（1870：339）

泰雅族人服飾為傳統藝術之傳統工藝美術的一種（引自 2003《世紀容顏》（下）明信片，國家圖書館提供）。

平埔族人的婚俗為民俗及有關文物的一種（引自《六十七兩采風圖》「迎婦」，國立中央
圖書館台灣分館【於 2013 年後改稱為國立台灣圖書館】典藏）。

（二）〈雜記志〉及其古蹟項目的本質及意義

　　〈雜記志〉多位於方志之末，說明了相較於〈封域〉、〈規制〉、
〈秩官〉、〈武備〉等卷，對於以「輔治」及「資治」為編纂目的的
方志而言（陳捷先 1996：34），是屬於比較不重要的事物。各方志中，如：
高拱乾《台灣府志》（1695：217）、周鍾瑄與陳夢林《諸羅縣志》（1717：
275）、以及王瑛曾《重修鳳山縣志》（1762：265）等，在緒言中對於
〈雜記志〉的蒐錄意義略有述及，諸家看法大同小異，不外乎是「補
闕備忘」或「拾遺」等 23。至於對於古蹟的意義，多數的方志並沒有

20 王瑛曾《重修鳳山縣志》
〈雜志〉以名蹟為名，其定義
為「名蹟具一方勝概」（1762：
265）；謝金鑾《續修台灣
縣志》〈外編〉以遺蹟為名
稱，依據其文意，理由大約是
「所記皆紅毛及偽鄭時事」
（1807：336）；謝金鑾《續
修台灣縣志》〈地志〉及李元
春 1891《台灣志略》〈地志〉
（1891：41）以勝蹟為名，
前者之理由是「本朝所建」
（1807：336）。

21 如：劉良璧《重修台灣府
志》（1741）、王必昌《重修
台灣縣志》（1752）、王瑛
曾《重修鳳山縣志》（1762）、
沈茂蔭《苗栗縣志》（1894）
等；另外，陳培桂《淡水廳志》
（1870）將寺觀附於古蹟之
後，而高拱乾《台灣府志》
（1695）將八景附於古蹟之
後，因屬個案，不特別說明。

22 依據陳壽祺《重纂福建通
志》凡例所述：「古蹟分為
四目：曰名勝，宦遊公暇登
眺觴詠之所留也；曰園宅，
邑士大夫釣遊吟誦之所託也；
曰冢墓，封樹碑碣存焉；曰
石刻，文采風流見焉。分類
部居，以便尋覽。」（1829：
10）但於台灣部分，未收錄
石刻。

23 高拱乾《台灣府志》〈外
志〉中提到：「志而曰外者，
所以廣蒐不遺，而記始備
也。」（1695：217）周鍾瑄
與陳夢林《諸羅縣志》〈雜
記志〉中提到：「雜記以補
闕備忘，所謂志其大不遺乎
小也。」（1717：275）王瑛
曾《重修鳳山縣志》〈雜志〉
中提到：「昔劉子駿有言：『過
而廢之，毋寧過而存之』。」

況名蹟具一方勝概……。諸
如此類，吾存之、吾無以置
之，是雜之而已矣。然則是
編，將為全志之拾遺可也。」
（1762：265）蔡振豐《苑裡
志》〈古蹟考〉中提到：「豈
得謂無關政教，遂置而不問
乎？」（1897：96）

24 如：陳培桂《淡水廳志》
〈古蹟考〉所述：「古蹟者，
無關政教，而有助考證。」
（1870：339）沈茂蔭《苗栗
縣志》〈古蹟考〉所述：「古
蹟無關輕重之條，釋家有左
聖賢之道，似君子之搜羅記
載，無妨從略焉。」（1894：
109）蔡振豐《苑裡志》〈古
蹟考〉所述：「況勝境乃天
工之生成，名區亦地靈之鍾
毓；豈得謂無關政教，遂置
而不問乎？」（1897：96）

25 相似說法尚有：劉良璧《重
修台灣府志》凡例所述：「以
示戒鑒，資掌故也。因博採
之，以備參考。」（1741：
26）陳壽祺《重纂福建通志》
凡例所述：「存古蹟，考古
所 必 資 也。」（1829：9）
陳培桂《淡水廳志》〈古蹟
考〉所述：「古蹟者，無關
政教，而有助考證。」（1870：
339）蔡振豐《苑裡志》〈古
蹟考〉所述：「一名一物，
足備考證之資。」（1897：
96）

特別討論，但在清朝治台後期的部分方志中，如：陳培桂《淡水廳志》
（1870：339）、沈茂蔭《苗栗縣志》（1894：109）、蔡振豐《苑裡志》
（1897：96）等，則明言其為「無關輕重」或「無關政教」[24]。清代的
地方行政並不注重文化事務，在教育方面以講授有助於科舉考試的四
書五經、宣講聖諭為主，古蹟所擁有的相關知識，對於清代的知識分
子而言，並不具有實用的功能。

在各方志中，對於古蹟價值多沒有特別詮釋，就少數的例子分析，
大體上具有強調理性價值、以及強調感性價值兩類。就理性價值而言，
編纂者多強調古蹟具有歷史考證及戒鑒的功能，如：周鍾瑄與陳夢林
《諸羅縣志》〈雜記志〉所述：「諸卷紀載所未盡，要足為後人徵信
之資，用寄諷諭之義。」（1717：275）陳文達《台灣縣志》〈雜記志〉
所述：「詎謂一名一物，不足以為考境之資乎？」（1720：205）[25] 就感
性價值而言，編纂者所持觀點為古蹟可供遊賞、具有修身養性的功能，
如：高拱乾《台灣府志》〈外志〉所述：「一二前人曩跡，荒碑殘碣，
遊覽興懷，何地蔑有？」（1695：：217）沈茂蔭《苗栗縣志》〈古蹟考〉
所述：「勝境名區，足資遊覽；晨鐘暮鼓，常諧謳吟，是亦雅士、詞
人所不能闕者也。」（1894：109）蔡振豐《苑裡志》〈古蹟考〉所述：「一
名一物，足備考證之資；多見多聞，實為身心之助。」（1897：96）[26]

二、方志中古蹟的條目及內容

在各種方志中，古蹟的呈現方式大同小異，均為逐條介紹，數量
少者如高拱乾《台灣府志》（1695）約 10 條，多者如陳培桂《淡水
廳志》（1870）共 56 條，為所有方志中為數最多者；各條內容簡要，
包括：所在地、簡史或景觀、現況、傳說等，長者約 200-300 字，短
者約數 10 字。茲舉例如下：

玉山　　　在鳳山縣。山甚高，皆雲霧罩于其上，時或天氣光
　　　　　霽，遙望皆白石，因名為玉山。（蔣毓英《台灣府志》〈卷
　　　　　之十古蹟〉1685：127）

雞籠礮城	在雞籠嶼。荷蘭時築。今遺址尚存。（周鍾瑄與陳夢林《諸羅縣志》〈卷十二雜記志〉「古蹟」1717：284）
水沙浮嶼	水沙連四週大山，山外溪流包絡。自山口入為潭，廣可七、八里；曲屈如環圍二十餘里。水深多魚。中突一嶼，番繞嶼以居，空其頂；頂為屋，則社有火災。岸草蔓延，繞岸架木浮水上，藉草承土以種稻，謂之浮田。隔岸欲詣社者，必舉火為號；番划蟒甲以渡。嶼圓淨開爽，青嶂白波，雲水飛動，海外別一洞天也。（周鍾瑄與陳夢林《諸羅縣志》〈卷十二雜記志〉「古蹟」1717：284-285）
澎湖暗澳城	明都督俞大猷所築。嘉靖間，林道乾作亂，大猷追之，道乾遁入台灣；大猷因留師澎湖，築城於暗澳以守。今故址尚存。（劉良璧《重修台灣府志》〈卷十八古蹟〉1741：493-494）
劍潭	在廳治北一百三十里，深數十丈，澄澈可鑑。潮長則南畔東流，而北畔西；退則南畔西流，而北畔東。每黑夜或風雨時，輒有紅光燭天。相傳底有荷蘭古劍，故氣上騰也。或云樹名茄冬，高聳障天，大可數抱，峙於潭岸，荷蘭人插劍於樹，生皮合劍在其內，因名。（陳培桂《淡水廳志》〈卷十三考三古蹟考〉1870：341-342）

26 類似說法尚有：周鍾瑄與陳夢林《諸羅縣志》〈雜記志〉所述：「琳宮寶剎、斷碣荒坵，足以供遊賞而發憑弔者，能幾何哉？」（1717：275）陳文達《台灣縣志》〈雜記志〉所述：「至於佛宮、道廟、舊冢、殘碑，傳聞所及，其足以供好古者之博覽，又何多也？」（1720：205）

水沙浮嶼為南投縣日月潭中的小島及其周圍的誘魚設施（引自1931《日本地理風俗大系第十五卷》，國立中央圖書館台灣分館【於2013年後改稱為國立台灣圖書館】典藏）。

在《鳳山縣採訪冊》自序中，編纂者盧德嘉間接提到方志的原始資料由里、保等大區域地方行政單位的總理，以及街、莊等小區域地方行政單位的耆老所提報（1894：5）。以此觀之，方志所列古蹟相關條目及內容，應由地方蒐集、經由方志編修成員篩選及考訂而成。以下區分府志及縣廳志2類，將數種較具代表性方志的古蹟相關條目條列於下。各方志的古蹟相關條目，請參見表5台灣清代方志所列古蹟條目一覽表p.278。

27 另外的 4 種：高拱乾《台
灣府志》之內容多沿襲自蔣
毓英《台灣府志》；周元文《重
修台灣府志》（1712）之內
容多沿襲自高拱乾《台灣府
志》；余文儀《續修台灣府志》
（1764）之內容多沿襲自范
咸與六十七《重修台灣府志》
（1746）；劉良璧《重修台
灣府志》（1741）的古蹟內
容多被收錄成范咸與六十七
《重修台灣府志》（1746）
相關條目的一部分。

（一）府志中古蹟的相關條目

　　台灣清代所編修的《台灣府志》，共有 6 種，均收錄古蹟相關條
目，其中以蔣毓英《台灣府志》（1685）及劉良璧《重修台灣府志》
（1741）較具有原創性，但是後者的資料被范咸與六十七《重修台灣
府志》（1746）沿用成其相關條目的一部分。[27]

　　蔣毓英《台灣府志》〈卷之十〉有古蹟目，范咸與六十七《重修台
灣府志》〈卷十九雜記〉中有樓堞、園亭、墳墓三目。以上兩種府志中
其古蹟相關條目，如下：

1. 蔣毓英《台灣府志》〈卷之十〉（1685）

古蹟　　　　　大井、藥水、三保薑、玉山、金山、湯泉、仙人山、
　　　　　　　石湖、木排田、鳳芋、水漣潭、火山、湯泉

2. 范咸與六十七《重修台灣府志》〈卷十九雜記〉（1746）

〔樓堞〕
台灣縣　　　　赤嵌樓、紅毛城、秀峯塔
諸羅縣　　　　青峯闕砲台
淡水廳　　　　淡水砲台、雞籠城、雞籠砲台
澎湖廳　　　　澎湖暗澳城、瓦硐港銃城
〔園亭〕
台灣縣　　　　北園別館、陳氏園、夢蝶園、聚星亭、檨林

↓范咸與六十七《重修台灣
府志》（遠流版）中所附郡
中八景之一的「澄台觀海」
木刻版畫。

↘范咸與六十七《重修台灣
府志》（遠流版）中所附郡
中八景之一的「斐亭聽濤」
木刻版畫。

諸羅縣	鎮番亭
淡水廳	望海亭

〔墳墓〕

台灣縣	五妃墓、李茂春墓、陳烈婦墓
鳳山縣	寧靖王墓
諸羅縣	沈斯庵墓
澎湖廳	盧若騰墓

范咸與六十七《重修台灣府志》〈雜記〉所列之淡水砲台為台北縣淡水紅毛城（2002）。

（二）縣廳志中古蹟的相關條目

在體例完備的 15 種縣廳志中，有 10 種列有古蹟相關條目 [28]，所收錄的對象以其行政轄區為限。其中以周鍾瑄與陳夢林《諸羅縣志》（1717）及陳培桂《淡水廳志》（1870）兩者的內容較具有原創性，前者的〈卷十二雜記志〉有古蹟目共 14 條，而後者〈卷十三考三古蹟考〉（附寺觀、園亭）共 56 條。此外，王必昌《重修台灣縣志》（1752）源自陳文達《台灣縣志》（1720），但內容更為豐富，其〈卷十五雜記〉有古蹟目（附宅、墓）共 25 條。以上三種縣廳志分別完成於清代初期、中期及後期，其古蹟相關條目如下：

1. 周鍾瑄與陳夢林《諸羅縣志》〈卷十二雜記志〉（1717）

古蹟	淡水礟城、雞籠礟城、青峯關礟台、火山、石湖、水沙浮嶼、水連潭、劍潭、八里岔潭、溫泉、龍目井、紅毛井、龍湖巖、靈山廟

2. 王必昌《重修台灣縣志》〈卷十五雜記〉（1752）

古蹟	赤嵌樓、赤嵌城、暗澳城、瓦硐港銃城、荷蘭井、大井、烏鬼井、馬兵營井、澎湖大井（亦名大井頭）、靈濟井、榕梁、斐亭、澄台、寓望園
宅（附）	明寧靖王朱術桂園亭、北園別館、陳氏別墅、夢蝶園、檨仔林、聚星亭
墓（附）	五妃墓、鄭成功墓、陳烈婦墓、明進士盧若騰墓、明隆武舉人李茂春墓

28 請參見表 5 台灣清代方志所列古蹟條目一覽表 p.278。

29 西班牙殖民政府，其官方名稱為西班牙菲律賓都督府（C.G.F），或簡稱為西都督府。

30 例如：明代於澎湖興建的暗澳城（位於澎湖馬公，詳後）、瓦硐港銃城（1624年明廷攻擊荷蘭聯合東印度公司駐軍時於澎湖白沙城前所建）、西班牙殖民政府及荷蘭聯合東印度公司興建的雞籠礮城（1626年西班牙人於基隆和平島始建 San Salvador 堡，大約1642年荷人占領並改稱 Noord Holland Fort，約1665年重建）、淡水礮城（1628年西班牙人始建 Santo. Domingo 堡，1644年荷人重建並改稱 Fort Anthonio）、赤嵌樓（1653-1655年荷蘭聯合東印度公司於台南赤崁所建 Provintia 城堡，俗稱赤崁樓）、赤嵌城（1624-1643年荷蘭聯合東印度公司於台南安平所建 Casteel Zeelandia 城堡，俗稱安平古堡）等、鄭氏王朝期間興建的一元子園亭（1664年所建寧靖王府後花園，位於今台南大天后宮後）、北園別館（1680年鄭經所建，今台南市開元寺前身）、夢蝶園（1664年舉人李茂春所建，今台南法華寺前身）等；所收錄的方志，參見表5台灣清代方志所列古蹟條目一覽表 p.278。明代資料請參閱林會承 1994；荷西資料請參閱林會承 1999；鄭氏王朝資料請參閱曾惠裏 2001。

《諸羅縣志》〈雜記志〉「古蹟」所列靈山廟為台北市關渡宮前身（2007）。

3. 陳培桂《淡水廳志》〈卷十三考三古蹟考〉（1870）

古蹟　　玉山、紗帽山、龍峒山、鶯哥山、鳶山、杙峯、鱟嶼、社寮島、月眉崎、獨崎、寒石洞、水簾峒、仙人洞、蝙蝠洞、仙迹石、反經石、硯盤山、鳥踏石、石鐘石鼓、土地公坑、柏節坑、紫薇坑、火穴、劍潭、八卦潭、鯉魚潭、馬龍潭、大潭、八里坌潭、仰天湖、金魚湖、澹雲湖、峯仔崎溪、磺溪、三合水、墨水、蘆洲、蓮花池、龍王池、三孔泉、石壁泉、西雲巖泉、石閣泉、番井沸泉、半山泉、鐵砧山泉、響泉、尌頂泉、溫泉、磺油窟、龍目井、國姓井、乳井、巡司埔井、井井泉井、荳菜井

寺觀（附）竹蓮寺、靈泉寺、壽山巖寺、觀音寺、龍山寺、慈雲寺、劍潭寺、芝山寺、石壁潭寺、西雲巖寺、鄞山寺、地藏菴

園亭（附）望海亭、竹林石室、潛園、北郭園、怡園、太古巢

（三）方志中古蹟條目及內容的檢討

如前所述，古蹟的條目及介紹，多由地方耆老採集、經由方志編修成員篩選及考訂而成。早期的方志缺乏現成資料，加上編修成員對於台灣的瞭解有限、地方制度尚不完備，因此其古蹟條目為數不多，但是隨著民政體系越趨細密，後期方志的條目數量不僅增多，所涵蓋的空間範圍也較完整。以府志為例，蔣毓英《台灣府志》完成於清領第二年，所列古蹟只有 13 條，且多位於當時官府所在的台南至嘉義一帶；范咸與六十七《重修台灣府志》完成於清領後 60 餘年間，當時街莊等地方行政組織及三級制的保甲制度已行之有年（戴炎輝 1979：9-12、80），所列古蹟 20 餘條，且遍及全台各地；而編纂於清末的陳培桂《淡水廳志》（1870），其〈卷十三考三古蹟考〉所列古蹟，大多未見於舊志，且遍及淡水廳的各地區。以上史料，間接地說明了，隨著漢人勢力擴張及民政體系步上軌道，方志編修成員對於台灣古蹟的視野及資料掌握能力也有所提升。

早期方志的古蹟條目，特別是蔣毓英《台灣府志》（1685）所列者，屬於鄉野傳奇物件的比例相當高，到了陳文達《台灣縣志》（1720）之後，大體上只記錄可見的物件；說明了於早期前來的知識分子將台灣視為蠻荒異域，並以「蒐奇誌異」的態度來遴選古蹟；在漢人勢力迅速蔓延之後，台灣的神祕色彩逐漸褪去，編纂者也較能以平常心去看待台灣，改以「史蹟名勝」的角度做為古蹟收錄的標準。

多數方志的古蹟條目，包括了明朝政府、荷蘭聯合東印度公司（V.O.C.）、西班牙殖民政府 [29] 及鄭氏王朝的遺跡 [30]，說明編纂者多能超越政治的意識型態，以理性客觀的態度來面對歷史文化事務 [31]。其次，只有蔣毓英《台灣府志》（1685：128）及周鍾瑄與陳夢林《諸羅縣志》（1717：284-285）中收錄了原住民族條目，均為邵族的浮嶼 [32]，似乎對於原住民族的文化並不重視或不瞭解。此外，方志多不將清代的構造物及墳墓等列為古蹟 [33]，說明了在多數編纂者的認知中，前朝所建的構造物才具備古蹟的資格。

[31] 少數是例外的，如前述的劉良璧《重修台灣府志》（1741）、謝金鑾《續修台灣縣志》（1807）的觀點中有漢人中心思想。

[32] 於蔣毓英《台灣府志》中稱之為木排田，於周鍾瑄與陳夢林《諸羅縣志》中稱之為浮田，也稱為浮洲、浮島等，即日月潭邵族人編竹成筏，於其上種植水草，置於潭中，利用魚喜在此產卵的習性，於周圍置魚筌誘捕的工具。（李亦園 1958：51-98）

[33] 少數的例外，如：周鍾瑄與陳夢林《諸羅縣志》所列的靈山廟（今關渡關渡宮前身，建於 1712 年），但編纂者特別表明為附記（1717：286）；王必昌《重修台灣縣志》所列的斐亭（位於台灣道署後，建於 1693 年）、澄台（位於斐亭之左，建於 1693 年）、寓望園（位於台灣道署後，建於 1686 年）（1752：536-539）。

王必昌《重修台灣縣志》〈雜記〉「古蹟」所附夢蝶園為台南市法華寺前身（2009）。

王必昌《重修台灣縣志》〈雜記〉「古蹟」所附明寧靖王朱術桂園亭或稱一元子園亭，位於今台南市大天后宮後側（2010）。

王必昌《重修台灣縣志》〈雜記〉「古蹟」所附北園別館為台南市開元寺前身（2009）。

台北縣三峽鳶山為《淡水廳志》所列古蹟之一（2009）。

大屯山系的紗帽山為《淡水廳志》所列古蹟之一（2010）。

《淡水廳志》〈古蹟考〉所附壽山巖寺為桃園壽山巖觀音寺前身（2002）。

《淡水廳志》〈古蹟考〉所附芝山寺為台北市芝山巖惠濟宮前身（2009）。

各種方志所列的古蹟條目，多包括有形文化資產（以古蹟及歷史建築為主）、文化景觀及自然資產（以自然地景為主）[34] 3大類。部分方志偏重文化景觀及自然資產，如蔣毓英《台灣府志》（1685）所列的古蹟13條，其中三保薑、玉山等8條屬於自然資產，藥水、仙人山、木排田等3條屬於文化景觀，只有大井為現今所稱的古蹟；陳培桂《淡水廳志》（1870）所列的古蹟56條，其內容完全為山、水、池、井、泉、島等文化景觀及自然資產，而不包括現今所稱的古蹟或歷史建築。[35] 部分者則偏重於有形文化資產，如王必昌《重修台灣縣志》（1752），所列的24條，除了榕梁屬於自然資產以外，其餘者包括附錄的宅及墓，均屬於有形文化資產。[36] 而周鍾瑄與陳夢林《諸羅縣志》則同時包括自然資產與有形文化資產，其所列的古蹟14條，其中有8條屬於有形文化資產，6條屬於自然資產。[37]

各方志古蹟條目的介紹，除了多很簡略之外，早期方志中有關自然資產類的古蹟介紹文句的語氣多不很肯定，同時也經常夾雜鄉野傳奇，後期方志則較為具體，說明了編纂者對於資料掌握有所改善。但是有些條目的介紹內容，則是明顯錯誤，例如前引的水沙浮嶼為邵族人的誘魚設施，而非水稻田（李亦園 1958：51-98）；而暗澳城為於 1625-1626 年間，於荷蘭聯合東印度公司駐軍自澎湖撤往台灣安平之後，由明政府所建，而非俞大猷為追勦林道乾所建（曹永和 2000：171-173）；另外，周鍾瑄與陳夢林《諸羅縣志》（1717：284）及劉良璧《重修台灣府志》（1741：494）中列有淡水礮城及雞籠礮城等，但是考證資料只提到後期占領的荷蘭人，似乎不知二者係由西班牙人所始建；顯然編纂者對於台灣歷史並不夠瞭解，或是其訪查工作不夠確實。

三、民間的文化資產保存作為

台灣清代的漢人基層社會，擁有地方行政及保甲等官設組織，但是最主要者為由地方居民所成立的自治組織，稱為「公司」或「鄉老會」。（林會承 1996：54-95）為了凝聚社群的向心力，部分「公司」或地方士紳推動成立文教、社會救濟、公益等團體，以服務鄉里。其中屬

34 有形文化資產的意義，請參見導論第一節的三小節；於 2016 年 7 月 27 日公布施行的「文化資產保存法」中，其自然地景及自然紀念物，前者包括了自然保留區及地質公園，後者包括珍貴稀有植物、礦物、特殊地形及地質現象，兩者也可通稱為「自然資產」。

35 類似者尚有高拱乾《台灣府志》（1695）、李丕煜與陳文達《鳳山縣志》（1719）、王瑛曾《重修鳳山縣志》（1762）等。

36 類似者尚有劉良璧《重修福建台灣府志》（1741）、謝金鑾《續修台灣縣志》（1807）等。

37 類似者尚有陳文達《台灣縣志》（1720）等。

38 碑文稱八罩澳，應為八罩嶼、八罩或八罩山之誤。「八罩」為澎湖南海諸島統稱或單指望安島，自周于仁、胡格《澎湖志略》（1736：28）以降，均以望安島中央為界，以南稱為網垵澳，以北稱為水垵澳；在林豪《澎湖廳志》（1893：81）中，前者有網垵社、將軍澳社、東吉嶼社、西吉嶼社、嶼坪社及大嶼社，後者有水垵社、花宅社及花嶼社。許、吳等人為今望安島網垵社人，該社包括今網垵口、山寮、西埔及后寮四個社，這些士紳均為后寮社人。（林會承 1998：35-37）

於文化資產保存或推廣範疇者，以推動或傳習技藝或藝能者居多，常見者如武術、文武陣頭、南北管、子弟戲、歌仔戲、布袋戲、八音、採茶歌等。在澎湖縣望安島上，於 1880（光緒 6）年由八罩網垵澳[38]紳士許樹人、許清省、吳鼎盛等人共同捐資成立的好善堂，則將其關注對象擴及自然社會保育。好善堂為一個社會救濟團體，其宗旨為透過金錢的資助來救援女嬰、龜鱉及年老耕牛，以免其遭到殺害，以及鼓吹敬字風俗；其中的龜鱉，即今第一級保育類動物、定期返島產卵的綠蠵龜。為了有效達成其目標，好善堂呈請澎湖通判唐世永命令當地的文武汛口及鄉保地甲負責察查，並立石為記，其內容如下：

> 欽加知府銜署台灣澎湖海防糧捕分府唐
>
> 　為出示嚴禁事。照得本年十一月二十二日據八罩澳紳士許樹人、許清省、吳鼎盛、吳常魁、許樹林、許清音等僉稟詞稱：緣人等生長於海濱、民多愚蒙，不知珍重於女嬰，罔識矜憐山之耕牛、海之龜鱉，亦往往殘害，人等目擊心傷，爰是出首倡捐共得微資，每年生息以為補救之助，其拾字紙工資每年給錢六千，女嬰每口給錢一千，衰老耕牛每隻每年貼錢二千，龜鱉大的定價每觔一十文，小的每觔一十二文，第恐現時奸貪執拗不遵，而且歷時既久，恐致廢墜，因相率僉稟懇乞出示嚴禁，責成該地文武汛口鄉保地甲，隨時察查，若有抗玩，許其稟究，恩准嚴禁立石，則公侯萬代矣，切叩等情。據此，閱見仁人惻隱之心，可嘉之至，所議各條亦俱妥洽，准予出示立石嚴禁，並移營飭行該處汛弁察查外，合行出示嚴禁。為此，示仰八罩澳各鄉人等知悉：其拾字紙工資每年給錢六千，女嬰每口給錢一千，衰老耕牛每隻每年貼錢二千，龜鱉大的每觔一十文，小的每觔一十二文。惻隱之心人皆有之，倘有不法之徒，仍蹈故轍，許該鄉甲隨時具稟，按律懲辦，決不姑寬。毋違特示。
>
> 　　光緒六年元月　　日給

八罩嶼好善堂石碑目前存放於澎湖望安綠蠵龜觀光保育中心內（約 2003）。

好善堂的救助成果未見於史料中，但是於其成立之初，依據澎湖廳通判唐世永

頒布公文所銘刻的石碑，尚存於島上，為當時民間致力於自然社會保育的重要見證。

四、小結

台灣清代文化資產保存的環境，最明顯的特徵為：(1) 尚未建置文化資產保存的相關法規及機制，(2) 方志中多有古蹟、風俗或類似名稱的卷或目，其內記錄轄區內古蹟、風俗條目及簡介。

在人類文明發展歷程中，文化資產保存於近百年來才受到重視及推動，台灣清代以前沒有文化資產保存的相關法規及機制，以及受到法律保護的指定物件，並不令人感到意外。即使如此，長久以來，漢人政權有編修方志的良好傳統，並且多將古蹟及風俗列為常備內容之一，為後世保留了文化資產的相關史料，同時也成為近代推動文化資產保存的重要參考資料。例如 1907（明治 40）年安江正直依據《台灣舊慣調查報告書》編纂計畫完成第一本台灣建築史專書《建築史編纂資料蒐集復命書》，從其內容來看，應大多參考自清代的方志；1916（大正 5）年台灣總督府令杉山靖憲辦理第一次台灣文化資產調查工作，杉山氏以清代方志的相關資料為基礎完成《台灣名勝舊蹟志》一書，這本書對於日後史蹟名勝天然紀念物的提報，有非常大的幫助；戰後初期長官公署及省府分別推動史蹟、古物古蹟調查，各地方政府所提報的部分內容係摘取自方志而有。

由於缺乏文化資產的相關法規，導致清代知識分子對於「古蹟」一詞的詮釋及收錄標準，相當分歧，諸家的觀點類似現今所稱的「各自表述」。其次，相較於新舊方志古蹟條目數量隨著時間流轉，呈現累積的趨勢，編纂者對於古蹟定義、分類、意義等基本知識的理解，並未呈現相對成長的軌跡，甚至可以說，兩百多年來，各編纂者對於古蹟的知識並無精進，至多只在名詞上打轉。

在清代方志中，記載了 1718（康熙 57）年官方修葺安平熱蘭

遮城（薛紹元 1895：697）及 1724（雍正 2）年重修淡水紅毛城（陳培桂 1870：45）之事、以及 1746（乾隆 11）年及 1751（乾隆 16）年兩度整修五妃廟（王必昌 1752：543）等，但是似乎並非採取現今的修復原則。

　　綜合來說，台灣清代官方及知識分子對於古蹟應有所聽聞，但是並未加以重視，同時也沒有保存觀念。至於庶民大眾的認知，無法從史籍中體會，以當時民間識字及官話聽講能力普遍不佳的情形來看，方志中有關古蹟的知識對於民間的影響似乎有限，就目前所知少數民間有形文化資產及自然資產的保存活動，均屬於慈善、移風易俗，或是念舊或珍惜的個別行為，而非基於歷史文化價值而有的普遍現象，換言之，當時社會中尚無有形文化資產及自然資產的保存風氣。至於因應社會生活所需而有的職業性、休閒娛樂或儀典性的展演活動，即現今所稱的傳統藝術、民俗及有關文物等無形文化資產，融於日常生活中，為習俗的一部分，透過民間社團自發性的推動，而普遍留存於社會基層之中。

貳 「史蹟名勝天然紀念物保存法」時期

1　1895 年日人治台後，先設
縣及廳，1901（明治 34）年
改設廳，1920（大正 9）年
以後調整為 5 州 2 廳，1926
（昭和 1）年增設澎湖廳。（盛
清沂等 1977：502-507）

2　日本本土於此後繼續公布
施行「國寶保存法」（1929-
1950）、「有關重要美術
品等之保存法律」（1933-
1950）及「古都保存法」
（1966-）。1950 年將「史
蹟名勝天然紀念物保存法」
（1919-1950）、「國寶保存
法」及「有關重要美術品等
之保存法律」整合成「文化
財保護法」。

3　1898（明治 31）年總督府
設立臨時台灣土地調查局，
全面調查、測量及清理台灣
土地資料，並於 1904（明治
37）年完成「台灣堡圖」；
1901（明治 34）年成立臨時
台灣舊慣調查會，聘請岡松
參太郎來台主持，先後完成
《台灣舊慣調查報告書》10
冊（1903-1907）、《台灣私
法》17 冊（1910）、《番族
調查報告書》13 冊（1914）、
《清國行政法》7 冊（1910-
1914）；1922（大正 11）年
設台灣總督府史料編纂委
員會，完成本編 34 冊、綱文
25 冊、打字 3 部。（王世慶
1993：61-62）

4　例如：總督府營繕課長井
手薰（1897-1944，岐阜縣
人，建築家）、技師栗山俊
一（1882- ?，福井縣人，從
事建築工程、構造材料等研
究）、千千岩助太郎（1897-
1991，佐賀縣人，從事高山
族建築研究，1941-1943 年
任職於總督府營繕課）、台

　　西元 1894 年甲午戰爭爆發，次年清廷戰敗，日本政府依據清日「馬關條約」（1895.4.17）接管台澎，以台灣總督府（以下簡稱「總督府」）為最高行政機關，其下設縣及廳、或州及廳[1]。各地方擁有行政、司法、教育、警察等單位，並以日本本土的法規政策為基準，因應台灣的環境而調整施政作為。在社會上，明顯的區分為兩個主要階層：一個是以日語為母語的統治階層，另一個是以福佬話、客家話及原住民語為母語的地方階層。在政府相關單位中任職者多來自日本本土；而本地人則以從事農漁、工商等傳統行業為主。

　　於治台之前，日本政府透過法律的制定，建構了日本本土文化資產保存的機制，包括 1871（明治 4）年公布施行「古器舊物保存法」，其保護對象包括古器、舊物及建築物等。於治台兩年後（1897），於

日本本土公布「古社寺保存法」，用以保護歷史悠久及工料特殊的神社佛寺等。這兩種法規，其保護對象局限於有形的單體物件，同時也未移植運用於台灣。1919（大正 8）年，日本政府制定「史蹟名勝天然紀念物保存法」，其保護對象包括史蹟、名勝及天然紀念物 3 類。由上述史料可以瞭解，日本本土於治台 20 餘年前，已展開文化資產保存的相關工作。[2]

日本政府來台的最初 5-6 年間，各地動亂不止，總督府忙碌於穩定政局及鎮壓民變。即使如此，為了擬定有效能的殖民政策，總督府自日本本土延聘學者專家來台從事土地、民情、制度等全面性的基礎調查[3]，先後完成《台灣舊慣調查報告書》（1903-1907）及《番族調查報告書》（1914）等大型資料檔案，為台灣的文化研究奠定良好基礎，也因而引進許多優秀的文化人才來台。

在進入 1920 年代後，由於政務逐漸步上軌道、社會漸趨富裕安定，文化事務開始受到注意，台灣官民各界中均有文化資產保存的支持者。在總督府及地方政府中，即有熱衷文化資產保存的官員[4]、以及一些受到台灣特有文化環境吸引而應聘從事專題研究的知識分子[5]；其次，因高等教育的創辦，而吸引為數眾多的自然文化研究學者來台任教[6]；在民間社團，如台灣博物學會及台灣建築會等、以及新聞或出版等事業中，均有一些具備文化素養的專業人員。上述散布在社會不同領域中的學者專家及官員，彼此呼應，逐漸涵養出台灣文化資產保存的風氣，進而促成法律的施行及制度的建構、以及調查研究及修復工程的推動。

在日本治台 50 年（1895-1945）間，台灣文化資產保存的機制、政策作為及民間風氣，從無到有逐漸形成，其發展過程，可約略分為三個階段：(1) 市區改正與保存事務浮現、(2)「史蹟名勝天然紀念物保存法」在台公布施行、以及 (3) 史蹟名勝天然紀念物指定及保存。

市區改正後桃園大溪店仔厝一景（2009）。

南廳長枝德二（1921 後改任台南州知事）、台南市尹羽鳥又男等，相關資料詳後所述。

5 較著名者如：伊能嘉矩（1867-1925，岩手縣人，1895 年來台任職，從事原住民族及台灣文化史研究）、鳥居龍藏（1870-1953，德島縣人，1896-1900、1910-1911 五度來台從事高山族人民族學調查）、森丑之助（1877-1926，京都人，從事人類學及植物學研究）、鹿野忠雄（1906-1945，福島縣人，1934 年來台任職，為橫跨自然科學及人文科學的博物學者）等人。（林初乾等總編輯 2004）

6 例如：史蹟名勝天然紀念物調查會委員村上直次郎（1868-1966，大分縣人，文政學部史學科，從事荷西殖民史研究）、素木得一（1882-1970，渡島縣函館人，理農學部，從事昆蟲研究）、中澤亮治（從事生物研究）、工藤祐舜（1887-1932，秋田縣人，從事植物地理學研究）、移川子之藏（1884-1947，福島縣人，土俗學人種學教室，從事高山族民族學研究）、平坂恭介（1887-，千葉縣人，理農學部，從事動物研究）、早坂一郎（1891-1977，宮崎縣人，理農學部，從事地質研究）、日比野信一（1890-，東京市人，理農學部，從事植物生理學研究）、青木文一郎（1883-1954，岐阜縣人，理農學部，從事哺乳類動物研究）、岩生成一（1900-1988，東京人，文政學部史學科，從事荷西殖民史研究）

等為台北帝國大學教授，宮原敦為總督府醫學專門學校教授；而致力於基礎資料蒐集的田中大作（？-1973，鹿兒島人，台灣建築史研究）為台北工業學校教授、千千岩助太郎先後任教於台北工業學校及台南工業學校、堀川安市（1884-1970，長崎縣人，從事生物研究）為總督府國語學校教授。（林朌乾等總編輯 2004、吳永華 2000：300、國立台灣博物館 2008）

7 日治第二年，1896（明治 29）年，總督府聘請內務省衛生工程技師兼東京帝國大學教授爸爾登（William Kinninmond Burton, 1856-1899，英國蘇格蘭愛丁堡人）來台，先後完成台北、台中、基隆、淡水等近十個市街的都市給排水、防災、家屋等規劃及設計，次年展開台北市下水道改善工程；1899（明治 32）年爸爾登因病過世，由其學生土木課技師濱野彌四郎（1872-1932，千葉縣人，1896-1919 年在台，負責市區改正及上下水道等工程）接續完成。

一、市區改正與保存事務浮現

來台初期，由於生活環境的差異，日人罹病或死亡極多，為此總督府在市街地區推動衛生下水道改善工程[7]、市區改正、以及都市計畫等一系列的環境改造工程，其中的市區改正計畫，前後施行了 30 餘年，明顯改變了台澎主要市街的風貌。至於 1896（明治 29）年所展開的衛生下水道改善工程以施作排水管溝為主，而 1936（昭和 11）年所展開的都市計畫因起步較晚，僅完成新高港（今台中港）計畫（黃世孟 1993：221-236），這兩項工程對於市街景觀的影響有限。

（一）市區改正計畫的推動

1897（明治 30）年總督府於台北市衛生下水道改善工程的施作期間，發現台灣市街道路多狹窄而彎曲，而意識到規劃重整市區，才能有效提升居住品質。兩年後（1899）公布「市區計畫範圍內土地建物之規定」，1900（明治 33）年進一步公布「台灣家屋建築規則」，隨後展開各市街的市區改正計畫及工程。從 1900（明治 33）年到 1936（昭和 11）年為止，總督府共公告執行 51 處（9 市、22 街、17 庄、3 區）、以及擴大執行 11 處（7 市、4 街）；此外，還有由地方政府自行辦理的市區改正，不包括在前述的統計數字之內。（青島勝三 1987：249-251）

台灣的傳統漢式市街，除了較晚所興建的台北城外，其餘者多為順應自然條件，逐漸蔓延而成，屬於所謂的「有機式樣」（Organic Form）；而總督府推動的市區改正計畫，為援引西方都市設計概念，以量化數據及幾何形為基礎，進行平面空間分割，屬於所謂的「機械式樣」（Mechanical Form）。在有機式樣的密集街區中，將道路拓寬及拉直成格子狀，於其兩側挖設排水溝、安裝路燈及種植路樹，於店仔厝的前端挑高以做為亭仔腳等，不可避免的需要拆除部分既成的構造物，包括具有文化資產價值的厝、店或廟宇等，對於市街的歷史文化造成不同程度的破壞。

市區改正後彰化縣鹿港
五福街街景（2009）。

　　以北港、新化、竹山等鄉鎮級的街區而言，為了減少爭議，其計畫道路多沿著原有的道路拓寬，導致其兩側店仔厝的位於計畫道路及亭仔腳預定地上的構造物遭到拆除而新建牌樓面；其次，為了方便土地徵收，計畫道路劃設在面積較大的單筆土地上，致使大宅或廟宇遭到拆除。以大溪和平街（1918-1919年施作）及三峽民權街（1916-1917年施作）為例，兩條街的兩側原本均為漢式店仔厝，而今日所見的亭仔腳及裝飾華麗的牌樓面，即是當時配合市區改正而重建的結果。彰化縣鹿港街也是一個典型的案例，今中山路的中段，即是舊稱「不見天」的精華區五福街，原本寬約5公尺，1934（昭和9）年實施市區改正，拓寬為15公尺，加上兩側各留4公尺多的亭仔腳，導致沿街店仔厝的立面完全改觀；相較之下，位於港溝邊的舊街（埔頭街、瑤林街、九間厝街等）未被列為市區改正對象，因此幸運地保留其歷史風貌，成為現今體驗台灣清代街區環境的最佳地區之一；至於三山國王廟因位於計畫道路上而遭到遷建，城隍廟的前殿及廟埕因位於計畫道路上而遭到拆除，丁家新協源大厝（即俗稱的丁家大厝或丁進士第）被劃為計畫道路用地，在尚未拆除前，因1986年「鹿港歷史風貌特定區計畫」的核定，而幸運的保留下來。

　　擁有城牆的都市如台南、新竹、彰化、宜蘭、馬公等，除了將街區進行市區改正外，其城牆也因交通改善的需求而遭到拆除。以台南市為例，其城牆於1901（明治34）至1945（昭和20）年間陸續拆除，僅保留大南門及大東門，而小西門於戰後移築至成大光復校區內。

清代台北府城城牆目前僅剩
北門城門樓主體保持原形
（2009）。

　　台北城的情形有所不同，一方面需配合政策改造為具有殖民統治中心意象的現代化都市，另一方面也進行市區改正。除了街道改變、城牆拆除之外，城內的大型清代官衙及廟宇，如：欽差行台拆遷改建為公會堂（今中山堂）、天后宮拆除改建為台北公園（今二二八公園）、文廟拆除後分屬第一高等女學校（今北一女中）及國語學校（後改為台北師範學校、第一師範學校，今台北市立教育大學）、武廟拆除闢建為今重慶南路。城內所有的大型漢式建築無一倖存，只剩北門、東門、南門、小南門四座城門，後三座的城門樓於 1966 年遭到改建成為鋼筋混凝土造的北方式樣建築。

　　市區改正及都市計畫的內容，於戰後被中華民國政府沿用 8，導致市街地區的歷史建築持續承受拆遷壓力，例如原位於台北市大安區的林安泰古厝，即因而於 1984 年被迫解體遷建到大佳河濱公園內。

（二）先期保存事務的浮現

　　在總督府積極推動市街生活環境改造工程之際，台灣文化資產保存的「暖場」事務也零星浮現，包括有關法規的公布、考古發掘、史蹟調查、妥協式的保存活動、文化社團成立等。

　　1896（明治 29）年總督府公布「本島廟宮寺院保護相關規則告

論」，基於尊重民間信仰、以及廟宇具有道德規範及追根溯源等社會
功能，要求部隊善盡保護借用廟宇及其文物之責。

　　同年總督府國語學校教師粟野傳之丞 [9] 在台北市芝山巖發現一件
史前人類的石器；次年，伊能嘉矩與宮村榮一在台北市圓山發現一處
含有石器、骨器和陶器的貝塚，這兩次的發現，開啟了台灣現代考古
學活動。（臧振華 1999：26）1920（大正9）年總督府醫學專門學校教授
宮原敦捐款、三年後興建完成保護圓山遺址大砥石的鋼筋混凝土構造
物，這是台灣歷史上首見的遺址保護工程。

　　1901（明治34）年，總督府為了瞭解台灣民情風俗制度，以做
為治台政策之參考，設立臨時台灣舊慣調查會，聘請京都帝國大學教
授岡松參太郎來台主持調查工作，1907（明治40）年總督府土木課
職員安江正直完成土木建築類的資料蒐集，撰寫《建築史編纂資料蒐
集復命書》呈報 [10]，內容包括：台灣明清建築總論、以及城、官衙、
學宮書院、宮廟寺巖、邸宅等5類建築個案共112筆，並將其總論以
〈台灣建築史〉為名，於1909（明治42）年發表於日本建築學會會
刊《建築會誌》中，這本報告書為台灣建築歷史的第一本專門著作。（黃
俊銘 1996a：66-69）

　　除了史蹟調查之外，總督府殖產局川上瀧彌 [11] 於1903（明治
36）年調查採集上萬份植物標本。同年殖產局完成台灣鳥類調查結
果，公布需要保護的鳥類共有17類、39種。1915（大正4）年完成
台灣名木調查，公布需要保護的名木共807棵，包括樟樹、赤榕、茄
苳、楓樹、檜、黃槿等各類。（許雪姬 1998：20）

9 粟野傳之丞，宮城縣人，
從事原住民及台灣鳥類及昆
蟲研究。（林礽乾等總編輯
2004：810-811）

10 1908（明治41）年安江正
直向總督府提交另一份報告，
列為總督府臨時台灣舊慣調
查會《臨時台灣舊慣調查會
第一部報告：清國行政法》
（1910）第三卷第七章土木
類。

11 川上瀧彌，1871-1915，
山形縣人，原任職總督府殖
產局，專長植物研究，後轉
任總督府博物館首任館長、
台灣博物學會首任會長。
（國立台灣博物館 2008：16-
18）

在保存實務方面，由於市區改正的推動，而陸續發生數起遷建事件。1900（明治 33）年，原位於台北市石坊街的急公好義坊（其確實位置為今台北市衡陽路與重慶南路交口西側），因計畫道路開闢，而移築至台北公園（今二二八公園）西南角。1901（明治 34）年，原位於台北市東門街的黃氏節孝坊（其確實位置為今台北市外交部左前方與凱達格蘭大道交界處），因興建總督府官舍，於 1906（明治 39）年遷建於台北公園東北角。1903（明治 36）年台中市原台灣省城大北門（坎孚門）的城門樓（明遠樓）因市區改正而遷建於今台中公園內。1912（大正 1）年左右，台中市原台灣省儒學考棚，因興建台中州廳（於 2020 年以前為台中市政府），而將正堂 7 間遷建至州廳西側；1924（大正 13）年再度將其兩層樓高的主樓移築至水源地公園，並將其命名為「湧泉閣」。1925（大正 14）年台北市役所擬拆除欽差行台，以興建台北公會堂（今中山堂），而引發井手薰、栗山俊一等人的反對，1932（昭和 7）年將欽差行台的構造物分別遷建於台北植物園、圓山動物園（今圓山育樂中心）及淨土宗台北別院（今善導寺）。（李瑞宗 2007：164）

在「史蹟名勝天然紀念物保存法」公布施行之前，最值得稱道的文化資產保存活動為台南市孔子廟的解體修復。台南孔子廟的前身為明鄭於 1666（永曆 20）年所建的太學，台灣入清後改稱為府儒學，擁有聖廟、明倫堂、文昌閣等建築物。1915（大正 4）年台南廳長枝德二募款倡修，由台南廳技師森田松三郎、尾辻國吉、柏分熊吉負責將其所有建築物解體及測繪後，依原貌修復及重組，以及將所有家具及器物整修，並將附屬建築的廊道、左右兩側圍牆拆除；1917（大正 6）年開工，次年 6 月完工落成（廖麗君 1998：3/18-3/19）。台南孔子廟的解體修復，為台灣首次以類似後期施行的「文化資產保存法」的精神修復的案例。

另外一件影響深遠的事務，為 1908（明治 41）年台灣總督府博物館（或稱總督府民政部殖產局附屬博物館，今台灣博物館本館）設立兩年後，台灣博物學會在川上瀧彌、岡本要八郎[12]等人發起下成立。學會的成員，不僅為台灣近代博物館學奠定良好基礎，同時透過團體

遷至台北市二二八公園內的王家霖妻黃氏節孝坊（2010）。

遷至台北市二二八公園內的洪騰雲急公好義坊（2010）。

欽差行台的部分建物遷至台北植物園內（2010）。

台中市的台灣省儒學考棚的部分建物遷移至州廳西側（2010）。

台中市的台灣省城大北門城門樓的部分建物遷移至台中公園內（2010）。

→台南市孔子廟大成殿現況
（2009）。

↘台灣總督府博物館為今台
北市二二八公園內的台灣博
物館（2009）。

13 本節中未註明出處者，主
要參考以下著作：黃俊銘《日
據時期台灣文化資產研究與
保存文獻彙編：以史蹟名勝
天然紀念物為主（文獻導讀
部分）》（1996a）及《日據
時期台灣文化資產研究與保
存文獻彙編：以史蹟名勝天
然紀念物為主（文獻彙編部
分）》（1996b）、梁靜萍《日
據時期台灣「建築文化資產」
保存活動發展之歷史過程》
（1996）。

的力量，促成總督府展開史蹟名勝天然紀念物的指定工作。

二、「史蹟名勝天然紀念物保存法」在台公布施行

　　「史蹟名勝天然紀念物保存法」為繼「古器舊物保存法」及「古
社寺保存法」之後，在近代日本本土施行的第三種、以及在台灣施行
的第一種文化資產保存法律。其在台的施行歷程，可以概分為兩個階
段：（1）「史蹟名勝天然紀念物保存法」移植來台、（2）「史蹟名勝天
然紀念物保存法」在台施行。[13]

（一）「史蹟名勝天然紀念物保存法」移植來台

日本本土近代文化保存觀念的形成，始於 1906（明治 39）年三好學博士 [14] 呼籲保護天然紀念物（宮地蒼生夫 1931：13-28），1911（明治 44）年由德川賴倫推動成立史蹟名勝天然紀念物保存協會。隨後由朝鮮（現今南韓及北韓）總督府成立史蹟名勝天然紀念物調查委員會，並於 1916（大正 5）年率先制定公布「古蹟及遺物保存規則」。1919（大正 8）年，日本於其本土制定公布「史蹟名勝天然紀念物保存法」，次年日本內務省發布「史蹟名勝天然紀念物調查要目認定標準」，以上 2 種法規屬於政策性規範及保存對象分類細目。1922（大正 11）年內務大臣官房地理課發布「史蹟名勝天然紀念物保存相關依命通牒」，此法類似台灣的「施行細則」及「作業要點」，使得日本本土的史蹟名勝天然紀念物保存工作得以推動。

在「史蹟名勝天然紀念物調查要目認定標準」中，將保存對象區分為：史蹟、名勝及天然紀念物 3 類，而天然紀念物分為：動物、植物及礦物 3 次類。在上述各類下，進一步條列細目，史蹟有：皇室之有關建築、寺社遺跡及祭祀信仰相關之重要史蹟、古墳及名人墓、外族文化相關之史蹟等 11 種；名勝有：著名之公園及庭園、著名之橋梁、堤防、著名之花草樹、鳥獸、蟲魚等、自然景勝地等 11 種；動物有：僅存稀有動物、著名動物的繁殖地或遷徙停留地、特有畜養動物、海外移植之非原生家畜動物等 9 種；植物有：具代表性的原始林、稀有林、具代表性的高山植物帶、珍奇植物所在地、瀕臨絕種之植物、固有原野植物群落、稀少或有稀少憂慮之野生有用植物等 17 種；礦物有：岩石及露出之礦物、礦物蘊藏之狀態、顯示礦物成因之狀態、地層之褶曲、風化及侵蝕之相關現象、泥火山等 13 種。「史蹟名勝天然紀念物保存法」及「史蹟名勝天然紀念物調查要項認定標準」條文，請參見表 6「史蹟名勝天然紀念物保存法」及相關法規 p.282。

1922（大正 11）年 12 月 29 日，總督府公布「行政諸法台灣施行令」，將「質屋取締法」、「海港檢疫法」、「印紙稅法」等日本本土法案移植至台灣，於 1923 年 1 月 1 日施行。1930（昭和 5）年 2 月

14 三好學（1862-1939）為日本美濃國岩村人，植物學者，東京帝國大學教授，為日本天然紀念物保存的先驅者。

15「行政諸法台灣施行令」於 1930 年 2 月以後所涵蓋的法規包括「質屋取締法」、「海港檢疫法」、「印紙稅法」、「水難救護法」、「種痘法」、「史蹟名勝天然紀念物保存法」、「稅關貨物取扱人法」等 36 種。（佐藤續監修、青木行清、諏訪鶴雄共編 1934：141-147）

16 史蹟名單為：太古巢、圓山貝塚、植物園貝塚、鄭氏遺跡及墓地遺址、五妃廟、熱蘭遮城、荷人築造之山腳埤（烏山頭）、台南媽祖廟內碑、二鯤鯓大砲台、枋寮乃木軍登陸地、恆春石門、恆春街道上碣堡、澎湖鄭氏將軍墓、台南北白川親王居址、台北舊總督府廳舍、台北乃木將軍官邸、台北南菜園、夢蝶園、赤崁樓、竹溪寺、文石書院、東海岸石棺石塔、開元寺、寧靖王墓、基隆蓄字洞、琉球藩人墓、芝山巖、台北各城門。（黃俊銘 1996a：48）
天然紀念物名單分為：人類（各社原住民）、動物（花鹿、豹、熊、穿山甲、雉類、水鳥類、高山鱒、山椒魚、大蝙蝠等）、植物（紅樹林、毛柿、自然樟木等）、地質礦物（埔里盆地、龍鑾潭、北投石、文石、泥火山、角閃石、輝石、硫磺銅礦、北投溫泉）等四大類。（黃俊銘 1996a：54-55）

26 日「行政諸法台灣施行令」修正通過，增列 1919（大正 8）年於日本公布的「史蹟名勝天然紀念物保存法」等法律，於 11 月 1 日由總督府公布施行。換言之，台灣自 1930（昭和 5）年後，擁有第一部文化資產保存的相關法規[15]。事實上，「史蹟名勝天然紀念物保存法」在台施行之前，總督府與相關文化組織已推動過一些與文化資產保存有關或基礎的工作。

（二）「史蹟名勝天然紀念物保存法」在台施行

在日本本土「史蹟名勝天然紀念物保存法」公布前，總督府因應日本帝國國會的決議，於 1916（大正 5）年任命杉山靖憲為編纂主任，展開台灣文化資產調查工作。杉山氏透過方志、文獻、檔案資料篩選後，進行田調，共收錄 331 筆史蹟、名勝及天然紀念物名單，並於同年集結成《台灣名勝舊蹟誌》一書；於調查工作完成後，總督府並未有具體的保存作為。

1923（大正 12）年，台灣博物學會會長素木得一代表該會上呈〈台灣史蹟名勝天然紀念物保存建議書〉（以下簡稱「建議書」）予第 9 任台灣總督內田嘉吉，要求總督府設置保存機關及制定相關法規，同時也列舉史蹟 28 筆及天然紀念物 27 筆[16]（黃俊銘 1996a：47-48、55）。次年（1924）總督府下令所屬州廳針對其轄區內之史蹟名勝天然紀念物進行調查，同時附上參考名單，包括台灣博物學會〈建議書〉所列的史蹟 17 筆及天然紀念物 3 筆、摘取自杉山靖憲《台灣名勝舊蹟誌》的 13 筆資料、以及各地特有動植礦物及其他史蹟名勝天然紀念物。

於 1926（大正 15）年，有鑑於保存法制尚未啟動，台灣博物學會會長中澤亮治第二度上呈〈建議書〉予第 11 任台灣總督上山滿之進，促成總督府再度下令各州廳提報其轄區內之史蹟名勝天然紀念物，牒文中提及「史蹟等紀念物因受摧毀、濫墾濫伐、實施市區計畫等因素多數受破壞……」，隨後由各州廳提報史蹟名勝天然紀念物 70 筆，其中只有 9 筆與總督府所提供的參考名單相同。（黃俊銘 1996a：49-

50）此次提報作業，各州廳雖有回應，但因「史蹟名勝天然紀念物保存法」尚未於台灣施行，導致後續的指定及修復作業未能展開。

1929（昭和4）年，史蹟名勝天然紀念物調查及保存預算獲得通過，總督府隨後展開保存機制的建構，次年（1930，昭和5）先是公布施行「史蹟名勝天然紀念物保存法」，隨後公布三種相關法規：「史蹟名勝天然紀念物保存法施行規則」（以下簡稱「施行規則」）、「史蹟名勝天然紀念物保存法取扱規程」（以下簡稱「取扱規程」）及「史蹟名勝天然紀念物保存調查會規程」（以下簡稱「調查會規程」）。其中之「施行規則」類似現今所稱之「施行細則」，共11條，以做為母法的補充說明；「取扱規程」類似現今所稱之「作業要點」，共15條，條列保存作業的基本規範；而「調查會規程」，共6條，規定於總督府內設置調查會、以總務長官為會長、以內務局長為副會長、委員由府內官吏及專家擔任。上述4種法規之條文，請參見表6「史蹟名勝天然紀念物保存法」及相關法規 p.282。

同年（1930）總督府依據「調查會規程」，聘請知名學者村上直次郎、素木得一、中澤亮治、工藤祐舜、移川子之藏、平坂恭介、早坂一郎、日比野信一、宮原敦、青木文一郎等，總督府技師井手薰、與儀喜宣、高橋春吉等，文史工作者尾崎秀真、谷河梅人、連雅堂等，以及皷（鼓）包美、小林準、稻垣孫兵衛等人組成委員會 [17]（吳永華 2000：300）。次年，再度展開普查工作，並將各州廳提報資料編纂成《史蹟名勝天然紀念物調查資料》，包括史蹟153筆、名勝83筆、天然紀念物87筆，共323筆。

在經歷8（1922-1930）年、台灣博物學會兩度敦促之後，台灣文化資產的保存要件：法規、組織、成員、經費、基礎資料先後到位，史蹟名勝天然紀念物的指定工作終於得以上路。

高雄橋頭鄉泥火山現況（2008）。

17 由於委員應聘時間長短不一，以後陸續聘任步兵大佐上野龜甫、台北帝大教授岩生成一、林熊光、山中樵、步兵大佐助川靜二、總督府技師大倉三郎、桑原政夫為委員。（吳永華 2000：300）其中之尾崎秀真，1874-1949，岐阜縣人，主要任職於新聞界，專長歷史、藝術、考古及人類學（國立台灣博物館 2008：36-38）；與儀喜宣，琉球沖繩縣人，1929-1939年任總督府水產試驗場（今農委會水產試驗所前身）第一任場長，專長魚類研究；谷河梅人為台灣日日新報編譯；皷（鼓）包美，1919年任總督府學務課長，1921-1922年任總督府總督官房參事官（作者註：在《台灣大年表》中學務課長姓名為「皷」、參事官姓為「鼓」）（1938：117、126、131）；山中樵，1882-1947，福井縣人，於1927-1945年任總督府圖書館館長。

18 關於這一點，在「史蹟名勝天然紀念物保存法」及「取扱規程」條文中顯得有些含混不清，作者係依據以下條文判斷：在「取扱規程」第 1 條中明訂國家級及地方級兩級制，第 4 條中規定州知事或廳長指定（地方級）相關事宜，第 8 條規定州廳（地方級）指定前需向總督申請，第 13 條提到州廳（地方級）解除指定時需向總督申請，第 14 條規定州廳需製作轄區內（地方級）史蹟名勝天然紀念物清單。

19 以下各指定物，係逐筆公布：北白川宮能久親王御遺跡，前後 3 次指定，但內容不同，總計 38 筆；台南 3 城門，包括大東門東安門、大南門寧南門、小西門靖波門，共 3 筆；台北 4 城門，包括東門景福門、南門麗正門、北門承恩門、小南門重熙門，共 4 筆；伏見宮貞愛親王御遺跡，共 3 筆；為了統計上的方便，北白川宮能久親王御遺跡以 3 筆計算，其餘者為 1 筆。詳見表 7 史蹟名勝天然紀念物指定名單 p.287。

20 但是於《史蹟名勝天然紀念物調查資料》中原屬名勝的文石書院（澎湖馬公）被指定為史蹟、海蝕石門（台北縣石門鄉石門洞）被指定為天然紀念物。

三、史蹟名勝天然紀念物指定保存及相關保存事蹟

依據「取扱規程」規定，史蹟名勝天然紀念物分為國家級及地方級兩類；國家級者由總督府指定，地方級者由州廳指定[18]；而州廳於提報國家級指定過程中，認為有必要採取緊急措施時，由州廳進行暫時指定。

從現有的資料來看，總督府分別在 1933（昭和 8）、1935（昭和 10）、1941（昭和 16）年完成三次國家級史蹟名勝天然紀念物的指定工作，包括史蹟 31 筆及天然紀念物 19 筆，總計 50 筆[19]，但未指定名勝[20]；州廳也曾提報 3 筆暫時指定物件[21]。至於各州廳地方級史蹟名勝天然紀念物的指定工作，資料闕如，似乎並未進行。

國家級史蹟名勝天然紀念物審議的作業流程，似乎因時間先後而略有不同。初期由史蹟名勝天然紀念物保存調查委員會將《史蹟名勝天然紀念物調查資料》所列物件，依據史蹟、名勝及天然紀念物分類，委請該領域專長的委員進一步調查研究，並就個人所知加以增補後[22]，研擬建議保存名單，提交委員會進行審議。1936（昭和 11）年以後，將州廳所提報的暫時指定物件增列於建議保存名單中，一併提交委員會進行審議。

於委員會審議通過後，依據「施行規則」第 1 條第 1 項規定，由總督具名，刊登告示於台灣總督府《府報》中，以完成指定作業。

（一）史蹟名勝天然紀念物的指定

1933（昭和 8）年 11 月 26 日，由總督中川健藏具名刊登「告示第百六十六號」於《府報》中，指定芝山巖、

台北縣石門鄉石門洞：海蝕石門（2009）。

北荷蘭城、熱蘭遮城、（清代鳳山縣）舊城跡、琉球藩民墓、北白川宮能久親王御遺跡，共6筆史蹟；以及芝山巖 [23]、海蝕石門、北投石、泥火山、儒艮、帝雉，共6筆天然紀念物。上述12筆物件，為台灣歷史上首批接受法律保護的文化資產。

1935（昭和10）年12月5日，由總督中川健藏具名刊登「告示第百八十四號」於《府報》中，指定北白川宮能久親王御遺跡、艾爾騰堡、圓山貝塚、台北4城門、竹塹迎曦門、普羅民遮城、台南3城門、恆春城、明治七年龜山本營之址、石門戰蹟、墾丁寮石器時代遺跡、佳平社蕃屋、民蕃境界古令埔碑、太巴塱社蕃屋、比志島混成枝隊良文港上陸地，共15筆史蹟；以及過港貝化石層、（高雄港內）紅樹林、（恆春鎮鵝鑾鼻）毛柿及榕樹林、（恆春鎮鵝鑾鼻）熱帶性海洋原生林、寬尾鳳蝶、華南鼬鼠，共6筆天然紀念物。上述21筆物件，為台灣歷史上第二批接受法律保護的文化資產。

1941（昭和16）年6月14日，由總督長谷川清具名刊登「告示第四百七十四號」於《府報》中，指定北白川宮能久親王御遺跡、伏見宮貞愛親王御遺跡、南菜園、乃木館、乃木母堂之墓、三角湧戰跡、第二師團枋寮上陸地、文石書院、千人塚、海軍聯合陸戰隊林投上陸地，共10筆史蹟；以及仙腳石海岸原生林、野生稻種自生地、台灣原始觀音座蓮及菱形奴草自生地、台灣高地產鱒、穿山甲、小紅頭嶼植物相、蓮角鷸，共7筆天然紀念物。上述17筆物件，為台灣歷史上第三批接受法律保護的文化資產，也是日本時代所指定的最後一批史蹟名勝天然紀念物。

21 分別為1936（昭和11）年新竹州暫時指定的天然紀念物仙腳石海岸原生林、台東廳的天然紀念物阿塱衛熱帶海洋林、以及1940（昭和15）年高雄州及台東廳的天然紀念物蝴蝶蘭；其中新竹州的仙腳石海岸原生林於1941（昭和16）年被指定為國家級天然紀念物。

22 第一回指定的北荷蘭城、儒艮，第二回指定的艾爾騰堡、台南3城門、墾丁寮石器時代遺跡、佳平社蕃屋、民蕃境界古令埔碑、比志島混成枝隊良文港上陸地、過港貝化石層、毛柿及榕樹林、熱帶性海洋原生林、寬尾鳳蝶、華南鼬鼠，以及第三回指定的三角湧戰跡、千人塚、海軍聯合陸戰隊林投上陸地、仙腳石海岸原生林、野生稻種自生地、台灣原始觀音座蓮及菱形奴草自生地、台灣高地產鱒、小紅頭嶼植物相、蓮角鷸等，均不在《史蹟名勝天然紀念物調查資料》名單中，顯見建議保存名單中有部分物件來自於委員的增列。

23 芝山巖重複指定於史蹟及天然紀念物中。

←←屏東縣車城引發牡丹社事件的受難者墓：琉球藩民墓現況（2009）。

←部分琉球難民遺骸輾轉移葬於日本沖繩縣那霸市護國寺（2006）。

新竹市竹塹城東門迎曦門
現況（2010）。

高雄市左營清代鳳山縣舊城城牆現況（2008）。

屏東縣恆春城現況一景（2010）。

北白川宮能久親王御遺跡第二次指定物之一：漏港西舍營所，
現為彰化縣永靖餘三館（2005）。

北白川宮能久親王御遺跡第二次指定物之一：台南市南門町終
焉之地改建為台南神社的事務所現況（2010）。

牡丹社事件「明治七年龜山本營之址」紀念碑，其遠方
為龜山（2010）。

澎湖縣馬公文石書院魁星樓現況（2008）。

屏東縣車城鄉及牡丹鄉交界的「石門戰蹟」所在地石門
古戰場（2003）。

澎湖縣湖西龍門「比志島混成枝隊良文港上陸地」紀念
碑（2009）。

花蓮縣光復鄉於 2006 年重建之阿美族「太巴塱社蕃屋」
（2007）。

新竹縣竹北仙腳石海岸原生林現況（2010）。

乃木母堂之墓的鳥居（左）於 1980
年遷至台北市二二八公園內，右側較
大者為第 7 任總督明石元二郎墓鳥
居，於 2010 年底將其遷回原所在的
林森公園內（2010）。

伏見宮貞愛親王御遺跡指定物之一：鹽水港舍營所，現為台南縣鹽水八角樓（2010）。

日本時代指定的史蹟名勝天然紀念物名單及相關資料，請參見表7史蹟名勝天然紀念物指定名單 p.287。

（二）史蹟名勝天然紀念物的保存工作

在推動或進行指定的期間，基於各物件的審議、修復或資料保存上的需要，總督府或學界依據文化資產保存精神，進行過數次相關工作，其中較重要者如下：

1. 台南市安平熱蘭遮城遺跡測繪及整修

為配合台南市役所於 1930（昭和5）年底舉辦台灣文化三百年紀念會[24]，於 1929-1930（昭和4-5）年由栗山俊一主持熱蘭遮城殘蹟（Casteel Zeelandia，今或俗稱安平古堡）測繪，隨後由台南州及總督府出資徵收城內土地，並進行城壁及城內整修工程。1933（昭和8）年由總督府將其指定為史蹟。

2. 屏東縣墾丁寮遺址發掘

位於屏東縣恆春鎮墾丁石牛溪河海交界處、大尖石山下的石器時代遺跡。1912（大正1）年由山田金治發現，1930（昭和5）年宮本延人[25]前往調查，次年由宮本延人、移川子之藏、宮原敦主持三次發掘，出土了於距今 3,500-4,500 年之間所製作的石棺 25 具，以及骨骸、石器、土器、骨器及貝類等，（劉益昌 2009：730-731）為台灣第一次正式的史前考古發掘。本遺址於 1935（昭和10）年由總督府指定為史蹟。

3. 台南市普羅民遮城測繪及修復

為台南市役所於 1930（昭和5）年底舉辦台灣文化 300 年紀念會前，由栗山俊一主持測繪，1935（昭和10）年由總督府依據「史

24 於 1930 年 10 月 26 日至 11 月 4 日，由台南市役所主辦，為紀念荷蘭聯合東印度公司興建熱蘭遮城 300 年所舉辦的活動（作者註：熱蘭遮城內城興建於 1624-1632 年，角城興建於 1635-1640 年，在時間上並不完全吻合），內容包括展演活動及演講會，講者有幣原坦（台北帝國大學總長）、村上直次郎、栗山俊一、山中樵、尾崎秀真、連雅堂等人，講稿於日後編印成《台灣文化史説》及《續台灣文化史説》；展品及史料編印成《台灣史料集成》。

25 宮本延人，1901-1988，長野縣人，隨業師移川子之藏來台任台北帝國大學土俗學人種學教室助手，戰後留用為台大副教授等。（林礽乾等總編輯 2004：603-604）

蹟名勝天然紀念物保存法」將其指定為史蹟。1942（昭和 17）年台南市尹（即市長）羽鳥又男倡修普羅民遮城（Provintia，今俗稱赤崁樓），由大倉三郎、山中樵、千千岩助太郎、顏水龍、盧嘉興組成工作團隊，解體修復文昌閣、拆除大士廟，1944（昭和 19）年 12 月完工落成。千千岩助太郎因本工程而常駐台南，於 1944 年應台南工業學校之聘，做為建築學科老師及隨後的創科（今成大建築系前身）科長（即現今所稱的系主任）。

4. 基隆市北荷蘭城考古發掘

其前身為西班牙人 [26] 於 1626 年始建、1634 年擴建之聖薩爾瓦多城（San Salvador），1642 年荷人占領此地，於 1664 年在基地上重建邊長 102 公尺、有 4 個稜堡的方形城堡，稱為北荷蘭城（Noord Holland Fort）。1933（昭和 8）年由總督府依據「史蹟名勝天然紀念物保存法」將其殘蹟指定為史蹟。1936（昭和 11）年移川子之藏、村上直次郎、岩生成一、松本盛長、中村孝志 [27] 及宮本延人等人進行考古發掘，為台灣第一次正式歷史考古發掘，當時的東南稜堡（San Sebastian）、以及部分壘石城壁尚存。1937-1943（昭和 12-18）年日本政府為因應太平洋戰爭而於此地興建乾船塢，致使遺跡消失。

（三）自然文化保存的相關事蹟

除了推動史蹟名勝天然紀念物保存之外，總督府也從事其他的自然文化保存工作，包括：(1) 籌設國立公園：總督府於 1935（昭和 10）年設立國立公園委員會，兩年後（1937）公布大屯、次高太魯閣、新高阿里山等 3 個國立公園預定地，這項政策對於台灣文化資產保存

26 西班牙人即俗稱的西班牙殖民政府，於 1565 年開始統治菲律賓，並設立都督府（簡稱西都督府，C. G. F.），於 1626-1642 年間，占領台灣基隆及淡水一帶，於 1642 年被荷蘭公司擊敗後，即撤離台灣。

27 中村孝志，1910-1994，福島縣人，台北帝大文政學部史學科畢業後，留校擔任助手，戰後任日本天理大學教授，專攻南洋史及台灣史。

←←台南市安平熱蘭遮城（俗稱安平古堡）遺跡現況（2003）。

←台南市普羅民遮城（俗稱赤崁樓）遺跡現況（2010）。

28 本資料係參考自：維基百科「台灣八景」，至於其名稱係參見「台灣日日新報」，其「二別格」為：台灣神社、新高山（玉山）；八景的另外一種說法，分別為：烏來、淡水、八仙山、日月潭、阿里山、八卦山、台南安平、墾丁。

中自然保育有正面的意義，只可惜在 1945 年政權轉移前，猶未能正式成立。(2) 設立博物館及鄉土館：繼 1902（明治 35）年台南廳設置台南博物館、1908（明治 41）年設置台灣總督府殖產局附屬博物館（今台灣博物館本館）後，全台各地陸續興建博物館或鄉土館，依年代先後如下：台中博物館（1909）、嘉義市博物館（1923）、基隆市鄉土館（1934）、花蓮港鄉土館（約 1935）、台東鄉土館（1935）、阿里山高山博物館（1935）、台南市歷史館（1937）。(3) 設置動植物園：台北市動物園（1916，即原圓山動物園）、基隆市水族館（1916）、台北植物園（1921，前身為創設於 1896 年的總督府殖產局苗圃）。（李國玄 2006：3/15-3/26）

在民間方面，有一些自發性的保存活動，如：(1) 1927（昭和 2）年 8 月台灣日日新報舉辦讀者投票活動，挑選台灣的美麗景點，最後選出八景十二勝，其中的八景分別為：基隆旭岡、淡水、八仙山、日月潭、阿里山、壽山、鵝鑾鼻、太魯閣峽 [28]；十二勝分別為：草山北投、新店碧潭、大溪、角板山、五指山、獅頭山、八卦山、霧社、虎頭埤、旗山、大里簡、太平山。(2) 台南學甲慈濟宮（1929）及佳里興震興宮（1935）整建時，將舊廟拆除而原廟體上葉王製作的交趾陶則取下保存或重新安裝，其對古物的珍惜值得肯定，但重建並非文化資產保存的應有作為。(3) 1935（昭和 10）年台中地區因屯子腳大地震而災情慘重，豐原街長趁勢進行市區改正，並欲拆除該地大廟慈濟宮西牆護壁，經當地士紳張麗俊、廖西東等人以保護古蹟為由力爭，在近一年的奔走協商及出資價購鄰地之後，終於促成計畫道路橫移，保護慈濟宮不受破壞。（許雪姬 2002）

在 1936（昭和 11）年為因應大東亞戰爭，總督府在台灣推動皇民化、工業化、南進基地化運動，在皇民化運動中包括寺廟整理運動，此運動在 1938-1940（昭和 13-15）年最為興盛，各地除大廟之外，其餘寺廟廢除、神像聚集一處舉辦焚燬「昇天祭」（或稱為燒納祭或上昇天式）。1940 年底，因日本帝國議會之質詢而中止。（蔡錦堂 1994：230-299）這個事件因為期不長，對於台灣的民俗文物雖然有所傷害，但並不嚴重。

四、小結

　　在日本時代的50年間（1895-1945），台灣文化資產的保存環境，大體上以1930（昭和5）年為準，分為兩個時期，上半期因急於從事生活環境改造，且未將歷史文化列為規劃指標之一，雖然改善了市街的居住品質，但也對文化資產造成傷害。下半期因「史蹟名勝天然紀念物保存法」施行，使得台灣的文化資產保存首度邁入法制時期，所指定的物件受到法律保護。

　　台灣史蹟名勝天然紀念物保存的法制建構及調查修復推動，主要力量來自於日籍教授、總督府技師、文史專家及軍官，即使是調查會委員中，也僅有連雅堂（1930-1932在任）與林熊光（1934-1940在任）兩位台籍人士。而從推動過程來看，史蹟名勝天然紀念物保存工作，多由少數知識分子或官吏所促成，社會大眾並未參與，屬於由上而下的文化活動；加上施行時間不長，而未能深植於社會基層中，導致戰後政權轉移、日人離境後，社會中的保存氛圍隨即因根基淺薄而煙消雲散。

　　「史蹟名勝天然紀念物保存法」的內容，以聯合國教科文組織世界遺產及無形文化遺產的分類加以比較，史蹟類似世界遺產中文化遺產（Cultural Heritage）的紀念物（Monuments）及場所（Sites），而不包括建築群（Groups of Buildings）；天然紀念物類似自然遺產（Natural Heritage）；至於名勝，類似「世界準則」第77-78條登錄條件第7點規定的「具備特有的自然美景或美學重要意義的區域」，但前者偏重觀光遊憩意涵，而世界遺產強調歷史、科學或生態價值；至於聯合國教科文組織的無形文化遺產（Intangible Cultural Heritage）則未涵蓋在內。

　　從歷年史蹟名勝天然紀念物調查資料中，可以明顯感受到，早期的安江正直《建築史編纂資料蒐集復命書》（1907）所列物件全數為日本時代以前的文化資產；此後，日人史蹟的數量及比重，逐漸增多，如：杉山靖憲《台灣名勝舊蹟誌》（1916）列有牡丹社事件、北白川

29 牡丹社事件導因於 1871（同治 10）年，前往進貢的琉球船山原號，故障漂流至屏東八瑤灣，船上 66 人中 54 人遭高仕佛社人所殺，1874（同治 13）年日本由西鄉從道率艦攻打高仕佛、牡丹、女仍等社；北白川宮能久親王（1847-1895）為 1895 年攻台近衛師團長，自台北縣貢寮鹽寮海灘登陸，同年 10 月 28 日病逝於台南；日本皇太子裕仁於 1923（大正 12）年來台行啟；乃木希典（1849-1912）為 1895 年日軍攻台第二師團長，率軍自屏東縣枋寮登陸，為第三任台灣總督（1896-1898），1912（大正 1）年明治天皇過世，乃木希典夫婦於家宅中殉死，被奉為忠誠典範；伏見宮貞愛親王為 1895 年日軍攻台混成第四旅團長，自嘉義縣東石登陸；樺山資紀（1837-1922）於 1874（同治 13）年牡丹社事件時，隨軍征台，為第一任台灣總督（1895-1896）；兒玉源太郎（1852-1906）為第四任台灣總督（1898-1906）。

宮能久親王、樺山資紀、松島艦等遺跡；台灣博物學會呈送總督的〈建議書〉（1923）及次年總督府頒布各州廳的〈參考名單〉列有乃木希典、北白川宮能久親王、兒玉源太郎等遺跡；於台灣博物學會 1926 年第二次呈請後，由各州廳提報的名單中，列有牡丹社事件、北白川宮能久親王、乃木希典、皇太子裕仁（即 1925 年以後的昭和天皇）行啟等遺跡，以及各地神社；總督府《史蹟名勝天然紀念物調查資料》（1931）中，列有牡丹社事件、北白川宮能久親王、乃木希典、伏見宮貞愛親王、樺山資紀、兒玉源太郎、殉難日人等遺蹟，以及各地神社 [29]。

而前後三次史蹟名勝天然紀念物指定物中，具有彰顯日人統治台灣事蹟的物件，於第一回指定的 6 筆史蹟中有 2 筆：琉球藩民墓及北白川宮能久親王御遺跡；第二回指定的 15 筆史蹟中有 4 筆：北白川宮能久親王御遺跡、明治七年龜山本營之址、石門戰蹟、比志島混成枝隊良文港上陸地；第三回指定的 10 筆史蹟中有 9 筆：北白川宮能久親王御遺跡、伏見宮貞愛親王御遺跡、南菜園、乃木館、乃木母堂之墓、三角湧戰跡、第二師團枋寮上陸地、千人塚、海軍聯合陸戰隊林投上陸地。說明了隨著太平洋戰爭的爆發，政治力量對於文化資產保存的干預加深，到了第三回指定時，其對象幾乎全為政治性物件。

回顧「史蹟名勝天然紀念物保存法」的推動歷程，以及文化保存相關建設，在知識分子與官吏努力下，在萌芽階段，即爆發第二次世界大戰，隨著日本戰敗、政權轉移，台灣文化資產保存機制、成果及社會風氣也消散不存。戰後於 1946 及 1949 年兩度發布史蹟調查令，就現今所獲得的縣市回報資料中，多將轄區內部分的史蹟名勝天然紀念物指定物件列於其中，這或許是日人離台後，「史蹟名勝天然紀念物法」所僅見的影響。

戰後初期
的雜沓與重建

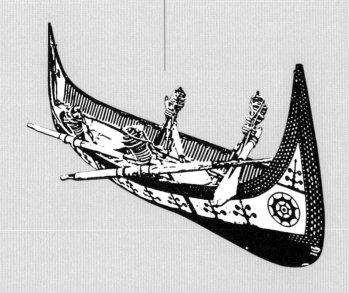

1 在引用公文書時，為存真，仍保持「台灣省政府」全銜。

2 在此之前，北洋政府於 1913 年公布「古物陳列所章程」及「保存古物協進會章程」，於 1915 年設立「南京古物陳列所」（中國第二歷史檔案館 1994：603），於 1916 年訂定「保存古物暫行辦法」，以及於 1924 年公布「古籍、古物及古蹟保存法草案」，上述法規對於中國文化資產保護之貢獻有限。（林會承 2011：621-654）

3 中央古物保管委員會於 1937 年 10 月底後暫行結束，詳情請參閱本章第二節；1945 年 11 月第二次世界大戰結束後，國府內政部曾呈請恢復中央古物保管委員會舊制，但因內政部及教育部爭奪管轄權而不成；1968 年 5 月行政院決議仍不恢復中央古物保管委員會，而由故宮管理委員會、教育部、內政部、新聞局及外交部等五個單位分別負責古物的不同業務，多頭馬車制度使得古物保存更加無法推動（黃翔瑜 2013：28-29），這種情形一直持續至 1982 年「文化資產保存法」公布施行為止，此後改由內政部、教育部、經濟部分別主管不同的文化資產類型。

4 依據「古物保存法」第 2 條規定：「古物除私有者外應由中央古物保管委員會責成保存處所保存之。」顯示出當時國府以中央古物保管委員會為古物保存的中央主管機關；其上級機關，依據「中央古物保管委員會組織條例」第 2 條規定：「中央古物保

西元 1945 年 8 月 15 日日本政府因第二次世界大戰失利，宣布無條件投降，並放棄台灣島及澎湖的主權；同年 9 月國民政府（以下簡稱「國府」）成立台灣省行政長官公署（以下簡稱「長官公署」；1947 年 4 月 22 日改組為台灣省政府，以下簡稱「省政府」[1]），以做為台灣的行政主管機關；1947 年 12 月 25 日，國府因施行憲政改制為中華民國政府，兩年後（1949.12.7）中華民國政府因國共內戰失利而撤退來台。

1945 年 10 月國府於接管台灣後，由日本政府所施行的「史蹟名勝天然紀念物保存法」失去其法律效力，其所指定的物件不再受到保護；在另一方面，初來乍到的長官公署（以及兩年後的省政府）、以及 1949 年遷台的中華民國政府，在 1930 年已於中國本土公布施行其文化資產保存基本法「古物保存法」及相關辦法（詳本章第二節 p.90）[2]，但因「古物保存法」係由其中央主管機關即直隸於行政院的

臺灣省行政長官公署教育處代電

事由：電知各國民學校之天皇神龕應即行拆除

各縣市政府：在本省各級學校在日人統治時代所設置之天皇神龕，迄今尚有未予拆除者，殊屬有礙觀瞻。合行電希轉飭所屬各該迅即拆除或改裝。該神龕如為金庫式者，亦應拆改為儲藏物品之用。又原有該內建築物上繪製之皇室徽紋，水希一併清除塗去，以正觀瞻為要。教育處子（微）卅六教三

雨子儉教（卅二）字第八六五九號 不另行文

中華民國卅六年一月廿八日

臺灣省政府令 中華民國四十三年一月八日 (肆參)府民一字第二一四六七三號

事由：據呈日據時代遺留「神社牌坊」「鳥居」「獻燈骨柱」等紀念物應否拆除一案，核復遵照。

南投縣政府：

一、四二府民行字第二八四三〇號呈悉。

二、在日據時代遺留「神社牌坊」「鳥居」「奉獻燈柱」等紀念物，對我文化及民族思想確有影響，應予拆除，惟為愛惜物力起見，在不妨礙觀瞻及廢物利用之下，可予以改裝。

三、令復遵照。

主席 俞鴻鈞

長官公署教育處 1947 年通知各級學校拆除天皇神龕等電文。　　省政府 1954 年有關拆除日治神社鳥居等紀念物令。

古物保管委員會所主辦，然而該委員會並未在台恢復[3]，該法於 1937 年後所改屬的上級單位內政部及相關單位教育部並未適時挺身而出[4]，而省縣市政府對於該法似無所悉[5]，致使台灣文化資產保存淪於有法律、但沒執行的處境。

桃園神社為台灣目前唯一完整保留的官設神社（2004）。

台灣總督府保留做為辦公廳舍之用（2009）。

管委員會直隸於行政院計劃全國古物古跡之保管研究及發掘事宜。」（中央古物保管委員會編 1935：60）原本為行政院，但該條例第 1 條在 1935 年 11 月修正為「中央古物保管委員會隸屬於內政部，依古物保存法之規定行使職權」，改為內政部。此外，依據「古物保存法」第 3、4 條規定，保存處所應將古物的照片及表冊呈存於教育部、內政部及中央古物保管委員會等；而私有重要古物、發現古物、採掘古物、古物出國等均應呈請或呈報於教育部及內政部（第 5、7、8、13 條），以此觀之，教育部為「古物保存法」的相關單位。

5 由來台後長官公署或省政府命令各縣市政府調查，所採用的名稱為「史蹟名勝」（1946）、「歷史文化藝術之古蹟古物」（1949）等，以及 1953 年台灣省政府民政廳電令各縣市政府（42）民甲字第三四三一號提到：「名勝古蹟」之指導由省文獻委員會主辦，寺廟祠產之「名勝古蹟」由民政廳主辦，「古物文獻」由縣市政府保存管理。從上述公文未採用「古物」一詞來看，似乎各級政府未知有「古物保存法」的存在；而「古物保存法」名稱及條文在 1958 年 5 月省政府民政廳回復苗栗縣文獻委員會詢問是否有古蹟保管法規，台灣省政府民政廳代電（47）57 民甲字第〇八四六八號「抄附古物保存法及古物保存法施行細則，請查照」中才首次出現，電文提到「古物保存法」及「古物保存法施行細則」，同時

將二法刊登於《台灣省政府公報》四十七年夏第三十七期，頁 550-552 中。

6 台灣省通志館於一年之後（1948.6.1-1949.7）改組為台灣省文獻委員會，1998 年底精省，2002 年 1 月 1 日後改隸總統府，更名為國史館台灣文獻館。

7 此事件源於 1945 年 10 月 10 日高雄州岡山郡人蔡振採去函國府前進指揮所主任葛敬恩將軍（葛氏於長官公署成立後，改任祕書長），提出五點建議，包括緊急處置信仰建築（長官公署民政處 1945.12.26 收文第 1128 號）；次年 1 月由長官公署民政處研擬相關計畫。

在民間方面，國府接管台灣後爆發二二八事件（1947.2.28），兩年後於中華民國政府遷台前不久，台灣省警備司令部施行全台戒嚴（1949.5.20-1987.7.15）、並展開白色恐怖統治，社會中瀰漫著肅殺氣息。在這個人心惶惶的時代中，於日本時代推動史蹟名勝天然紀念物保存的日籍學者專家先後遭到遣返；台籍社會文化菁英多被編入台灣省通志館 6 中，且多因目睹二二八事件，而戒慎恐懼；一般大眾因不諳漢文說寫，而不具備社會發言權；至於追隨國民黨政府來台的文化知識分子，對於台灣多很生疏，並多少因中原文化情結而輕視台灣史蹟。政局的突變，使得台灣在日本時代培養的文化資產保存氣氛消散殆盡、保存環境退化至渾沌不明的人治狀態，直到 1982 年 5 月 26 日「文化資產保存法」公布施行為止。

在長達 37 年有法律未執行的時期中，文化資產的破壞、調查及抗爭事件、以及保存法制重建，在不同的時間點上此起彼落發生，其發展歷程可約略區分為以下的三個階段：(1) 戰後前期的雜沓、(2) 60 年代中期文化作戰與「古物保存法」修正、(3) 70 年代晚期鄉土文化保存及「加強文化及育樂活動方案」函頒。

一、 戰後前期的雜沓

戰後政權更替後的最初 20 多年間，政府的不同單位多次命令地方政府拆除日本時代統治象徵物，卻也要求其從事地方史蹟調查，先後的政令在時間流轉中參差互見，波及的層面及力道不一，彼此之間原無關聯，然而在相同的時空之中，交織出矛盾而沉重的時代氛圍。

（一）拆毀日本統治象徵物

國府來台之初，針對日本時代象徵物的最初政策是改變其用途。1946 年 1 月長官公署民政處簽請通令各縣市政府，接收日人所遺留的紀念功績或神社等建築物，改為社會救濟或公益事業之用 7；2 月民政處函教育處提及神社已奉令擇建忠烈祠及救濟場所。而位於台北

臺灣省政府代電

事由：擬報日據時代遺留以日文題字之橋樑名稱更改情形復遵照辦理乞核

肆 臺已俗府綱甲字第五一八七號 不另
中都民國四十一年 六月廿八日〔行文〕

逕南市政府：

一 一四一巳微南市建士字第一一二四號代電暨附表均悉。

二 查本府四一辰寒府綱甲字第○四三七五一號代電規定應將日據時代遺部之紀念建築物（如燈塔等）均予以消除，據報僅將橋樑部份名稱略加更改，至於該市忠烈祠及成功廟附近日據時代奉獻之「燈塔」已否予以消除，未據說明，無從核辦。

三 原塗橋樑名稱更改表，間有未將更改後詳細名稱填列，應予補填，又該表內更改年號曾開左述（如昭和某年某月竣工等）字樣，亦應塗毀，不得遺留日據時代任何字樣。

四 原表發還，即將該市所有遺留日據時代之建築物消除或更改後詳細列表報核。

五 電復遵照辦理。

主席 吳國楨

市的台灣神宮、護國神社及建功神社由教育處借用[8]，以設立社會教育機構。這項政策維持沒多久，長官公署及省政府便三令五申的指示各縣市政府展開拆除或塗改的工作，在《台灣省行政長官公署公報》及《台灣省政府公報》中，刊載了以下數筆相關的資料。

第一筆資料，為 1946 年 3 月 7 日長官公署依據行政院訓令轉令各縣市政府拆毀日偽及漢奸建築碑塔等紀念物[9]。此訓令涵蓋戰前中國淪陷區及台灣等地區。

第二筆資料，為 1947 年 1 月 28 日長官公署教育處通令各級學校，將校內天皇神龕拆除或改裝，以及將日本皇室徽紋清除塗去[10]。

省政府 1952 年有關清除日治建物及題字電文。

8 奉令擇建忠烈祠及救濟場所一事，詳見長官公署民政處 1946.2.22 民二 1114 號函。台灣神宮位於今台北市劍潭山圓山大飯店一帶，目前已不存；護國神社位於今台北市大直忠烈祠基地上，目前已不存；建功神社位於台北市南海學園中，戰爭期間遭炸損，修復後其外貌改為漢式，目前做為國立教育資料館。教育處借用公文之文號為長官公署教育處 1946.2.13 教四字第 424 號。

9 本公文之文號及事由為長官公署訓令 1946.3.7 寅虞（三五）署民字第二○二八號「奉令拆毀日偽及漢奸建築碑塔等記念物轉令遵辦」。（《台灣省行政長官公署公報》（1946）夏，頁 24）

10 請參見長官公署教育處代電 1947.1.28 雨子儉教（三）字第八六五九號「電知各國民學校之天皇神龕應即行拆除」。（《台灣省行政長官公署公報》（1947）春，頁 360）

屏東縣佳冬神社與台灣其他神社相同，僅存台座及鳥居（2009）。

11 請參見台灣省政府代電 1952.6.28 肆壹巳儉府綱甲字第五一八七七號「據報日據時代遺留以日文題字之橋樑名稱更改情形復遵照辦理報核」。文中提到台灣省政府曾以（四一）辰寒府綱甲字第〇四三七五一號規定上述事宜。（《台灣省政府公報》四十一年秋字第二期，頁21）

12 請參見台灣省政府令 1954.1.8（肆參）府民一字第一一四六七三號「據呈日據時代遺留『神社牌坊』『鳥居』『奉獻燈柱』等紀念物應否拆除一案，核復遵照。」（《台灣省政府公報》四十三年春字第七期，頁95）

13 1919（大正8）年日人命令墓碑不要雕刻清朝年號及堂號；1937-1941（昭和12-16）年以後，進一步希望以「皇民」二字取代堂號。（許雪姬 1998：14-15）戰後情勢逆轉，請參見台灣省政府令 1956.6.6（肆伍）府民一字第五七四六四號。（《台灣省政府公報》四十五年夏字第六十一期，頁746）

14 請參見台灣省政府民政廳代電 1957.12.17（四六）民甲字第二一九九四號「為本省各地日人遺留之忠靈塔碑處理一案，請查照。」（《台灣省政府公報》四十六年冬字第七十二期，頁1164）

台北市植物園內建功神社經整修為漢式形貌（2007）。

　　第三筆資料，為 1952 年省政府通令各縣市政府清除日式石燈、日本年號及名稱等 [11]；兩年後，省政府修正其政策，回覆南投縣政府在不妨礙觀瞻及廢物利用下，可將神社牌坊、鳥居、奉獻燈柱等紀念物予以改裝 [12]。

　　第四筆資料，為 1956 年省政府令各縣市政府，清除墓碑上的「皇民」或「皇恩」字樣 [13]。次年省政府民政廳令各縣市政府將日人遺留之忠靈塔碑拆毀，具有點綴風景價值者，可予以保留，但需將文字鏟銷或改建 [14]。

　　對於日本時代統治象徵建築物造成最大破壞的命令，應屬為了報復 1972 年日本與台灣斷交，於 1974 年內政部函頒「清除台灣日據時代表現日本帝國主義優越感之殖民統治紀念遺跡要點」[15]，其內容如下：

清除台灣日據時代表現日本帝國主義優越感之殖民統治紀念遺跡要點
（1974.2.25 台內民字第 573901 號函）

一、日本神社遺跡，應即徹底清除。

二、日據時代遺留具有表示日本帝國主義優越感之紀念碑、石等
　　構造物應予徹底清除。

三、日據時代遺留之工程紀念碑或日人紀念碑未有表示日本帝國
　　主義優越感，無損我國尊嚴，縣市政府認為有保存價值者，
　　應詳具有關資料圖片，分別專案報經上級省市政府核定，暫
　　免拆除，惟將來傾塌時，不再予重建，其碑石移存當地文獻
　　機構處理。

四、民間寺廟或其他公共建築物內，日據時代遺留之日式裝飾構
　　造物，如日式石燈等，應勸導予以拆除或改裝。

五、日據時代建造之橋樑，經嵌之碑石，仍留存日本年號者應一
　　律改換中華民國年號。

六、日據時代遺留之寺廟捐題石碑或匾額以及日據時代營葬之墳
　　墓碑刻等，單純使用日本年號者暫准維持現況。

　　從「要點」的內容來看，主要的工作為拆除神社及彰顯日本統治
政績的碑石、塗改橋梁上的日本年號、以及拆除或改裝日式石燈等。

15 請參見內政部 1974.2.25
台內民字第 573901 號函。本
「要點」有打字及手稿兩種
版本，其標點略有不同，本
文依手稿。

台南市武德殿與多數武德殿
同樣保留使用（2010）。

16 其內容包括：彰化市 11
筆、員林鎮 3 筆、永靖鄉 1 筆、
北斗鎮 2 筆、社頭鄉 1 筆；
而北斗鎮的其中 1 筆為轄內
各寺廟。

17 請參見長官公署民政處
代電 1946.10.15 致酉冊署民
二字第三四〇五〇號「電發
台灣省先哲先烈祠宇及史蹟
名勝調查表各一種希即遵照
填報」及附表兩種。（《台
灣省行政長官公署公報》
（1946）冬，頁 232-233）

18 台灣行政區劃於 1945（民
國 34）年 12 月至 1950 年 9
月分為：台北、新竹、台中、
台南、高雄、台東、花蓮、
澎湖 8 縣、9 省轄市、2 縣轄
市；當時的嘉義市為直轄市
之一，轄新東、新西、新南、
新北、水上、太保 6 區；當
時的新竹縣包括：桃園、中
壢、大溪、新竹、竹東、竹南、
苗栗、大湖 8 區。（盛清沂
等 1977：755-756）另台北
市回報無相關資料。

從目前所獲得的彰化縣彰化市、員林鎮、永靖鄉及北斗鎮「日據時期
殘留遺蹟處理情形報告表」初步歸納 16，該縣主要處理內容為將神社
拆毀夷平、將祠廟及墓塚的區聯案桌柱子的日本年號抹除或修改。另
外，從現今留存的狀況來看，全台公設神社除了桃園神社完整保留、
建功神社及通霄神社外貌大修、以及新竹及台南等神社本殿拆毀但社
務所或手水舍等附屬建築保留之外，其餘者台基上的構造物幾乎完
全不存。至於同屬統治象徵物的官廳館舍及武德殿等建築物，則因尚
有利用價值而多移交政府機關繼續使用。

（二）地方史蹟的調查

　　在下令拆毀日本統治象徵物的同時，長官公署及省政府也命令地
方政府進行史蹟調查，為當時沉寂的文化保存工作，延續了些微氣息。

　　依據《台灣省行政長官公署公報》登載，1946 年 10 月長官公署
民政處電發各縣市政府從事先哲先烈祠宇及史蹟名勝的調查，要求同
年 11 月底前完成 17。目前僅發現嘉義市及新竹縣回報的史蹟名勝調
查表 18。嘉義市回報了：清代彌陀寺及荷西時期紅毛井 2 筆；新竹縣
回報了：五福宮（蘆竹鄉）、辨天池（桃園鎮）、獅頭山（竹東區、
竹南區共 2 筆）、五指山（竹東區）、清泉溫泉（五峰鄉）、甘泉寺

新竹縣回報的史蹟名勝之一：
龍潭陂現況（2010）。

新竹縣回報的史蹟名勝之一：大溪公園現況（2010）。

新竹縣回報的史蹟名勝之一：白沙岬燈塔
現況（2002）。

（觀音鄉）、燈塔（白沙岬）、仁海宮（中壢鎮）、龍潭陂（龍潭鄉）、聖亭（龍潭聖蹟亭）、石門（桃園大圳抽水口）、角板山賓館（大溪區）、大溪公園、蓮座山觀音亭（大溪區）、錦屏山（苗栗將軍山）、石觀音（苗栗頭屋鄉）、通霄海水浴場、尖筆山（竹南）等共 22 筆，其中仙腳石海岸原生林、原種稻（野生稻種自生地）、貝化石層（過港貝化石層）3 筆為日本時期史蹟名勝天然紀念物的指定物。

　　另外一筆刊登於《台灣省政府公報》的相關資料，為 1949 年 3 月省政府教育廳依據省參議員黃純青等人的提案，代電中央駐台各機關、各縣市政府、各文化團體、各社教機關，於一個月內查明所轄古物古蹟，列表報省政府，同年底再次電催 [19]。目前僅發現台南市政府申報古物及古蹟共 55 筆，古物有：至聖先師像石刻、太尊、鄭成功真筆、鄭成功遺愛梅、乾隆御製碑、重修海會寺圖碑等 29 筆，古蹟有：赤崁城、荷蘭官舍址、赤崁樓、荷蘭大井、孔子廟、吳園等 26 筆。

　　1953 年台灣省文獻會遴選公布台省史蹟及台灣八景 13 筆，分別為：國父史蹟紀念館（台北市）、台北市中山堂光復廳、明沈有容諭退紅毛番韋麻郎等石碑（澎湖縣馬公市）、明延平郡王祠（台南市）、

[19] 1946 年 12 月省參議會第一屆第二次會議黃純青、李友三、王添灯等人、以及 1948 年 12 月第六次大會省參議員黃純青、蘇惟梁、李友三、李萬居、殷占魁等人兩度提案，建議政府設置史蹟名勝調查委員會及制定保護法規等。請參見台灣省政府代電中央駐台各機關、各縣市政府、各文化團體、各社教機關 1949.3.17 參捌寅篠府紋五字第五五二五號「為制定保存歷史文化藝術古物古蹟報告表式一種電希查照並飭屬遵照」，並附報告表一種（《台灣省政府公報》（1949）春字第六十四期，頁 892）。同年底台灣省政府教育廳再次代電 1949.12.19 參捌亥皓府紋五字第七二○九三號「為電催填報保存歷史文化藝術古物古蹟報告表仰遵照」（《台灣省政府公報》（1949）冬字第七十期，頁 904）。

台南市申報的古物之一：開
元寺重修海會寺圖碑現況
（2009）。

赤崁樓舊址（台南市）、安平鎮城舊址（台南市安平區）、顏思齊墓（嘉義縣水上鄉）、陳永華墓（台南縣柳營鄉）、寧靖王墓（高雄縣湖內鄉）、五妃墓（台南市）、沈光文墓（台南縣善化鎮）、吳鳳廟（嘉義縣中埔鄉）、台灣省省城城樓（台中市）。（許雪姬 2003：130-131）

　　長官公署及省政府的政令之外，其他機關或地方政府也有一些個別作為，如台灣省立編譯館於 1946 年底，指派楊雲萍、國分直一等人前往新竹縣竹南區後龍及苗栗區灣里從事考古發掘（黃英哲等 1993：285）；在縣市政府方面，以目前所發現的新竹縣為例，新竹縣文獻委員會於 1954 年通過「新竹縣古物、古蹟、自然物保存案」，由縣政府令各鄉鎮市負責保存，共有 19 筆：淡水廳建城石碑、迎曦門、大成殿及附屬祭器等物、爽吟閣及潛園故址、北郭園故址、采田福地、淡水廳署故址、褒忠亭及褒忠區額、明志書院故址、王世傑故居遺址、土牛溝故址、金廣福故址及區額、德政祠、馬麟井、古雕刻石獅、仙腳石原生林、紅毛港加椗樹、新埔鎮大茅埔巨柘樹、孔明廟象脊椎化石及木化石。（新竹縣文獻委員會 1954：72-73）

　　除此之外，1946 年內政部函頒「各省市縣文獻委員會組織章程」，隨後於 1948 年由台灣省政府成立台灣省通志館（1949.7 改組為台灣省文獻委員會；2002.1.1 改隸總統府，改名為國史館台灣文獻館），以及由各縣市政府成立文獻委員會，如：台南市文獻委員會（1951）、台北市文獻委員會（1952）、高雄市文獻委員會（1952）等，各文獻委員會多主管孔子廟、忠烈祠等相關事務，同時從事地方史蹟發掘研究、口述歷史採集、地方志編撰等工作，以及出版期刊，如：《台灣文獻》、《台南文化》、《台北文獻》、《高市文獻》等。此外，由省及直轄市文獻會共同設立台灣史蹟研究中心，辦理台灣史蹟研習會 [20]、台灣史研究暨史料發掘研討會等。文獻委員會為各縣市文化中心設立前，最主要的文化研究推廣機構，其所蒐集整理及發表的史料及檔案，為推動台灣文化資產保存初期，最重要的參考資料。

教育廳

臺灣省政府代電

臺捌寅篠府綜五字第五五二五號(不另
由中華民國卅八年三月十七日(行文)

事由：爲制定保存歷史文化藝術古物古蹟報告表式一種電希查照並飭屬遵照

中央駐臺各機關
各各各縣市政府
各文化團體、社教機關團體

案准省參議會卅八年一月廿日省參秘字第○二○五號代電略以「本會第一屆第六次大會第十三次會議決議設法保護有關歷史文化藝術古物古蹟古物一案,囑查照辦理見覆。」等由,附原提案;;准此,查本省有關歷史文化藝術之古物古蹟,除博物館、通誌館、歷史館及各圖書館保藏者外,散存於各縣市各文化團體及個人者恐不在少數,特制定調查保存歷史文化藝術古物古蹟報告表一種,希於文到一月內將保存有關歷史文化藝術之古物古蹟查明列表報府,以憑辦理。至私人珍藏者,可於調查表備註欄內註明「自願贈護」或「價讓」或「自存」等字樣,報由各縣市政府轉報臺辦。除分電外,特電希查照,並飭屬遵照

爲奉政府委拱寅(催)府綜五印

省政府教育廳1949年古物古蹟調查電文。

台南市申報的古蹟之一：吳園現況（2009）。

新竹縣1954年所列「古物、古蹟、自然物」之一：北埔金廣福故址及匾額現況（2009）。

台南市申報的古物之一：乾隆御製碑現況（2010）。

21 1935 年 11 月第 1 次修正，取消第 9 條第 1 項的所有文字：「中央古物保管委員會由行政院聘請古物專家六人至十一人教育部內政部代表各二人國立各研究院國立各博物院代表各一人為委員組織之」。

22「古物保存法」中央主管機關之後續爭議及發展，請參考本章緒言。

23 同年 8 月台灣省政府民政廳據此行文「令各縣市政府（局）為檢發古物保存處所編報古物表冊暫行規則一份希遵照」，1967 年台灣省政府民政廳行文「內政部函知暫指定歷史博物館為古物保存處所」。

24 修正過程，請參見洪泉湖《我國文化資產保存政策之形成》（1985：54-57）、教育部《研訂文化資產保存法草案資料彙編》（1981）。

25 依據 1978 年 8 月 28 日於教育部召開之「商討修正『古物古蹟保存法草案』暨有關事宜會議記錄」中提到，以「古物古蹟」為名，源自「中華民國憲法」第 166 條：「國家應獎勵科學之發明與創造，並保護有關歷史、文化、藝術之古蹟、古物」。（教育部 1981：7-2、7-3）

二、60 年代中期文化作戰與「古物保存法」修正

在歷經戰後前期 20 年的低迷之後，到了 60 年代中期，受到中國政局的影響，台灣文化資產的保存環境逐漸地回溫。

1966 年中國展開文化大革命，中華民國政府決議以文化建設為主體加以反制。次年 7 月行政院成立中華復興運動委員會、國民黨成立中華文化復興運動推行委員會，11 月教育部成立文化局，此外，各部會也積極展開其職掌中與文化有關的業務，包括了內政部及教育部共同推動「古物保存法」的修正工作。

「古物保存法」為 1930 年 6 月由國府公布的文化保存基本法[21]，以 1934 年設立的中央古物保管委員會為中央主管機關。中央古物保管委員會原直隸於行政院，1935 年 6 月後改隸內政部，1937 年 10 月底後因中日蘆溝橋事變爆發，為節省國家開支而暫行結束，所轄業務改由內政部禮俗司兼辦[22]。依據「古物保存法」的規定，國府行政院建構了中國的文化資產保存機制，以及陸續公布「古物保存法施行細則」（1931.7.3 行政院公布）、「中央古物保管委員會組織條例」（1932.6.18 公布、1935.11 第 1 次修正公布）、「中央古物保管委員會辦事規則」（1934.11 國府令准備案）、「暫定古物之範圍及種類大綱」（1935.6.15 行政院公布）等 10 種相關法規。「古物保存法」及相關法規名稱及條文，請參見表 8「古物保存法」及相關法規 p.291。

依據「古物保存法」第 1 條規定「古物指與考古學歷史學古生物學及其他文化有關之一切古物而言」。在「暫定古物之範圍及種類大綱」的「古物之範圍」中規定，古物的評估基準包括三點：(1) 古物之時代久遠者、(2) 古物數量罕少者、(3) 古物本身有科學的、歷史的或藝術的價值者。在「古物之種類」中列舉以下 12 類：古生物、史前遺物、建築物、繪畫、雕塑、銘刻、圖書、貨幣、輿服、兵器、器具、雜物等。

依據「中央古物保管委員會會議規則」之規定，中央古物保管委

員會每年舉辦兩次大會，每月舉辦一次常會（中央古物保管委員會編 1935：63）。由 1935 年中央古物保管委員會編《中央古物保管委員會議事錄》內容，可以感受到在此之前，該委員會運作正常，同時也廣泛的處理文化資產保存的相關議題（1935：1-56）；但於同年改隸內政部之後，似乎成效不彰。（包遵彭 1966：28）

　　1945 年國府來台之後，「古物保存法」長期受到冷落，直到 14 年後的 1959 年，內政部才首度有所作為，發布「古物保存處所編報古物表冊暫行規則」[23]，但未見具體績效。在中國爆發文化大革命後兩年，1968 年內政部基於文化作戰的需要，而展開「古物保存法」修正，至 1982 年 5 月 26 日「文化資產保存法」公布施行為止，前後長達 14 年之久，其工作目標由原先的「修正」轉變為「立法」，即制定新的法律，其過程可以概略的分為以下五個階段[24]：(1)「古物保存法」修正時期：1968 年 5 月內政部將修正草案呈送行政院，行政院決議古物歸教育部主管、古蹟歸內政部主管，隨後發還改由教育部及內政部共同草擬「古物古蹟保存法」；(2)「古物古蹟保存法草案」時期：1972 年 11 月及 1978 年 5 月由教育部及內政部兩度會呈「古物古蹟保存法草案」報行政院，隨後均發還重擬，草案所稱的「古物古蹟」[25]，包括：古物及古蹟兩類；(3)「文化資產保存法草案」時期：將草案改名為「文化資產保存法」[26]，於 1980 年 4 月及 8 月兩度由教育部及內政部會呈行政院，草案所稱的「文化資產」包括了：古物、古蹟、民族藝術、民俗及有關文物（原稱民俗資料）四類[27]；(4) 行政院版「文化資產保存法草案」時期：1980 年底行政院完成「文化資產保存法草案」審議，增加自然文化景觀類，隨後送請立法院審議[28]；(5)「文化資產保存法」公布施行：1981 年 1 月至 1982 年 1 月，立法院三讀通過「文化資產保存法」[29]，5 月由總統令制定公布並廢止「古物保存法」。

　　在 1972 年「古物保存法」修正案調整為「古物古蹟保存法」草案、以內政部為古蹟的暫定主管機關之際，內政部同年推動古蹟指定的先期作業，指示省（市）縣（市）政府進行轄區內古蹟之調查工作，至 1975 年，各省（市）縣（市）政府提報內政部之古蹟名單共有 541 筆，

26 有關「古物古蹟保存法草案」改名為「文化資產保存法草案」的原因，請參見導論第一節第一小節 p.11。

27 於所提的「文化資產保存法草案」中，所增列的民族藝術及民俗兩種類別，似受到當時的「日本文化財保護法」及「大韓民國文化財保護法」，以及日本國內其他相關法令的影響，請參見《立法院公報第 1519 期（1982.4.28）》頁 66-67。

28 於 1979 年 9 月之前於教育部商討修正「文化資產保存法草案」時，似已參考日本「文化財保護法」建議將自然風景及稀有動植物列為保護對象之提議，然而並未獲得支持。至於 1980 年底，行政院於「文化資產保存法草案」內增加「自然文化景觀」一事，依據馬以工告知，源於當年省政府主席林洋港欲將竹圍紅樹林填土興建國宅，引發中研院植物所郭宗德院士與周昌弘研究員等人呼籲保存，經孫運璿院長交辦政務委員陳奇祿於「文化資產保存法草案」中增列保護紅樹林相關法條，經陳奇祿、馬以工、徐國士等人討論後，增加「自然文化景觀」一類，以經濟部（農業局）為主管機關。

29 立法院審議過程，請參見立法院秘書處編印《文化資產保存法案（附古物保存法廢止案）》（法律案專輯 第 47 輯 教育 17）（1983）。

30 台大考古人類學系，於
1982 年後改名為「台大人類
學系」。

31 在本文中，所稱 60 年代
即指 1960 年之後，70 年代
即指 1970 年之後，80 年代
即指 1980 年之後。

隨後由內政部邀請專家學者組成專案小組審查，1979 年完成審查作業，共列暫定古蹟 344 筆（名單請參見表 9 暫定古蹟名單 p.295）。（莊芳榮 1983：11-19）1982 年「文化資產保存法」公布施行後，同年由行政院文化建設委員會遴聘專家學者進行複審，次年（1983）完成第一級古蹟 15 筆，1985 年完成第一、二、三級古蹟共 206 筆，總計 221 筆，均送請內政部依法指定公告。（林會承主編 2003：610-618）台灣省政府於各省（市）縣（市）政府提報內政部古蹟名單後之次年，即 1976 年先行訂頒「台灣省政府補助各縣市修復古蹟實施要點」。

1980 年，交通部觀光局也委託台大土木所都計室進行歷史古蹟勘查、台大考古人類學系 [30] 進行考古遺址與舊社勘查。（請參見表 4 台灣歷年重要文化資產普查活動 p.273）

三、 70 年代晚期鄉土文化保存與「加強文化及育樂活動方案」函頒

在 60 年代 [31] 中期，政府推動成立加工出口區，透過勞力密集輕工業，帶動台灣經濟的快速成長，連帶的喚起了蟄伏於社會大眾心中的文化需求；於此同時，訪台的國際人士也善意的呼籲台灣政府重視自然文化保存，如 1966 年世界國家公園委員會主席哈羅亞（Harold J. Coolidge）應外交部之邀來台訪問，建議台灣政府應儘速完成國家公園之立法工作，以及 1967 年駐華外交使節夫人參訪破亂不堪的板橋林家花園後的修復建言（漢寶德 2001：177）。到了 70 年代初期，伴隨著鄉土文學運動興起、民歌運動蓬勃展開（1975-1981）、以及受到美國文化保存活動影響，國內陸續發生數起古蹟保存運動。面對著接二連三浮現的文化運動，政府隨後發布「加強文化及育樂活動方案」，進而第二度的建構了台灣文化資產保存機制。

（一）鄉土文化保存的浮現

70 年代初期，台灣的社會管制略為鬆綁，但仍籠罩於戒嚴管制

中，社會大眾為了自保，多退縮於私領域中，被動參與公共事務，以免招惹不測。1970 年致力於鄉土文化著述創作的施翠峰、席德進、以及楊牧等文藝界人士，基於鄉土關懷或感性浪漫的追求，透過大眾傳播呼籲保存面臨拆除的彰化孔子廟，引發文化界人士的響應，逐漸的形成社會力量。這個台灣戰後首見的文化資產保存運動，在當時的政治氣氛中，具有不可預期的危險性，幸運的是，以兩位具有社會文化清譽為首的文化界人士未遭質疑，進而影響官方政策，同意加以保留，並依據類似現今古蹟保存原則，展開修復工程。在稍後不久，鹿港老街及鹿港龍山寺陸續在文化界人士的推動下，採用原本的類似方式進行整修。在台北市方面，戰後新生代的文化保存青年挺身而出，在中壯派文化界人士的支持下，展開台北市林安泰古厝的保存運動，最終達成解體遷建的協議。以下分項簡要介紹：

1. 台北縣板橋林本源園邸保存事件

原名板橋別墅，建於 1888-1893（光緒 10-15）年，與台南吳園（1827-1830）、新竹潛園（1849-1864）、新竹北郭園（1851-1852）、霧峰萊園（1893、1906）等為台灣著名之清代漢式私園。1949 年以後被黨務人員及大陳義胞等移入使用，遭致嚴重破壞。1967 年台北

整修後板橋林家花園榕蔭大池現況（2009）。

縣政府奉上級政策指示，成立整建促進委員會，委請漢寶德、洪文雄於 1973 年完成《板橋林宅調查研究及修復計畫》一書，同年底經都市計畫核定，但未執行。1976 年占住戶遷出，林家捐出花園。次年台北縣政府委託台大土木系夏鑄九負責保存規劃，1982 年展開修復工作，1984 年經內政部指定為第二級古蹟林本源園邸，1986 年第一次修復完成。林本源園邸為台灣戰後依據類似現今古蹟保存流程，從事調查研究及修復計畫的第一個案例。

2. 彰化縣彰化孔子廟保存事件

位於彰化市中心的彰化孔子廟，因年久失修及遭到占住戶破壞而殘敗不堪，1970 年彰化縣政府擬將其拆除，新建於八卦山上，原地改建為商業大樓。此計畫引起施翠峰、席德進等人之反對，透過輿論呼籲保存，1975 年經內政部同意保留舊廟，並委請漢寶德主持修復計畫，於 1978 年完成整修工程，1983 年指定為第一級古蹟彰化孔子廟。孔子廟為儒學象徵，是中國文化大革命「批孔揚秦」的主要鬥爭對象，彰化孔子廟幸運的受到文化保存及當時政治氛圍兩股力量的眷顧，成為台灣戰後依據類似現今古蹟保存原則，完成修復的第一個案例。

整修後彰化縣彰化孔子廟大成殿現況（2010）。

3. 彰化縣鹿港老街保存事件

1975-1976 年鹿港文化界人士施人豪、施文炳、施叔青等人推動保存鹿港老街，1977 年成立彰化鹿港文物維護及地方發展促進委員會，以辜偉甫為主任委員，並獲得亞洲基金會（Asia Foundation）的支助。隨後展開基礎研究，先後投入的主要工作人員有漢寶德、施振民、許嘉明、洪文雄、林會承、郭振昌、許常惠、顏水龍、王建柱等人。1980-1981 年省政府主導推動規劃工作，1983 年通過「鹿港古蹟保存區維護計劃」，並以「鹿港歷史風貌特定區」為名，併入「變更鹿港福興都市計畫」中，1986 年計畫通過[32]。同年展開第一期修復工程，因設計及施工不盡理想，導致居民抗爭，至 1995 年才完成，而原訂第二、三期修復計畫則停滯。鹿港老街保存為台灣戰後首次組織性保存活動，因法規及經驗之欠缺，致使修復工作只進行約三分之一後便告停頓。

32 相關資料，請參見第四章第三節第 9 項 p.134。

←←整修後彰化縣鹿港埔頭街及瑤林街一帶的街景現況（2009）。

←遷建於大佳河濱公園的台北市林安泰古厝現況（1985）。

4. 彰化縣鹿港龍山寺修復工程

鹿港龍山寺經歷過多次整修，1973 年遷移兩廊占用及借用戶，委託東海大學進行修復，於 1978 年完成；而在兩廊修復完成前，於 1976 年另委託漢寶德進行大殿及廟埕的調查研究及修復計畫，並依據類似現今古蹟修復的方式進行整修，於 1988 年完工落成。

5. 台北市林安泰古厝保存事件

林安泰古厝位於台北市大安區，為兩落六護龍的漢式大厝，1976 年台北市政府為了打通敦化南路擬將其左護龍一部分拆除，次年引起文化界人士林衡道、漢寶德、席德進、馬以工、王鎮華、李乾朗等人之抗爭，最後達成拆遷重組之共識。1978 年解體，1984 年重建於大佳河濱公園一角。林安泰事件為戰後文化保存與都市計畫抗爭的第一

例，隨後類似的案例層出不窮（請參見表 3 台灣文化資產保存事件年表 p.263），而林安泰古厝也因此成為台灣戰後第一個歷史建築遷建的案例。

70 年代期間，台灣文化界對於文化資產保存雖有憧憬，但因知識斷層，加上社會封閉，對於保存原則及方法、以及國際文化保存思潮不瞭解，只能依據自我價值判斷從事整修或遷建的工作，因此在規劃設計及施工時，基於強化結構或符合當代美學的認知等理由，而添加一些不符合現今文化資產保存界對於「真實性」要求的作法，即使如此，這些透過自行摸索而得的保存成果，就其對後世的影響而言，仍屬瑕不掩瑜；此外，對於政府加速推動文化保存法規修正及保存工作推動，則具有推波助瀾的功效。

（二）「加強文化及育樂活動方案」函頒及保存機制的建構

民間基於文化期待而引發的社會運動，對於當時以「台灣省戒嚴令」為社會管制基礎的政府，造成極大的震撼。即使如此，不久之後，政府決定順應民情，調整政策方向。1977 年 9 月行政院宣布，在完成十大建設（1974-1979）後，將進行新的十二大建設（1980-1985），其中之一為文化建設，計畫在 5 年內分區完成每一個縣市的文化中心，隨後推動長期性的綜合性文化建設計畫。次年 11 月行政院院會通過「教育部建立縣市文化中心計畫大綱」，其計畫項目，在中央包括新建兩廳院、三所博物館等，在各縣市興建圖書館、音樂廳、文化陳列室等。為了配合前述計畫，行政院在 1978 年 12 月通過「加強文化及育樂活動方案」（陳奇祿 1981：70-71），包括 12 項措施 [33]，其中的 9 項與文化資產保存有關，茲摘要如下：

1. 第 1 項：設置文化建設專管機構，如文化部或文化建設委員會。
2. 第 2 項：策動成立文化基金等。
3. 第 3 項：文藝季之舉辦，以及設置展演國家獎等。
4. 第 4 項：設置文化獎，對文化有重大貢獻者，予以獎勵。
5. 第 6 項：修訂「古物保存法」、設置文化資產管理委員會、

↖十二大建設計畫新建三座
博物館之一：國立科學工藝
博物館一景（2010）。

↑十二大建設計畫新建三座
博物館之一：國立自然科學
博物館一景（2009）。

↗十二大建設計畫新建三座
博物館之一：國立海洋生物
博物館一景（2010）。

←十二大建設計畫新建兩廳
院：國家戲劇院（左）與國
家音樂廳（右）（2010）。

十二大建設計畫新建縣市文化中心之一：
彰化縣立文化中心（2010）。

十二大建設計畫新建縣市文化中心之一：
宜蘭縣立文化中心（2010）。

34 請參見表 4 台灣歷年重要
文化資產普查活動 p.273。

35 國立台灣藝術專科學校
（1994 年改制為學院）實驗
國樂團於 1990 年改制為國立
實驗國樂團、2006 年改名為
台灣國家國樂團（NCO），原
均由教育部委託國立台灣藝
術大學（原學院於 2001 年改
制）代管，於 2008 年 1 月以
後移交國立中正文化中心代
管，2008 年 3 月併入國立傳
統藝術總處籌備處，成為其
派出單位之一。

36 民族藝術薪傳獎及重要民
族藝術藝師名單，請參見表
20 文化資產保存的授獎或保
存者名單 p.343。

以及推動史蹟指定等。

6. 第 7 項：文藝人才之培育，如設置中小學藝術特殊班、國立
   藝術學院、藝術研究所等。

7. 第 8 項：成立高水準之國樂團等。

8. 第 9 項：國劇與話劇之推廣與扶植等。

9. 第 11 項：設置傳統技藝傳習及人才保護制度、推動傳統技藝
   及藝能現況調查及研究等。

　　於方案公布後，各主管機關積極推動，很快的便有了具體成果，
如：1980 年教育部委託台大考古人類學系及政大社會學系進行「中
國民間傳統技藝與藝能調查研究」，至 1990 年為止，前後長達 11 年
之久 34；次年，行政院文化建設委員會奉准成立（1981.11.11）；
1982 年，三項重要工作依次完成：「文化資產保存法」公布施行
（1982.5.26）、國立藝術學院（1982.7.1）及台灣戰後首座國家公園
墾丁國家公園（1982.9.1）先後設立；1984 年教育部成立國立台灣
藝術專科學校實驗國樂團 35；1985 年教育部開始舉辦民族藝術薪傳
獎，至 1994 年為止，共 10 屆；1986 年國立自然科學博物館正式設
立；1987 年台灣原住民文化園區設立；1988 年國立藝術學院設立傳
統藝術研究中心；1989 年教育部完成第 1 屆重要民族藝術藝師遴選，
1998 年舉辦第 2 屆 36；1992 年文化建設基金設立及「文化藝術獎助
條例」公布施行；1994 年由文建會開始逐年舉辦全國文藝季至 1998

依據「加強文化及育樂活動
方案」設立的國立藝術學院
（今國立臺北藝術大學）一
景（2010）。

台灣原住民族文化園區泰雅族建築一景（2003）。

年為止，共 5 年之久；1996 年國家文化藝術基金會及台南藝術學院設立。

　　1983 年行政院有鑒於「加強文化及育樂活動方案」中所列部分重要措施已執行完畢，部分則持續推動中，為因應當時國家總體文化環境之需要、以及輔導縣市文化中心推廣文化活動，而加以修正，條列「重要措施」10 項 37，其中的第三項「文化資產之維護與宣導」有 6 個工作項目，茲摘要如下：

1. 設立附屬於學術機構或獨立之文化資產研究所。
2. 古蹟修復工程為特殊工程。
3. 加強培養傳統技藝人才。
4. 建立文化資產檔案。
5. 委託學術機構，對傳統技術與傳統藝能之現況進行調查，提供保存與改進計畫。
6. 製作社教圖片、影片，做為推廣教材之用。

　　此外，第四項「國劇、地方戲曲及話劇之推廣與扶植」，屬於文化資產中民族藝術（或稱傳統藝術）範疇，工作項目包括設置專業的國劇教育單位、輔導地方戲曲及培育人才等。

37 相關內容請參見 1983.7.30 行政院台 (72) 文字第一四〇八七號函修訂「加強文化及育樂活動方案」。

↓ 澎湖縣湖西林投「日本皇軍海軍陸戰隊上陸紀念碑」碑文，被改為「抗戰勝利紀念碑」（2009）。

↘ 屏東縣車城石門「西鄉都督遺績記念碑」碑文，被改為「澄清海宇還我河山」（2003）。

各主管機關對於修正案的公布，也做了具體的回應。關於第 1 個工作項目「設立附屬於學術機構或獨立之文化資產研究所」，教育部從 1993 年以後陸續核准設立了 7 個文化資產保存相關學系、以及 10 個左右的研究所，如：國立藝術學院傳統藝術研究所（1993）、雲林科技大學文化資產維護研究所（1999）、台南藝術學院古物維護研究所（1999）、臺北藝術大學建築與古蹟保存研究所（2002）等。新增系所名單，請參見本書前言 p.4 及表 1 台灣文化資產保存大事紀年表 p.246。

關於第 2 個工作項目「古蹟修復工程為特殊工程」，內政部於 2000 年 2 月 9 日第三次修正「文化資產保存法」，增列 30-1 條，規定「古蹟之修復由政府機關辦理時，其修復工程應視為特殊採購。其採購程序由中央主管機關訂定之，不受政府採購法限制。」[38] 至於第 4-6 個工作項目，由主管機關分別執行，如內政部自 1991 年開始推動台灣地區重要考古遺址普查建檔、以及「台閩地區傳統工匠之調查研究」等[39]。

在「設置專業的國劇教育單位、輔導地方戲曲及培育人才」方面，政府於 1999 年 7 月合併國立復興劇藝實驗學校及國立國光藝術戲劇學校，成立國立台灣戲曲專科學校，2006 年 8 月升格為國立台灣戲曲學院；同年 4 月教育部審查通過由國立台灣戲曲學院成立國立歌仔戲劇團。

四、小結

　　影響戰後初期台灣文化資產保存總體呈現的關鍵因素，在於內政部未能啟動「古物保存法」機制，由於失去法律保護，導致部分日本時代「史蹟名勝天然紀念物保存法」的指定物件遭到破壞、甚至於完全消失，如：基隆艾爾騰堡、圓山貝塚、台北4城門、太巴塱社蕃屋、（高雄港內）紅樹林、文石書院、第二師團枋寮上陸地、千人塚、仙腳石海岸原生林、野生稻種自生地等 [40]，而在北白川宮能久親王御遺跡及伏見宮貞愛親王御遺跡中，包括許多精緻的漢式宅園或清末洋樓，也在無人聞問下遭到拆除改建；此外，芝山巖、比志島混成枝隊良文港上陸地、海軍聯合陸戰隊林投上陸地等與日人統治有關的石碑，原已遭推倒棄置，近年因文化資產保存風氣興起，而重新樹起，但部分者之碑文已遭磨除，改以仿製品代替。

　　至於政府單位的相關作為，大致可分為前、後兩個時期來討論。在前期的 23 年間，為了迅速鞏固新政府的統治基礎，而大肆拆毀前朝的象徵物，即使如此，精美的桃園神社在龐大的政治壓力下，幸運的保留下來，成為現今瞭解日本統治台灣最重要的文化資產之一，說明了歷史全貌及真相不致於因人為干預而完全消失；於此同時因應台籍文化菁英呼籲而推動的史蹟調查工作，則因缺乏法律奧援，只停留在紙上作業，而沒有實際的保存或修復作為。

　　後期的 14 年屬於文化資產保存法制重建的作業時期，政府推動修正「古物保存法」以做為政治對抗的工具，其動機自然可議；至於前後花了 14 年才完成，主事者則難辭其咎。即使如此，內政部及交通部觀光局未雨綢繆，先行展開古蹟指定先期作業，其勇於任事的態度，值得嘉許。而新制定的「文化資產保存法」，其分類體系、保存觀念及實務等面向，完整而詳實，符合國際思潮及作為、以及當時的社會環境，修法人員之用心，值得肯定。

　　至於「加強文化及育樂活動方案」的推動，其內容包括了建構台灣文化資產保存法制的所有要項，如：法規增修、主管機構設立、人

40 上述各物件之內容，請參見表 7 史蹟名勝天然紀念物指定名單 p.287；其中基隆艾爾騰堡（Eltenburgh）目前已不存；圓山貝塚大砥石，於戰後被臨濟護國禪寺磨平後雕刻「無住生心」等字，立於寺門前；台北 4 城門中東門、南門、小南門的城門樓於 1966 年遭改建為鋼筋混凝土北式建築；太巴塱社蕃屋於 1960 年代因損壞，將構件拆遷至中研院民族所，並將雕刻材典藏，2006 年依據千千岩助太郎《台灣高砂族の住家》（1960）測繪圖及複刻現存構件，於原址重建完成；（高雄港內）紅樹林目前已不存；文石書院目前僅魁星樓保存原貌；仙腳石海岸原生林目前已遭破壞殆盡；野生稻種自生地目前荒廢。

才資料蒐集及培育、經費規劃、獎勵措施、基礎調查及研究、活動推廣、主辦機關等，相當周全；所列的工作項目及負責單位，非常明確。在行政院強勢主導、各單位積極配合下，各項工作順利展開，同時也先後達成目標。以事後成效觀之，「加強文化及育樂活動方案」無疑是台灣戰後文化資產保存機制建構及健全發展、以及業務推動的關鍵性政策，對於日後國內文化資產保存環境及實務造成正面而深遠的影響。即使如此，受到當時政治環境的影響，方案內容獨尊漢文化，而未能顧及台灣多元文化特色，致使「文化資產保存法」施行後十數年間所指定的物件，以漢人遺產占絕大多數，也間接影響民間印象，誤認為所謂的「古蹟」即是漢人的廟或大厝等。

綜觀戰後初期，隨著政治高壓統治逐漸紓緩、家庭經濟趨於小康、社會氛圍略顯開放，人心從壓抑中釋放、文化活動漸次復甦，國內文化資產的保存環境由失序狀態逐漸邁入軌道，最終促成台灣文化資產第二度的受到法律的保護，以及擁有一套規劃合宜的保存機制。

1980 年代所推動的文化建設獨尊漢文化而忽略台灣多元文化特色：圖為蘭嶼朗島雅美人的家屋（2009）。

肆 「文化資產保存法」第 1 版時期

西元 1982 年 5 月 26 日「文化資產保存法」公布施行，成為台灣
繼日本時代的「史蹟名勝天然紀念物保存法」後，第二個確實
執行的文化資產保存的母法。

如第三章第三節所述，在「文化資產保存法」公布前三年，行政
院為推動十二大建設的文化建設，先後函頒「加強文化及育樂活動方
案」（1979.2.6）及其修訂案（1983.7.30），透過宏觀視野、周全規

1982 年底至 2010 年底前台灣縣市地圖（繪圖／鄭智方）。

劃，為台灣文化資產保存環境及政務勾勒出理想藍圖。在「文化資產
保存法」及「加強文化及育樂活動方案」相互搭配、以及各主管機關
積極推動下，台灣歷史上第二波以法制為基礎的文化資產保存工作，
得以順利而穩健展開。

　　「文化資產保存法」公布施行迄今的修正歷程，在導論中已有描
述，為了方便本章敘述及讀者瞭解，再次摘要說明如下：「文化資產
保存法」於 1982 年 5 月 26 日公布施行（以下簡稱「文資法 1-1 版」），
此後進行過八次修正，前四次為部分條文修正，分別為：1997 年 1
月 22 日第一次修正公布（以下簡稱「文資法 1-2 版」）、1997 年 5
月 14 日第二次修正公布（以下簡稱「文資法 1-3 版」）、2000 年 2
月 9 日第三次修正公布（以下簡稱「文資法 1-4 版」）、以及 2002
年 6 月 12 日第四次修正公布（以下簡稱「文資法 1-5 版」），以下
統稱上述各版為「文資法第 1 版」。於 2005 年 2 月 5 日、8 月 1 日
及 10 月 31 日進行過第五次的修正公布，其分類及內容與「文資法第
1 版」有明顯的差異，以下簡稱之為「文資法第 2 版」，隨後經歷過
二次的修正公布。於 2016 年 7 月 27 日再次經歷大規模的第八次修法，
其內容與「文資法第 2 版」明顯不同，以下簡稱之為「文資法第 3 版」。

　　在「文資法第 1 版」施行的 23 年（1982-2005）間，台灣文化
資產保存的法制建構及政務推動，包括：法規增修、機關（構）建置、
指定登錄、基礎研究、修復研究、修復工程、教育推廣、專業資格審

彰化縣馬興陳宅為古蹟類
的古建築物（2010）。

查、授獎、交流、出版等,呈現出全面性發展,以下依序概要介紹此時期中的:(1) 法規與機制、(2) 主管機關的保存成果、(3) 相關單位的協力政策及作為、(4) 民間的保存活動與事蹟。在 2001 年後的詳細資料,請參見文建會文化資產保存研究中心籌備處(2007 年後改為文化資產總管理處籌備處)委託國立臺北藝術大學逐年編印的《台灣文化資產保存年鑑》,由每年厚達 600-700 頁的相關資料中,可以完整瞭解台灣有形文化資產保存狀況、以及感受到保存事務的複雜性及熱度。另外,有關此期間的重要事蹟,請參見表 1 台灣文化資產保存大事紀年表 p.246、及表 23《台灣文化資產保存年鑑》年度要聞(2001-2011)p.350。

一、法規與機制

「文化資產保存法」為 1982 年迄今台灣文化資產保存的母法。本法規範台灣文化資產保存的理念、分類、定義、主管機關、分級,以及調查、指定登錄、保存、維護、修復、宣揚等實務原則。在「文化資產保存法」公布施行後,由文建會依據「文資法第 1 版」第 60 條規定,會同教育部、內政部、經濟部及交通部於 1984 年 2 月 22 日訂定發布「文化資產保存法施行細則」(以下簡稱「文資細則 1-1 版」),並於 2001 年 12 月 19 日第 1 次修正發布(以下簡稱「文資細則 1-2 版」),以下統稱上述二版為「文資細則第 1 版」。在「文資細則第 1 版」中列舉「文資法第 1 版」的分類細目、以及保存工作的詳細內容及規範等,其條文請參見表 13「文化資產保存法施行細則」(1-2 版)p.316、及表 14「文化資產保存法施行細則」第 1 版修正對照表 p.321。

透過母法及施行細則,政府建構了保存機制,如:設立組織、遴聘人員、編列預算等,以及研擬政策;此外,各主管機關也依據母法訂定準則、辦法、標準等,或因應政務需要而訂定要點或須知等。這些法規及政策,成為行政人員推動政務的基礎、以及社會大眾認知及行動的指標。以下依序介紹:(1)「文資法第 1 版」的制定與修正,(2)

保存組織、體系與規範，(3) 相關法規訂定。

（一）「文資法第 1 版」的制定與修正

「文資法第 1 版」分為 8 章 61 條，各章名稱為：第 1 章總則、第 2 章古物、第 3 章古蹟（「文資法 1-4 版」後改為「古蹟與歷史建築」）、第 4 章民族藝術、第 5 章民俗及有關文物、第 6 章自然文化景觀、第 7 章罰則、第 8 章附則。其中第 2-6 章名稱即「文資法 1-4 版」修正後台灣六類文化資產的類型名稱，各類資產之定義及次類名稱，請參見導論第一節第一小節 p.11。

「文資法第 1 版」的四次修正，多因主管機關執行需要，其修正內容反應當時台灣文化資產保存所面對的環境及問題，以下依序簡要說明各版的主要修正內容，完整資料請參見表 10「文化資產保存法」（1-1 版）p.306、表 11「文化資產保存法」（1-5 版）p.309 及表 12「文化資產保存法」第 1 版修正對照表 p.313。

1. 「文資法 1-2 版」修正概要

「文資法 1-1 版」施行 15 年後，在 1997 年 1 月 22 日首次修正公布。主要為增加古蹟土地容積移轉條款（第 36-1 條），規定古蹟基地的建築容積可等值移轉至他地使用，以利紓緩私有古蹟因其土地的潛在價值，而有遭到破壞或荒棄之虞。同年底，台中縣潭子鄉的精美漢式大宅摘星山莊因土地出售，即將被拆除，而爆發保存事件[1]，次年 9 月由內政部依據第 36-1 條規定，訂定發布「古蹟土地容積移轉辦法」，其條文請參見表 22 古蹟土地容積移轉辦法 p.348（中原大學 1999）。此外，增列贊助維修古蹟款項得列舉扣除所得稅條款（第 31-1 條），藉以鼓勵私人維護或修復古蹟。

2. 「文資法 1-3 版」修正概要

1997 年 5 月 14 日「文化資產保存法」第二次修正公布。在此之前，台灣古蹟統一由中央指定、解除及變更指定；修正後將古蹟的分類由第一級、第二級、第三級，變更為國定、省（市）定、縣（市）

[1] 請參見本章第四節第三小節 p.146、以及表 3 台灣文化資產保存事件年表 p.263。

[2] 依據「文資細則 1-2 版」第 76-1 條規定：「第一級古蹟視為國定古蹟；省轄第二級古蹟視為省定古蹟，省轄第三級古蹟視為縣（市）定古蹟；直轄市第二級及第三級古蹟視為直轄市定古蹟。」2000 年「文資法 1-4 版」修正公布後，因應精省，原省定古蹟視為國定古蹟。

↑台南佳里金唐殿何金龍剪黏作品具有民族藝術的條件（張尊禎攝 2015）。

↗台北市芝山巖考古探坑展示館（2009）。

→花蓮縣富里鄉豐南村梯田具備有古蹟類的其他歷史文化遺蹟條件（2007）。

↓新竹縣湖口老街具備有古蹟類的古市街條件（2004）。

定 [2]，由各級政府負責指定、以及遷移或拆除審核，但解除或變更指定仍統一由上級主管機關審核（第 27、35 條）。

此外，增加古蹟修復時應保存原有風貌、但經許可後可採不同的保存方式之規定（第 30 條）[3]；以及增加市民參與條文，規定擬定古蹟保存區及修復計畫過程中，應舉辦說明會及公聽會等（第 36 條）。

3.「文資法 1-4 版」修正概要

1999 年九二一大地震後，災區內許多精美、但未經指定之傳統建築因而受損，但無相關保護法規；加上在此之前的 1998 年底精省後，省級主管機關消失。2000 年 2 月 9 日「文化資產保存法」第三次修正公布，增加歷史建築類型（第 3 條、第 27-1 條），以文建會為中央主管機關（第 5 條），使得台灣文化資產由原來的 5 類，增加成為 6 類；第三章的章名也因此改為「古蹟與歷史建築」。此外，有鑒於九二一大地震威力驚人，而新增修復工程在必要時得採用現代技法的規定（第 30 條）、以及重大災害古蹟及歷史建築緊急修復條文（第 30-2 條），2000 年文建會據以發布「重大災害歷史建築應變處理辦法」，次年內政部發布「重大災害古蹟應變處理辦法」，2006 年文建會整合上述二法修正發布「古蹟及歷史建築重大災害應變處理辦法」[4]。

在精省影響方面，將涉及省政府權責之文字刪除，改由中央負責（第 27 條、第 31-1 條）。此外，尚進行一些小修正，包括：(1) 調整古蹟及自然文化景觀定義，前者的內容增加聚落、後者增加礦物（第 3 條）；(2) 增列個人與團體可申請指定古蹟的規定（第 27 條）；(3)

3 古蹟修復原則已規定於「文資細則第 1 版」第 46 條中。

4 請參見表 2 台灣文化資產保存法規增修年表 p.258。

↙修復完成後的霧峰林家下厝的後落（2018）。

↓台東縣鹿野移民村屬於「文資法 1-4 版」古蹟類的傳統聚落（2009）。

↘北投石屬於「文資法 1-4 版」自然文化景觀類的礦物（北投梅園收藏 2010）。

5 在「文資法第 1 版」期間，
只有古物及古蹟採分級制，
而古蹟為唯一採取中央地方
分權制者，在「文資法 1-2
版」以前，古蹟之主管機關，
依據第 27 條規定，第一級、
第二級、第三級，分別以內
政部、省（市）、縣（市）
政府為主管機關；「文資法 1-3
版」修正後，將古蹟變更為
國定、省（市）定、縣（市）
定，以各級政府為主管機關
（第 14 條）。

6 有關文化資產保存之策劃與
共同事項之處理，由文建會
會同內政部、教育部、經濟
部、交通部、及其他有關機
關會商（第 7 條）。

7 農業局於 1982 年制定「文
化資產保存法」時，屬經濟
部所轄，1984 年 7 月 20 日
農業局與行政院農業發展委
員會合併改組為行政院農業
委員會，與經濟部為平行單
位，仍負責自然文化景觀保
存工作，但在「文資法第 1
版」期間，以經濟部為自然
文化景觀的中央主管機關的
條文，並未隨之變更（第 6
條）；其次，自然文化景觀
由經濟部會同內政部、教育
部、交通部指定及解除指定
（第 49 條）。

公有古蹟可交由管理使用單位、自然人或公益性法人管理維護（第 28 條）；(4) 增列管理維護的內容（第 29-1 條）；(5) 古蹟修復工程排除使用「政府採購法」（第 30-1 條），2001 年內政部據以訂定發布「古蹟修復工程採購辦法」；(6) 規定古蹟修復後中央主管機關應辦理績效評鑑（第 30-1 條）；(7) 規定古蹟相關資料應交主管機關保管，並原則上加以公開（第 31-2 條）。

4.「文資法 1-5 版」修正概要

2002 年 6 月 12 日「文化資產保存法」第四次修正公布，增列相關辦法的法源，包括：(1) 增列公有古物複製及再複製管理的法源（第 16 條），在 1997 年教育部已先行發布「公有古物複製品管理辦法」，2005 年文建會依據「文資法第 2 版」第 69 條規定，修正發布「公有古物複製及監製管理辦法」；(2) 增列獎勵私有古蹟捐贈的法源（第 31 條）及獎勵古蹟發見人的法源（第 32 條），2005 年文建會依據「文資法第 2 版」第 90 條規定，將二者併入「文化資產獎勵補助辦法」中。

（二）保存組織、體系與規範

「文化資產保存法」的內容相當廣泛，除了理念、類型、定義外，尚有行政體系、作業體系、作業規範、保存原則、保存形式、獎罰規定等。以下簡要說明「文資法第 1 版」期間，台灣各類文化資產的主管機關、管理單位、分級、指定及解除、古蹟修復原則等相關規定。

1. 主管機關

在「文資法第 1 版」期間，台灣文化資產的中央主管機關共有四個，分別是：教育部（古物、民族藝術）、內政部（古蹟、民俗及有關文物）[5]、經濟部（自然文化景觀）、以及文建會（文化資產保存之策劃與共同事項之處理）[6]（第 4-7 條），而「文資法 1-4 版」新增的歷史建築，以文建會為中央主管機關（第 5 條）。各部會的承辦單位分別為：教育部社教司、內政部民政司、經濟部農業局[7]、文建會中部辦公室。

　　台灣文化資產中古蹟、民俗及有關文物、歷史建築的地方主管機關[8]，依據「文資法 1-4 版」規定，為直轄市或縣（市）政府，負責保存及管理工作（第 5、8 條）。各地方政府依據中央主管機關之權責分配，以民政局為古蹟承辦單位，其餘各類或屬中央權限或因中央主管機關未積極推動，在地方政府中僅聊備一格；1999 年後各地方政府陸續新增文化局、次年台灣文化資產新增歷史建築類，地方政府多順勢將所有文化資產類型交由文化局承辦，只有自然文化景觀多以農業局為承辦單位。各縣市文化資產的承辦單位，請參見表 17 文化資產類別的負責單位一覽表 p.334。

　　1994 年行政院提出「十二項建設計畫」[9]，其計畫內容第三項「充實省（市）、縣（市）、鄉鎮及社區文化軟硬體設施」共有三大主題，第三大主題為文化資產保存與發展，包括民間藝術保存傳習計畫、籌設文化資產保存研究中心計畫、籌設傳統藝術中心計畫、籌設民族音樂中心計畫。（蘇昭英、蔡季勳 1999：23）依據計畫指示，在往後數年內，除了藝術村之外，文建會先後設立國立傳統藝術中心[10]、國立文化資產保存研究中心籌備處[11]、以及民族音樂中心籌備處[12] 等 3 個與文化資產保存有關的附屬機構。

2. 管理單位

　　在「文資法第 1 版」中，6 類文化資產的管理單位並不相同，分別如下：(1) 古物：由中央或地方政府設立古物保管機構負責保管（第 9 條）；(2) 古蹟：原為地方政府、所有人或受託人，「文資法 1-4 版」修正後可委託自然人或公益性法人管理維護（第 28 條）；(3) 民族藝術：由教育部或地方政府指定或專設機構保存或維護（第 40 條）；(4) 民俗及有關文物：由地方政府保存及維護（第 45 條）；(5) 自然文化景觀：由地方政府或由主管機關指定之機構管理（第 50 條）；(6) 歷史建築：其管理維護單位，未見於法規中，歷史建築保存為地方事務，似乎地方政府即是歷史建築的管理維護單位。

3. 分級制度

　　在「文資法第 1 版」的 6 類文化資產中，民俗及有關文物、自然

[8] 古蹟保存採中央地方分權制，民俗及有關文物、歷史建築保存定位為地方事務，因此需要規定地方主管機關；而其他類型：古物、民族藝術、自然文化景觀並未明列地方主管機關。

[9] 此處之「十二項建設計畫」為 1994 年 3 月由時任行政院院長連戰所提政策，與 1980-1985 年由時任行政院院長蔣經國推動的「十二項建設」（俗稱「十二大建設」），並不相同；在「十二項建設計畫」之三「充實省（市）、縣（市）、鄉鎮及社區文化軟硬體設施」中，包括：一、加強縣市文化活動與設施，二、加強鄉鎮及社區文化發展，三、文化資產保存與發展。（蘇昭英、蔡季勳 1999：23-25）

[10] 國立傳統藝術中心籌備處於 1996 年 1 月 31 日設立，2002 年 1 月 28 日正式成立，2008 年併入國立台灣傳統藝術總處籌備處中。

[11] 文化資產保存研究中心籌備處於 1999 年 7 月 28 日設立，2007 年 10 月 17 日併入行政院文建會文化資產總管理處籌備處，2012 年 5 月再度改制為文化部文化資產局文化資產保存研究中心。

[12] 民族音樂中心籌備處成立於 1999 年，於 2002 年併入國立傳統藝術中心，並更名為民族音樂研究所，2008 年隨國立傳統藝術中心併入國立台灣傳統藝術總處籌備處中，並更名為台灣音樂中心。

13 古蹟審查規定，請參見「古蹟指定審查處理要點」第 3-5 條（1998.7.3 台內民字第 8777876 號函訂定發布）；自然文化景觀審議小組組成規定，請參見「行政院農業委員會自然文化景觀審議小組設置要點」第 2 條（1989.6.14 農委會發布），以農委會主委為召集人，成員包括內政部、教育部、經濟部、交通部、衛生署、環保署、經建會、文建會代表各一人；歷史建築審查委員會組成規定，請參見「歷史建築登錄及輔助辦法」第 5 條（2000.10.26(89) 文建壹字第 1003973 號令訂定發布）。

14 工項名稱，請參見本章第二節第一小節 p.118。

文化景觀、歷史建築等三類未區分等級，其他 3 類的分級名稱如下：(1) 古物：分為國寶、重要古物、古物三級（第 11 條）；(2) 古蹟：如本章第一節第一小節所述，原分為第一級、第二級、第三級，「文資法 1-3 版」後修正為國定、省（市）定、縣（市）定，「文資法 1-4 版」因應精省，再度修正為國定、直轄市定、縣（市）定（第 27 條）；(3) 民族藝術：分為重要民族藝術、民族藝術二級（第 41 條）。

4. 指定或登錄機制

在「文資法第 1 版」中，6 類文化資產的指定、解除指定或登錄單位有所不同，分別如下：(1) 古物：一般古物由古物保管機構造冊層報教育部存案，重要古物及國寶由教育部指定或解除指定（第 10-11 條）；(2) 古蹟：如本章第一節第一小節所述，在「文資法 1-2 版」以前，所有古蹟由內政部指定、解除及變更指定；「文資法 1-3 版」修正後由各級政府負責指定、及遷移或拆除審核，但解除或變更指定仍由內政部統一審核（第 27、35 條）；(3) 民族藝術：一般民族藝術由教育部或地方政府指定，重要民族藝術由教育部指定或解除指定（第 40、41 條）；(4) 民俗及有關文物：由地方政府負責調查、蒐集，以及指定或保管展示工作（第 46 條）；(5) 自然文化景觀：由經濟部會同內政部、教育部與交通部審查指定或解除指定（第 49 條）；(6) 歷史建築：由地方政府負責登錄（第 27-1 條）。詳細資料，請參見表 18 各類文化資產指定登錄解除變更權責一覽表 p.337。

5. 指定及修復原則

在「文資法第 1 版」期間，計有古蹟、自然文化景觀、歷史建築 3 類完成指定或登錄工作。其中古蹟審查，由專家學者 5 人以上及有關機關代表組成；自然文化景觀審議小組為固定編組，由各機關代表共 9 人組成；歷史建築審查委員會為固定編組，由機關代表、學者專家、當地學術機構代表及社會公正人士組成，總數由各地方政府決定，但機關代表不超過三分之一。[13]

古蹟及歷史建築修復工程涵蓋近 20 種工項[14]，多依其工程性質，由不同的主管機關代表及學者專家進行個案審查。在文化資產相關法

↑十二項建設計畫推動設立的「國立文化資
產保存研究中心籌備處」（2003）。

←十二項建設計畫推動設立的「國立傳統藝
術中心」（2009）。

↙十二項建設計畫推動設立的「民族音樂中
心籌備處」（2005）。

規中，對於古蹟指定審查及歷史建築登錄基準[15]、以及古蹟及歷史建築修復原則，有具體的規範，茲簡要介紹如下：

(1) **古蹟指定審查基準**：依據「文資細則 1-2 版」第 38 條規定：

古蹟之審查指定，依下列各款綜合評定之：

一、所具歷史、文化、藝術價值。

二、時代之遠近。

三、重要歷史事件或人物之關係。

四、表現各時代之特色、技術、流派或地方之特色。

五、數量之多寡。

六、保存之情況。

七、規模之大小。

八、附近之環境。

九、其他有關事項。

(2) **古蹟修復原則**：「文資法 1-3 版」第 30 條第 1 項規定「古蹟應保存原有形貌及文化風貌，不得變更，如因故損毀應依照原有形貌及文化風貌修復，以延續其古蹟之生命，並得依其性質，報經內政部許可後，採取不同之保存、維護或管制方式。」「文資法 1-4 版」修正公布後，增列第 30 條第 3 項：「前項修復計畫之提出，必要時得採用現代科技與工法，以增加其防震、防災、防蛀等機能。」

依據「文資細則 1-2 版」第 46 條規定：

古蹟修復，應依下列原則為之：

一、保存原有之色彩、形貌及文化風貌。

二、採用原用或相近之材料。

三、使用傳統之技術及方法。

四、非有必要不得解體重建。

「文化資產保存法」規定了古蹟修復的理性規範，但是古蹟在歷經長久的歲月洗禮之後，其上均有許多自然或人為的感性痕跡，這些痕跡的存廢經常引起正反意見的爭議。

（三）相關法規訂定

除了「文化資產保存法」及「文化資產保存法施行細則」之外，文化資產保存的中央主管機關，基於母法規定或業務推動需要，在「文資法第 1 版」施行期間，訂定的相關辦法或要點，共約有 40 種 [16]。請參見表 2 台灣文化資產保存法規增修年表，茲列舉如下：

1. 古物的相關法規

教育部先後訂定「公有古物複製品管理辦法」（1997.4.30 發布）、「古物捐獻者獎勵辦法」（1999.6.29 發布）、「無主古物發現人獎勵辦法」（1999.6.29 發布）、「大陸地區古物運入台灣地區公開陳列展覽作業辦法」（1999.2.3 發布、2004.2.28 第一次修正）、以及「國外地區保存之古物運入國內展覽作業要點」（1995.7.7 訂頒）、「古物分級指定實施要點」（1997.1.8 訂頒）等。

2. 古蹟的相關法規

內政部先後訂定「古蹟土地容積移轉辦法」（1998.9.7 發布、1999.10.4 第一次修正）、「古蹟修復工程採購辦法」（2001.3.15 發布）、「重大災害古蹟應變處理辦法」（2001.11.7 發布）、「古蹟委託管理維護辦法」（2001.12.28 發布）、以及「古蹟指定審查處理要點」（1998.7.3 訂頒）、「古蹟保存獎勵要點」（2002.8.7 訂頒）等。

3. 民族藝術的相關法規

教育部先後訂定「重要民族藝術藝師遴聘辦法」（1997.7.30 發布）及「教育部加強維護及發揚民族藝術實施要點」（1998.9.19 訂頒）等。

4. 民俗及有關文物的相關法規

內政部先後訂定「內政部辦理大陸地區民俗文物輸入台灣地區認定作業要點」（1994.1.18 訂頒）及「內政部發揚民俗及文物保存補助作業要點」（2004.1.29 訂頒）；由省級單位訂定「台灣省政府文化處保存地方文獻、民俗、文物補助作業要點」（1997.10.14 訂頒）

16 各相關辦法及要點名稱、訂定及廢止日期，請參見林會承〈台灣新舊「文化資產保存法」的比較〉《2006 文化資產行政國際研討會論文集》（2006：138-141）。

及「台灣省文化基金會保存地方文獻、史蹟、民俗、文物獎助要點」
（1998.4.1 訂頒）等。

5. 自然文化景觀的相關法規

由農委會訂定「行政院農業委員會自然文化景觀審議小組設置要
點」（1989.6.14 訂頒）。

6. 歷史建築的相關法規

文建會先後訂定「歷史建築登錄及輔助辦法」（2000.10.26 發
布）、「重大災害歷史建築應變處理辦法」（2000.9.16 發布）、「重
大災害歷史建築應變處理小組設置要點」（2001.7.20 訂頒）等。

在 1999 年九二一大地震後，文建會針對重建區歷史建築保存訂
定相關法規，俗稱「九二一歷史建築保存特別法」，有「九二一地震
災區歷史建築修復工程採購辦法」（2001.3.29 發布）、「九二一地
震災區公有歷史建築管理維護辦法」（2001.3.29 發布）、「九二一
地震災區歷史建築補助獎勵辦法」（2001.3.21 發布、2002.12.30 第
一次修正）、以及「九二一震災重建區歷史建築修復輔導小組設置要
點」（2001.5.4 訂頒）等。

自然文化景觀：九九峰自然
保留區（2009）。

二、主管機關的保存成果

在 1982 年以後，各級主管機關依據「文化資產保存法」規定，展開保存事務，在「文資法第 1 版」施行期間所推動的業務，大體上可分為 2 大類：(1) 經常性的保存成果、(2) 全國性的保存活動。詳細資料，請參見 2001 年以後的《台灣文化資產保存年鑑》。

（一）經常性的保存成果

經常性的保存成果，大體上包括三大類：(1) 基礎工作、(2) 保存計畫與工程、(3) 保存環境培育。

1. 基礎工作

基礎工作為保存與再利用計畫及工程的先期工作，包括：普查、研究、指定或登錄、資料蒐集及建檔等。其中的研究工作，多由學術界或教育界為之；文化資產個案資料蒐集及建檔，由各主管機關自行或委託學術單位辦理。以下概要說明「文資法第 1 版」施行期間普查、指定或登錄的成果。

(1) 普查：包括人才普查及文化資產普查兩大類：(a) 人才普查：繼 1980 年教育部委託台大及政大辦理「中國民間傳統技藝與藝能調查研究」（1980-1990）後，於 1982 年「文資法第 1 版」公布施行後，文建會及內政部持續推動保存人才的普查工作，包括：文建會委託文化大學勞工研究所辦理「全國古蹟修護技術人才調查研究」（1985）、內政部委託東海大學建築研究中心及中國工商專校辦理「台閩地區傳統工匠之調查研究」（1991-1994）；(b) 文化資產普查：繼內政部指示各地方政府進行古蹟調查提報（1972-1979）、交通部觀光局委託台大辦理歷史古蹟及考古遺址與舊社勘查（1980）、教育部委託台大及政大辦理「中國民間傳統技藝與藝能調查研究」（1980-1990）[17] 之後，文建會及內政部持續推動古蹟及歷史建築的普查工作，包括：文建會委託中國民族學會辦理「台灣地區重要考古遺址初步評估」（1991-1992）、內政部委託中研院史語所辦理「台閩地區

17 這項普查的內容，包括傳統技藝與藝能、以及相關人才。

18 教育部自 1997 年開始委託國立歷史博物館從事「古蹟中古物」鑑定，主要針對「與古蹟具有整體性意義並與古蹟之發展或形成有關者」進行鑑定，共有古物 349 件、文物 135 件、其他 425 件（名單請參見林會承主編 2002：178-179），以及函請各公私立博物館及地方政府清點其所典藏之古物數量，總計有 87 萬多件（文建會 2004：81），但並未進行重要古物及國寶指定。

19 在 1997 年「文資法 1-3 版」修正公布前，古蹟指定流程，先由縣市政府進行提報審議，通過後送請省政府審議，通過後由省政府及直轄市政府送請內政部審查。

20 統計資料，請參見林會承主編《2005 台灣文化資產保存年鑑》（2006：215），經核對後加以校正；詳細名單請比對林會承主編《2006台灣文化資產保存年鑑》（2007：820-850）。

21 分別為：台北縣三峽古街、宜蘭縣北門福德祠及十三行遺址、台中市元保宮、彰化縣北斗奠安宮、台南市關帝廳，上述 5 筆原均為第三級古蹟。相關資料，請參見林會承主編《2002 台灣文化資產保存年鑑》（2003：628）。

22 名單請參見林會承主編《2006 台灣文化資產保存年鑑》（2007：820-850）；解除登錄之名單及理由，請參見 2003-2005 年《台灣文化資產保存年鑑》。

考古遺址」普查（1992-）、內政部委託李乾朗辦理「近代歷史建築調查」（1993-1994）；於 1999 年九二一大地震發生後，文建會委託九二一文化資產搶救小組辦理震災地區歷史建築的相關調查及研究（1999-2000），隨後推動一系列的全國性普查工作，包括「歷史建築清查」（2001-2003）、「產業文化資產清查」（2002-）、「國有宿舍總清查」（2003-）等。以上普查內容，請參見表 4 台灣歷年重要文化資產普查活動 p.273。

（2）指定或登錄：在「文資法第 1 版」期間，古物、民俗及有關文物未推動指定工作[18]，其餘四類的指定或登錄成果如下：(a) 民族藝術：於 1989 及 1998 年兩度指定重要民族藝術藝師，共 13 位，請參見表 20 文化資產保存的授獎或保存者名單 p.343；(b) 古蹟：1982 年「文化資產保存法」公布施行後，如第三章第二節所述，次年（1983）文建會與內政部隨即完成第一級古蹟 15 筆指定，1985 年完成第一、二、三級古蹟共 206 筆指定；此後由各地方政府逐層提報、由內政部審查，以決定指定與否及其等級[19]；在「文資法 1-3 版」之後，由各級政府分別審查及決定指定與否；從 1986 至 2005 年年底，共增列古蹟 394 筆，總計 615 筆[20]；此外，有 5 筆古蹟，因居民反對或改建而解除指定[21]，不包括在前述統計之內；(c) 自然文化景觀：共指定自然保留區 19 處，包括：關渡、哈盆、鴛鴦湖、淡水河紅樹林、澎湖玄武岩、九九峰等；珍貴稀有動物 23 種，包括：帝雉、蘭嶼角鴞、櫻花鉤吻鮭、台灣黑熊、百步蛇、綠蠵龜等，所有指定對象於 2001 年「野生動物保育法」公布施行後，全數自「文化資產保存法」中移除，改列為保育類野生動物；珍貴稀有植物 5 種，包括台灣穗花杉、台灣油杉等；(d) 歷史建築：自 2001 年開始登錄，在「文資法第 1 版」期間，共登錄 567 筆；此外，有 9 筆歷史建築解除登錄，主要原因為指定為古蹟[22]，不包括在前述統計之內。歷年所指定或登錄的文化資產，請參見文化部文化資產局 / 國家文化資產網。

2. 保存計畫與工程

在「文資法第 1 版」期間，台灣文化資產保存工作中，具有修復工程性質者，有古蹟及歷史建築兩類，其一般作業流程包括：調查研

究修復計畫、設計監造、發包施工等三個必要工項，以及一些相關事務，如：適用於重大古蹟修復工程的工作報告書製作、適用於部分古蹟的保存區劃定、僅限私有民宅、家廟、宗祠類古蹟可運用的古蹟土地容積移轉、以及只運用於少數構造複雜且有必要時才可採用的解體調查[23]；此外，尚有因個案性質而有的附屬工程，如：地質改善、保護棚架施作、再利用設計施工、防火防盜系統、防蟲防蟻、防潮防蝕、說明指標系統、夜間燈光照明、庭園植栽、文物清理等。

為了維持修復品質，內政部於 2001 年訂定發布「古蹟修復工程採購辦法」，將工程採購區分為勞務委任及工程定作 2 大類[24]（第 2 條），在勞務委任中區分修復計畫及規劃設計監造兩類，對於古蹟勞務計畫主持人、修復廠商、傳統匠師等有嚴格規範，其中古蹟勞務計畫主持人資格由內政部審核列冊上網（第 12 條）。

從 1982 年開始，內政部及地方主管機關逐年編列預算，依據中央、省（市）及縣（市）的經費分配原則推動古蹟調查研究及修復計畫、設計監造、以及修復工程。在「文資法第 1 版」期間，無論是1997 年 5 月第二次修正前所區分的第一級、第二級及第三級古蹟，或是修正後改稱的國定、省（直轄市）定及縣市定古蹟，各級政府的權責分配大致相同，即由地方政府負責執行轄區內所有古蹟保存的相關計畫及工程，而由各級政府分層審核，即第一級（國定）古蹟由內政部審核、第二級（省或直轄市定）古蹟由省政府或直轄市政府審核、第三級（縣市定）古蹟由縣市政府審核；1998 年底精省後，縣市轄區內的第二級（省定）古蹟改由內政部審核。至 2005 年之前，多數古蹟已完成調查研究及修復工程，只有少數私有古蹟因業主反對而未施作。在趙文傑《台灣傳統匠師參與古蹟修復之研究》（2002）論文中，條列 1982-2000 年間，製作工作報告書的古蹟修復個案共 62 筆，可供概略瞭解此期間古蹟修復進程。至於歷史建築的修復，由地方主管機關主導，其修復進程，請參見 2002 年以後的《台灣文化資產保存年鑑》。

除了常態性業務之外，1999 年九二一大地震發生後，各級主管

25 九二一大地震重建區內的
古蹟歷史建築修復名單請參
見林會承主編《2005 台灣文
化資產保存年鑑》（2006：
702-718）、林會承主編《2006
台灣文化資產保存年鑑》
（2007：698-700）。

26 在「文資法第1版」期間，
共有6種主要相關獎項，分
別為：民族藝術薪傳獎（教
育部主辦，1985-1994）、
重要民族藝術藝師（教育部
主辦，1989、1998）、民族
工藝獎（文化建設基金管理
委員會主辦，1992-1996）、
傳統工藝獎（國立傳統藝
術中心籌備處主辦，1998-
2000）、國家工藝獎（國立
台灣工藝研究所主辦，2001-
2006）、台灣工藝競賽獎
（國立台灣工藝研究所主辦，
2007-）、國家文藝獎（國家
文化藝術基金會主辦，1997-
）；在地方有嘉義市文化局
主辦的葉王獎（2001-）。以
上各獎項分類及獲獎名單，
於 2001 年以前者請參見林
會承主編《2001 台灣文
化資產保存年鑑》（2002：
571-579），以後者請參見各
年度之《台灣文化資產保存
年鑑》；另外民族藝術薪傳
獎、重要民族藝術藝師、文
化資產保存獎（2009-）、文
化資產保存技術及其保存者
（2009-）之資料，請參見表
20 文化資產保存的授獎或保
存者名單 p.343。

27 如由文建會所舉辦多屆的
古蹟修護技術研討會。

機關投入文化資產搶救工作，其對象包括古蹟、以及尚未指定但具有
文化資產價值的構造物，至 2005 年以前共完成修復個案 252 件，而
最受矚目的霧峰林家第一期修復工程，於 2009 年 11 月完成。[25]

由於法規完備、主管機關確實執行，在「文資法第1版」施行期
間，許多古蹟或歷史建築修復計畫及工作報告書，均印製成書，保存
於主管機關及學術單位中，為台灣古蹟及歷史建築保存歷程保留珍貴
史料。

3. 保存環境培育

保存環境的培育是厚植保存根基、進而促成保存事業茁壯發展的
重要工作之一。在「文資法第1版」施行初期，主管機關為配合文化
資產指定維護、法規宣導、以及提升文化資產行政人員專業知識等之
需而舉辦研習會、講習會、專業匠師普查、授獎[26]、以及少數定期性
研討會[27] 等；在 2000 年以後，將展演藝術操作模式運用於歷史建築
保存宣導上，而引起正面效應，致使文化資產保存一躍成為社會的熱
門話題及風潮，進而吸引相關行政機關及民間人士積極參與知識深化
及普及化、人才培育、國內及國際交流等各類活動。

在 2001 年以後逐年出版的《台灣文化資產保存年鑑》中，收錄
該年度編輯委員會蒐集的有形文化資產研習、教育推廣、授獎、文化
交流、出版等詳細資料。以下為《2001 台灣文化資產保存年鑑》登
錄資料的統計，可以概略感受到當時文化資產保存的氛圍：(1) 研討會：
台灣大型研討會約 25 場、平均一個月 2 場，國際研討會約 15 場、平
均一個月 1.25 場，研討會的主題包括保存理論、策略、法規、科技、
再利用、經營管理、特定人物或區域等，其討論的面向相當廣泛，其
中部分者為例年性的研討會，如：傳統藝術學術研討會、馬樂侯文化
管理研討會、古蹟保存科學與運用技術研討會等；(2) 講座：共 15 場，
主辦單位包括中央及地方主管機關、大學院校、民間團體，其議題包
括文化資產物件、區域文化資產、特定人事等；(3) 傳習計畫：共 2 場，
由主管機關邀請著名司傅傳授技藝；(4) 導覽人員解說營：共 14 場，
主辦單位包括中央及地方主管機關、民間團體，時間最長者其延續達

9 個多月；(5) 推廣教育班：共 2 場，包括學分班及社會教育班；(6) 講習會、研習營、工作營：共 47 場，包括基本知識、業務、技術等營隊；(7) 公聽會、聽證會：共 3 場，屬於瞭解民意的交流活動，主要議題為保存與否、或如何保存等；(8) 座談會、論壇：共 14 場，包括知識或意見交流等；(9) 展覽：共 59 場；(10) 推廣活動：共 52 場；(11) 小禮品：共 24 種以上；(12) 授獎：文建會國立台灣工藝研究所國家工藝獎、嘉義市文化局葉王獎；(13) 文化交流：共 26 筆；(14) 出版品：碩博士論文 55 種、研究報告書 25 種、計畫或工程報告書 52 種，其餘書籍、導覽手冊、折頁、期刊通訊、影片、影碟等為數甚多，不逐筆統計。

（二）全國性的保存活動

1999 年文建會負責九二一地震災區內「歷史性建築物」[28] 的搶救，次年成為法定歷史建築的中央主管機關，在擁有具體的保存對象之後 [29]，隨即策劃全國性的保存活動，以下為其中較具規模者。

1. 九二一大地震災區歷史性建築物普查

1999 年 9 月 21 日凌晨，台灣中部地區發生 7.3 級大地震，俗稱「九二一大地震」，屋倒人死慘重，內政部隨即展開古蹟搶救，共損壞 31 座，以剛修復完成但尚未驗收的霧峰林宅最為嚴重；教育部所屬的國立歷史博物館投入古物搶救；文建會則負責具有價值但未經指定的「歷史性建築物」的搶救工作。

於 10 月中，文建會與全國大學專業教授組成的九二一文化資產搶救小組共組工作團隊，由 12 所大學組成 15 支隊伍，分區前進災區進一步從事古蹟及歷史性建築物災情普查、測繪鑑定、修復計畫等工作，共完成受損歷史建築普查約 750 座、暫緩拆除建物 222 座、複勘建築測繪 228 座、以及修護範例修復計畫 15 座。[30] 於 2000 年初，文建會成為法定歷史建築的中央主管機關後，隨即推動災區內歷史性建築物之修復工作，至 2009 年底災區內所有古蹟及歷史建築，除了霧峰林家第二期工程外 [31]，其餘者均修復完成。

[28] 在搶救之初，稱未經指定但具有文化價值的建築物為「歷史建築」，當時這些建築物並未受法律保護；2000 年 2 月 9 日「文資法 1-4 版」修正公布後，沿用「歷史建築」一詞，此後「歷史建築」成為法定名稱，接受「文化資產保存法」的保護；為了避免混淆，本文改稱九二一地震災區緊急搶救對象為「歷史性建築物」，其部分者於日後經登錄為法定的歷史建築、或指定為古蹟。

[29] 在此之前，文建會只負責「文化資產保存之策劃與共同事項之處理」（「文資法 1-3 版」第 7 條），而未負責文化資產的特定類型。

[30] 詳細資料，請參見：徐明福《（九二一集集大地震及一〇二二嘉義大地震）震災地區歷史建築初勘報告書》（2000）、林會承主編《（九二一集集大地震及一〇二二嘉義大地震）震災地區歷史建築複勘調查報告書》（上、下）（2000）、林會承主編《（九二一集集大地震及一〇二二嘉義大地震）震災地區歷史建築修護範例報告書》（2000）、林會承主編《（九二一集集大地震及一〇二二嘉義大地震）震災地區文化資產搶救工作紀要》（2000）。

[31] 霧峰林家第二期工程，包括：景薰樓後樓、蓉鏡齋、草厝、萊園五桂樓等。2020 年後已大致修復完成，並開放部分園區供民眾預約參觀。

32 相關資料，請參見林會
承主編《2003台灣文化資
產保存年鑑》（2004：644-
647），文中所列統計數字
中，宜蘭縣及金門縣僅部分
完成。

33 相關資料，請參見林會承
主編《2001台灣文化資產保
存年鑑》（2002：251-253,
321-329）。

2. 歷史建築清查

於2000年文建會成為歷史建築的中央主管機關後，次年補助各地方政府委託學校或文化團體從事「歷史建築清查」，以做為登錄之準備。至2003年底，全國25縣市共初勘28,903筆，複勘11,007筆，建議優先登錄為歷史建築者共2,025筆。[32] 此次清查為台灣繼1972-1979年內政部指示地方政府進行古蹟調查提報之後，最大規模的一次文化資產清查工作。

3. 文化資產年及世界古蹟日活動

為了整合各級單位資源及提升其工作效能，文建會將2001年定為文化資產年，並規劃一系列的展演、參訪、研討、培訓、創作等活動。此外，為了加強國際文化交流，文建會宣布加入法國發起的世界古蹟日活動，將之列為文化資產年的主要活動之一。文化資產年活動自4月展開，至12月底結束，各月之主題分別為：小祖宗認識老祖宗、文學五月天、歡樂慶端午、搶救美術館、發現歷史建築之美、古蹟資產超連結、荷蘭時期台灣圖像、台灣民俗藝術魅力再現、八方交會護資產。在9月15、16日舉行的世界古蹟日活動，以滬尾砲台為主場地，全國300多筆古蹟同時免費開放，並安排導覽。文化資產年活動為台灣首次嘗試將各不同面向及層級的文化機構結合起來，以展演藝術思維、統一的識別標誌舉辦活動，將文化資產保存觀念有效的傳播至社會大眾腦海中。[33] 2005及2006年文建會接續推動認識古蹟日，2007年以後改名為全國古蹟日，並逐年訂定主題，如：替古蹟說故事（2007）、古蹟與創作（2008）等，只是聲勢已大不如前。

世界古蹟日主場地：淡水滬
尾砲台（2018）。

4. 歷史建築百景徵選活動

為了宣導「文資法1-4版」修正公布、發掘各地歷史建築、提升民眾保存意願，文建會規劃歷史建築百景徵選活動，將之列為文化資產宣導年活動之一。本活動分為三個階段：(1)由地方政府各選拔10景、(2)由學者專家自250筆歷史建築中挑選150筆、(3)由民眾票選其中之100筆。活動自2001年8月在各縣市陸續展開，11月開放

高票獲選為台灣歷史建築百景之一的高雄市前金玫瑰聖母堂（2002）。

全民票選，12月票選結果出爐。在本次活動中，各級政府透過網站、海報、記者會、走上街頭等方式，認真投入，連續三週的活動，共收到236萬張選票，為台灣歷史上最熱烈的一次文化活動，更重要的是將歷史建築保存觀念深植於民心。[34]

5. 閒置空間再利用計畫

從90年代開始，台灣因經濟轉型，導致許多傳統產業空間閒置不用，隨後由政府機關及學術界研擬政策及舉辦研討會及研習營，

[34] 相關資料，請參見林會承主編《2001台灣文化資產保存年鑑》（2002：259-263）。

閒置空間再利用試辦點
之一：台南縣總爺藝文
中心（2010）。

↑藝術家進駐閒置空間
之一：高雄縣橋頭糖廠
藝術村（2008）。

↗閒置空間再利用先期
規劃點之一：新竹市空
軍十一村（2010）。

→鐵道藝術網絡之一：
台中火車站二十號倉庫
（2009）。

以推動再利用工作,詳細資料請參見第五章第二節第二小節 p.171。2001 年文建會訂定「文建會九十年度試辦閒置空間再利用實施要點」,推動對象包括:古蹟、歷史建築、未經指定或登錄但可供文化藝術利用之安全無虞建物,並於全國規劃 7 個試辦點、6 個先期規劃點,積極推動以藝文為主體的閒置空間再利用工作;同年通過補助 7 個藝術家進駐閒置空間計畫(2001-2003)。次年文建會發布「閒置空間再利用補助作業要點」,同時將本計畫併入社區總體營造的地方文化館業務中,2003 年推動 5 個創意文化園區。概略的說,廣義的閒置空間再利用政策,包括了閒置空間再利用、地方文化館、鐵道藝術網絡、創意文化園區等 35。(文建會 2004:190-194、曾能汀 2006:31-32)

6. 產業文化資產清查(文化性資產清查)

因應各部會及所屬機關機構快速發展、或於民營化過程中可能造成文化性資產流失,行政院於 2002 年責成文建會辦理全國性國有財產產業文化資產調查及保存工作,同年 12 月文建會成立產業文化資產調查小組(2006 年後改名為文化性資產調查小組),由各機關機構委託學校或文化團體、或自行辦理其文化性資產清查工作;2004 年文建會訂定「行政院所屬各機關機構學校文化性資產清查作業要點」,以做為執行規範。

在文建會的督導下,2004 年執行 16 個單位、2005 年執行 5 個單位、2006 年執行 12 個單位(含 6 個縣市「眷村文化潛力發掘普查計畫」)、2007 年執行 13 個單位(含 11 個縣市「眷村文化潛力發掘普查計畫」)、2007 年執行 3 個單位、2008 年執行 6 個單位。36

7. 台灣世界遺產潛力點計畫

文建會為拓展國際視野、加強國際連結、以及與世界遺產保存觀念同步,自 2002 年起推動「台灣世界遺產潛力點」計畫,組織評選委員會以遴選潛力點,並依據聯合國教科文組織世界遺產委員會「世遺準則」所附的申報格式,撰寫登錄世界遺產名錄的提名文件。第一期的 12 處潛力點為:太魯閣國家公園、棲蘭山檜木林、卑南遺址與都蘭山、阿里山森林鐵路、金門島與烈嶼、大屯火山群、蘭嶼聚落與

35 閒置空間再利用的 7 個試辦點為:新竹縣老湖口天主堂、宜蘭縣舊主秘公館、彰化田尾鄉文化中心暨公園路燈管理所、台南縣總爺藝文中心、高雄縣旗山鎮鼓山國小、高雄市駁二藝術特區、花蓮縣松園別館;6 個先期規劃點為:新竹市空軍十一村、台中縣大雪山林場、嘉義縣民雄廣播園區、屏東縣枋寮火車站(後改稱為枋寮站 F3 藝文特區)、台東縣美農國小藝術村、南投縣草鞋墩藝術園區;7 個藝術家進駐閒置空間為:台北市國際藝術村、高雄市駁二藝術特區、台南市安平藝術村、台南縣總爺藝文中心、新竹縣沙湖壢藝術村、嘉義縣梅山生活藝術村、高雄縣橋頭糖廠藝術村;5 個創意文化園區為:華山創意文化園區(台北酒廠及其周邊地區)、台中創意文化園區(台中酒廠舊址)、嘉義創意文化園區(嘉義酒廠舊址)、台南創意文化園區(原台灣省菸酒公賣局台南分局北門倉庫群)、花蓮創意文化園區(花蓮酒廠舊址);鐵道藝術網絡包括:台中火車站 20 號倉庫、嘉義火車站嘉義鐵道藝術村、枋寮站 F3 藝文特區、台東站、新竹站等 5 個火車站場館。(文建會 2004:190-194、曾能汀 2006:32-33)

36 詳細資料請參見林會承主編《2004 台灣文化資產保存年鑑》(2005:690-693)、林會承主編《2005 台灣文化資產保存年鑑》(2006:838)、林會承主編《2006 台灣文化資產保存年鑑》(2007:798-803)、林會承主編《2007 台灣文化資

產保存年鑑》（2008：816-822）、林會承主編《2008台灣文化資產保存年鑑》（2009：866-868）。

37 在 2010 年的文件中，名稱略有不同，如：大屯火山群稱為大屯山火山群、淡水紅毛城及週遭歷史建築群稱為淡水紅毛城及週遭歷史建築群、屏東排灣石板屋稱為屏東排灣族石板屋聚落。

38 2011 年 12 月將「金瓜石聚落」改名為「水金九礦業遺址」、將「桃園台地埤塘」改名為「桃園台地陂塘」、將「屏東排灣族石板屋聚落」改名為「排灣及魯凱石板屋聚落」。

39 相關資料，請參見林會承主編《2005 台灣文化資產保存年鑑》（2006：830-835）、林會承主編《2006台灣文化資產保存年鑑》（2007：794-796）、林會承主編《2007 台灣文化資產保存年鑑》（2008：812-813）、林會承主編《2008台灣文化資產保存年鑑》（2009：864）。

→台灣世界遺產潛力點之一：台東縣卑南遺址與都蘭山的都蘭山（2009）。

→→台灣世界遺產潛力點之一：屏東排灣石板屋聚落的春日鄉七家部落的一角（2012）。

自然景觀、淡水紅毛城及周遭歷史建築群、金瓜石聚落、澎湖玄武岩自然保留區、台鐵舊山線、玉山國家公園（文建會 2003）；2009 年新增澎湖石滬群、屏東排灣石板屋、桃園台地埤塘、樂生療養院、烏山頭水庫及嘉南大圳等 5 個潛力點 37，同時將金門島與烈嶼改為金馬戰地文化；2010 年底將金馬戰地文化區分為金門戰地文化及馬祖戰地文化，合計為 18 個潛力點 38。

在 2010 年，文資總處進一步公布「台灣非物質文化遺產潛力點」10 種，分別為：泰雅族神話傳說、布農族歌謠、北管音樂戲曲、布袋戲、歌仔戲、阿美族豐年祭、賽夏族矮靈祭、媽祖信仰、王爺信仰、糊紙（紙紮）。2013 年 1 月增列中元普度、上元節民俗兩種，總計 12 種。

8. 國有宿舍總清查

因應 2003 年行政院核定「國有宿舍及眷舍房地加強處理方案」，可能導致許多具有古蹟或歷史建築價值之公有宿舍遭到拆除，文建會於 2003 年委託學者辦理「國有宿舍總清查」工作，由於數量龐大、且遍及全國各地，同年 12 月起改由各地方政府依據行政院人事行政局提供之名冊，辦理調查與評估工作。（施國隆 2006：267-306）

在 2003-2005 年期間，共清查 3,816 戶，具保存價值者 200 件，登錄為歷史建築者 88 件；2006 年共清查 554 戶，具保存價值者 11 件，指定為古蹟者 2 件、登錄為歷史建築者 1 件；2007 年清查 408 戶，具保存價值者 16 件，登錄為歷史建築者 1 件；2008 年清查 485 戶，具保存價值者 0 件。39

↑台灣世界遺產潛力點之一：花蓮縣太魯閣國家
公園的九曲洞（2010）。

→台灣世界遺產潛力點之一：台東縣蘭嶼聚落與
自然景觀的野銀部落的一角（2009）。

↓台灣非物質文化遺產潛力點之一：王爺信仰，圖
為屏東縣東港迎王平安祭典（張尊禎攝 2017）。

40 相關資料，請參見林會承主編《2001台灣文化資產保存年鑑》（2002：470-472）。

41 有關教育部訂定發布「教育部建立縣市文化中心計畫大綱」之背景，請參見第三章第三節第二小節 p.96。

三、相關單位的協力政策及作為

受到 90 年代台灣文化意識興起的影響，以及行政院自 80 年代已展開的「加強文化及育樂活動方案」及其修正案計畫成果陸續浮現，除了各主管機關之外，相關部會也調整政策方向，將部分心力改以文化藝術為基礎，提出改善環境品質的計畫內容，或是協助保存工作之推動，其中較重要者如下：

1. 增設文化資產保存單位或類別

有鑒於台灣文化資產保存工作的蓬勃發展，許多單位配合調整或增設單位或類別。例如：行政院於 1998 年成立行政院文化資產保存維護推動小組，以統籌重大或跨部會的保存事務，至 2000 年底裁撤 40；考試院自 2008 年以後，在高考文化行政類科中，增加「文化資產概論與法規」考科；國科會於相關補助計畫、以及教育部於公費留學考試及留學獎學金增列文化資產類組或學群；國家文化藝術基金會補助中列有文化資產類。另外，如第三章第二節所述，教育部從 1993 年以後陸續核准設立 17 個文化資產保存的相關系所。

2. 文建會推動縣市特色館

1977 年政府決意推動文化建設，次年 11 月教育部訂定發布「教育部建立縣市文化中心計畫大綱」41（陳奇祿 1981：70-71），在 1981 年之後的五年內，多數縣市自行完成其文化中心之設置；1987 年行政院發布「加強文化建設方案」，其方案一、充實文化機構內涵及維護文化資產，包含 5 點，其中第 1 點為「建立縣市文化中心特色並充實其內容」，隨後由文建會推動各文化中心規劃設立地方特色館，依次完成：竹藝博物館（南投縣 1988）、山地文物陳列室（台

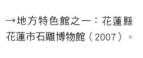

→地方特色館之一：花蓮縣花蓮市石雕博物館（2007）。

→→地方特色館之一：彰化縣彰化市南北管音樂戲曲館（2010）。

地方文化館之一：高雄市立歷史博物館（2010）。

東縣 1988）、現代陶瓷博物館（台北縣 1989）、中國家具博物館（桃園縣 1989）、台灣戲劇館（宜蘭縣 1990）、編織工藝館（台中縣 1990）、地方特色文物館（基隆市 1990）、皮影戲劇館（高雄縣 1994）、海洋資源館（澎湖縣 1994）、木雕博物館（苗栗縣 1995）、排灣族雕刻藝術館（屏東縣 1995）、台灣寺廟藝術館（雲林縣 1995）、南北管音樂戲曲館（彰化縣 1999）、交趾陶館（嘉義市 2000）、石雕博物館（花蓮縣 2001）等。（文建會 1998：50）

　　這些特色館對於文化資產研究、展演、典藏、傳習、推廣等有所幫助。2002 年以後，文建會社區總體營造計畫接續推動地方文化館，進一步擴大地方文化資產保存的視野及內涵。

3. 文建會推動社區總體營造

　　1994 年行政院推動「十二項建設計畫」，其計畫內容第三項「充實省（市）、縣（市）、鄉鎮及社區文化軟硬體設施」包括三類，其中的第三類「社區文化發展計畫」，即是由文建會負責推動的社區總體營造 [42]。社區總體營造的初始政策內容，包括軟體計畫：(1) 社區文化活動發展計畫，以及硬體設施：(2) 充實鄉鎮展演設施計畫、(3) 輔導縣市主題展示館之設立及文物館藏充實計畫、(4) 輔導美化地方

[42] 有關「十二項建設計畫」第三項「充實省（市）、縣（市）、鄉鎮及社區文化軟硬體設施」計畫內容，請參見本章第一節第二小節 p.111。

傳統文化建築空間計畫等四個主要項目。（蘇昭英、蔡季勳主編 1999：33-36）於 2002-2004 年後，改以「新故鄉社區營造計畫」為名繼續推動，其內容包括：社區環境改造計畫、閒置空間再利用、地方文化館等（文建會 2004：190-194）；2005-2008 年再度改以「台灣健康社區六星計畫」為名，其內容擴大為：產業發展、社福醫療、社區治安、人文教育、環保生態、環境景觀，其中最後的一項包括：開發利用地方文化資產與文化環境計畫、客家社區聚落空間保存及再利用計畫、客家文化生活環境營造計畫、充實地方文化館計畫等（林會承主編 2006：848-849、2007：812-813）。在社區總體營造工作中，以文化性建築空間帶動地方文化與經濟發展，對於文化資產保存環境之塑造，有顯著幫助；而設立展示館或文物館、以及美化傳統文化建築空間的工作，直接涉及文化資產保存或修復；此外，在社區總體營造政策影響下，地方人士挺身而出組織文史社團、投入在地文化工作，成為文化資產保存珍貴的社會人力資源。

4. 國家文化藝術基金會獎助及推廣

為了扶植文化藝術事業、輔導藝文活動、保障文化藝術工作者、促進國家文化建設、提升國民文化水準，於 1992 年 7 月由政府公布「文化藝術獎助條例」，其第 2 條說明與文化藝術事業有關者，包括：文化資產、音樂、舞蹈、美術、戲劇、文學、民俗技藝、工藝、環境藝術、攝影、廣播、電影、電視等，以及與文化藝術有關的出版、傳播、管理、興辦、研究、推廣、執行、調查、培訓、交流等事務；在第 12 及 14 條分別條例得給予獎勵與補助的項目；在第 19 至 25 條分別說明本法的承辦單位為文建會所屬的財團法人國家文化藝術基金會，本基金會負責國家文藝獎、定期辦理獎勵補助等工作。

為了執行「文化藝術獎助條例」的相關事務，於 1996 年公布「國家文化藝術基金會設置條例」，其宗旨為「輔導、協助與營造有利於文化藝術工作者的展演環境，獎勵文化藝術事業，以提升藝文水準」，工作內容包括研發、補助、獎項與推廣四大面向，對象包括：文學、美術、音樂、戲劇、舞蹈、文化資產（包括民俗技藝）、視聽媒體藝術、以及藝文環境與發展等。

於成立之後，定期性補助文化資產、民俗技藝、私立博物館等之研究、推廣及論文寫作計畫，以及專案計畫如「活化三合院專案補助計畫」（2002-2004）等。此外，也補助舉辦研討會，如：風華再現：紙質文物維護實務研討會（2004）及水里蛇窯台美國際柴燒研討會（2005），以及舉辦展覽，如：台灣文化創意加值概念展（2006）及田野、器物與繪圖：陳奇祿先生原住民圖誌特展（2007）等。

5. 教育部推動鄉土教育

教育部於 1993 年訂頒「國民小學課程標準」，增列鄉土教學，其內容包括鄉土地理、歷史、自然、藝術、語言等；1994 年修正頒布「國民中學課程標準」，規定自 1996 年起國中生修習認識台灣、鄉土藝術活動等課程；2003 年進一步訂頒「教育部補助直轄市縣（市）推動國民中小學鄉土教育要點」。國民教育是培養優良社會風氣最重要的途徑，教育部推動鄉土教育，除了發揮文化藝術紮根、將文化資產知識及保存觀念傳播至社會各個角落的功能之外，授課老師為了課程需要，前往大學進修、以及從事學區內鄉土文化藝術之採集，對於文化資產保存有很大的幫助。例如，本章第四節第三小節「保存事件」所介紹的台北市北投溫泉公共浴場保存事件，即是教育部推動鄉土教育所獲致的具體成果之一。

6. 教育部訂頒「大學聘任專業技術人員擔任教學辦法」

台灣的大學師資聘任一向重視文憑，就文化資產領域而言，除了 1960 年代國立藝專李梅樹教授聘請著名鑿花司傅黃龜理、打石司傅簡芳雄及劉英宏授課等少數個案之外，一般藝師於 1979 年後可依據教育部發布「專科學校專業及技術教師遴聘辦法」至專科學校任教，但是無法進入大學任教，導致高等教育與傳統技藝與藝能產業脫節。1982 年「文化資產保存法」公布施行後，第 42 條規定：「教育部為保存、發揚及傳授傳統技藝，對於重要民族藝術具有卓越技藝者，得遴聘為藝師；其遴聘辦法由教育部定之。」第 43 條規定：「民族藝術之傳授、研究及發展，……得聘請藝師擔任教職。」在擁有法源之後，教育部於 1996 年訂頒「大學聘任專業技術人員擔任教學辦法」，規定大學可以聘任具有特殊造詣或成就的專業人員，並依據其資歷及

↑台江國家公園內倒風內海之蚵架（2010）。

↗陽明山國家公園小油坑（2010）。

→金門國家公園水頭聚落的一角（2010）。

↓金門國家公園瓊林聚落（2009）。

成就決定其職務等級；這個辦法適用對象涵蓋所有專業技術人員，包括傳統工匠及藝師。透過此辦法，許多優秀的傳統藝師及司傅得以比照一般師資聘任程序，成為大學教授，特別是曾經獲得重要民族藝術藝師、民族藝術薪傳獎或國家工藝獎等國家級獎項者，可以獲得較高的職務等級，對於傳統藝師及司傅的社會地位提升，以及台灣文化資產保存人才培養、技藝傳承有很大的幫助。相關條文，請參見表 21「大學聘任專業技術人員擔任教學辦法」p.347。

7. 內政部營建署推動「城鄉景觀風貌改造運動」

1997 年行政院核定經建會所提「創造城鄉新風貌行動方案」[43]，內政部營建署據以規劃「城鄉景觀風貌改造運動實施計畫」，其主旨為創造具有文化、綠意、美質的新家園，以品質、品味、情趣三個層面，逐步掃除擠、髒、亂、醜的環境缺失。內容包括補助選定地區進行都市設計、親水設施、景觀道路與角落造景、公園綠地、廣告物管理改善、海岸管理美化等。同年推動實施，為期 12 年。

在這個計畫中，補助地方從事傳統聚落或古建築修復部分，因配合地方文化單位執行，如馬祖聚落及古建築保存等，其成效不錯。但是屬於景觀改善部分，或許因計畫內容未強調地方自然及歷史文化環境的保存；以及，目前台灣生活環境的問題在於人為設施比重超過負荷，改造宜採「減法」設計，而非添加新構造物；再者，委託的景觀設計或顧問公司，其自身文化水準、以及對於規劃設計對象之自然及歷史文化瞭解多有所不足，憑藉著都市生活想像，於鄉野之間添加許多格格不入的人造物；加上，本部分係獨自為之，未與文化資產保存、文化創意產業、社區總體營造等搭配。上述種種問題，使得執行成效並不理想。

8. 內政部營建署設立國家公園

1972 年「國家公園法」公布施行，以內政部為中央主管機關、由營建署承辦。依據「國家公園法」第 6 條規定，國家公園之選定標準，包括自然價值、文化價值或名勝價值，其中的自然價值及文化價值與「文化資產保存法」的意涵並無不同。換言之，國家公園的任務

43 「經建會」原名為「行政院經濟建設委員會」，2014 年 1 月後改制為「國家發展委員會」；1997 年經建會彙整文建會社區總體營造的「美化地方傳統文化建築空間」、內政部「城鄉景觀風貌改造運動」、經濟部「活化地方商業環境計畫」、農委會「建設富麗農漁村計畫」、環保署「生活環境總體改造計畫」，統稱之為「創造城鄉新風貌行動方案」。

44 依據金門國家公園管理
處所提供的資料，在 1996-
2009 年間，管理處共修復完
成古厝 63 棟，且全數做為民
宿、展示、賣店、公務等再
利用；2010 年底作者前往水
頭參訪時，發現其委託經營
已有良好成效。

45 至 2009 年為止，台灣的
八座國家公園分別為：墾丁國
家公園（1984）、玉山國家
公園（1985）、陽明山國家
公園（1985）、太魯閣國家
公園（1986）、雪霸國家公
園（1992）、金門國家公園
（1995）、東沙環礁國家公
園（2007）、台江國家公園
（2009）；於 2014 年新增第
九座的澎湖南方四島國家公園
（2014）。

包括自然保育及文化保存。1982 年內政部公告成立台灣首座墾丁國家公園；1995 年設立金門國家公園，成為台灣第六座及第一座以維護戰役史蹟及文化資產為主、兼具自然保育的國家公園。金門國家公園成立以來，除了從事當地自然地景的研究保護外，同時訂定聚落及傳統建築保存規範，從事瓊林、小徑、埕下、山后、珠山、歐厝、水頭、謝厝、南山、北山、林厝、湖井頭等 12 個聚落保存、轄區內精美漢式建築與洋樓的修復再利用 44、以及文化資產的推廣教育工作。

2009 年新增台江國家公園，為台灣第八座、以及第二座兼具自然保育及文化保存的國家公園 45。

9. 內政部營建署辦理都市計畫

「文資法第 1 版」對於古蹟或歷史建築等個體保存，得以發揮功效，但是對於區域型文化資產，如聚落及文化景觀等，則因土地及構造物所有權人過多及過於複雜，而顯得力不從心。就聚落而言，在「文資法第 1 版」施行 23 年間，只於 1991 年指定屏東霧台鄉魯凱族好茶舊社、而同年指定的三峽古街則於兩年後被迫解除指定，隨後陸續登錄了具有聚落規模的蘭嶼野銀（2002.12）、綠島柚子湖（2002.12）、金門水頭（2003.3）、珠山（2003.3）、瓊林（2004.12）為歷史建築。事實上，地方政府在「文化資產保存法」公布施行後，即在都市計畫界協助下，透過「都市計畫法」第 9 條「都市計畫分為左列 3 種：一、市（鎮）計畫。二、鄉街計畫。三、特定區計畫。」及第 12 條「為發展工業或為保持優美風景或因其他目的而劃定之特定地區，應擬定特定區計畫」規定，成功的保存了數個聚落，其都市計畫名稱分別為：「鹿港歷史風貌特定區計畫」（1983）、「馬公市中央街歷史風貌特定區計畫」（2000）、「大稻埕歷史風貌特定專用區計畫」（2000）、「澎湖縣西嶼鄉二崁傳統聚落特定區計畫」（2001）、「三峽歷史風貌特定專用區計畫」（2002）、「齊東街日式宿舍街區風貌保存特定區計畫」（2006）。上述成果說明了「都市計畫法」對於區域型文化資產保存的重要性，以及聚落、文化景觀或遺址等區域型文化資產保存需善加利用都市計畫相關法規，才能克竟其功。

以都市計畫方式保護的台北縣三峽歷史風貌特定專用區（2009）。

10. 內政部建築研究所推動「古蹟暨歷史建築保存修復與活用科技計畫」

內政部建築研究所自 2003 年開始執行以修復保存技術研發為主的「古蹟暨歷史建築保存修復與活用科技計畫」，每年與學術單位合作從事 2-7 個相關研究計畫，同時以研究成果為基礎，舉辦古蹟暨歷史建築保存科技研討會。研究主題以結構檢測及修復、耐震檢測、環境控制、防蟲防蟻、木料防腐、電腦科技運用等為主，計畫規模雖不大，但是關注的主題為目前台灣文化資產保存的弱項，長久以往，成果累積之後，對於台灣保存科技知識及人才培育將有正面的幫助。

11. 經濟部推動「活化地方商業環境計畫」

經濟部商業司為輔導地方商圈與傳統商店的轉型，自 1995 年起推動「活化地方商業環境計畫」，陸續推動「塑造形象商圈計畫」、「商店街開發計畫」、「商業環境視覺設計」等，以地方小鎮、商店街區為對象，以創意、文化、設計等為核心，期望重振地方產業。計畫內容涵蓋產業、生活環境、生態等主題，其中環境改造部分，因缺乏文化藝術人士參與，而出現一些內涵、造形或品質不盡理想的添加物或外貌，令人有美中不足之感。

46 原稱風景特定區，1995 年「國家風景區管理處組織通則」公布後，改名為國家風景區，其中「東北角海岸風景特定區」，先改稱「東北角海岸國家風景區」，2007 年再度改稱「東北角暨宜蘭海岸國家風景區」。

12. 交通部設立國家風景區 46

　　從 1984 年以後，交通部觀光局陸續設立東北角海岸、東部海岸等 13 座國家風景區，各管理處以推動觀光遊憩為其主要任務，但也多承擔起轄區內文化資產保存及推廣工作。例如東部海岸國家風景區管理處，即於其園區內依古法興建阿美族建築，並定期舉辦原住民族歌舞表演；馬祖國家風景區管理處透過補助獎勵辦法持續推動「馬祖全區傳統建築聚落保存計畫」，以鼓勵居民從事文化資產保存工作，並於 2009 年以前，與連江縣政府共同完成北竿芹壁、南竿津沙、莒光東莒福正（含大浦）等 3 個聚落保存區的古建築修復及整體景觀改善工作。

→馬祖國家風景區協助整修北竿芹壁聚落（2009）。

↓台東縣成功東部海岸國家風景區管理處花蓮管理站阿美民俗活動中心（2009）。

↘馬祖國家風景區協助整修莒光東莒大浦聚落（2007）。

13. 國科會推動「數位典藏國家型科技計畫」

　　國科會於 1998 年後陸續展開 3 個大型數位計畫：「數位博物館計畫」（1998）、「國家典藏數位化計畫」（2000）及「國際數位圖書館合作計畫」（2002），在獲得操作經驗後，於 2002 年將「國

家典藏數位化計畫」整編並展開「數位典藏國家型科技計畫」。計畫內容分為機構計畫及公開徵選計畫，前者的參與單位有：中央研究院、國立自然科學博物館、國立故宮博物院、國立台灣大學、國立歷史博物館、國史館、國史館台灣文獻館、國家圖書館等；後者每年在30-80 件之間。數位典藏計畫，方便所有人一睹各單位或各地珍貴的檔案、書籍、古物、古建築、語音、歷史景觀等，對於文化資產的史料保存及推廣有很大的幫助。

14. 地方政府設立社區大學

　　由民間推動地方政府設立之四年制社區大學，其宗旨為「提供成人接觸現代知識之機會，強調學員之自主學習及社會參與，以提升台灣社會之文化水準，並厚植民間基層力量，促進社區意識之覺醒，同時也間接打破文憑主義。」（黃武雄 2008）[47] 從 1998 年第一所社區大學台北市文山社區大學設立後，到 2009 年已有 87 所。在各社區大學的課程中，多包括地方文化介紹導覽、族群文化介紹、文化資產解說導覽、工藝美術及音樂戲曲研習、博物館導覽賞析等，對於基層文化資產保存風氣塑造，具有紮根的貢獻。2002 年以後各社區大學開設之文化資產相關課程，請參見例年《台灣文化資產保存年鑑》。

四、民間的保存活動與事蹟

　　1982 年文建會遴聘專家學者，針對內政部所列暫定古蹟進行分區複審，由於為台灣戰後首次以法律為基礎的文化資產保存活動，而吸引許多媒體記者隨隊採訪，相關訊息週週見報，將台灣文化資產保存進程傳播到社會各個角落，引發民間對於文化保存的關注；另一方面則因社會尚未形成共識，而發生許多文化資產保存事件。在 1994年之後，文建會推動社區總體營造工作，許多文史工作者挺身而出組織地方文史團體，投身於包括文化資產保存在內的文化工作，舉辦演講、研討、研習、導覽等活動，甚至於參與保存實務及出版書刊。在2000 年之後，由於文建會推動多種全國性保存活動，進一步提升社會上文化資產保存風氣。

47 資料採自社團法人社區大學全國促進會網站「社大理念」黃武雄〈地方政府設置社區大學計畫草案〉，最後修訂日期 2008 年 3 月 5 日。

48 有關台灣博物學會對台灣文化資產保存的貢獻，請參見第二章第二、三節 p.66-74。

49 1987 年 7 月政府宣布解除「台灣省戒嚴令」，金門及馬祖於 1948 年 12 月 10 日已因國共內戰而早於台灣實施戒嚴令，至 1991 年廢止「動員戡亂時期臨時條款」後才完全解除。

在「文資法第 1 版」期間，民間文化資產保存活動與事蹟，大體上包括：捐助修復及再利用經費、設立獎助基金、推動古蹟或歷史建築指定登錄、組織文史社團、成立私立博物館及文物館、從事文化資產推廣活動、發動保存運動等。

在捐助修復及再利用經費方面，從 2001 年開始，民間企業基金會如：金廣福文教基金會、裕元教育基金會（寶成工業公司）、台積電文教基金會、台灣美國運通基金會、宏碁基金會、台達電子文教基金會、奇美文化基金會等，先後捐資贊助古蹟修復或再利用。在出版品方面，延續日本時代的《台灣博物學會會報》（1911-1945）、《台灣建築會誌》（1929-1945）、《民俗台灣》（1941-1945），以及戰後初期的《公論報》「台灣風土」（1947-1952）、《台灣文獻》（1948-）、《台灣風物》（1951-）、《漢聲》（1971-）、《民俗曲藝》（1980-）等，在「文化資產保存法」施行後，陸續有《大自然》（1983-）、《文資學報》（2005-）、《文化資產保存學刊》（2007-）等專業期刊之發行；至於個人著作，請參見表 1 台灣文化資產保存大事紀年表 p.246。

在民間文史社團、私立博物館及文物館、以及保存事件等議題，因內容較為豐富，僅簡要介紹如下，詳細資料，請參考歷年《台灣文化資產保存年鑑》。

（一）民間文史社團

台灣以文化資產研究與保存為宗旨的第一個民間文史社團，為 1910（明治 43）年由自然與文史學術菁英所成立的台灣博物學會，該會為當時史蹟名勝天然紀念物蒐集、研究及指定的推手[48]；1928（昭和 3）年井手薰、栗山俊一等人成立台灣建築會（吳昱瑩 2006），成為建築類文化資產研究修復的重鎮。

1945 年國府來台，於四年後施行全台戒嚴，至 1987 年解除[49]。依據「戒嚴法」第 12 條第 1 款規定：「（戒嚴地域內最高司令官，

有執行左列事項之權）得停止集會結社，或取締新聞、雜誌、圖書、告白、標語等之認為與軍事有妨害者。」換言之，在長達 38 年間，台灣沒有言論及結社的自由。在「台灣省戒嚴令」施行初期，民間多所顧忌，就目前所知，僅有台南市文史協會（1957）等少數與文化資產有關之民間社團。

到了 70 年代晚期，受到本土文化興起、行政院推動「加強文化及育樂活動方案」的影響、以及「文化資產保存法」制定工作的積極進行，而戒嚴管制略顯鬆散之際，台灣民間文史社團開始大量浮現，就其發展情形而言，大體上分為三個階段：(1) 戒嚴後期至解嚴初期（1975-1994）、(2) 社區總體營造風潮影響時期（1994-2000）、(3) 歷史建築及文化性資產普查時期（2000-）。

依據 1999 年文建會委託常民文化學會辦理「地方文史工作室現況初探」之報告，當時全國有 800 多個地方文史社團，成立動機有：對文史工作有興趣、為台灣文化盡一份心力、承辦全國文藝季活動、鄉土教材的蒐集與研究、響應社區總體營造計畫、社區之危機意識、長期默默工作而存在、由政治人物主導成形等（劉還月 1999）。2009 年經由研究助理代為清查，全國有近 300 個與文化資產保存工作有關的文史社團，其中約半數較為密切，以下各時期所提到的數量，即以此資料為準。

1. 戒嚴後期至解嚴初期

70 年代至 1994 年社區總體營造推動前，所成立的相關文史社團，總數在 60 個左右，如：彰化鹿港文物維護及地方發展促進委員會（1977）、財團法人中華民俗藝術基金會（1979）、財團法人施合鄭民俗文化基金會（1980）、財團法人鹿港文教基金會（1983）、中華民國文化資產維護學會（1986）、財團法人樂山文教基金會（1986）、財團法人新港文教基金會（1987）、左羊藝術工作坊（1987）、台北市大自然教育推廣協會（1989）、財團法人仰山文教基金會（1990）、台北市古風史蹟協會（1991）、財團法人吳三連台灣史料基金會（1991）、八卦山文史工作室（1993）、財團法

人施金山文教基金會（1993）、三角湧文史工作室（1994）、美濃愛鄉協進會（1994）、花蓮縣青少年公益組織協會（1994）、澎湖采風工作室（1994）等。

這時期所成立的社團，多為自發性組成，以區域或縣市為主要工作範圍，關照對象多涵蓋文史整體。

2. 社區總體營造風潮影響時期

1993 年文建會提出「文化地方自治化」的構想，希望將以往中央集權式的文化工作調整為由下而上的自發性操作模式，藉著全國文藝季（1994-1998）交由地方政府主辦，促成各縣市文化中心與地方文化工作者互動，以及將資源下放到基層文化工作團體或個人，推動將地方文化中心轉型為「地方的文建會」（蘇昭英、蔡季勳 1999：20）；1994 年展開社區總體營造工作，以社區為單位，結合文化工作者及團體，以激發社區自主意識，提升展演及文化空間品質。

受到全國文藝季及社區總體營造的影響，各地文史工作者紛紛組織社團，以利參與相關活動。這時期所成立的社團，總數約 120 個，其中的七、八成者係以鄉鎮社區文史為其關照對象，如：財團法人金廣福文教基金會（1995）、財團法人雲林縣螺陽文教基金會（1995）、美濃文史協會（1995）、財團法人淡水文化基金會（1995）、台北市八頭里仁協會（1995）、中華民國鐵道文化協會（1995）、財團法人金龍文教基金會（1995）、社團法人中華民國社區營造學會（1996）、大嵙崁文教基金會（1996）、財團法人西甲文化傳習基金會（1997）、台南縣平埔族西拉雅文化協會（1997）、財團法人彰化縣頂新和德文教基金會（1997）、台南市文化資產保護協會（1997）、桃園縣大溪鎮歷史街坊再造協會（1997）、台積電文教基金會（1998）、財團法人鹽光文教基金會（1998）、吉貝耍西拉雅文化協會（1998）、鹿港發展苦力群（1998）、草鞋墩鄉土文教協會（1998）、社寮島文史工作室（1998）、南投縣魚池鄉邵族文化發展協會（1998）、金包里堡文史工作室（1998）、財團法人裕元教育基金會（1999）、雞籠文史工作室（1999）、鹿陶洋工作室（1999）、財團法人新故

鄉文教基金會（1999）、高雄市舊城文化協會（1999）、財團法人
古都保存再生文教基金會（1999）、財團法人台灣交趾藝術文教基金
會（1999）等。

3. 歷史建築及文化性資產普查時期

　　2000 年台灣文化資產增加歷史建築類後，文建會隨後推動如前
所述之清查及推廣活動；2005 年「文資法第 2 版」修正公布後，以
文建會為所有文化性資產的中央主管機關，文建會隨後推動「文化資
產普查」（2005-）、以及「眷村文化潛力發掘普查計畫」（2006-
）。除了文建會的積極作為外，於 1998 年台灣省文化處推動在地人
撰寫「大家來寫村史」活動；上述的文化活動，促成地方基層再次掀
起成立民間文史社團的風潮。這時期所成立的社團，多以鄉鎮社區為
其關照的範圍，其中部分者以其工作對象為名稱，總數在 100 個左
右，如：霧裡薛溪文化工作室（2000）、財團法人台北市北投文化基
金會（2000）、財團法人東台灣研究會文化藝術基金會（2000）、
宜蘭縣大二結文教促進會（2000）、台灣美國運通基金會（2001）、
嘉義市什家將民俗技藝協會（2001）、宜蘭縣博物館家族協會
（2001）、雲林縣歷史建築保存協會（2001）、台中市惠來遺址保
護協會（2002）、齊東社區發展協會（2002）、台南縣蕭壠社北頭
洋發展協會（2003）、中華水下考古學會（2003）、馬祖東莒文化
促進協會（2003）、中華世界遺產協會（2003）、台南市五條港發
展協會（2003）、中華文化資產保存科學學會（2004）、社團法人
台灣歷史資源經理學會（2004）、高雄縣眷村文化發展協會（2004）、
台灣花宅聚落古厝保存協會（2005）、山仔后文史工作室（2005）、
社團法人彰化縣鹿觀發展協會（2006）、台灣建築史學會（2008）、
嘉義市洪雅文化協會（2008）、台南縣山上鄉文資發展協會（2008）、
中華民國傳統匠師協會（2009）等。

（二）私立博物館及文物館

　　台灣私人設立博物館或文物館，以 1973 年鹿港民俗文物館開風
氣之先，大約到了 1990 年以後，因社區總體營造的推動，數量有明

顯增加。以下將較大型且著名、以及經選定為地方文化館之私立博物館與文物館條列如下：

鹿港民俗文物館（1973 彰化縣）、台灣開拓史料蠟像館（1981 台南市）、學甲慈濟宮葉王交趾陶文化館（1983 台南縣）、台灣民俗北投文物館（1984 台北市）、台灣人文窯場展演館（1984 華陶窯，苗栗縣）、淡江大學海事博物館（1990 台北縣）、四湖鄉農漁村生活文化館（1992 雲林縣）、奇美博物館（1992 台南縣）、九份金礦博物館（1993 台北縣）、台灣民俗村（1993 彰化縣）、水里蛇窯陶藝文化園區（1993 南投縣）、順益台灣原住民博物館（1994 台北市）、樹火紀念紙博物館（1995 台北市）、李天祿布袋戲文物館（1996 台北縣）、埔里酒文化館（1996 南投縣）、二結庄生活文化館（1997 宜蘭縣）、鳳甲美術館（1999 台北市）、國家廣播文物館（1999 嘉義縣）、林柳新紀念偶戲博物館（2000 台北市）、世界宗教博物館（2001 台北縣）、埔里紙產業文化館（2001 南投縣）、九族文化村原住民文化館（2001 南投縣）、鹿耳門歷史文化地區地方文化館（2001 台南市）、蘭嶼達悟族飛魚生活文化館（2001 台東縣）、都蘭紅糖文化藝術館（2002 台東縣）、震旦藝術博物館（2003 台北市）、內灣戲院（2003 新竹縣）、西螺延平老街文化館（2003 雲林縣）、祥太文化館（2003 嘉義市）、蕭壠文化園區（2003 台南縣）、吉安鄉慶修院（2003 花蓮縣）、陽明海洋文化藝術館（2004 基隆市）、吉貝石滬文化館（2004 澎湖縣）、偏遠醫療宣教歷史見證文化館（2005 南投縣）、台灣鹽博物館（2005 台南縣）、膨風茶文物館（2006 新竹縣）、有機稻場（2006 苗栗縣）、王金河醫療歷史紀念館（2007 台南縣）、大嶼常民生活文物館（2007 澎湖縣）、西門鹽場文化館（2008 金門縣）。

（三）保存事件

在「文資法第 1 版」期間，發生且見諸媒體的文化資產保存事件，有 55 件左右，平均一年超過 2 件，其中以 2002 年 8 件、1994 年 7 件、1997 年 6 件，在數量上較多。發生原因相當多元，包括：都市開發

↑私立文物館：彰化縣鹿港民俗文物館
（2009）。

→私立地方文化館：台東縣都蘭紅糖文
化藝術館（2009）。

↓私立文物館：台北市台灣民俗北投文
物館（2009）。

衝突、土地價值、缺乏文化保存觀念、天災、民族意識、政治意識等。
以下為較具代表性或對台灣保存環境造成影響的案例，完整資料請參
見表3台灣文化資產保存事件年表 p.263。

1. 彰化縣北斗奠安宮保存事件

彰化縣北斗鎮大廟奠安宮，於 1979 年經內政部列為暫定第三級
古蹟，1983 年該廟管理委員會請求解除、以利拆除改建未成。1985
年內政部將其指定為第三級古蹟，1987 年管理委員會展開激烈抗爭，
次年內政部在強大政治及社會壓力下妥協，而成為台灣第一個解除
古蹟指定之案例。奠安宮廟體隨後遭到解體、因應新基地條件調整
後，重建於彰化縣花壇鄉台灣民俗村中，而原基地則新建鋼筋混凝土
廟宇，然而部分信徒基於歷史情感而選擇遠道前往舊廟祭拜（粘振裕
2002）。1999 年九二一大地震後，台灣民俗村經營因遭到重創而關園，
北斗鎮民呼籲將舊廟遷返故里。這個事件的發展，呈現出台灣「文化
資產保存法」施行初期民間保存態度調整的軌跡。

2. 桃園縣桃園神社保存事件

桃園神社為台灣目前唯一保存完整的中型日本神社，戰後充當忠
烈祠。1985 年桃園縣政府擬將其拆除改建，並進行競圖作業。由競
圖得獎者於現勘後，發現該建築物完整而精美，而於同年 5 月發起保
存呼籲，引發日本時代象徵建築是否應指定為古蹟的激烈爭辯。1994
年內政部順應民情，將其指定為第三級古蹟桃園忠烈祠。桃園神社保
存事件，讓社會大眾開始思考台灣日本時代建築的存在意義與價值。
即使如此，1997 年桃園縣政府擬將其名稱恢復為桃園神社，遭致榮
民激烈抗議而作罷。桃園神社保存事件顯現出當時台灣文化資產保存
環境，仍受到國族思維的干預，尚未能以寬宏態度來面對台灣多元文
化的特色。

3. 台北縣三峽老街保存事件

1989 年台北縣政府依據「三峽都市計畫」徵收俗稱三峽老街的
精華區民權街的計畫道路用地，擬將其兩側店鋪臨街面拆除，以擴建
16 公尺寬的道路。次年鎮公所拆除街頭福德祠，引起文化界抗議，

1991 年內政部將民權街指定為第三級古蹟三峽古街,引起當地住戶的不滿,並採取激烈的抗爭。1993 年內政部迫於壓力解除其古蹟指定,但因臨街土地已徵收,導致當地店鋪改建不易。2002 年台北縣政府透過都市計畫「歷史風貌特定專用區」獎勵補助方式,逐漸獲得居民認同,於 2004 年展開臨街部分店仔厝的修復工作,至 2007 年完工,目前成為大台北地區最受歡迎的歷史街區之一。

三峽老街是台灣所指定的第一條街區型古蹟,在透過「文化資產保存法」保存失敗後,幸運的改以都市計畫方式獲得保護。這事件說明了都市計畫對於區域型文化資產保存的重要性。

4. 台南市台南地方法院保存事件

1912(大正 1)年由森山松之助所設計,採取樣式風格,華麗而雄偉。1989 年台灣高等法院擬拆除改建,次年並完成競圖作業。1990 年底,由王明蘅、徐明福、黃秋月、楊澤泉、丘如華、潘元石等人請願保存,隨後獲文化界及輿論界的聲援。1991 年經內政部指定為第二級古蹟台南地方法院,為全台第一座被指定為古蹟的具有日本時代統治象徵意涵的建物,隨後引發各地展開日本時代古蹟的指定工作。1999 年司法院將此建築定位為司法文物陳列室,次年由法界及文化界人士成立司法博物館推動小組,2016 年將其修復完成,隨後辦理與司法有關的展覽活動。

台北市蔡瑞月舞蹈研究社(2010)。

5. 台北市蔡瑞月舞蹈研究社保存事件

為日本時代興建的木造文官宿舍,1953 年由著名舞蹈家蔡瑞月承租至 1984 年為止,做為中華舞蹈社教室,俗稱蔡瑞月舞蹈研究社。1988 年台北市政府為追討產權,提起訴訟。1994 年因台北捷運行控中心興建計畫,擬將其拆除,在藝文界人士支持下,舉辦一系列抗爭活動。同年底台北市政

權更換,而暫受保護。1998 年底台北市政權再度易幟,市府擬強制拆除,引起藝文界人士二度抗爭,次年 10 月指定為市定古蹟蔡瑞月舞蹈研究社,四天後遭人縱火付之一炬。2003 年依原樣重建完成,由蔡瑞月文化基金會取得經營權,目前為台北市鬧區中最為優雅的文化空間之一。

6. 台北市國民黨中央黨部拆除事件

位於今總統府之正前方,原為 1905(明治 38)年興建之赤十字社台灣支部總部。1945 年被國民黨接收,1950 年後做為國民黨中央黨部辦公廳舍。1994 年國民黨宣布拆除重建,引發文化界、教育界、在野黨群起反對但遭致拒絕,並雇用工程機具強行拆除,爆發社運團體、在野人士及全民計程車隊之激烈衝突。國民黨隨即展開新建工程,於 1998 年完成。2006 年將新辦公大樓轉賣給張榮發文教基金會。

台北市國民黨中央黨部、台北市東和禪寺、台北市中山橋、台北市蔡瑞月舞蹈研究社同樣在 1994 年下半年政權轉移之際,面臨拆除危機,屬於典型政治力介入文化保存案例,其中最後者幸運的被重建保存下來,而台北市中山橋則於再一次政權轉移後終於不保。

7. 台北市北投溫泉公共浴場保存事件

1995 年北投國小老師黃桂冠、呂鴻文、蔡麗美帶領學生進行鄉土教學,發現北投溫泉公共浴場的重要歷史文化價值,隨後與八頭里仁協會洪德仁、國代許陽明等人發起保存再利用運動,於 1997 年經內政部指定為第三級古蹟北投溫泉浴場。同年完成調查研究計畫,1998 年修復完成,做為北投溫泉博物館,目前為台北地區最受歡迎的文化資產之一。北投溫泉公共浴場保存運動得以圓滿落幕,歸功於教育部推動鄉土教育、當時台北市政府對於文化保存的重視,以及基層老師及在地文史社團的用心。在另一方面,這個事件也說明了教育體系對於提升文化資產保存風氣的重要性。

8. 台中縣摘星山莊保存事件

台中縣潭子鄉摘星山莊為台灣漢式建築之精品,1997 年 7 月屋

台中縣潭子摘星山莊修復期間（2009）。

主將土地出售，12 月建商擬雇工拆除，縣府緊急邀請學者專家召開古蹟審查會議，在現場爆發激烈抗爭後，同日經縣府、省政府及內政部緊急將其列為縣定古蹟，而幸運的保存下來。2003 年縣府透過價購方式取得土地所有權，隨後展開修復工程。這個事件曝露出「文化資產保存法」於面對私有財產時之無力感，1998 年內政部依據 1997 年1 月修正「文資法 1-2 版」第 36-1 條規定，訂定「古蹟土地容蹟移轉辦法」，其條文請參見表 22「古蹟土地容積移轉辦法」p.348。在1982 年「文化資產保存法」公布施行後，土地的潛在價值，一直是私有古蹟保存最大阻力之一，「古蹟土地容積移轉辦法」的發布，使得私有古蹟所有人的物質利益有獲得適當補償的可能性，而有效的紓緩了土地開發的壓力。

9. 嘉義市嘉義稅務出張所保存事件

　　嘉義稅務出張所建於 1932-1933（昭和 7-8）年，戰後供縣議會或嘉義市工程隊使用，1998 年市議會駁回市府「嘉義市歷史博物館」計畫，2000 年嘉義市文化局做成保存提議。2001 年嘉義市政府清理周遭環境，以拆除改建為新市政大樓，同年嘉義文化界人士組成搶救

嘉義稅務出張所（舊縣議會）行動陣線展開保存活動，引起文化界、政界、學術界廣泛回響，行動陣線透過演講、陳情、訴訟、抗爭等各種方式，向嘉義市政府及文建會施壓，但因中央政府無權介入地方文化事務，而於 2002 年遭到拆除改建。這個事件促成 2005 年「文資法第 2 版」修正後，增列第 101 條，准許中央政府於必要時得介入地方文化資產保存事務。

10. 澎湖縣望安花宅列入「世界 100 大文化紀念物」

由世界文化紀念物基金會（World Monuments Fund）推動的「世界文化紀念物守護計畫」（World Monuments Watch），每兩年邀請專家學者自全球各地遴選 100 座具有普世價值、但其存在受到自然或人為因素威脅的文化紀念物，藉以引起世人關注、激發熱情，進而獲得媒體、技術、經費及團體支持，透過集思廣義，以積極的態度來消弭其保存維護困境，以供世人共享其文化價值。經由台灣民間人士推薦，澎湖縣望安花宅於 2004 年被「世界文化紀念物守護計畫」列為世界100 大文化紀念物之一。這是繼 2003 年大龍峒保安宮獲得聯合國教科文組織亞太文化資產保存獎（UNESCO Asia-Pacific Heritage Awards

榮獲亞太文化資產保存獎佳作獎的台北市大龍峒保安宮（2009）。

for Culture Heritage Conservation）佳作獎（Honourable Mention）後，台灣的文化資產首度列名於全球性文化保存舞台上，對於台灣與國際文化資產界之對話及接軌有所助益。

五、小結

在文化資產保存過程中，有形文化資產指定導致其房地產可能失去市場機能、需要保存原有風貌及工法，使得古蹟或歷史建築等無法完全符合業主對於現代化生活機能的想像，加上修復或保育經費不貲、社會大眾對於文化資產經營管理不熟悉等，在上述因素交互影響下，以文化價值為保存基調的道德性訴求，並不具有足夠的說服力。在台灣文化需求熱度急劇升高之際，「加強文化及育樂活動方案」的頒布及「文化資產保存法」公布施行，適時的發揮強制性力量，加上：(1) 即時的政策支援：如 1994 年「十二項建設計畫」規劃設立 3 個文化資產保存專門機構及推動社區總體營造、1997 年「文資法 1-3 版」修正後將古蹟指定權力下放至地方政府等政策；(2) 民意的覺醒：如桃園縣桃園神社保存事件及台中縣摘星山莊保存事件，促使政府調整政策方向，間接開闊了台灣文化資產保存視野；(3) 良好的行政效能：如內政部及各級民政單位確實執行古蹟保存業務，以及文建會有效的推動歷史建築保存等。上述因素，使得台灣文化資產保存事業得以第二度成長茁壯，一方面滿足了社會期待，另一方面也為往後文化加值事業奠定良好基礎。

從業務執行角度來看，在「文資法第 1 版」施行的 23 年間，大體上以九二一大地震為界，分為前期「例行業務」型及後期「文化展演」型等兩個風格迴異的時期。在「例行業務」期中，主管機關將文化資產保存視為專業工作，採取例行業務操作方式，逐年編列預算，進行指定、修復等實務性工作；在「文化展演」期中，文建會成為新增歷史建築的中央主管機關後，採取中央策劃、全國動員，以展演藝術所習見的活潑創意方式推動保存工作，使得文化資產廣受社會注目、進而激發國人的熱情，保存績效也急速累積。

就保存環境上來看，「文資法第 1 版」與「史蹟名勝天然紀念物保存法」施行期間，較明顯的差異在於，後者如第二章小結所述，由少數知識分子主導，屬於由上而下的文化活動，而社會大眾並未參與；「文資法第 1 版」施行初期的情形類似，但是隨著經濟成長、民間文化保存意識高漲，在社區總體營造計畫推動及文建會創意推廣下，由下而上的文化力度逐漸加強，最終形成上下競合的形勢。

就執行成果來看，在指定登錄及維護保育方面，古蹟、歷史建築、自然文化景觀有顯著的進步，民族藝術差強人意，而古物、民俗及有關文物則成效不彰；至於在預防性保存、再利用、保存科學等方面，則均未能有效推動。「文資法第 1 版」的整體設計，大致合宜，唯獨中央主管機關多達 4 個，加上實際執行自然文化景觀的農委會，共計五個，多頭馬車式的分工設計，卻缺乏強而有力的統整單位，主管機關各行其是，導致保存績效有明顯落差。

在「文資法第 1 版」施行期間，另一項特徵是，由民間發動的保存事件頻率及數量，隨著台灣文化資產指定登錄數量增加，不減反增。這個事實，說明了民間文化保存意識快速成長、以及文化資產保存法規及機制尚有不足之處。保存事件的發生，突顯出台灣文化資產保存的缺失，未必不是一件好事，但是過於頻繁，也暗示主管機關的應變能力尚有改善空間。

文化資產保存為跨部會、跨領域的工作，在「文資法第 1 版」期間，台灣文化資產保存工作的顯著成長，除了各主管機關及民間的共同努力之外，如本章第三節所提，相關部會的共襄盛舉也是功不可沒，只是部分主事者對於文化事務相當陌生，加上委辦團隊文化素養不足，導致事倍功半。這個事實也說明了，台灣行政單位之間的橫向聯繫並不完善，以及各單位的事前規劃準備有所不足。

伍 「文化資產保存法」第 2 版時期

西元 2001 年春天，於「文化資產保存法」施行近 19 年之際，漢寶德先生有鑑於古物、古蹟與歷史建築等類型之相關法規不夠周延、或有窒礙難行之處（漢寶德 2001），主動邀約數位專家學者研商推動修法，於完成修正建議後，送請立法委員參考。

　　同年 6 月，因應立法院所提修正案，文建會邀請各級文化主管機關人員及學者專家會商。在會議中，部分與會者認為整體性及結構性修法較能徹底解決「文資法第 1 版」缺失。此項建議經文建會同意後，隨即分組展開研商工作，在經過多次全體、小組及諮詢會議後，於 2002 年底完成修正草案並陳報行政院，隨後由行政院邀請文化主管機關代表及學者專家多次會商後，於 2003 年中完成修正草案，提請立法院審議。2005 年 1 月經立法院通過，2 月總統修正公布，10 月 31 日行政院發布全法施行。自此之後，台灣擁有一部嶄新的「文化資產保存法」，以下簡稱「文資法第 2 版」。[1]

　　配合「文資法第 2 版」修正公布，「文化資產保存法施行細則」於 2006 年 3 月第二次修正發布，以下稱為「文資細則第 2 版」。

屏東縣東港迎王平安祭典為民俗及有關文物（張尊楨攝 2005）。

　　「文資法第 2 版」在種類、分類體系、主管機關、保存機制等，與「文資法第 1 版」有顯著的不同，以下簡要說明於「文資法第 2 版」施行後的：(1) 法規與機制、(2) 主管機關的保存成果、(3) 保存事件。

一、法規與機制

　　「文資法第 2 版」的內容以政策層面為主，而執行層面則分門別類訂定施行細則、辦法、準則或要點等。於「文資法第 2 版」公布施行後，主管機關陸續訂定為數甚多的子法。以下分項說明：(1)「文資法第 2 版」之內容調整、(2)「文資法第 2 版」之相關法規。

（一）「文資法第 2 版」之內容調整

　　「文資法第 2 版」分為 11 章 104 條，各章名稱為：第 1 章總則、第 2 章古蹟、歷史建築及聚落、第 3 章遺址、第 4 章文化景觀、第 5 章傳統藝術、民俗及有關文物、第 6 章古物、第 7 章自然地景、第 8 章文化資產保存技術及保存者、第 9 章獎勵、第 10 章罰則、第 11 章附則。其修正內容，大致上可以歸納為下列各項：(1) 文化資產類別的調整、(2) 文化資產保存對象之增加、(3) 主管及管理機關的調整、(4) 強調保存與再利用並重、(5) 文化資產保護網之建構、(6) 指定制與登錄制並用、(7) 聚落保存的新規程、(8) 加強與都市計畫的連結、(9) 尊重私有權益、(10) 增加獎勵措施、(11) 其他。茲分項簡述如下：

1. 文化資產類別的調整

　　於「文資法 1-4 版」修正後，台灣的文化資產分為以下 6 類：(1) 古物、(2) 古蹟、(3) 民族藝術、(4) 民俗及有關文物、(5) 自然文化景觀、(6) 歷史建築。而「古蹟」包括以下次類：古建築物、傳統聚落、古市街、考古遺址、其他歷史文化遺蹟。（第 3 條）

　　在「文資法第 2 版」修正過程中，有鑒於古蹟各次類在調查、指定、保存及再利用等之原則及方法差異很大，而決意將各次類獨立成

2 在文建會版及行政院版的「文化資產保存法」修正草案中,其第3條第4款為「民俗、傳統藝術及語言」,也就是將「語言」列為文化資產的一種,但於立法院審議時遭到刪除。

3 各單位舉辦的名稱及時間,詳見第四章第二節第一小節;文建會舉辦的民族工藝獎(1992-1996)、傳統工藝獎(1998-2000)、國家工藝獎(2001-2006)、台灣工藝競賽獎(2007-),名稱不同,但屬於相同獎項;各種獎項得獎名單,請參見表20文化資產保存的授獎或保存者名單 p.343。

4 教育部於重要民族藝術藝師遴選後,委託國立臺北藝術大學分別製作生命史、作品圖錄、劇本集及數位影像等,如:《皮影戲張德成藝師生命史》(1995)、《木雕李松林藝師生命史》(1995)、《布袋戲李天祿藝師口述劇本集》(1995)、《木雕黃龜理藝師生命史》(1996)、「南管戲李祥石藝師 VCD」(1997)等;而文建會也舉辦藝師傳習,如:施坤玉(1995-1996)、施鎮洋(1996)、王漢松(2000-2001)、林再興(2001、2008)、游禮海(2004-2005)等。詳細資料,請參見各年度《台灣文化資產保存年鑑》〈陸、研習、推廣、授獎與交流〉「傳習計畫」項。

連江縣馬祖南竿元中統古碑為古物(2007)。

為新類型;其次,原自然文化景觀之定義及相關法規,並未及於文化景觀(參見「文資法1-4版」第49-54條),而決意將其分為文化景觀及自然地景兩類;再者,將民族藝術改名為傳統藝術、於古物中增加圖書文獻項(第3條第6款)。[2]

調整之後,「文資法第2版」所稱的文化資產,包括以下7類9種:(1)古蹟、歷史建築、聚落,(2)遺址,(3)文化景觀,(4)傳統藝術,(5)民俗及有關文物,(6)古物,(7)自然地景。(第3條)各類文化資產定義及其次類,請參見導論第一節第一小節 p.11。

2. 文化資產保存對象之增加

「文資法第1版」的保存對象,主要為文化資產物件、以及民俗及傳統藝術中的無形文化資產,而未及於文化資產保存人才及技術。雖然由教育部舉辦的民族藝術薪傳獎(1985-1994)及重要民族藝術藝師(1989、1998)、以及由文建會不同單位接力舉辦的工藝獎[3],對於傳統藝師或司傅專業成就的肯定有所幫助[4],但對於技藝或藝能保存與傳習仍有所不足。

有鑒於此,在「文資法第2版」中增加第8章文化資產保存技術及保存者,規定保存技術及保存者之資料建檔及登錄、藝師列冊指定、技藝保存及傳習等(第87-89條)。文建會於2007年訂定發布「文化資產保存技術及其保存者審議委員會設置要點」;從2010年開始,文建會文資總處及地方政府分別展開文化資產保存技術者之普查、列冊及指定工作。

3. 主管及管理機關的調整

在「文資法1-4版」修正後,如第四章第一節第二小節所述,就法律而言,台灣文化資產保存有四個中央主管機關:教育部、內政部、經濟部及文建會(第4-7條);但是自然文化景觀實際上由農委會執行,其審查指定之參與單位包括:經濟部、內政部、

屏東縣萬巒五溝水為文化資產中之聚落（2008）。

台東縣東河都蘭遺址為文化資產中之遺址（2009）。

南投縣布農族八部合音為文化資產中之傳統藝術類的表演藝術（2006）。

台北縣八里挖子尾自然保留區為文化資產中之自然地景（2010）。

保存人才：澎湖石滬文化景觀－吉貝保滬隊（2009）。

保存人才：淡水殼牌倉庫修建的瓦作司傅（2009）。

文化資產總管理處籌備處一
景（2009）。

教育部與交通部（第49條），而「文化資產保存之策劃與共同事項
之處理」之會商單位包括：文建會、內政部、教育部、經濟部與交通
部（第7條），共有6個部會參與文化資產保存工作。這種多頭馬車
式設計，如第四章小結所述，因事權不統一，導致文化資產保存成果
參差不齊等問題。

　　「文資法第2版」針對這項缺失加以修訂，將中央主管機關減少
成兩個，在7類9種文化資產類型中，除了自然地景以農委會為中央
主管機關外（第4條第2項），其餘的6類8種：古蹟、歷史建築、
聚落、遺址、文化景觀、傳統藝術、民俗及有關文物、古物以文建會
為中央主管機關（第4條第1項）。其中農委會的承辦單位為林務局，
文建會的承辦單位分別為：文建會中部辦公室（古蹟、歷史建築、聚
落）、國立文化資產保存研究中心籌備處（遺址、古物）、文建會第
一處（文化景觀）、國立傳統藝術中心（傳統藝術、民俗及有關文物）。
2007年10月，文建會依據「文資法第2版」第11條規定及立法院
95年度決議，整合前述4個單位及其業務，於台中市成立文化資產總
管理處籌備處，成為台灣第一個統籌文化資產保存業務的專門機關。
其下轄5組3室、以及屬於任務編組性質的分區辦公室，其5個組的

名稱為：(1) 綜合規劃組、(2) 有形文化資產組、(3) 無形文化資產組、(4) 資產維護發展組、(5) 研究傳習組。

2010 年 1 月「行政院組織法」修正通過，於 2012 年開始施行。文建會將升格為文化部、其所屬的文化資產總管理處籌備處改制為文化資產局。為此，文化資產總管理處籌備處展開組織改造規劃工作，對其內部組織予以調整。

在「文資法第 2 版」中，地方主管機關為直轄市或縣（市）政府；而當文化資產之範圍跨越兩個地方政府轄區時，由雙方協調或由中央主管機關協調指定。（第 5 條）各地方政府依據中央主管機關之權責分配，由對應局處負責，自然地景多為農業局（或農漁局），其餘者為文化局（處）。各縣市文化資產承辦單位，請參見表 17 文化資產類別的負責單位一覽表 p.334。

「文資法第 2 版」中各種文化資產類型，有國家指定登錄及地方指定登錄兩大類，請參見表 18 各類文化資產指定登錄解除變更權責一覽表 p.337。至於管理維護權責單位大體上分兩類，一是由指定登錄單位負責管理維護（或監管保護），如：遺址（第 42 條）、文化景觀（第 55 條）、傳統藝術（第 60 條）、民俗及有關文物（第 60 條）；二是由所有人、使用人或管理人管理維護，如：古蹟（第 18 條）、古物（第 67 條）及自然地景（第 80 條）；至於歷史建築及聚落則未明列管理維護單位。但是所有公有文化資產由所有或管理機關（構）管理維護（第 8 條）；其次，主管機關得「委任、委辦其所屬機關（構）或委託其他機關（構）、文化資產研究相關之學術機構、團體或個人」辦理之（第 7、42 條）。

4. 強調保存與再利用並重

1982 年「文化資產保存法」公布施行後，各級主管機關多集中心力於文化資產調查、指定、修復及推廣等工作，而未能顧及再利用的問題，導致部分古蹟修復後使用強度不高，連帶因缺乏經常性管理維護，造成物件快速劣化或遭到破壞，而成為主管機關的負擔。

5 如：第 10、13、21、22、25、26、34、93、97 條。

6 提報資料列冊追蹤，請參見「文資法第 2 版」第 12、37、53、57、64、77、87 條；建立個案資料，請參見「文資法第 2 版」第 13、38、58、78 條。

7 發現具價值者的保護，請參見「文資法第 2 版」第 29 條（古蹟）、74 條（古物）、86 條（自然地景）。

8 在「文資法第 2 版」中提到列冊處理後的遺址，為了區分其與「疑似遺址」及「遺址」之差異，稱之為「『列冊』遺址」，但此名詞於「文化資產保存法」中並非專有名詞。

9 工程行為規範，請參見「文資法第 2 版」第 30 條（古蹟）、50 條（遺址）、75 條（古物）、86 條（自然地景）；都市計畫擬定或變更作業之要求，請參見「文資法第 2 版」第 31、33 條（古蹟）、51 條（遺址）、56 條（文化景觀）、85 條（自然地景）。

從 90 年代開始，文化資產缺乏適當經營管理的問題，屢屢遭到輿論的批評。有鑑於此，各級主管機關開始將部分心力調整至以文化為主體的古蹟及歷史建築再利用的推動工作上，相關資料詳見本章第二節。在「文資法第 2 版」中，反應了此需求，於第 1 條即表明制定「文化資產保存法」之目的：「為保存及活用文化資產⋯⋯」此外，在許多條文中提到古蹟、歷史建築及聚落再利用 [5]。

5. 文化資產保護網之建構

針對「文資法第 1 版」施行期間文化資產監管體系缺失，「文資法第 2 版」加強文化資產保護網強度，包括 4 個主要面向：(1) 基礎資料的蒐集及建檔、(2) 指定前的保護、(3) 所有權變更時的保護、(4) 地方不作為可由中央機關介入。其中第 (1)、(2) 及 (3) 項為預防性措施，第 (4) 項為建立第二層保護網。茲簡述如下：

(1) **基礎資料的蒐集及建檔**：在「文資法第 2 版」中，增列許多基礎資料普查列冊、建立完整個案資料等條文，如：保存資料收藏及公開（第 10 條）、普查及提報資料列冊追蹤、建立個案資料 [6] 等。

(2) **指定前的保護**：因應「文資法第 1 版」期間，為逃避文化資產指定而先行破壞、或於工程中非故意破壞，在「文資法第 2 版」中研擬相關對策：(a) 擴大保存縱深：增加暫定古蹟（第 17 條）及暫定自然地景（第 82 條）之保護，以及發現具價值者的保護 [7]；就遺址而言，增加疑似遺址（第 50、52 條）及「列冊」遺址 [8]（第 37、41 條）之保護；(b) 增加營建工程及都市計畫之保護：要求相關單位報請文化資產主管機關處理或事前知會其意見，如：工程行為規範、都市計畫擬定或變更作業之要求 [9]。

(3) **所有權變更時的保護**：所有權變更時可能導致文化資產保存防護網出現漏洞，因此在第 28 條中針對古蹟所有權變更的可能影響加以規範；在第 31、51 及 86 條中，針對都市計畫變更作業中，土地類別改變對於古蹟、遺址及自然地景保存的可能影響加以防範。

（4）地方不作為可由中央主管機關介入：第 101 條規定，地方對於保存工作不作為時：「……（上級單位）得代行處理。但情況急迫時，得逕予代行處理。」依據「中華民國憲法」第 108 條規定「左列事項，由中央立法並執行之，或交由省縣執行之……」第 20 款「有關文化之古籍、古物及古蹟之保存」。顯然中央具有主導文化資產保存之權力；然而依據「地方制度法」（2009.5.27 修正公布）第 18 條第 4 款及第 19 條第 4 款規定，文化資產保存及禮儀民俗文獻為地方自治事項。有關中央主管機關在特定條件下可介入地方文化資產保存事務的規定，立意雖然良善，但有可能引發法律爭議。

6. 指定制與登錄制並用

在「文資法 1-3 版」以前，台灣文化資產保護採指定制，2000 年「文資法 1-4 版」修正後新增的歷史建築首度採用登錄制。「指定」傾向於強制性保護，經指定的物件，可獲得稅金減免、經費補助等獎勵，但是違反保存作為者將受到懲罰；「登錄」傾向於獎勵性保護，可獲得類似的獎勵，但無罰則。強制性保護方式導致部分文化資產所有權人，為避免被指定而先行破壞，或於指定後消極抵制；獎勵性保存提供了緩衝空間，可以有效紓解情緒性的破壞事件。

在「文資法第 2 版」中，依據各文化資產類型特色及所面對的問題，分別採取較為適合的方式，其情形如下：（1）地方、中央指定制：古蹟、遺址及自然地景，（2）地方登錄、中央指定制：傳統藝術、民俗及有關文物、古物，（3）地方、中央登錄制：聚落，（4）地方登錄制：歷史建築、文化景觀。[10] 地方單位直接面對所有權人，多採登錄制，可減輕保存阻力；而所有權人眾多及土地範圍較廣的聚落及文化景觀採登錄制，可以有效降低保存工作的複雜性。「文資法第 2 版」中各類文化資產法定身分的主管機關，請參見表 18 各類文化資產指定登錄解除變更一覽表 p.337。

7. 聚落保存的新規程

在「文資法第 1 版」施行期間，如第四章第三節第 9 款所述，聚落保存無法有效推動。有鑒於此，「文資法第 2 版」針對聚落保存的

10 相關規定，請參見「文資法第 2 版」第 14、15、16、40、54、59、65、66、79 條；傳統藝術、民俗及有關文物、古物三者採中央主管機關「審查指定」，其價值較高者，稱為「重要」；至於其中的古物，其價值最高者，進一步的稱為「國寶」。

特性：所有權人及構造物種類眾多、兼具有形及無形文化資產保存、居民保存意願不一、文化資產價值不均質等，設計一套由下而上的保存規程：由當地居民自行發動申請登錄，送請主管機關審查（第 16 條）；於登錄後，得由主管機關擬定保存及再發展計畫後，透過都市計畫相關法規將其所在地編定、劃定或變更為特定專用區，並依據計畫內容推動保存及再發展事務（第 34 條）。

　　住民基於愛鄉愛土情操、透過其社群關係取得共識，進而由熟悉行政規程及文化資產保存理念的地方政府擬定保存及再發展計畫，此種官民合作、文化資產與都市計畫結合的操作模式，有效化解居民疑慮、以及權益及意願爭議，使得聚落保存得以順利推動。至 2009 年底，已有澎湖縣望安花宅、花蓮縣林田山、屏東縣萬巒五溝水、馬祖南竿津沙、台南縣楠西鹿陶洋江家聚落等登錄為法定聚落。而澎湖縣望安花宅於 2010 年初進一步登錄為重要聚落；同年馬祖登錄北竿芹壁及莒光東莒大浦 11 為聚落。

→台南縣鹽水橋南老街屬於漢人街類型的聚落（2010）。

→→台南縣楠西鹿陶洋江家聚落（2010）。

8. 加強與都市計畫的連結

　　區域型文化資產如：聚落、遺址、文化景觀及自然地景等之保存推動，需仰賴都市計畫法規及操作方式，以協助解決複雜的土地及居民意願問題。在「文資法第 1 版」中列有古蹟劃定保存區之規定（第 36 條），但是成效不彰。在「文資法第 2 版」中擴大適用類型，包括:(1)特定專用區之劃設：透過區域計畫法、都市計畫法或國家公園法等劃設保存用地或保存區等，其適用對象包括：古蹟（第 33 條）、聚落（第 34 條）、遺址（第 43 條）、文化景觀（第 56 條）、自然地景

（第 85 條）；(2) 特定專用區內建築行為之限制：規定在前述區域內的建築或其他行為需受到管制，其適用對象包括：古蹟（第 36 條）、遺址（第 43 條）。

9. 尊重私有權益

有鑒於「文資法第 1 版」施行期間，部分私有文化資產指定，於事先未獲所有權人同意，而遭到抵制修復，因而在「文資法第 2 版」第 9 條中規定：「主管機關應尊重文化資產所有人之權益，並提供其專業諮詢。前項文化資產所有人對於其財產被主管機關認定為文化資產之行政處分不服時，得依法提請訴願及行政訴訟。」在第 48 條也規定進入遺址所在地需先徵得土地所有權人的同意，發掘遺址應補償所有權人的損失。此外，在「文資細則第 1 版」第 51 條規定接受政府補助整修經費的私有古蹟，於修復後應開放參觀，然而因缺乏配套措施及相關規範，對於部分古蹟所有權人生活起居造成困擾；在「文資法第 2 版」第 27 條中加以調整，規定接受政府補助之私有古蹟、歷史建築及聚落「應適度開放大眾參觀」，在「古蹟管理維護辦法」第 3 條第 1 款中，進一步規範開放參觀計畫的內容。

10. 增加獎勵措施

在「文資法第 1 版」中對於私有文化資產保存提供稅金減免、土地容積移轉等有限的獎勵措施（第 31-1、36-1 條）。在「文資法第 2 版」中擴大獎勵對象及內容，並增列第九章獎勵，內容包括以下各類：(1) 擴大適用範圍，在減免稅金方面，其適用對象擴大至私有的古蹟、歷史建築、遺址、聚落及文化景觀（第 91 條）；在獎勵出資贊助方面，其適用對象自古蹟及歷史建築，擴大至遺址、聚落及文化景觀，其內容自維護及修復，擴大至再利用（第 93 條）；(2) 增列條文，如古蹟繼承轉移免徵稅（第 92 條）等；(3) 除了第九章之外，在其他章節中也有一些獎勵性措施如：土地容積移轉（第 35、44 條）、經營管理收益（第 19、27 條）、相關經費的補助（第 26 條）、劃設保存區得採取獎勵措施等 [12]。

除了增加獎勵措施之外，在另一方面，各級主管機關也依據「文

12 劃設保存區得採取獎勵措施的適用對象，包括：古蹟（第 33 條）、遺址（第 43 條）、文化景觀（第 56 條）。

↑國立歷史博物館一景（2010）。

↓國立史前文化博物館一景（2009）。

↘國立台灣工藝研究所一景（2009）。

台北縣八里十三行博物館為
考古專業博物館（2010）。

資法第 2 版」規定，對於違反保存行為加以追究，如文資總處於 2008 年對台南大天后宮私自變更碑誌及增設木樓梯、2009 年對台南祀典武廟擅自敲除外壁粉刷層等行為函送法辦。[13]

11. 其他

除上述調整外，在「文資法第 2 版」中尚有一些新的觀念或設計：

(1) **保存專業化**：在「文資法第 1 版」期間，教育部及文建會均擁有文化資產保存相關之專門機構，如：國立歷史博物館、國立自然科學博物館、國立史前文化博物館、國立台灣歷史博物館籌備處、國立傳統藝術中心、國立文化資產保存研究中心籌備處、國立台灣工藝研究所[14]、民族音樂研究所等。為了充分發揮其功能，「文資法第 2 版」第 11 條規定：「主管機關為從事文化資產之保存、教育、推廣及研究工作，得設專責機構，其組織另以法律或自治法規定之。」此處所稱的「主管機關」包括中央及地方主管機關；在第 7 條、第 18 條（古蹟）、第 42 條（遺址）、第 80 條（自然地景）中，規定主管機關得授權相關機關、學術機構或個人辦理調查、保存及管理維護等工作。將文化資產保存相關事務委由專門機構辦理，有助於其朝向專業化方向發展。

(2) **公有文化資產保存**：在「文資法 1-3 版」以前，公有古蹟由主管機關負責修復或管理（第 28 條），由於為數不少，造成承辦單位的壓力；「文資法 1-4 版」修正後，於第 28 條第 1 項增列「公有古蹟得由主管機關授權管理使用之政府機關或委託自然人或登記有案之公益性法人管理維護之。」「文資法第 2 版」進一步調整為「公有之文化資產，由所有或管理機關（構）編列預算，辦理保存、修復及管理維護。」（第 8 條）

(3) **審議委員會之設置**：在「文資法第 1 版」期間，各類文化資產審查的組成並不一致，有採任務編組者，也有採固定編組者，詳見第四章第一節第二小節所述。在「文資法第 2 版」中規定：「主管機關為審議各類文化資產之指定、登錄及其他本法規定之重大事項，應

[13] 依據文資總處所提供的資料，除了文資總處之外，各地方政府函送法辦的案子有：違法挖掘南投縣定遺址大瑪璘遺址所在地（2006）、違法開挖苗栗縣定古蹟勝興火車站鄰地駁坎（2007）、高雄市市定古蹟三塊厝火車站維護失當（2007）、於暫定古蹟中正紀念堂側懸掛布縵或搭設鷹架（2007，共 4 筆）、擅自修改打除移置台南市法華寺內文物（2007）、拆毀台北縣暫定古蹟蘆洲秀才厝（2008）、新竹市市定古蹟新竹都城隍廟文物遭醉漢破壞（2009）、於國定古蹟台南孔子廟圍牆塗鴉（2009）、於台南市國定古蹟赤崁樓圍牆塗鴉（2009）、違法傾倒砂石土方於宜蘭縣縣定古蹟盧纘祥故宅前池塘中（2010）。

[14] 其前身為南投縣工藝研究班；1973 年改隸省政府，改名為台灣省手工藝研究所；1999 年改隸文建會，改名為國立台灣工藝研究所。

設相關審議委員會，進行審議。」（第6條）在「文化資產審議委員會組織準則」中，明確規定採取分類固定編組方式（第3條），以及委員組成及任期等。

（二）「文資法第2版」之相關法規

在2005年「文資法第2版」公布施行後，相關部會隨即展開施行細則及相關子法的訂定工作，其中自然地景相關法規由農委會訂定或修正，其餘未註明者由文建會訂定或修正。至2009年底為止，共計發布施行細則、準則、辦法、要點等共30餘種，以下區分：(1) 總類、(2) 古蹟、歷史建築及聚落相關法規、(3) 遺址相關法規、(4) 文化景觀相關法規、(5) 傳統藝術、民俗及有關文物相關法規、(6) 古物相關法規、(7) 自然地景相關法規，將主要的法規條列如下，各法規條文，請參見文建會2009《文化法規彙編》。

1. 總類
「文化資產保存法施行細則」（2006.3.14文建會及農委會第二次會銜修正發布）、「文化資產審議委員會組織準則」（2005.11.18文建會及農委會會銜訂定發布）、「文化資產獎勵補助辦法」（2005.12.30訂定發布）、「文化資產保存技術及其保存者審議委員會設置要點」（2007.12.11訂頒）、「文化資產保存技術保存傳習及人才養成輔助辦法」（2005.12.30訂定發布）、「國防文物及軍事遺址管理實施辦法」（2007.9.13文建會、國防部、教育部會銜訂定發布）。

2. 古蹟、歷史建築及聚落相關法規
「古蹟歷史建築及聚落修復或再利用採購辦法」（2006.1.12第二次修正發布）、「古蹟歷史建築及聚落保存維護補助作業要點」（2006.1.23訂定發布、2006.8.22第一次修正發布）、「古蹟歷史建築及聚落修復或再利用建築管理土地使用消防安全處理辦法」（2007.6.25文建會、內政部會銜訂定發布）、「古蹟歷史建築審議委員會設置要點」（2005.12.15訂頒、2008.2.26第一次修正發

布）、「古蹟及歷史建築重大災害應變處理辦法」（2006.1.12 第一次修正發布）、「暫定古蹟條件及程序辦法」（2005.11.1 訂定發布、2007.12.4 第一次修正發布）、「古蹟管理維護辦法」（2005.12.30 訂定發布）、「古蹟修復及再利用辦法」（2005.12.30 訂定發布）、「古蹟指定及廢止審查辦法」（2006.1.12 訂定發布、2007.12.4 第一次修正發布）、「古蹟土地容積移轉辦法」（2006.4.14 內政部第二次修正發布、2007.5.11 內政部第三次修正發布）、「歷史建築登錄廢止審查及輔助辦法」（2006.1.12 第一次修正發布）、「聚落登錄廢止審查及輔助辦法」（2005.12.30 訂定發布、2009.2.4 第一次修正發布）。

3. 遺址相關法規

「遺址指定及廢止審查辦法」（2005.12.30 訂定發布）、「遺址監管保護辦法」（2005.12.30 訂定發布）、「遺址發掘資格條件審查辦法」（2005.12.30 訂定發布）、「遺址審議委員會設置要點」（2006.2.27 訂頒）。

4. 文化景觀相關法規

「文化景觀登錄及廢止審查辦法」（2005.12.30 訂定發布、2009.2.4 第一次修正發布）。

5. 傳統藝術、民俗及有關文物相關法規

「傳統藝術民俗及有關文物登錄指定及廢止審查辦法」（2005.12.30 訂定發布）。

6. 古物相關法規

「古物分級登錄指定及廢止審查辦法」（2005.12.30 訂定發布）、「公有古物複製及監製管理辦法」（2005.12.30 第一次修正發布）、「古物審議委員會設置要點」（2006.2.27 訂頒）、「大陸地區古物運入台灣地區公開陳列展覽許可辦法」（2007.7.26 第二次修正發布）。

7. 自然地景相關法規

「自然地景指定及廢止辦法」（2006.1.6 訂定發布）、「申請進入自然保留區許可辦法」（2006.1.6 訂定發布）、「自然地景審議委員會設置要點」（2006.1.25 訂頒）、「自然地景保存獎勵辦法」（2006.3.17 訂定發布）。

（三）地方政府訂定的法規

隨著「文資法 1-3 版」（1997）修正後，將部分古蹟保存工作交由地方政府負責，「文資法 1-4 版」（2000）修正後，將歷史建築保存設定為地方事務，以及「文資法第 2 版」（2005）修正後，進一步將所有的文化資產保存工作調整為中央及地方各司其責。自 21 世紀初期開始，地方政府或專門機關構先後依據「地方制度法」第 28 條規定，訂定自治條例，或是依據中央法規訂定其專屬的辦法或作業要點。除了審查委員會設置作業等基礎機制的相關法規之外，各地方政府或專門機關所擁有的條件及所面臨的問題並不相同，因此其法規內容也有所差異，使得台灣文化資產保存的面貌更加多元。茲列舉部分地方法規如下：

1. 自治條例

「金門縣維護傳統建築風貌獎助自治條例」（2001）、「台南市私有歷史建築物減免地價稅及房屋稅自治條例」（2001）、「連江縣興（修）建築閩東式寺廟補助自治條例」、「連江縣聚落保存專用區建築管理自治條例」（2005）、「連江縣閩東傳統建築風貌補助自治條例」（2005）、「桃園縣陂塘管理自治條例」。

2. 辦法或作業要點

「金門國家公園維護傳統建築風貌獎勵補助實施要點」（1999）、「連江縣維護閩東傳統建築風貌補助實施辦法」（2000）、台北市政府「大稻埕歷史風貌特定專用區容積移轉作業要點」（2003）、「台南市政府補助私有古蹟管理維護修復及再利用經費要點」（2003）、「金門縣私有歷史建築修復獎助辦法」（2006）、「基隆市文化資產

認養作業辦法」（2008）、「澎湖縣歷史建築（傳統古厝）維護及再利用獎助辦法」（2008）。

二、行政機關的保存成果

在「文資法第 2 版」施行初期，雖然中央主管機關業務移交、文建會兩度調整承辦單位、以及增修子法為數甚多等工作繁重，但因台灣文官體制良好，並未延緩文化資產保存的政務推動。原先已步上軌道的古蹟、歷史建築、遺址等之指定登錄、修復或發掘工作，維持平順成長；而聚落、文化景觀、傳統藝術、民俗及有關文物、古物、保存技術與保存者等，則因尚在起步階段，以從事基礎工作為主，指定登錄數量並不多；此外，文建會因應社會環境變化，進一步策劃新的全國性文化資產保存活動；而相關單位，除持續執行如第四章第三節所列的政策及作為之外，新設政府單位如行政院原住民族委員會（以下簡稱原民會）[15] 及行政院客家委員會（以下簡稱客委會）[16] 之業務中，有一部分與文化資產保存有所關聯。以下依序介紹 2005-2009 年間台灣文化資產保存的：(1) 經常性的保存成果、(2) 全國性的保存活動、(3) 相關單位的協力政策及作為。詳細資料，請參見 2005 年以後的《台灣文化資產保存年鑑》。

（一）經常性的保存成果

在「文資法第 2 版」公布施行後，在經常性的保存成果方面，其「保存計畫與工程」的情形與修法前類似，茲不贅述，以下僅簡要介紹：(1) 基礎工作、(2) 保存環境培育、(3) 國際合作。

1. 基礎工作

基礎工作所涵蓋的內容，請參見第四章第二節第一小節 p.117，以下僅簡介「文資法第 2 版」施行後推動的：(1) 普查、(2) 指定或登錄。

15 1996 年 12 月 10 日行政院原住民委員會正式成立，2002 年 3 月 25 日改名為行政院原住民族委員會。

16 2000 年 5 月 11 日行政院客家事務委員會籌備處成立，2001 年 6 月 14 日行政院客家委員會正式成立。

澎湖縣七美雙心石滬登錄為
文化景觀（2004）。

（1）普查：在「文資法第1
版」期間已推動、但尚未完成者，
如「台閩地區考古遺址」普查
（1992-）、「產業文化資產清查」
（2002-）、「國有宿舍總清查」
（2003-）等持續進行外，文建會
因應新法之需，而策劃數種新的普
查活動，以下分人才普查及文化資
產普查2類條列如下，詳細內容請
參見表4台灣歷年重要文化資產普
查活動 p.273。(a) 人才普查：文建
會文資中心委託台南藝術大學辦理
「文物保存修護人力資源及就業市場調查計畫」（2006）、文建會文
資中心委託台南大學辦理「建築類文化資產保存修護傳統工匠調查及
培育策略研究計畫」（2006-2007）、文建會文資總處委託中原大學
辦理「古蹟、歷史建築、聚落及文化景觀之維護、修復匠師人力資源
守護計畫」（2009-）。(b) 文化資產普查：依據「輔導直轄市及縣市
政府推動文化資產保存維護工作作業要點」推動文化資產普查（內容
包括：聚落、文化景觀、傳統藝術、民俗及有關文物、古物、保存技
術及保存者等，2005-）、「眷村文化潛力發掘普查計畫」（2006-）等。

（2）指定或登錄：至2009年底，台灣指定登錄的文化資產，除自
然地景未增減外，其餘各類之指定登錄總數如下：(a) 古蹟：共有712
筆，包括國定（含舊制第一級、省定及縣市第二級）87筆、直轄市定
（含舊制第二級及第三級）156筆、縣市定（含舊制第三級）469筆；
(b) 歷史建築：直轄市及縣市共登錄902筆；(c) 聚落：縣市登錄5筆，
名單如本章第一節第一小節所列；(d) 遺址：國定7筆、直轄市定1筆、
縣市定28筆，合計36筆；其中7筆國定遺址為：台北市圓山遺址、
台北縣大坌坑遺址、台北縣十三行遺址、高雄縣鳳鼻頭遺址、高雄縣
萬山岩雕群遺址、台東縣卑南遺址、台東縣八仙洞遺址；(e) 文化景觀：
縣市共登錄24筆，如：基隆市仙洞巖、苗栗縣出磺坑、澎湖縣吉貝
石滬群、澎湖七美雙心石滬等；(f) 傳統藝術：重要傳統藝術5件、傳

←←客家八音登錄為苗栗縣傳統藝術（苗栗陳家八音團，2006）。

←台中縣大甲媽祖遶境進香登錄為民俗及有關文物（張尊禎攝 2010）。

統藝術 65 件，合計 70 件；(g) 民俗及有關文物：重要民俗及有關文物 2 件、民俗及有關文物 57 件，合計 59 件；(h) 古物：國寶 317 件、重要古物 136 件、一般古物 345 件，合計 798 件。指定登錄名單請參見文化部文化資產局 / 國家文化資產網。[17]

2. 保存環境培育

　　「文資法第 2 版」公布施行後保存環境培育的情形，比照第四章第二節「文資法第 1 版」期間的呈現方式，以《2008 台灣文化資產保存年鑑》刊登的有形文化資產資料為例說明，從以下數字中，可以感受到 2008 年的保存環境，較 2001 年時更有活力：(0) 系列活動：共 57 案，平均一個月約 5 案；(1) 研討會：國內大型研討會約 43 場、平均一個月 3.5 場，國際研討會 19 場、平均一個月 1.5 場；(2) 講座：共 37 場、平均一個月 3 場；(3) 傳習計畫：共 5 場，包括：交趾陶、鑿花、陶藝、大木等；(4) 導覽人員解說營：共 24 營隊、平均一個月 2 營隊；(5) 推廣教育班：共 7 班；(6) 講習會、研習營、工作營：共 56 場、平均一個月近 5 場；(7) 公聽會、聽證會：共 3 場，包括登錄澎湖縣望安鄉花宅聚落為重要聚落之公聽會；(8) 座談會、論壇：共 35 場、平均一個月 3 場；(9) 展覽：共 95 場、平均一個月 8 場；(10) 推廣活動：共 120 場、平均一個月 10 場；(11) 證照班：共 8 班，包括：大木、工地主任等；(12) 授獎：共 11 種，包括：文建會台灣工藝研究所台灣工藝競賽獎、嘉義市文化局葉王獎等[18]；(13) 文化交流：共 70 筆；(14) 出版品：碩博士論文 246 種、研究報告書 26 種、計畫或工程報告書 94 種。

17 詳細資料，請參見林會承主編 2005-2009《台灣文化資產保存年鑑》（2006-2010）、王嵩山主編《2005-2008 台灣無形文化資產保存年鑑》（2009）。

18 文資總處於 2009 年頒發第一屆文化資產保存貢獻獎予蔡成集團蔡其瑞與蔡其建、陳國慈；保存維護獎予國定古蹟原台南測候所修復工程及台南市市定古蹟原台南州立第二中學校校舍本館暨講堂修復工程；評審委員會特別獎予已故東海大學洪文雄教授。同年 3 月台北縣市合辦「第 1 屆台北傳統藝術藝師獎」，得獎人為新興閣掌中劇團鍾任壁、木雕司傅洪耀輝；同年 12 月台北縣頒發「台北縣傳統藝術藝師獎」，包括北管藝師邱火榮、鼓藝藝師王錫坤、亦宛然掌中劇團；2010 年 4 月台北市政府頒發「台北市傳統藝術藝師獎」，布袋戲陳錫煌、歌仔戲陳剩、布袋戲許王、布袋戲小西園掌中劇團、布袋戲鍾任壁、說唱藝術吳兆南、獅頭工藝洪來旺、印鈕廖德良。

19 詳細資料，請參見林會承主編 2005-2008《台灣文化資產保存年鑑》附錄一「文化資產事件報導」之「瓜地馬拉安地瓜古城維護專案大事記」（2006-2009）。

3. 國際合作

從 1982 年「文化資產保存法」施行後，文建會陸續邀請外國專家學者來台進行知識、經驗或技術交流，但多為短期講座或特定研討會。2001 年文建會與法國文化部共同推動馬樂侯文化管理研討會，每年舉辦一次，至 2008 年為止，共舉辦七屆，為台灣文化資產界首見的長期性國際合作計畫。2005 年文建會再度與法國合作辦理「文化資產詮釋人才培育計畫」，為期三年，至 2007 年底結束。

2004 年台灣與瓜地馬拉（Republic of Guatemala）簽署合作維護世界遺產安地瓜古城（Antigua）計畫，次年文建會成立安地瓜古城維護專案小組，2006 年由台灣提供 70 萬美金援助古城內索爾璜納修道院（Sor Juana de Maldonado）及聖方濟女修道院（Las Capuchinas）維護與再利用計畫，同年文建會委託成大研究發展基金會派員前往安地瓜古城負責工程紀錄，至 2009 年底完成，本計畫為台灣首次至國外從事世界遺產保存工作。[19]

世界遺產安地瓜古城（Antigua Guatemala, 2008）。

←←安地瓜古城索爾璜納修道院（Sor Juana de Maldonado）修復現場（2008）。

←安地瓜古城聖方濟女修道院（Las Capuchinas）修復現場（2008）。

（二）全國性的保存活動

在「文資法第 2 版」施行後，除了產業文化資產清查、台灣世界遺產潛力點、國有宿舍總清查等計畫持續推動之外，文建會針對現況缺失、新的法定任務，策劃了以下全國性的保存活動。

1. 古蹟與歷史建築再利用

如第四章第二節第二小節及本章第一節第一小節所述，約自 90 年代開始，國內因經濟轉型導致許多傳統產業空間閒置不用，於此同時，修復後的古蹟也有經營管理成效不彰的問題。90 年代中期以後，學術界及政府機關將一部分注意力轉移至閒置空間再利用上，1995 年成大開風氣之先，舉辦「International Symposium on Conservation Adaptive Reuse of Historical Buildings」（歷史建築再利用國際研討會），此後相關研討會密集出現（傅朝卿 2001）[20]；在政府機關方面，於 1997 年台灣省政府文化處展開台北市華山藝文特區及鐵道藝術網絡的閒置空間再利用工作，文建會則接續推動閒置空間再利用試辦點（2001-）、藝術家進駐閒置空間計畫（2001-）、地方文化館計畫（2002-）、創意文化園區計畫（2003-）等。受此風潮及壓力影響，文建會除了於「文資法第 2 版」中突顯文化資產再利用的重要性之外，同時與各地方文化局推動文化資產經營管理工作，希望透過自行或委外經營，賦予古蹟及歷史建築新生命。在經過數年努力，加上台灣自 2001 年開始實施周休二日，許多人利用假日前往史蹟名勝旅遊，促成台灣文化資產再利用多元而蓬勃發展，部分者如：台南市原台南州

20 相關的研討會，如：留下我們的記憶空間：歷史建築保存與再生國際研討會（2000 文建會）、古蹟及歷史性建築營運管理活化再利用國際研討會暨工作營（2001 台中縣政府）、古蹟活化再利用國際學術研討會：新世紀、新思維（2001 內政部）、2001 閒置空間再利用國際研討會（2001 文建會）、舊監空間保存再造國際研討會（2001 法務部、文建會）、歷史建築與地域資源永續經營國際研討會暨工作營（2002 花蓮縣政府）、重要文化建築與歷史街區修復再生國際研討會（2002 文資中心）、舊台南地方法院修護與再利用研討會（2002 台南地方法院、台南市社區大學）、近代建築遺產及歷史街區修護再生國際學術研討會（2003 內政部）、泛太平洋地區文化資產保存機構永續經營國際研討會（2003 文資中心）、產業遺產保存與再生國際學術研討會（2004 嘉義縣政府）。除此之外，有許多研討會或研習營雖未以「再利用」為名，但其議程或論文也多有相關主題。

台北市西門紅樓再利用（約 2008）。

台北市圓山別莊再利用為台北故事館（約 2006）。

基隆市陽明海運大樓再利用（2003）。

高雄市英國領事官邸再利用（約 2006）。

南投縣草屯敷榮堂再利用（2006）。

金門縣陳坑陳景蘭洋樓再利用（2009）。

廳、台北市長官邸、台北市西門紅樓、台北市圓山別莊、高雄市打狗英國領事館（官邸）、台中市台中酒廠舊廠、台北市蔡瑞月舞蹈研究社、台南市原台南公會堂等，已成為藝文休閒重要據點。以下區分古蹟及歷史建築，依據年代先後條列部分較具新意、同時能突顯文化資產價值的案例。

(1) 古蹟：台南市原英商德記洋行（1979 展覽）、台南市原德商東興洋行（1988 餐飲）、新竹縣北埔姜阿新故宅（1997 展覽）、台南市原台南州廳（1998 公務使用）、台北市政府舊廈（2000 展演、簡餐）、台北縣原英商嘉士洋行倉庫（2001 社區大學）、台南縣麻豆總爺糖廠（2001 展演、餐飲、集會等）、高雄縣橋仔頭糖廠（2001 展演、餐飲等）、花蓮縣花蓮港山林事業所（2001 餐飲、集會）、台北市西門紅樓（2002 展演、餐飲、市集等）、台北市前美國大使官邸（2002 展覽、電影、餐飲）、台南市原台南山林事務所（2002 展演、餐飲等）、台北市圓山別莊（2003 展覽、餐飲）、台北市北投溫泉浴場（2004 展覽、集會）、前清淡水關稅務司官邸（2004 展覽）、高雄市打狗英國領事館（2004 展覽、餐飲）、台北市蔡瑞月舞蹈研究社（2006 展演、餐飲）、新竹州市役所（2007 展覽）、台南市原台南公會堂（2007 展演、餐飲等）、宜蘭縣二結農會穀倉（2009 展覽、餐飲）、台北市撫台街洋樓（2009 展覽）。

(2) 歷史建築：台東縣新東糖廠（2002 展演、餐飲、文創等）、桃園縣大溪武德殿（2002 展演、社區活動等）、澎湖縣澎湖廳廳長官舍（2003 展演、教學等）、花蓮縣松園別館（2003 展演、餐飲等）、基隆市陽明海運大樓（2004 博物館、餐飲）、彰化縣福興鄉農會碾米廠暨穀倉（2004 展售、會議等）、桃園縣大溪公會堂（2005 展演、餐飲等）、台中市台中酒廠舊廠（2005 展演、公務等）、南投縣草屯敷榮堂（2005 展演、餐飲等）、南投縣南投武德殿（2005 展覽）、金門縣水頭金水國小（2005 展覽）、台北市章太炎故居（2006 展覽、教學等）、台南縣原新化街役場（2006 展覽、餐飲）、雲林縣虎尾郡役所（2007 展演、餐飲等）、金門縣陳坑陳景蘭洋樓（2008 展覽）。

21 詳細計畫內容及成果,請參見林會承主編《2008 台灣文化資產保存年鑑》(2009:845-859)。

22 詳細資料,請參見林會承主編《2008 台灣文化資產保存年鑑》〈附錄十一 2005-2008 各類文化資產普查〉(2009:899-903)、林會承主編《2009 台灣文化資產保存年鑑》〈附錄十一各類文化資產普查〉。

2. 社區文化資產守護網

從 1994 年開始推動的社區總體營造,在經過 10 多年經營後,為地方基層培育許多文史社團及人才,2005 年文建會決意善加利用這股豐沛的文化資源,以強化社區文化資產保護網、以及協助推動保存與再利用工作,計畫期程至 2008 年為止,主要內容包括:(1) 招募在地文化工作者擔任文化資產守護員,並組成社區學習型組織,以建構社區文化資產守護團隊;(2) 透過既有史料及田調資料,建構社區文化資產資料庫;(3) 以社區為單位,建構全國性的文化資產守護通報網絡;(4) 以社區閒置空間再利用,做為守護員伙伴工坊。[21] 利用在地人才及通報系統,以責任分區方式監管文化資產,對於防範破壞事件發生,發揮了良好功效。

3. 文化資產普查

在「文資法第 2 版」公布施行後,文建會針對以往照顧不足、或是新增類型,如:聚落、文化景觀、傳統藝術、民俗及有關文物、古物、保存技術及保存者等,於 2005 年底訂頒「輔導直轄市及縣市政府推動文化資產保存維護工作作業要點」,以縣市為單元進行普查工作,以做為未來指定登錄依據。此項工作至 2009 年底完成:文化資產綜合類 7 件、聚落 10 件、遺址 13 件、文化景觀 35 件、傳統藝術 27 件、民俗及有關文物 34 件、古物 9 件、保存技術及保存者 7 件。[22]

4. 國際文化資產日活動

聯合國教科文組織的顧問團體國際文化紀念物及歷史場所委員會(ICOMOS),自 1983 年後,以每年 4 月 18 日為國際文化資產日(International Day for Monuments and Sites)。2003 年文建會文資中心成為國際文化紀念物及歷史場所委員會的機構會員,2005 年後每年擬定主題舉辦國際文化資產日活動,如:2005 年「老古蹟新科技真風相見」、2006 年以工業遺產再利用為主題舉辦「工不可沒、廠獲新生」、2007 年以文化景觀及自然地景為主題舉辦「文化地景、自然遺產」。其中 2005 年國際文化資產日,延續約 2 個月之久,共舉辦 100 多項活動。

5. 眷村文化資產清查

因應國防部訂頒「國軍老舊眷村改建條例」，計畫於 2009 年完成全國老舊眷村改建工作，文建會於 2006 年 5 月成立眷村文化保存工作推動小組，展開「眷村文化潛力發掘普查計畫」，由各縣市委託學校或文化團體辦理，預定於北、中、南、東、離島各選擇 2 處做為眷村文化保存區。2006 年完成 6 個縣市的普查。2007 年完成 11 縣市的普查。[23]

6. 水下考古工作啟動

台灣四周海域為古代的重要航道，海底遺留許多早期沉船等歷史資產，1995 年教育部委託國立歷史博物館於望安鄉將軍嶼東南方海床，進行古沉船將軍 1 號水下考古工作，至 1999 年為止。2001 年聯合國教科文組織通過「保護水下文化遺產公約」。2006 年文建會文資中心擬定「水下文化資產保存維護發展計畫」，著手規劃推動水下探勘、出水文物保存、水下考古法規及人才培育等工作，並委託中央研究院歷史語言研究所辦理「澎湖馬公港古沉船調查、發掘及水下文化資產研究、保存科學人才培育計畫」，計畫期程自 2006 年至 2009 年，共計 3 年，包括：馬公港水下疑似古沉船調查、評估、發掘及維護等、訂定水下考古作業準則、以及擬在文資總處規劃設立水下文化資產研究室及實驗室。[24]（臧振華 2007：9）

7. 區域型文化資產環境保存及活化計畫

在「文資法第 2 版」公布施行後，有鑒於以往偏重於個體式文化資產保存，而忽略聚落及文化景觀等廣域式文化資產保存，以及有助於有形與無形文化資產整合，文建會策劃推動「區域型文化資產環境保存及活化計畫」，將其列為「歷史與文化資產維護計畫」[25] 的 4 個子計畫之一，計畫期程自 2006 年至 2009 年，共計 4 年。2006 年補助縣市政府規劃案 23 件，2007 年補助縣市政府規劃案 28 件及執行案 31 件、社區及民間組織補助案 41 件，2008 年補助縣市政府執行案 24 件、社區及民間組織補助案 47 件，2009 年補助縣市政府執行案 21 件、社區及民間組織補助案 23 件。[26]

23 詳細資料，請參見林會承主編《2006 台灣文化資產保存年鑑》（2007：800）、林會承主編《2007 台灣文化資產保存年鑑》（2008：819）、林會承主編《2008台灣文化資產保存年鑑》（2009：868）。關於 2003 年以後各縣市定眷村的指定或登錄，以及 2013 年由國防部與文化部共同公告的 13 處「國軍老舊眷村文化保存區」，請參見本書第六章第二節第一小節第四款 p.200。

24 於 2012 年文化部文化資產局設立保護水下文化資產的負責組科，於 2015 年制定公布「水下文化資產保存法」，相關資料請參見本書第六章第二節第一小節第二款 p.197。

25 「歷史與文化資產維護計畫」為「擴大公共建設計畫之新十大建設」項目之一，計畫期程自 2006 年至 2009 年，內容包括「台閩地區古蹟維護計畫」延續計畫、以及「產業文化資產再生事業計畫」、「區域型文化資產環境保存及活化計畫」、「綠島文化園區籌設計畫」、「台灣博物館及舊土銀、鐵道部、樟腦工廠等古蹟修復再利用計畫」四項子計畫。

26 詳細資料，請參見林會承主編《2007 台灣文化資產保存年鑑》（2008：834-843）、林會承主編《2008台灣文化資產保存年鑑》（2009：882-891）。

27 本條例，於 1992 年公布時，稱為「文化藝術獎助條例」；2021 年修正公布後，改名為「文化藝術獎助及促進條例」。

28 請參見第四章第二節第二小節 p.123。

（三）相關單位的協力政策及作為

於第四章第三節提到相關單位的協力政策及作為中，部分者仍持續推動，在「文資法第 2 版」公布施行後，文建會配合國家政策推動文化創意產業，而原住民族委員會、客家委員會、國家文化總會，也投入文化資產保存的相關業務，茲簡述如下。

1. 文建會推動文化創意產業

為了強化國際經濟競爭力，政府於 2002 年將文化創意產業列為「挑戰 2008：國家發展重點計畫」之一。2010 年 2 月 3 日「文化創意產業發展法」公布施行，其與「文化資產保存法」（1982 年制定公布）及「文化藝術獎助及促進條例」[27]（1992 年制定公布）三者同時被視為國內文化保存法規的基礎。依據「文化創意產業發展法」第 3 條規定，「文化創意產業」一詞意指「源自創意或文化累積，透過智慧財產之形成及運用，具有創造財富與就業機會之潛力，並促進全民美學素養，使國民生活環境提升」之視覺藝術、音樂及表演藝術、文化資產應用及展演設施、工藝、電影、廣播電視、出版、廣告、產品設計、視覺傳達設計、設計品牌時尚、建築設計、數位內容、創意生活、流行音樂及文化內容、其他等產業，共 16 種。在第 2 條規定：「政府為推動文化創意產業，應加強藝術創作及文化保存、文化與科技結合，注重城鄉及區域均衡發展，並重視地方特色，提升國民文化素養及促進文化藝術普及，以符合國際潮流。」從上述規定可以明顯體會到文化資產保存為文化創意產業推動的根基之一。

依據「文化創意產業發展法」第 5 條規定，文建會為本法之中央主管機關。事實上，早在文化創意產業政策形成之初，文建會於 2003 年先行配合閒置空間再利用計畫[28]，選擇北中南東 5 個閒置酒廠做為推動文化創意產業的基地，稱之為「創意文化園區」，並展開相關活動，2011 年 2 月改名為「文化創意產業園區」，5 個基地分別為：華山文化創意產業園區（台北酒廠及其周邊地區）、台中文化創意產業園區（台中酒廠舊址）、嘉義文化創意產業園區（嘉義酒廠舊址）、台南文化創意產業園區（原台灣省煙酒公賣局台南分局北門倉庫群）、

↖金門縣金門城舊城區外老街為區域型計畫對象之一（2009）。

↗舊土銀總行整修為台灣博物館自然史博物館為「歷史與文化資產維護計畫」項目之一（2010）。

←台東縣綠島人權文化園區新生訓導處復原為「歷史與文化資產維護計畫」項目之一（2009）。

↓馬祖南竿津沙聚落為區域型計畫對象之一（2007）。

→屏東縣台灣原住民族文化園區鄒族會所（2003）。

→→台北市華山創意文化園區一景（2009）。

花蓮文化創意產業園區（花蓮酒廠舊址）。其中台中及花蓮園區之全區為歷史建築，而華山、嘉義及台南園區中有部分建築物為古蹟或歷史建築，目前正進行或已完成修復及再利用計畫或工程。以古蹟或歷史建築做為文化創意產業的基地，對於文化資產保存與推廣有積極而正面的助益。

2. 原住民族委員會推動原住民族基礎研究及文化園區展演

行政院原住民族委員會成立於 1996 年，其下設有教育文化處及文化園區管理局。前者之職掌包括原住民族文化保存與推廣工作，每年編列預算委託學者專家從事原住民族文史基礎研究工作。台灣原住民族文化園區位於屏東縣瑪家鄉，園區內委請原住民族人重建法定族群[29]的建築物及家用器物，同時定期舉辦表演、文物展覽，以及研討、推廣、餐飲等。台灣原住民族文化園區與位於南投縣魚池鄉的九族文化村，為台灣目前最完整且遵照古法重建的原住民族文化園區。[30]

3. 客家委員會推動客家文化資產保存及設置文化園區

行政院客家委員會成立於 2001 年，其下設文教處及企劃處。前者掌理客家藝術文化規劃及執行工作，包括推動「獎助客家研究計畫」及「獎助相關客家學術計畫及文化活動」，每年編列預算委請專家學者從事研究、研習、活動、展覽、參訪等，其中與文化資產有關者，每年約 20-30 件；此外，依據「行政院客家委員會獎助客家研究博碩士論文作業要點」，每年獎助研究生撰寫客家文史相關論文。企劃處下設文化資產科，負責客家文化資產保存再利用及客家文化園區之規劃、協調及推動工作，自 2002 年開始推動「客庄文化資源普查計畫」，

29 至 2009 年底台灣法定原住民族有 14 族：泰雅族、賽夏族、太魯閣族、邵族、阿美族、撒奇萊雅族、噶瑪蘭族、布農族、鄒族、魯凱族、卑南族、排灣族、雅美族、賽德克族。2014 年增列了 2 族：拉阿魯哇族（原屬鄒族）、卡那卡那富族（原屬鄒族）。

30 自 2016 年以後，國內原住民族文化資產的發展情況，請參見本書第六章第二節第一小節第六款 p.205。

計畫期程為 2005 年至 2009 年，至 2008 年底共完成 7 縣市、17 鄉鎮、151 村里之普查工作。[31]

31 詳細資料，請參見林會承主編《2008 台灣文化資產保存年鑑》（2009：910-913）。

客家委員會依據「台灣南北客家文化園區設置計畫」，於新竹縣竹北新瓦屋設立台灣客家文化中心籌備處，負責位於苗栗縣銅鑼的台灣客家文化中心苗栗園區、位於屏東縣內埔的六堆客家文化園區的建設工程，以及推動客家文化研習、展演等活動，其中新竹縣竹北新瓦屋之辦公廳舍為歷史建築再利用，在高聳的現代建築中，特別能夠突顯出客家文化資產的特色。

←←新竹縣竹北新瓦屋一景（2008）。

←屏東縣內埔六堆客家文化園區（2008）。

在地方政府方面，也陸續成立專門機構，以推動客家文化事務，如：屏東縣客家文物館（2001 竹田鄉）、台北縣客家文化園區（2005 三峽鎮）、花蓮縣客家民俗會館（2006 吉安鄉）、高雄縣客家文化園區（2007 美濃鎮）、桃園縣客家文化館（2008 龍潭鄉）、台東縣客家文化園區（2009 池上鄉）。

4. 國家文化總會投入文化資產推廣工作

從 2005 年 7 月開始，國家文化總會發行機關期刊《新活水》雙月刊，刊登包括文化資產在內的文化藝術文章，2007 年下半年後策劃：台灣十大民俗祭典、台灣原住民十大祭典、台灣十大公立博物館、台灣十大古宅、台灣十大廟宇藝術重鎮、台灣十大自然景觀等一系列專輯，引起社會熱烈反應。

2005 年，國家文化總會接受教育部委託辦理「走讀台灣／鄉土 DNA」出版計畫，以縣市為單位，依據學齡有繁簡不同的 4 種版本，內容包括古蹟歷史、民俗祭典、生態保育等與文化資產保存有關的主

32 各縣市「走讀台灣」的出版時間及縣市，請參見「走讀台灣 ebooks」檔。

題，以做為各級學校鄉土教學的資料。「走讀台灣／鄉土 DNA」由國家文化總會擬定統一撰述體例，委請在地中小學老師撰寫，由專家學者審查，至 2008 年止完成台北縣、桃園縣、雲林縣、高雄縣、屏東縣、嘉義縣、高雄市、花蓮縣、宜蘭縣、金門縣等縣市的編印出版；後期所出版者，將書名與縣市組合為：《走讀台灣 基隆市》、《走讀台灣 澎湖縣》等 32。

在 2006 至 2009 年間，國家文化總會推動製作「西港丙戌香科」紀錄片、編印《明清台灣檔案彙編》、《台灣音樂百科辭書》、《文化深度旅遊手冊》等與文化資產有關的工作。（國家文化總會 2008）

5. 文化觀光及地方產業振興計畫

2002 年經建會公布「挑戰 2008：國家發展重點計畫」，其中包括「觀光客倍增計畫」及「文化創意產業計畫」。在這些政策影響下，各部會策劃文化觀光及地方產業振興相關計畫，包括：(1) 經濟部商業司繼 1995 年的「台灣形象商圈計畫」、2003 年「台灣魅力商圈計畫」後，於 2008 年推動 4 年期「台灣品牌商圈計畫」，選定台北縣平溪、新竹縣內灣、苗栗縣南庄、台中縣新社、南投縣鹿谷、彰化縣田尾、雲林縣古坑、高雄縣南橫、高雄市、台東縣知本等 10 個推動地點；(2) 經濟部工業局自 2003 年開始推動「地方群聚產業輔導計畫」，大約從 2005 年以後，「觀光工廠」逐漸成為計畫主軸之一；(3) 農委會於 1992 年發布「休閒農業輔導管理辦法」，2008 年並推動「創新農村社區人文發展計畫」，以社區營造精神，引導居民「尋找社區目標」、「發展地方特色」、「建構在地的文化」；(4) 交通部觀光局推動「競爭型國際觀光魅力據點示範計畫」，2009 年選定：台中市經國園道與美術園道、台北市孔廟周邊地區、台北縣水金九地區、彰化縣鹿港鎮與福興鄉、屏東縣恆春半島 5 個示範地點。除此之外，尚有：經濟部資訊工業促進會「推動地方型企業 ICT747 飛鷹計畫」、經濟部中小企業處「地方特色暨社區小企業輔導計畫」、金門國家公園管理處「社區優質遊憩環境總體營造」等，這些計畫多將文化及文化資產列為推動的重要資源之一。

三、保存事件

在「文資法第 1 版」施行期間，台灣民間文化資產保存風氣逐漸加溫，於 1999 年九二一大地震後達到高峰，此後逐漸趨於平穩及成熟，民間文史社團成長趨緩，但是需要蓄積較多資源的私立博物或文物館則在 2000 年以後持續增加；2005 年「文資法第 2 版」公布，其條文中增加許多預防性保存措施及獎勵措施，加上各級主管機關對於保存事務越趨熟練，因而文化資產保存事件發生數量顯著減少，以下簡要介紹 2005-2009 年間四件較受社會矚目的保存事件。

1. 台北縣樂生療養院保存事件

樂生療養院院址於 1994 年經政府徵收為台北捷運新莊線新莊機廠用地，2002 年新莊地區文史社團發起搶救園區老樹運動。2002 年台北縣政府進行古蹟會勘，認為具有保存價值，但恐影響捷運施作而未進行指定作業，隨後引發文史社團搶救園區活動。2004 年捷運局提出保留 38％方案，遭到社運團體反對，2005 年桃園縣政府將其轄區內尚未拆除之部分院舍指定為暫定古蹟，2006 年行政院核定保存41.6％方案，再度引起社運團體反對。2007 年行政院工程會召開會議，其決議與以往雷同，導致社運團體持續抗爭，2008 年 12 月台北

台北縣樂生療養院一景（2007）。

↑ 台北市台北府城東門修復現場（2009）。

↗ 台北市台灣民主紀念堂（中正紀念堂）改名現場（2007）。

33 詳細資料，請參見林會承主編《2004台灣文化資產保存年鑑》（2005：609-614）、林會承主編《2005台灣文化資產保存年鑑》（2006：724-727）、林會承主編《2006台灣文化資產保存年鑑》（2007：705-708）、林會承主編《2007台灣文化資產保存年鑑》（2008：729-732）、林會承主編《2008台灣文化資產保存年鑑》（2009：783-785）。

34 詳細資料，請參見林會承主編《2007台灣文化資產保存年鑑》（2008：737-741）、林會承主編《2008台灣文化資產保存年鑑》（2009：786）。

市捷運局展開保留區外館舍解體及拆除工程。2009年9月台北縣文化局將保留部分登錄為歷史建築及文化景觀。[33]

2. 台北市陽明山草山行館火災事件

草山行館原為日本時代台灣糖業株式會社木造招待所，戰後成為蔣介石首座官邸，1975年4月蔣氏過世後閒置，2002年登錄為歷史建築，2003年整修後開放，做為藝文展示及餐飲場所。2007年4月清晨失火，除石造門廊及磚造牆壁外，其餘者付之一炬，輿論臆測為基於政治原因的破壞事件，然而經消防單位現勘研究後，排除電線走火及人為縱火的可能性，但無法確認失火原因，台北市政府決定加以復建。

3. 台北市台灣民主紀念館指定事件

2007年3月教育部決定將中正紀念堂更名為台灣民主紀念館，台北市政府隨即將其指定為暫定古蹟加以反制，5月教育部於兩側懸掛布幔，台北市政府以違反「文化資產保存法」為由，加以處罰，隨後強制拆除布幔，並連續處罰上百次，11月文建會將其指定為國定古蹟，12月教育部將原石刻碑文改為「台灣民主紀念館」及「自由廣場」。2008年3月台北市政府將其主體建築登錄為歷史建築、將園區登錄為文化景觀，同年5月中央政府易幟，次年10月教育部將「台灣民主紀念館」石碑改回舊的「中正紀念堂」石碑。[34]

4. 台北市台北府城東門黨徽油漆事件

1966年政府以配合觀光需要為由，將清代台北府城東門（景福門）、南門（麗正門）、小南門（重熙門）城門樓改建為鋼筋混凝土造北方宮殿式建築，並於兩側山花上塑製中國國民黨黨徽，下半部的城門洞則保留不變。1982年黨外市議員首度針對山花上黨徽的適當性提出質詢，但不了了之。2009年春天，3座城門進行整修時，營造廠將已褪色的黨徽重新漆上藍白雙色，引發反對黨市議員不滿，並逕行前往以白漆塗遮，而引起社會矚目。同年6月，台北市政府決定將黨徽全部塗以白漆，而結束雙方爭議。

四、小結

「文資法第2版」公布施行至2009年底為止,只有短暫4年多,預期效果尚在萌芽階段,尚不宜驟下評論。以下僅就「文資法第2版」基本精神、以及在此有限時間內所達成的初步成效綜合說明如下。

台灣文化資產保存機制及業務推動,在「文資法第1版」期間已步上軌道,加上文建會的積極務實、以及台灣文官制度健全,因此「文資法第2版」的全面性及結構性修正,在轉型之初,並未造成銜接、責任歸屬或其他的困擾。總體來說,雖然保存體制有很大改變,但是台灣文化資產保存環境,仍然穩定而平順成長。就「文資法第2版」修正內容而言,對於台灣文化資產保存調性造成較顯著或潛在的影響,有以下各項:

(1)朝向大型化、統合化、及物人並重化發展:將聚落、遺址、文化景觀提升為單獨類型,並且針對其特性擬定保存及再利用規程,使得這些以往受到忽略或推動不易的類型的保存工作得以有效展開;這些類型之空間範圍較大,同時具有較廣面的社會文化意涵,間接促成台灣文化資產保存朝向大型化、以及有形及無形文化資產統合保存的方向發展,與世界遺產理念不謀而合;新增「文化資產保存技術及保存者」一章,將原先只限於傳統藝術藝師遴聘及擔任教職規定(「文資法第1版」第42、43條),擴大至所有文化資產類型的保存技術及其保存者之普查及指定,使得台灣文化資產保存由以物件為主,轉變成物件、技術與藝師(或司傅)保存並重的新境界。

(2)朝向全面關照發展:如第四章第二節所述,在「文資法第1版」施行期間,台灣文化資產不同類型的保存成效有極大落差,「文資法第2版」以文建會為自然地景外其他所有文化資產類型的中央主管機關,意味著希望發揮事權統一、均衡關照的功效。從近年發展趨勢來看,古蹟及歷史建築之指定登錄已漸趨緩和,而以往照顧不足的聚落、文化景觀、傳統藝術、民俗、古物、保存技術及其保存者等之基礎調查或指定登錄,在政策推動下成果逐漸浮現,說明了台灣文化資產保

→新竹縣北埔老街過度商業化
（2009）。

→→台北縣深坑老街過度商業
化（2010）。

存朝向較為全面的方向發展。然而美中不足之處，在於由農委會主管
的自然地景保存，長年以來消極被動，指定物件有減無增，而珍貴稀
有植物不指定個別物件、珍貴稀有礦物則不曾指定，成為台灣文化資
產保存被遺忘的一角。

（3）文化資產價值的多元發展：以往著重文化資產的保存面，「文
資法第2版」調整為保存與再利用並重，以紓緩政府財政負擔，進而
強化文化產業加值及文化傳播功能，近年來已有顯著成效。然而部分
承攬再利用工程的設計師，因文化素養不足或基於個人利益，而添加
許多非必要或不得體的構造物、鋪面、照明、指示或說明牌，或是不
協調之現代設施與材料，對於文化資產造成傷害；而少數地方，如：
彰化縣鹿港、新竹縣北埔、台北縣深坑等，其再利用商業強度遠超過
文化氣息，如何在文化保存與商業利益之間取得一個平衡點，似乎是
現階段浮現的新議題。

（4）強化「地方分權」及「菁英庶民並重」的文化基調：在1982
年「文資法1-1版」施行時，地方政府不具有大多數的指定權 [35]；
1997年「文資法1-3版」修正後，將台灣古蹟指定由中央統籌、「由
上而下」方式，改為中央地方分權制；2000年「文資法1-4版」修正後，
增加具有庶民性格的歷史建築，由地方政府負責登錄。在「文資法第
2版」公布後，地方政府擁有所有文化資產類型的指定登錄權，說明
了台灣文化資產保存體制，由中央集權制改為中央地方分權制、由菁
英制改為菁英與庶民並重的文化基調。

35 僅有民俗及有關文物，由
地方政府所負責指定。

（5）建構「預防重於治療」的保存政策：「文資法第 2 版」建構多重預防性措施及保護網，以及將保護方式彈性區分為強制性「指定」、以及獎勵性「登錄」，加上文建會所推動的「社區文化資產守護網」計畫，使得台灣文化資產破壞事件明顯降低。

（6）有助於台灣文化資產保存朝向公私協力的方向發展：在 1999 年九二一大地震後新增歷史建築類，文建會訂定發布「歷史建築登錄及輔助辦法」（2000）及「九二一地震災區歷史建築補助獎勵辦法」（2001），採取補助方式，來推動歷史建築修復。在 2005 年「文資法第 2 版」公布施行後，文建會陸續訂定：「文化資產獎勵補助辦法」（2005）、「聚落登錄廢止審查及輔助辦法」（2005）、「歷史建築登錄廢止審查及輔助辦法」（2006）、「古蹟歷史建築及聚落保存維護補助作業要點」（2006），同樣以補助方式推動古蹟、歷史建築及聚落保存。透過這些中央法規，地方政府訂定該縣市的相關補助辦法，逐漸形成政府與所有權人共同分擔保存經費、以及由出資超過一定比例的所有權人自行發包的作業形態，對於加快修復及發包作業、以及品質提升有所幫助。

「文資法第 2 版」施行後，在政策推動方面，仍有部分值得檢討之處，例如：主管機關與民間或基層文化力量的結合，尚有所不足；文化資產指定登錄，仍以漢文化物件為主 [36]，無法適當反應出台灣多元文化的特性。事實上，聯合國教科文組織（UNESCO）於 2005 年發布「保護和促進文化表現形式多樣性公約」（Convention on the Protection and Promotion of the Diversity of Cultural Expressions），提到「原住民知識體系的重要性，其對可持續發展的積極貢獻，及其得到充分保護及促進的需要」，這一點正好反應出台灣文化資產保存之不足之處。

在民間風氣及活動方面，於「文資法第 1 版」期間，由於台灣文化資產保存風氣尚在形塑中，因而先後發生私有古蹟新竹市進士第及澎湖縣蔡廷蘭進士第等抵制修復、或是台北市善導寺大雄寶殿拆毀及台灣基督長老教會大稻埕教堂破壞等事件，近年來情況有顯著改善，

36 至 2009 年底為止，屬於原住民族傳統的文化資產有：古蹟 1 筆（魯凱族好茶舊社）、歷史建築 3 筆（貓霧棟井、蘭嶼雅美族野銀部落傳統建築、茂林鄉得樂的卡）、聚落 0 筆、文化景觀 2 筆（光復鄉太巴塱阿美族祖祠、凱達格蘭北投社）、傳統藝術 0 件、民俗及有關文物 6 件（東山吉貝耍夜祭、大內頭社太祖夜祭、賽夏族巴斯達隘、花蓮縣吉安鄉東昌村阿美族里漏部落巫師祭儀、花蓮縣豐濱鄉豐濱部落阿美族傳統製陶、紋面傳統）、古物有台東縣白守蓮岩棺、古文書等少數幾件。

繼「文資法第1版」期間台北市大龍峒保安宮（1994-2002）及艋舺龍山寺（1997-1999）等財力雄厚的大廟自費修建後，於「文資法第2版」施行之後，開始有彰化縣永靖魏成美堂（2004-）及鹿港慶昌行（2005-2009）等私宅自費依法修復的例子，說明了台灣文化資產保存風氣有顯著的提升。

　　就文化資產保存事件來看，有兩個明顯趨勢：第一，早期文化資產破壞事件中，人為故意破壞比例偏高，在「文資法第2版」施行後，則以自然災害或人為疏忽的比例較高；第二，早期的彰化孔子廟（1970-1975）、彰化縣鹿港老街（1975-1995）、台北市林安泰古厝（1977-1978）等保存運動的動機多很單純，以文化資產保存為主要目標，只有少數案例係因私人為解決都市計畫土地徵收、產權爭議、公產歸還等所導致；相形之下，近年來隨著台灣文化資產保存受到社會重視，而吸引政界或社會運動者積極介入，將文化資產保存視為工具或手段，藉以達成其他政治、社會等意圖，而直接或間接造成社會大眾對於台灣文化資產保存觀感不佳，長此以往，將嚴重傷害台灣文化資產保存環境。如何建立一道防火牆，以阻絕外力干預，維護文化資產保存的工作純度，是現階段文化資產保存要務之一。

→彰化縣永靖魏成美堂自費修復現場（2009）。

→→彰化縣鹿港慶昌行（意樓）自費修復完成（2009）。

陸 「文化資產保存法」第 3 版時期

馬祖

福州

泉州

廈門

金門

台北市

基隆市

桃園市

新北市

新竹市

新竹縣

宜蘭縣

苗栗縣

台中市

彰化縣

花蓮縣

北回歸線

澎湖

雲林縣

嘉義縣

嘉義市

台南市

台東縣

高雄市

屏東縣

綠島

琉球嶼

蘭嶼

★如同「前言」所述,國內於2012年12月25日將以下的「縣」改制為「直轄市」、或將以下的「縣」及「市」合併為「直轄市」:台北縣→新北市、台中市及台中縣→台中市、台南市及台南縣→台南市、高雄市及高雄縣→高雄市;於2014年12月25日將「縣」改制為「直轄市」:桃園縣→桃園市;由於主管機關名稱及轄區的改變,上述的各縣市,於第六章中改以新的「直轄市」之名稱為準;但是上述各「直轄市」的少部分業務,係始自於改制之前,因而仍保持其原本名稱。

2014年底台灣縣市地圖(繪圖/鄭智方)。

本書的舊版，係出版於 2011 年 4 月，其內容係以 2005 年「文化資產保存法」（以下簡稱「文資法第 2 版」）修正公布後，於其短暫期間所具有的規範及已執行或發生的歷程或事務為主；於舊版出版之後，在 2016 年 7 月由行政單位將「文化資產保存法」再度修正公布（以下簡稱「文資法第 3 版」），對於國內文化資產的種類、類別、原則與方式等造成明顯的改變；除此之外，國內的文化資產領域陸續的展開了一些整體性的事物，以及爆發了一些意外的事件。為了介紹上的方便，僅將內容區分為以下三節：（一）「文資法第 3 版」修正的概要、（二）文化資產保存的執行與維護、（三）保存事件。

一、「文資法第 3 版」修正的概要

我國「文化資產保存法」制定及修正的程序及其簡稱如下：於 1982 年 5 月首度制定公布「文資法第 1 版」，於 2005 年 10 月修正

馬祖北竿芹壁聚落一角（2009）。

11982 年制定公布的「文資法第 1 版」，於 2000 年 2 月「文資法 1-4 版」中增加「歷史建築」一類，其類別變為 6 類。

公布「文資法第 2 版」，於 2016 年 7 月修正公布「文資法第 3 版」。於「文資法第 3 版」所修正的重點包括：種類及類別、保護系統、指定或登錄、文化資產法規等的改變，以下依序說明。

（一）種類及類別的改變

國內文化資產的類別，於「文資法第 1 版」期間，原包括 5 類[1]；「文資法第 2 版」期間，包括 7 類 9 種；「文資法第 3 版」期間，包括 2 大種類、14 類。以下簡要說明「文資法第 3 版」的種類與類別：

1. 文化資產的種類
包括 (1) 有形文化資產、(2) 無形文化資產 2 大種類。

2. 文化資產的類別
前述的有形文化資產，包括古蹟、歷史建築、紀念建築、聚落建築群、考古遺址、史蹟、文化景觀、古物、自然地景與自然紀念物，共有 9 類；無形文化資產包括傳統表演藝術、傳統工藝、口述傳統、民俗、傳統知識與實踐，共有 5 類。整體而言，於「文資法第 3 版」公布之後，國內共有 14 類的文化資產。

於「文資法第 3 版」公布之後，對於國內文化資產的基本原則造成明顯的改變，如：(1) 將文化資產的類別，區分為 2 大種類，為國內所首見；(2) 其「無形文化資產」的 5 種類別及名稱，係引用自聯合國教科文組織（UNESCO）的無形文化遺產（Intangible Cultural Heritage）的分類名稱；(3)「文資法第 3 版」所列的類別中，其紀念建築、史蹟、口述傳統、傳統知識與實踐為國內所首見；(4) 部分類別的名稱，如聚落建築群為改變後所新見的名稱。

（二）保護的系統

文化資產的各種類別，多具有 4 個層級的保護系統，分別為：列冊、價值評估、暫定、指定或登錄等，以下簡要說明：

1. 列冊

國內的各種文化資產類別，自「文資法第2版」修正公布後，凡具有內容及範圍者，於經過普查或提報而具有保存價值者，即加以列冊追蹤。

2. 價值評估

於「文資法第3版」修正公布後，凡屬公有建築物或公有土地上的建築物，其興建年代已超過50年者，於拆建、改建等之前，應由主管機關進行文化資產價值評估[2]。

3. 暫定

於「文資法第2版」修正公布之後，即具有暫定古蹟的規定；於「文資法第3版」修正公布之後，其古蹟、歷史建築、紀念建築、聚落建築群、史蹟、文化景觀、自然地景與自然紀念物於已進行審查程序的期間，或尚未進入審議程序前，但遇有緊急情況時，得以逕列其暫定的身分；其審查期間以6個月為限，必要時得延長一次。

4. 指定或登錄

於「文資法第1版」公布後，所有的類別均採取指定的工作；2000年所新增的歷史建築則採取登錄的工作；於「文資法第2版」公布後，指定或登錄則分散於各種類別之中。[3]

（三）指定或登錄的類別

如前所述，「指定」及「登錄」為兩種不同的專有名稱；於「文資法第2版」修正公布之後，分別運用於中央及地方兩種不同的層級中，其各種文化資產類別可能採取不同的專有名稱；「文資法第3版」修正公布之後，則將之修改為中央或地方同時具有「指定」或「登錄」名稱之一。以下僅說明於「文資法第3版」以後不同專有名稱的使用原則與方式：

2 在「文資法第3版」修正公布之後，於一般性的古蹟指定或歷史建築登錄的審議程序之前，也多進行文化資產價值評估。

3 關於各版的「文化資產保存法」，其各類別採用「指定」或「登錄」的情形，請參見表18各類文化資產指定登錄解除變更權責一覽表 p.337。

彰化市的梨春園曲館（2001）。

顏水龍製作於台北市劍潭的嵌瓷作品（2009）。

萬里野柳的地質公園（2009）。

花蓮縣太魯閣砂卡礑步道為優美的文化景觀（2010）。

1. 專有名稱的使用

在文化資產的類別中，以下 4 種：古蹟、考古遺址、古物、自然地景與自然紀念物，係以「指定」為其名稱；其他的 10 種，係以「登錄」為其名稱。

2. 指定或登錄的主管機關

凡指定為「國定」或登錄為「重要」的相關事務，由中央主管機關所負責執行；凡指定或登錄為「直轄市定」或「縣市定」的相關事務，由各地方政府自行負責執行。

3. 文化資產類別的管理單位

歷史建築及紀念建築 2 種，僅具有地方登錄的功能；其餘的 12 種類別，則同時兼有中央及地方兩個層級的指定或登錄的功能。

4. 文化資產類別的解除或變更

由地方政府所指定或登錄的歷史建築、紀念建築、聚落建築群、史蹟、文化景觀、一般古物，得由地方政府負責解除或變更其指定或登錄的類別；而所有由中央指定或登錄者，以及由地方政府所指定或登錄，但並非由地方政府負責解除變更指定或登錄者，均由中央主管機關負責解除變更指定或登錄的工作。

（四）文化資產法規的特色

1. 文化資產法規的增列

「文資法第 3 版」修正公布後，增加了多種的文化資產類別，也使得文化資產相關的「辦法」及「要點」等的數量明顯增加；其次，「文資法第 3 版」將部分的類別組合成共同的領域，例如：有形文化資產中的歷史建築與紀念建築、史蹟與文化景觀，或是將有形文化資產中的古蹟、歷史建築、紀念建築、聚落建築群等 4 種類別的某些與法律有關的辦法，採取共同的運用。目前於國內，與文化資產直接有關的「法」、「辦法」及「要點」等法規，共有 40 多種。

2. 保存法規的增加

為了保護文化資產的各種類別，多就其相關事務而擬定其相關辦法，例如：(1) 古蹟所具有的相關保護辦法，包括了：指定及廢止、暫定古蹟、管理維護、修復及再利用、土地使用消防安全、重大災害應變處理、修復或再利用採購、保存計畫作業等相關辦法；(2) 古物所擁有的相關保護辦法，包括了：指定及廢止、管理維護、複製及監製管理、運出入處理及申請等相關辦法。

在國內文化資產的相關辦法中，有一部分者因其內容主題涉及到許多相關的事務，因而需要擁有為數較多的相關條文，例如於「古蹟修復及再利用辦法」中，包括了：(1) 修復或再利用計畫、(2) 規劃設計、(3) 施工、(4) 監造、(5) 工作報告書等事項。

3. 各種與辦理事項有關的條文

在文化資產的法規之中，所提到的辦理事項，多具有詳細的條文，以部分的辦理事項為例，如：(1) 於「古蹟指定及廢止審查辦法」中，其古蹟指定的函報清冊（第 6 條）的主要內容，大致上包括：名稱、位置或地址、申請面積及地號、指定理由及法令、公告日期及文號、所有權屬情況、歷史背景、古蹟現況及使用現況、土地使用及現況等。(2) 於「古蹟修復及再利用辦法」中，其修復計畫（第 3 條）之內容，大致上包括：史料、現況、原工法、解體調查、考古調查、傳統匠藝及材料、文化資產價值評估、修復計畫與預估、現況測繪、修復相關法令討論、土地使用消防安全處理因應計畫、緊急搶修建議等。(3) 於「古蹟修復及再利用辦法」中，其工作報告書（第 7 條）之內容，大致上包括：施工先後之狀況紀錄、施工人員之資格、現況發現與處理、工法之實驗與施作、施作期間完整的照片及記錄等、工程的圖樣或模型、工程之檔案、成果分析等。

4. 地方政府的承辦單位的形成

隨著國內文化資產保存的事務越來越多元，加上文化資產的類別越來越多樣，部分的地方政府決定成立具體的承辦單位，以方便其與文化資產有關的行政事務得以順利執行，到了 2020 年中期，已成立

的直轄市或縣市及其承辦單位的名稱如下：台中市文化資產處、台南市文化資產管理處、高雄市文化局文化資產中心、屏東縣文化資產保存所[4]。

4 詳細內容，請參見：表 17 文化資產類別的負責單位一覽表 p.334。

二、文化資產保存的執行與維護

在 2016 年「文資法第 3 版」修正公布的前後時期，國內文化資產的主管機關，除了延續其已執行的工作之外，另外也投入了一些既廣泛、又具體，但是既豐富、卻又複雜的相關事務；以下先介紹 2012 年以後為主的文化資產保存的特例，第二小節介紹相關的事務與活動。

（一）文化資產保存的特例

台灣文化資產的保存與再利用的事務，於 1982 年「文資法第 1 版」公布施行之後，一直是以相關法規所規定的種類及內容為主，但

宜蘭縣五結中興文化創意產業園區的一角（2017）。

是在約 20 年之後，台灣因社會經濟、教育、文化等的興起，而使得一些與文化資產有關，但是並未被列為文化資產的事物，逐漸的在文化界中浮出；這些具有特定文化意義及價值的事物，原本多由與其有關者從事相關的活動或保存的相關工作，大約在最近的時期中才展開整體性的保護工作，以下依次介紹：(1) 再造歷史現場、(2) 水下文化資產的推動、(3) 石滬的保存與修護、(4) 眷村的指定與保護、(5) 鐵道系統的保護、(6) 原住民族文化資產的保存工作、(7) 文化路徑的認證與保存。

1. 再造歷史現場

「再造歷史現場」為 2016 年 6 月由文化部所展開的執行計畫，其目標為推動地區性空間的治理與無形文化資產的再生，其工作原則包括：(1) 連結與再現土地與人民的歷史記憶；(2) 深化社區營造，發揚生活「所在」的在地文化；(3) 以提升文化內涵來提振文化經濟。[5]

從 2016 年初至 2020 年中期，全國共有 37 個執行計畫，各計畫的簡要名稱及執行期程如下[6]：中興紙廠·宜蘭興自造——考古遺址（2019-2020）、中興紙廠·宜蘭興自造（2018-2020）、蘭陽地區二戰軍事遺構群（2018-2020）、苗栗出磺坑礦業（2019-2020）、大基隆歷史場景再現（2017-2019）、新竹日本海軍第六燃料廠與科技知識藝術村落（2019-2021）、新竹日本海軍第六燃料廠與眷村

↓金瓜石太子賓館（2010）。

↘嘉義市重現木都的一角（2018）。

聚落（2018-2020）、療、浴、北投——生活環境博物園區（2016-
2020）、新北市金銅礦業遺產（2019-2020）、清法戰爭滬尾之役
（2018-2020）、八里坌千年河口文化（2018-2020）、大溪好生活
（2018-2020）、前空軍桃園基地設施群（2018-2020）、前空軍桃
園基地設施群活化再利用（2016-2020）、彰化／千帆入港（2017-
2020）、集集樟腦出張所（2019-2023）、雲林縣北港百年藝鎮
（2018-2020）、虎尾眷村文化特區（2016-2020）、台中文化城中
城（2017-2020）、嘉義縣／蒜頭糖廠（2016-2020）、屏東飛行故
事第二期（2019-2022）、屏東／牡丹社事件（2018-2020）、屏東
菸葉廠（2018-2020）、屏東飛行故事（2017-2020）、嘉義市重現
木都（2018-2019）、左營舊城（2016-2020）、哈瑪星港濱街町再
生（2016-2020）、再現赤崁「署」光（2017-2021）、台南／烏山
頭水庫暨嘉南大圳（2017-2020）、台東／民權里日式建築（2016-
2020）、花蓮／拉庫拉庫溪流域布農族舊社延續型計畫（2019-
2020）、花蓮／太平洋臨港廊道（2018-2020）、花蓮／拉庫拉庫溪
流域布農族舊社溯源與重塑計畫（2017-2020）、馬祖／戰地轉身·
轉譯再生（2020-2023）、馬祖／冷戰·島嶼（2018-2020）、瓊林
蔡氏千年聚落（2017-2020）、澎湖縣媽宮舊城區（2017-2020）。

2. 水下文化資產的推動

　　台灣各島嶼邊緣的海域，自長久以來，便擁有豐富的文化資產；
於 1995 年由國立歷史博物館於澎湖望安將軍海域展開古沉船的考古
工作，於 2006 年至 2009 年由文建會委託中研院歷史語言研究所辦
理馬公港古沉船的研究工作；而在稍早之前的 2001 年，聯合國教科
文組織（UNESCO）已通過「保護水下文化遺產公約」，以保護河海
之中或岸邊的人類遺跡或物件。[7]

　　2012 年 5 月文建會升格為文化部，其所轄的文化資產總管理處
籌備處改制為文化資產局，而於該局內的古物遺址組中增列水下文化
資產科，該科以負責水下文化資產的指定、公告、普查、資料庫、調
查、保存、活化、教育推廣等為主；2015 年底國內的「水下文化資
產保存法」公布施行。

[7] 關於澎湖沉船的研究工作，
請參見本書的第五章第二節
p.175；聯合國教科文組織「保
護水下文化遺產公約」的內
容，請參見本書的導論第一
節第二小節 p.28。

澎湖縣馬公警察文物館地下室
辦理澎湖水下師展覽（2008）。

在文化資產局的推動下，其所確認的沉船，分布於澎湖的七美嶼、澎北空殼嶼、姑婆嶼、將軍嶼、六呎礁、軍港內，以及東沙環礁、綠島、馬祖東引（或西引）等島嶼的附近[8]；先後設置的展覽與工作站，包括：台中市文化部文化資產局的水下考古主題展、馬公水下考古工作站及展示中心、綠島工作站；所彙整的資料與出版者，如：《台灣附近海域水下文化資產歷史研究計畫》、《列冊沉船遺址歷史文獻資料蒐集及研析》、《潛探水下考古》、《台灣附近海域水下文化資產普查計畫報告輯》等；並且推動台法水下考古的合作訓練等。

3. 石滬的保存與修護

石滬為位於海岸邊、淺坡處，以石頭疊砌成單圈或數圈的圓弧形的堤岸，於海水漲潮時，吸引魚類游入覓食海藻；於海水退潮之後，部分的魚群被限制於滬內，隨後由滬主進行捕魚的工作。

台灣自台中中部海岸朝北至新北市淡水與三芝交界處、以及於澎湖的島嶼均有石滬；其中位於苗栗後龍的石滬，據地方人士的說法，係由原居住於該地的道卡斯族人所興建而成，或許為台灣最早期的石滬群；至目前為止，台灣共有近600座石滬，其中以澎湖吉貝嶼的數量最多、密度最高，共有100多座。

台灣的石滬，通常擁有以下元素：(1) 石堤：俗稱滬堤，為石滬最主要的堤防，國內的石堤以一圈者居多，但是也有兩圈、三圈的組合堤防，例如非常有名的澎湖七美嶼的雙心石滬，即有三圈的石堤；(2) 岸仔：滬堤內的短堤，以供捕魚時的方便；(3) 滬牙：小支堤以方便捕魚之用；(4) 滬房：深海處的小岸仔，以方便捕魚之用；(5) 滬目：為小型的集魚區；(6) 滬門：滬房的開口處以方便海水退潮的流動；(7) 滬碇：滬門下的門檻以防魚的回流；(8) 伸腳：導引魚游的滬堤；(9) 魚井：置魚的坑洞；(10) 滬灣仔：滬堤的阻攔堤；(11) 滬唇仔：石堤

8 台灣可見到的沉船資料，請見《文化部文化資產局年報》第2014至2018年的水下文化資產的相關表格。

澎湖縣吉貝島的石滬
（2010）。

邊上的休息空間。[9]

　　石滬所具有的重要性包括：(1) 反映人類對大自然的瞭解：對於
潮汐、洋流、海洋溫度及鹹度、礁岩等的構成與慣性的掌握；(2) 人
類對於海洋生物的食物鏈的瞭解；(3) 為人類所擁有的一種罕見的捕
魚行為；(4) 反應人類生命力之堅韌性及毅力；(5) 反應人類的一種經
濟行為及社會結構；(6) 擁有一些罕見的無形文化，如傳統語言、音樂、
美術等藝術，以及民俗等。

　　石滬為聯合國教科文組織（UNESCO）於 2001 年所通過的宣示性
文件「水下文化遺產公約」所列的遺產中的一類；在國內，目前的石
滬大致上被列為屬於聚落或文化景觀領域內的一種物件。澎湖的石滬
於 2009 年被列為「台灣世界遺產潛力點」的 18 處之一，而文化資產
局與在地的文化局大約自 2016 年開始進行國內的石滬搶修、台灣島
石滬的清查、澎湖石滬的清查等工作，以及定期性的舉辦石滬的修復
訓練等工作。澎湖為世界上數量最多、密度最高、造形最美、保存最
完整、規模最大的石滬的地方，加上因對於石滬的運用而發展出特定
的社會組織及傳藝民俗等，而成為國際之間保存特定文化遺產的代表

9 本石滬的構成元素，參考
zh.wikipedia.org/zh-tw/ 澎湖石
滬。

性地點之一。

4. 眷村的指定與保護

　　台灣所擁有的眷村，大致上包括了：(1) 日式眷村、(2) 戰後眷村及 (3) 美軍眷舍 3 類；其中的美軍眷舍，由美軍顧問團於 1951-1978 年間所興建與使用，所在地包括台北陽明山山仔后及台中市區等；其中的陽明山美軍眷舍，共約有 150 棟，其外形採取美國的民間式樣；於 1978 年底美中建交之後，這一批建築物多移交給台灣銀行，其中約五分之一的建築物於 2003 至 2013 年間被登錄為歷史建築或文化景觀。

　　至於在美軍眷舍興建之前的日本治台期間，其軍事單位為了安排部隊的駐紮，而興建軍方的官舍，俗稱之為「日式眷村」；到了 1945 年日本戰敗、國府來台之後，先將日式眷村轉交給國府軍隊使用，而 1949 年之後因大批國府軍隊來台，隨後即由各部隊投入眷村開發與興建的工作，至 1960 年代才停止加建的工程。於 1984 年由國防部所主管的日式眷村及戰後眷村共約有 700 處之多，而一個眷村平均約有 120 戶的家庭。1996 年以後立法院通過「國軍老舊眷村改建條例」，以執行眷村改建工作，次年通過改建基金。

高雄市鳳山日本海軍無限電信所的一角（2020）。

由於日式及戰後的眷村即將遭到拆除或改建，使得部分的地方政府隨即投入保護眷村的工作[10]，其中被指定為市定古蹟者，為：2004年台南市的「原水交社宿舍群暨文化景觀」；被登錄為歷史建築的時間及名稱者，如：2003 年台北市「四四南村 4 棟眷舍」、2004 年桃園縣「中壢市馬祖新村」、2006 年台北市「寶藏巖聚落」及台北縣「空軍三重一村」、2007 年澎湖縣「馬公篤行十村」及「隘門新村」、2009 年桃園縣「大溪太武新村」、2014 年桃園縣「龜山鄉憲光二村」、2018 年台北市「嘉禾新村部分建築」、屏東縣「東港共和新村」。

被登錄為文化景觀者，包括：2010 年高雄市「左營海軍眷村」、2013 年高雄市「鳳山黃埔新村」；被登錄為聚落者，包括：2011 年台北市北投「中心新村」。

在另一方面，為了保留一些兼具保存維護、經營管理、活化再利用等三項條件的眷村，國防部於 2009 年 9 月發布「國軍老舊眷村文化保存選擇及評選辦法」，在透過各縣市提報，經過審查委員會決選之後，於 2012 年 3 月由國防部與文化部共同公告其所選定的 13 處「國軍老舊眷村文化保存區」，由北至南，依次為[11]：台北市「中心新村」、台北縣「三重一村」、桃園縣「馬祖新村」、新竹市「忠貞新村」、新竹縣「湖口裝甲新村」、台中市「信義新村」、彰化縣「彰化中興莊」、雲林縣「建國二村」、台南市「志開新村」、高雄市左營「明建新村」、高雄縣「前鳳山新村十巷、原海軍明德班」、屏東縣「勝利新村、崇仁新村」、澎湖縣「篤行十村」。

在上述被保存的眷村中，興建於日本時代者，包括：澎湖縣馬公篤行十村、屏東縣東港共和新村、台南市水交社、台北市北投中心新村等。

5. 鐵道系統的文化保護

台灣於 1876（光緒 2）年在基隆八斗子為了載運煤礦而首度鋪設輕便鐵道；於 1887-1893 年底由清朝政府鋪設基隆至新竹的交通商業鐵路；於 1895 年日本時代之後，先是進行基隆至新竹縱貫線的改建

10 本款中凡地方政府的名稱，以指定登錄的年代為準；本款中台南市的「原水交社宿舍群暨文化景觀」，於國防部選定後，稱之為「台南市志開新村」。

11 以下資料，參考自：國防部政治作戰局政戰資訊服務網眷村文化保存。其中台北縣、桃園縣、高雄縣的名稱，於改變為直轄市後，變更為新北市、桃園市、高雄市。

及淡水支線的新建工程，到了 1908（明治 41）年完成了台灣鐵道的縱貫線；除此之外，在日本時代，因經濟、農業、社會的興起，在城街之間開發了一些地方性的鐵路，於農商經營的地方發展出許多的輕便鐵道，以載運木材、煤礦、石礦、糖業、稻米、茶葉、農業品等物件。1970 年代，因車道及航空系統的興起，導致鐵道功能的衰退或停用，致使鐵道倉庫或房舍、甚至於小車站等遭到閒置與荒廢。

在 2000-2009 年之間，台鐵為了推動「鐵道藝術網絡計畫」，將位於主要鐵道中且適合運用的車站的閒置倉庫加以改善之後，開設鐵道藝術村，舉辦展覽、講座、研習、工作坊等相關藝術活動；於 2009 年之後，國內共有 6 個鐵道藝術村，其所在地與主題為：台中火車站 20 號倉庫／當代藝術、枋寮站 F3 藝文特區／生活藝術、嘉義鐵道藝術村／視覺藝術、台東鐵道藝術村／公教結盟、新竹鐵道藝術村／玻璃藝術、花蓮鐵道文化園區／鐵道文化。[12]

除了投入在地的文化藝術活動之外，在台北市內另有兩筆、嘉義有一筆與鐵道有關的重要文化藝術工作，依次為：(1) 鐵道部廳舍：原稱為台灣總督府交通局鐵道部，成立於 1899 年，於 1908（明治 41）年完成全台鐵路全線貫通工作，於 1919（大正 8）年將鐵道部廳舍、現今尚完整保存的建築主體興建完成，其後陸續加建了一些附屬的建築物，運用至 1990 年為止；廳舍於使用期間所擁有的建築物包括：主體、工務室、電源室、食堂、八角樓等；其主體的平面採「L」形，

修復完成的台北市北門邊的鐵道部廳舍（2020）。

屏東縣枋寮站 F3 藝文特區一角（2012）。　　台中火車站 20 號倉庫一角（2009）。

國家鐵道博物館籌備處台北機廠的員工澡堂　　嘉義縣阿里山林業鐵路鹿麻產車站（2019）。
（2017）。

彰化扇形車庫一角（2018）。

為兩層樓，有斜屋頂，採歐風都鐸式半木構造的建築物；於 1993 年展開調查研究的工作，2020 年 7 月修復完成，目前做為文化教育及休閒園區。(2) 台北機廠：原稱台北鐵道工場；台灣鐵路的執行單位成立於 1887（光緒 13）年，於 1893（光緒 19）年由基隆至新竹通車，1900（明治 33）年將台北北門西北邊的臨時台北兵器修理所（清代時稱之為台北機器局）原址改做為維修火車的台北鐵道工場，1908（明治 41）年台鐵全線貫通之後，由於業務過於繁重，而多次擴大其工廠範圍，於 1935（昭和 10）年 10 月將台北鐵道工場東遷至松山，於戰後改稱之為「台北機廠」，一直使用至 2012 年為止；本機廠的員工澡堂、組立工場、鍛冶工場、原動室於 2000 及 2013 年被指定為市定古蹟，總辦公室、柴電工場、客車工場於 2003 年登錄為歷史建築；2015 年台北機廠的全區被指定為國定古蹟，2017 年 2 月本機廠轉型為「台北機廠鐵道博物館」，2019 年展開員工澡堂及總辦公室的整修工程。[13] (3) 阿里山林業鐵路：嘉義阿里山、台中八仙山、宜蘭太平山三者為台灣於日本時代至戰後期間最重要的三大林場，阿里山林業鐵路原稱「阿里山鐵路」，其主要路線完工於 1914（大正 3）年，由嘉義市至阿里山沼平，其間有北門、鹿麻產、竹崎、樟腦寮、奮起湖、神木等車站；其後在阿里山山區一帶另外增建了祝山線、眠

屏東縣春日七佳部落的家屋（2012）。

月線、神木線、水山線等幹線，其中眠月線的塔山站為全台最高（2344公尺高）的火車站[14]；本阿里山林區與鐵路，以及路線上的部分車站、市街、園區於 2019 年 7 月被登錄為國內首筆的重要文化景觀，其名稱為「阿里山林業暨鐵道文化景觀」。

　　除了上述 3 類受到保護的大型台灣鐵道的古蹟或文化景觀外，另外受到重視並與台灣鐵道有關的文化活動，包括：苗栗舊山線鐵道勝興車站、苗栗鐵道火車頭博物館、彰化扇形車庫、高雄駁二倉庫、高雄哈瑪星鐵道文化園區等。

6. 原住民族文化資產的保存工作

　　台灣於早期從事文化資產保存工作時，一般而言，多以社會的普遍性為主，而不將少數族群所擁有的文化特色做為保護對象，導致某些民間所具有罕見的文化、藝術與民俗等活動並未受到重視；台灣原住民族的文化資產也就是在這種情勢下，自長久以來，便經常性的遭到忽視。

　　於 1996 年底由行政院成立原住民委員會，2002 年將其改名為「原住民族委員會」，該委員會擁有土地、公共建設、經濟、社會等六處，其中的教育文化處擁有 3 個科，其中的文化科即負責與文化有關的業務，包括：文化資產之發掘、研究、保存與傳承之規劃及協調事項，部落營造推動事項，各族的歷史文化、歲時祭儀之研究、保存及傳承事項等[15]。

　　依據 2016 年 7 月所修正公布的「文資法第 3 版」，其第 13 條規定了與原住民族文化資產有關的原則與內容，其所涉及的類別，除了包括「文資法第 3 版」所列的 14 種文化資產之外，凡具有「原住民族文化特性及差異性」者，均得列為保存事項；至於保存的工作內容，包括「調查、研究、指定、登錄、廢止、變更、管理、維護、修復、再利用」等。於 2017 年 7 月由文化部依法訂定「原住民族文化資產處理辦法」。

14 阿里山鐵路沿線常因地震或颱風而產生嚴重的崩坍，就近期而言，於 2015 年 9 月因杜鵑颱風而導致其主要路線中的十字路與屏遮那之間的 42 號隧道嚴重損毀，計畫於 2023 年春天修復完成，而眠月線同樣的也需要經過修復後其火車才能行駛。

15 以上資料，參考網路資料：原住民族委員會／認識本會／組織與職掌／教育文化處／文化科。

依據《文化部文化資產局 2018 年報》的記載，至該年為止，原住民族被指定或登錄的有形文化資產，共有 130 案，包括：國定古蹟 1 筆、縣市古蹟 5 筆、歷史建築 12 筆、聚落建築群 1 筆、文化景觀 7 筆、國定考古遺址 9 筆、國寶 4 件、重要古物 4 件、一般古物 87 件；已被登錄的無形文化資產，共有 105 件，包括：重要傳統工藝 1 件、傳統工藝 27 件、重要傳統表演藝術 4 件、傳統表演藝術 37 件、重要民俗 5 件、民俗 28 件、口述傳統 3 件。（文化部文化資產局 2019：38-45）

7. 文化路徑的認證與保存

「文化路徑」（Cultural Route），係指人類於長久時期與廣泛區域中，從事商業、產業、宗教、統治、水道、水路等事務，且具有歷史、思想、知識、價值等多元互動的氛圍，而依然尚存或可信的特定交通路徑。

於 1984 年由歐洲理事會（Council of Europe）提出「文化路徑」計畫，1987 年首次認證「聖雅各之路」（Santiago de Compostela Pilgrim Routes），1998 年成立文化路徑委員會（European Institute of Cultural Routes），2008 年訂定「文化路徑憲章」（The ICOMOS Charter on Cultural Routes）。至 2020 年 6 月為止，文化路徑委員會共認證 40 多筆的「歐洲文化路徑」，如：維京之路（Viking Route, 1993）、法蘭肯之路（Via Francigena, 1994）、安達露西遺產之旅（Routes of El legado andalusi, 1997）、腓尼基人之路（Phoenicians' Route, 2003）、庇里牛斯山鐵之路（Iron Route in the Pyrenees, 2003）等。

由於台灣具有豐富的地理環境、自然環境、族群、生活方式等，而擁有多樣的文化路徑，如：(1) 南島路徑：南島語族的族人於距今 6,000 至 1,200 年之間，先後划船遷移至台灣（北）、紐西蘭（New Zeeland 南）、復活節島（Easter Island 東）、馬達加斯加島（Madagascar 西）之間的島嶼。(2) 商業路徑：糖、茶、樟腦等的交易活動，如南台的糖廠、北台的茶園等；(3) 產業路徑：煤、銅、石灰石、硫磺等礦業的開採，以及阿里山、太平山、八仙山等林場的伐木；(4) 水圳路徑：為了耕種、養殖、水保、飲用等需求而開發的水圳，如嘉南大圳、

八堡圳、瑠公圳等；(5) 河岸路徑：以獨木舟、拼板舟、舢仔、小紅頭仔等從事貨物運輸的工作，如大嵙崁至淡水之間、基隆河的河道；(6) 宗教路徑：各種宗教的刈香或進香，如大甲媽至新港奉天宮、白沙屯媽祖至北港朝天宮等；(7) 統治路徑：因統治上的需要而開發的路徑，如清末的八通關、北路（蘇澳至奇萊）、南路（萬巒至卑南）等。

各路徑可能形成於不同的地理環境中，如平原、山丘、河海等；可能形成於不同的地形環境中，如土地、沙漠、泥地、岩石地、沼澤等；可能形成於不同的自然環境中，如樹林、草原、植物等；可能形成於不同的氣候環境中，如熱帶地區、寒帶地區、濕冷地區、乾冷地區等；可能採用不同的移動方式，如徒步、搭車、搭火車、搭船、騎乘駱駝、象、馬、騾子、犬等。

國內自「文資細則第 2 版」修正發布（2006 年 3 月 14 日）後，其所登錄的文化景觀，包括了「歷史文化路徑」項目，因受到歐洲文化路徑委員會成果及國內「文資細則」的影響下，台灣的客家委員會於 2016 年先行推動「台三線客庄浪漫大道推動平台協同作業計畫」；文化資產局於 2017 年推動「台灣文化路徑整合行銷計畫」，包括操作指南與推動要點規劃、糖鐵文化路徑等；2021 年推動 5 條文化路徑的規劃施行等。

（二）文化資產的相關事務與活動

文化資產保存的事項，包括一般性的行政事務，以及特定性的事務等，以下簡要介紹 2012 年之後所變遷或執行的一些事務與活動，包括：(1) 古蹟保護或修復的權責、(2) 古蹟歷史建築紀念建築管理維護評鑑、(3) 國家文化資產保存獎、(4) 古蹟及聚落建築群的工項及匠師、(5) 文化資產保存技術及其保存者的指定或登錄、(6) 無形文化資產的保存者的登錄、(7) 台灣世界記憶國家名錄。[16]

1. 古蹟保護或修復的權責

於 2016 年「文資法第 3 版」修正公布之後，與古蹟保護或修復

16 本小節（2）、（3）及（5）款的內容，請參見表 20 文化資產保存的授獎或保存者名單 p.343，該資料多整理自網路資料：文化部文化資產局 2020 年 7 月的「國家文化資產網」文化資產人才庫查詢。

有關的事務，包括：價值評估、修復或再利用計畫、規劃設計、施工
監造及工作報告書等，以下簡要說明。

(1) 文化資產價值評估：凡是屬於公有建築物及附屬設施群者，
當其建造完成的時間超過 50 年以上時，而其所有權單位準備對其進
行處分之前，應由其主管機關進行文化資產價值評估（「文資法第 3
版」第 15 條）；至於被申請指定古蹟、但尚未經歷過審查者，或是
將縣市定古蹟申請指定為國定古蹟，但尚未經歷過審查者，同樣的多
由主管機關先行委託辦理該建築物件的文化資產價值評估的報告書。

(2) 修復或再利用的權責：凡是已指定的古蹟或已登錄的歷史建
築，需要從事修復或再利用工作時，其工作內容包括：修復或再利用
計畫、規劃設計、施工監造及工作報告書等；上述的工作項目，於
2005 年「文資法第 2 版」修正公布之後，凡屬於公有文化資產者，
由其所有人或管理機關負責辦理；其他者由所在的縣市政府辦理。

修復後的台中市潭子摘星山
莊（2019）。

（3）修復或再利用的執行者：前述（含聚落建築群）的修復或再利用計畫、工作報告書、解體調查，得由開業建築師、執業技師、依法審定的大學老師等做為其執行主持人（「古蹟修復及再利用辦法」第 9 條）；至於規劃設計及施工監造，得由開業建築師、執業技師做為其執行主持人（前法第 10 條）。

2. 古蹟歷史建築紀念建築管理維護評鑑

為有助於具備古蹟歷史建築紀念建築的資格者，得以從事合理的再利用工作，以及良好的管理及維護工作，文化部文化資產局自 2012 年開始，每兩年舉辦一次「古蹟歷史建築紀念建築管理維護評鑑」；到目前為止，各年度所遴選的優良案例（A）或入選者（B）[17] 的數量如下：2013 年度 / 7A、2015 年度 / 8A6B、2017 年度 / 7A3B、2019 年度 / 9A10B。於 2019 年度所遴選的優良案例及入選者 [18]，如下：

（1）**優良案例**：包括台北市市定古蹟北投文物館、台北市市定古蹟新富市場 / 新富町文化市場、台北市歷史建築廣和堂藥舖 / 迪化二〇七博物館、桃園市歷史建築大溪蘭室、台中市市定古蹟摘星山莊、金門縣縣定古蹟黃宣顯六路大厝 / 卓家老舖中醫診所、桃園市歷史建築大溪國小日式宿舍（壹號館）/ 桃園市立大溪木藝生態博物館、嘉義市市定古蹟原嘉義神社暨附屬館所 / 昭和 J18 嘉義市史蹟資料館、高雄市市定古蹟鳳儀書院。

（2）**入選者**：包括台北市市定古蹟台北工業學校紅樓、台北市歷史建築濟南路二段 25 號 27 號日式宿舍 / 國立台灣文學館—齊東詩舍、新北市國定古蹟蘆洲李宅 / 蘆洲李宅古蹟—李友邦將軍紀念館、台中市歷史建築林之助畫室 / 林之助紀念館、台中市歷史建築日治時期警察宿舍 / 台中文學館、嘉義縣縣定古蹟六興宮、嘉義縣歷史建築中央廣播電台民雄分台廣播文物館、台南市市定古蹟台南鄭氏家廟、高雄市市定古蹟橋仔頭糖廠—廠長宿舍、屏東縣縣定古蹟崇蘭蕭氏家廟。

3. 國家文化資產保存獎

於 2009 年，文化部為了「鼓勵個人、團體、機關或企業積極參

17 「古蹟歷史建築紀念建築管理維護評鑑」的評鑑成果名稱，於 2015 及 2017 年，稱之為優良或特殊表現；2019 年改稱之為優良或入選；本文採用 2019 年的名稱。

18 其餘者，請見表 20 文化資產保存的授獎或保存者名單的第（三）類 p.344。

19 請見表 20 文化資產保存的授獎或保存者名單的第（四）類 p.345。

20 相關資料，係於 2020 年 7 月時參見自網路資料：文化部文化資產局「國家文化資產網」文化資產人才庫查詢。

與文化資產保存維護，並獎勵卓越之文化資產保存維護或對文化資產保存之推動具有傑出貢獻者」，而訂定了「國家文化資產保存獎設置要點」；從同年開始、以及於其後每隔 2-3 年各舉辦一次「國家文化資產保存獎」；其獎項包括：保存維護獎、保存貢獻獎、保存傳承獎，以及評選委員會特別獎。

到目前為止，文化部文化資產局共經歷過 5 次的遴選，分別於 2009、2012、2014、2017、2020 年 [19]。於 2017 年的得獎者，分別為：(1) 保存維護獎：國定古蹟「台南地方法院」，(2) 保存貢獻獎：木村勉、陳仲玉、財團法人「大二結文化基金會」、(3) 保存傳承獎：王保原。

於 2020 年的得獎者，分別為：(1) 保存維護獎：國定古蹟「台灣總督府交通局鐵道部」、國定古蹟「原台南水道」（水源地區）、國定古蹟「打狗英國領事館及官邸」、台鐵公文檔案（工務處石牌倉庫）及台鐵技術檔案（工務處石牌倉庫），(2) 保存貢獻獎：立偕生活文化有限公司、(3) 保存傳承獎：許漢珍。

4. 古蹟及聚落建築群的工項及匠師

從事文化資產古蹟及聚落建築群修復及再利用工程時，需要聘請符合規定的匠師來負責或指導相關的工作，目前於國內屬於以下 4 類之一的列入者，即符合匠師資格；以下簡要的說明：各類的名稱、指定辦法、於 2020 年中期其所擁有的匠師數量。[20]

(1) 內政部刊印之台閩地區傳統工匠：於 2005 年 2 月以前，內政部為國內古蹟的中央主管機關，經內政部審查通過的傳統工匠，至 2020 年 7 月為止，共有 227 筆。

(2) 文化部審查通過之傳統匠師：於 2005 年 2 月以後，文化部（於 2012 年 5 月前稱為文建會）為自然地景與自然紀念物之外的 13 類文化資產的中央主管機關，依照「傳統匠師資格審查作業要點」的規定，須通過資格審查者，始能具有傳統匠師資格，至 2020 年 7 月為止，具有傳統匠師資格者，共有 411 筆。

(3) 文化資產保存技術保存者：於 2005 年 2 月「文資法第 2 版」修正公布後，得審查指定之；此系統於 2016 年 7 月「文資法第 3 版」修正公布後，其原指定者改稱為重要文化資產保存技術保存者，而於同一時期之後，各縣市政府得自行登錄其文化資產保存技術及其保存者，至 2020 年 7 月為止，共有 6 筆。

(4) 重要文化資產保存技術保存者：於 2005 年 2 月「文資法第 2 版」修正公布後，由中央主管機關指定其文化資產保存技術及其保存者；於 2016 年 7 月「文資法第 3 版」之後，除了將原指定者改稱為重要文化資產保存技術保存者之外，中央主管機關得進行登錄之，至 2020 年 7 月為止，共有 10 筆（2021 年變成 14 筆）。

上述 4 類，於 2020 年 7 月共有 654 筆。另外，前面所提的文化資產保存技術保存者及重要文化資產保存技術保存者的相關規定及其指定或登錄者，將於下一款中加以說明。

內政部及文化部審查通過之傳統匠師，於 2020 年 7 月時，其所列工項包括以下 9 種，各工項所擁有的傳統匠師數量如下：大木（含日式，119 筆）、小木（細木，55 筆）、鑿花（87 筆）、瓦作（含日式，41 筆）、泥作（土水，135 筆）、交趾陶（14 筆）、泥塑剪

金門從事古蹟修復的匠師們（2010）。

21 其保存者名單及技術名稱等，請參見文化資產局所出版的《一心一藝・巨匠的技與美 7》。

22 2016 年 7 月以前，其符合改稱為「重要文化資產保存技術保存者」共有 13 筆，於其改稱之後僅有 10 筆；2020 年 7 月以後的內容，請參見網路資料：文化部文化資產局「國家文化資產網」文化資產人才庫查詢。

黏（95 筆）、彩繪（74 筆）、石作（34 筆）。上述的匠師總數，與前述 4 類的 654 筆相同。

5. 文化資產保存技術及其保存者的指定或登錄

如前款所述，文化資產保存技術及其保存者曾歷經過 2005 年「文資法第 2 版」的擬定、以及 2016 年「文資法第 3 版」的修改等兩個不同的系統，兩者之間的差異性，如下：(1) 保存者的種類：於「文資法第 2 版」期間，只有「文化資產保存技術及其保存者」一類，由中央主管機關審查指定之；於「文資法第 3 版」期間，有「重要文化資產保存技術及其保存者」及「文化資產保存技術及其保存者」兩類，前者由中央主管機關、後者由地方政府審查登錄之；(2) 保存者名稱的改變：「文資法第 2 版」中的「文化資產保存技術及其保存者」，於「文資法第 3 版」之後改稱為「重要文化資產保存技術及其保存者」；(3) 執行名稱的改變：於「文資法第 2 版」期間，對「文化資產保存技術及其保存者」進行審查指定；於「文資法第 3 版」之後則進行審查登錄。

於 2016 年 7 月以前，國內的文化資產保存技術及其保存者，包括列冊與指定者，共有 131 筆[21]；至於被指定的保存者，總共有 13 筆，依次為：林洸沂（交趾陶，2010）、吉貝保滬隊（石滬，2010）、王保原（剪黏泥塑，2011）、陳錫煌（布袋戲偶，2011）、李秉圭（鑿花，2013）、黃友謙（彩繪，2013）、許漢珍（大木作，2014）、廖枝德（大木作，2014）、梁紹英（大木作，2016）、莊西勢（土水，2016）、傅明光（土水，2016）、廖文蜜（土水，2016）、翁水千（大木作，2016）；2021 年新增王錫坤（製鼓）。[22]

於 2016 年 7 月以後，國內已登錄的「文化資產保存技術保存者」共有 6 筆，分別為：呂興貴（2017 台南，泥塑剪黏）、蘇純亮（2017 雲林，小木／細木）、張旭輝（2017 雲林，鑿花）、林坤龍（2017 雲林，泥作／土水）、王肇鈵（2018 彰化，小木／細木）、王肇楠（2018 彰化，小木／細木）。

於國內承辦文化資產保存技術保存者的指定與保護之前，聯合國教科文組織（UNESCO）文化部門（Culture, CLT）所屬的無形文化遺產（Intangible Cultural Heritage）委員會，於 1993 年在韓國的建議下，發布第一筆全球性保護專業藝師的作業準則：「建構國家級人間國寶系統作業準則」（Guidelines for the Establishment of National "Living Human Treasures" System），所提的「專業藝師」類，在當時於法國稱之為「藝師」（Master of Art）、捷克稱之為「傳統普遍技藝保存者」（Bearer of Popular Craft Tradition）、韓國稱之為「人間國寶」（Living Human Treasure）、日本及韓國稱之為「重要無形文化遺產擁有者」（Holder of an Important Intangible Cultural Property）。

6. 無形文化資產登錄為重要者及其保存者的數量

從 2009 年開始，中央主管機關與地方政府展開無形文化資產保存者的登錄工作，到了 2021 年中期為止，文化部文化資產局登錄了以下四類的重要者及其保存者，依次如下[23]：

23 無形文化資產的登錄內容，請參見網路資料：文化部文化資產局「文化資產概況」。於 2022 年，由縣市所登錄的「傳統知識與實踐」共有 4 筆，分別為：鹿谷烏龍茶、芳苑潮間帶牛車採蚵、台東新港標旗魚、名間埔中菜。

金門後浦的迎城隍活動（2014）。

白沙屯媽祖前往北港朝天宮進香（2019）。

（1）重要傳統表演藝術及其保存者：其登錄項目及其保存者，如北管戲曲／漢陽北管戲團、歌仔戲／廖瓊枝、布袋戲／陳錫煌、說唱／楊秀卿、北管音樂／梨春園北管樂團、南管戲曲／林吳素霞、客家八音／苗栗陳家班北管八音團、布農族音樂 pasibutbut ／南投縣信義鄉布農文化協會、排灣族口鼻笛／謝水能、許坤仲、泰雅史詩吟唱／林明福、滿州民謠／張日貴、亂彈戲／潘玉嬌等，至 2021 年 7 月共有 26 筆。

（2）重要傳統工藝及其保存者：其登錄項目及保存者，如漆工藝／王清霜、竹編工藝／黃塗山、錫工藝／陳萬能、粧佛／施至輝、傳統木雕／施鎮洋、泰雅染織／尤瑪‧達陸、緙絲／黃蘭葉等，至 2021 年 7 月共有 27 筆 [24]。

（3）重要民俗及其保存者：其保存者多為宮廟管理委員會、學會、文化局等，其登錄項目，如雞籠中元祭、西港刈香、北港朝天宮迎媽祖、大甲媽祖遶境進香、口湖牽水轙、白沙屯媽祖進香、東港迎

24 於 2021 年 7 月時，於傳統表演藝術及傳統工藝中已登錄的重要者，其中少數保存者已過世。

王平安祭典、花蓮縣豐濱鄉 Makotaay（港口）部落阿美族 ilisin 豐年祭、鄒族 mayasvi 、東山吉貝耍西拉雅族夜祭、金門迎城隍、賽夏族 paSta'ay 等，至 2021 年 7 月共有 21 筆。

（4）重要口述傳統及其保存者：於 2019 年舉辦過一次，其登錄項目及保存者，為 Lmuhuw na Msbtunux（泰雅族大嵙崁群口述傳統）/ WatanTanga（林明福）、BatuWatan（林恩成），至 2021 年 7 月共有 1 筆。

7. 台灣世界記憶國家名錄

世界記憶（Memory of the World）為聯合國教科文組織（UNESCO）於 1992 年為保護、推廣與數位化珍貴的平面、電子、立體的文件、手稿、口述、影音、圖書、檔案等，所推動的一個國際性計畫，於 1995 年公布「保全史料遺產作業準則」，自 1997 年開始，於每 2 年登錄一次。[25]

文化部文化資產局於 2016 年開始啟動台灣世界記憶國家名錄推廣計畫，於 2017 年底展開提報徵選活動，經過委員的初評、複評及終評的三個階段之後，於 2018 年初公告首屆的「世界記憶國家名錄」，共登錄 9 項，分別為：(1) 台灣總督府檔案、(2) 台灣省參議會、台灣省臨時省議會及台灣省議會檔案暨議政史料、(3) 228 事件與白色恐怖檔案、(4) 日治後期台灣教育宣傳影片、(5) 南部基督長老教會在台灣傳教之歷史文獻、(6) 新港文書、(7) 台灣民主國文獻、(8) 琉球歷代寶案、(9) 台灣「慰安婦」及其人權運動文獻。[26]

2020 年公告第二屆「世界記憶國家名錄」，登錄 8 項、增補 1 項，總計 9 項，分別為：(1) 台灣白話字文學及相關作品、(2) 劉銘傳撫台前後檔案—光緒恆春縣相關檔案、(3) 北港朝天宮匾額、紙質、織品等文物收藏、(4) 澎湖縣鸞書、(5) 賴永祥長老史料庫、(6) 東海大學早期校園校舍檔案、(7) 華人地區佛教期刊、雜誌及其照片收藏、(8) 阿里山林業及鐵道相關檔案、(9) 南部基督長老教會在台灣傳教之歷史文獻—巴克禮相關文物之增補。[27]

---

25 其相關資料請見本書的導論第一節第二小節 p.20。

26 其相關資料請見〈文獻遺產：台灣世界記憶國家名錄推動計畫〉《2018 文化部文化資產局年報》頁 56。

27 首屆時有「暫時保留」五案，其中的三案於第二屆登錄，而「日治時期台灣明信片」及「岸里大社文書」尚未登錄；第二屆登錄資料，請參見文化部文化資產局 2020 年 5 月 8 日所公布的「第二屆世界記憶國家名錄發表公告」。

↑台北市大龍峒陳悅記祖厝的鳥瞰（2017）。

↗台北市北科大的一大川堂（2017）。

→原大阪商船株式會社台北支店修復完成（2020）。

↓台南市林百貨店（2018）。

三、保存事件

大約自 20 世紀末期開始，國內的政治能力及社會經濟逐漸的提升，對於國內文化資產的保存有所幫助、也可能造成壓力或傷害，其中以大台北地區所發生的事件最為明顯。以下以 2016 年前後所發生的事物為例，由北往南，依序介紹：

1. 三井物產株式會社倉庫移建

三井物產株式會社為日本的財團之一，於日本統治台灣之後，隨即在現今台北火車站南邊成立台北支店，1914（大正 3）年，為了方便產業貨物的存放，於台北城北門的東北邊，興建本倉庫；1920（大正 9）年本會社於現今館前路與襄陽路交會處、即台灣博物館本館的對面，新建台北支店的辦公廳舍，即俗稱的三井物產株式會社舊廈，這一棟樓房的尖塔於第二次世界大戰期間遭到擊毀，並於戰後數度改建屋頂及三樓，其餘的部分於現今尚保存良好。

三井物產株式會社的倉庫，於 1935（昭和 10）年之後轉租給日東商船組所使用；1945 年以後做為省政府物資局的倉庫，2002 年將其產權交給台鐵局。本倉庫為三間二樓，以磚木組合而成，牆身以紅磚砌成，屋架採木材、屋頂多採雙斜坡、正面為三斜坡，正立面的一樓採三組圓栱形山牆、二樓為三個方形窗、頂部為半圓弧形，為國內所少見的西式倉庫。

2012 年 5 月本倉庫被登錄為歷史建築，2014 年台北市政府為了改建北門廣場，而要求將其東移，在文化界強烈反對下，於 2016 年 5 月在市政府堅持下，將本倉庫予以解體；2018 年 3 月市政府將其於東邊移建完成，並在北門周圍的空地上加建了一整片類似小山丘的現代化的傳統花園。

2. 菊元百貨店面臨拆除的壓力

位於台北市總統府的北邊、衡陽路與博愛路的交會處，成立於 1932（昭和 7）年 11 月 28 日，其開幕時間早於台南林百貨店

（1932.12.5）一週，成為全台第一家開業的百貨公司。

菊元百貨店原為五層六樓，室內有升降梯；1940 年加建為七樓、高 24.52 公尺，加上塔樓共約 30 公尺高，為當時全台最高的民間建築物，俗人稱之為「七重天」；其構造單元係採取西式鋼筋混凝土系統，為當時國內民間西式建築的代表作；其內部的販賣、餐飲及觀賞功能均受到市民的肯定，對於當時居民的社會環境有明顯的提升。戰後被延續使用，1968 年進行其外形及部分內部設備的改建；2014 年 7 月台北市政府將「菊元百貨店」列冊；同年其所有權者世華銀行及國泰建設公司提出改建計畫；2017 年 5 月，台北市政府將其登錄為歷史建築，即使如此，得同意由所有權者進行改建工程。

3. 原大阪商船株式會社台北支店以原樣修建完成

位於台北火車站南邊、忠孝西路與懷寧街交會處，於 1937（昭和 12）年興建完成後啟用，由基隆出張所管轄；於 1945 年後改由台灣航業使用，1958 年後改由台灣省公路局使用、並於 1968 年增加四樓及新建部分，2013 年改由文化部所使用；2014 年 5 月指定為市定古蹟，2017 年初展開修建工程，於次年底完成。

原大阪商船株式會社台北支店的配置略呈「L」形，其中央的交會處為樓梯間；主體為三層樓，其西側約四間、北側約六間；交會處的屋頂上方有一個興亞式的塔樓；建築形體非常的清晰與簡潔，為出色的西式現代建築。於 2017 年修建前的最後審查會議時，原本擬依照增建後的形式加以修復即可，在部分委員與主管長官堅持下，才恢復了原樣。2018 年底修建完成後，其形貌頗受到文化界的讚美。

4. 草山御賓館的頹圮

位於陽明山陽金公路與菁山路交會處、中山樓與前山公園一帶，其地形為淺斜坡，西南前方為完整的紗帽山，並具有良好的溫泉、以及優美的景色。本賓館係於 1923（大正 12）年初因皇太子裕仁（於 1926 年繼任為昭和天皇）即將訪台，而由官方於此興建日式建築，其內容包括：御休憩所、貴賓館、庭園、車寄、平房等，4 月裕仁來

此參訪並享用午餐；次年官方於其東邊增建日式房間，以做為皇室宮家的招待所，並提供餐飲、泡湯、宿泊等服務。1945 年以後將此賓館改為高級人員使用場所，1965-1997 年改做為孫科的官邸及其兒子的住所，並於 1968 年增建鋼筋混凝土及磚造的洋式建築。1998 年指定為市定古蹟「草山御賓館」。

本建築物的主要土地屬於新北市所有、建築物屬於台灣省政府所有，因雙方均缺乏照顧，導致日式建築幾乎全部倒塌。2019 年由文化部撥款，先行從事緊急搶修工作；計畫於 2022-2023 年間從事修復與再利用工程。

5. 陳悅記祖厝再度展開修復計畫

位於台北市大龍峒的西邊、淡水河及基隆河之間。於 1807（嘉慶 12）年始建公媽廳、1832（光緒 12）年始建公館廳，並且增建後落、左右護龍，形成坐東向西、兩組四落的大厝，其左右與中央共有三組護龍，為台灣唯一的雙拼四落大厝；於建築群的前方為前埕，其左前方為門樓及一對旗竿石；本祖厝的配置形式非常簡潔而豐富、其建築單元均具有完整及優雅的風格，為國內所罕見者。陳悅記的家族，於 1825（道光 5）年由維藻、1859（咸豐 9）年由維英、1873（同治 12）年由樹藍先後中舉，為台灣於清代期間具有最多舉人的大厝。

陳悅記祖厝於 1985 年被指定為古蹟，2003 年展開公媽廳的修復工程，因工作品質及土地容積移轉等問題而引起不滿，造成其他的修復及再利用工程的停頓；2018 年指定為國定古蹟，隨後再度展開修復再利用的規劃工作。

6. 台北科大一大川堂被登錄為歷史建築

台北科技大學原稱「台北工業學校」，成立於 1912（明治 45）年，為台灣第六早成立的現今大學[28]。該校於 1923（大正 12）年成立國內最早的建築科，並於 1925 年聘請千千岩助太郎為教學老師，於次年以前，似乎在千千岩的設計及督導下興建了現今所稱的「一大川堂」，為台北科技大學目前歷史最悠久、或許也是在全國大學中僅

28 台灣現今大學中，以其成立年代為準，前 5 名依次為：淡江真理大學（1882，理學堂大學院 Oxford College）、台北市立大學（1896、1919 台北第一師範學校，台北市立教育大學）、國立台北教育大學（1896、1919 台北第二師範學校）、台中教育大學（1899，1923 台中師範學校）、台南教育大學（1899 台南師範學校）。

29 真理大學興建於 19 世紀末、於今尚保存良好者，依次為：馬偕住宅（1875）、華雅各住宅（1875）、理學堂．大書院（1882）等。

30 關於普羅民遮城修建工程的情況，請參見本書第二章第三節 p.74。

次於真理大學住宅及大書院 29 的最早興建而成的建築物。

　　一大川堂為東西向、一層樓高的長方形開放空間，其主體以鋼筋混凝土的柱、梁、屋頂、地基等西式材料建構而成，其空間與形式都很單純，在目前還保存得相當良好；本建築物於 2017 年 12 月被登錄為歷史建築。

　　千千岩助太郎於 1941-1944 年接受總督府營繕課的聘請，前往台南市負責普羅民遮城的修建工程 30，於 1944（昭和 19）年轉聘至現今成大（當時稱為台南工業專門學校），成立建築科，於 1947 年離台返日。於就任台北工業學校期間，千千岩老師經常登山至高山族的部落中進行測繪與記錄，於 1960 年將所有圖面、照片與文稿編輯出版《高砂族の住家》，為台灣最珍貴的原住民族建築資料輯。

7. 八田與一銅像遭到破壞

　　八田與一（1884-1942）為石川縣人、土木工程師，1910（明治 43）年自大學畢業後，即來台工作，先後負責桃園大圳、嘉南大圳及烏山頭水庫等興建工程，對台灣造成重大的貢獻，而受到台灣人的敬仰，1931（昭和 6）年在民眾推動下於烏山頭水庫大壩旁安置他的銅質塑像；1942（昭和 17）年 5 月八田於搭乘由廣島前往菲律賓的郵輪遭到美軍擊沉而罹難，2007 年由總統頒發褒獎令。至於位於烏山頭水庫西邊、興建於 1921（大正 10）年的四棟日式建築及二棟附屬建築，於 2009 年 12 月被登錄為歷史建築八田與一故居群，於 2011 年 5 月修復完成。

↙台南市官田修復完成的八田與一故居群（2020）。

↓台北市圓山水神社（2015）。

↘新北市土城普安堂的一角（2013）。

2017 年 4 月某極統黨員，以鋸子將烏山頭水庫八田與一銅像的頭部鋸下；於 5 月底將北投逸仙國小內的一對石狛犬加以敲損；於 8 月將興建於 1938（昭和 13）年的圓山儲水池南邊的水神社的柱子噴漆、石狛犬拆下；這些犯案人員隨後遭到徒刑或罰金。而於爆發烏山頭水庫八田與一銅像破壞事件之後，由台南市長先行致歉，隨後於 5 月將其修復完成後，舉辦復原儀式。

8. 普安堂保存事件

土城媽祖田普安堂為齋教建築，於 1914（大正 3）年創建，1977 年新莊慈祐宮將其所登記的普安堂土地登錄於名下，造成日後土地產權的糾紛。

2011 年底由普安堂的使用者向台北縣政府申請將普安堂園區及步道指定為古蹟，於次年初，文化局文化資產審議會因土地所有權人新莊慈祐宮的反對，而將其列為暫定古蹟。同年底文建會（2012 年 5 月以後改名為文化部）認為文化局的決定不符合「文化資產保存法」的規定，2014 年 1 月該局委員會將其登錄為「歷史建築」。隨後由慈祐宮向台北高等行政法院提起訴願，2015 年 9 月撤銷其「歷史建築」資格；2016 年 3 月文化局再次將其列為暫定古蹟，7 月再度將其登錄為「歷史建築」，包括外山門、石砌步道、石刻、紅磚合院等，隨後由慈祐宮再次提起訴願。

9. 大坪林十四張劉家聚落遭到拆除

大坪林位於大台北平原地區的中南邊，為新店溪、景美溪及雪山山脈的山丘之間的小平原地區，該地區分為寶斗厝（東邊）、十四張（西邊）、七張（南邊）、十二張（中北邊）、二十張（西南邊）等五庄；此五庄於日本時代以後，歸屬於新店地區，其最南端為休閒旅遊勝地的碧潭。18 世紀末，在十五份（位於景美溪北邊、蟾蜍山東南角）及七張開墾的劉氏族人，移往二十張及十四張拓墾，成為十四張的開墾大戶，先後興建：劉氏家廟、利記公厝、文記堂、明記堂、厚記堂、高記堂、悠記堂等祖厝。

31 三座祖厝的登錄歷史建築的時間為：劉氏家廟 2011 年 8 月、利記公厝 2012 年 8 月、文記堂 2014 年 3 月。

32 1927（昭和 2）年 8 月台灣日日新報舉辦讀者投票活動，選出台灣八景十二勝，新店碧潭為其中之一，請參見本書第二章第三節 p.76。

於 1956 年之後，新店地區施行都市計畫，將十四張列為農業區，其他則做為都市發展地區；於 1967、1974、1987 年三次的都市計畫變更之後，將十四張的三分之二土地改變成為居住使用地，只剩下劉氏祖厝的所在地區尚可保存原有的傳統風格；2011 年底，台北縣政府為了興建捷運，決定將十四張尚保存傳統建築的地區，改為捷運線機場及重劃地區；2015 年大多數的祖厝先後遭到拆除，僅將已登錄為歷史建築的劉氏家廟、利記公厝、文記堂，[31] 以及斯馨祠先加以拆解，將於 2023 年中，於新店十四張歷史公園邊完成建築物的重建工程。

10. 碧潭吊橋安全性面臨壓力

碧潭為新店溪自青潭向西轉北的地區，因河面廣闊、加上西邊的和美山，而組合成優美的景區，自日本時代中期以後，已發展成為台灣北部地區最受歡迎的地方之一 [32]。碧潭吊橋原名「碧橋」，興建於 1936-1937（昭和 11-12）年、坐落於安坑與新店老街之間的碧潭上方，其橋長 186.6 公尺、寬度 3.5 公尺，外形為雙塔、雙鉸、單跨形式，其功能原本是以汽車、三輪腳踏貨車、三輪車等搬運貨物為主，於戰後改為專供人行之用。因位於寬闊的碧潭北端的上方，一方面與河泊、小山結合成浪漫的景色，而受到訪客歡迎；另一方面，被發展成為來客們最喜愛「過河」、「散步」的走道。

大坪林十四張的明記堂（2011）。

新北市新店碧潭吊橋的一景（2016）。

　　從工程的角度來看，該吊橋為新型的西式懸索橋，由德國所發展而成、隨後引入東京興建，並傳入台灣；在台北地區原有 5 座，但是其中的 4 座已遭到拆除或改建 33，使得碧潭吊橋成為目前全台年代最為悠久的西式吊橋。

　　2012 年 7 月，台北縣於碧潭東岸進行都市更新計劃，其位於橋邊的建築基地僅距離吊橋墩座約 1 公尺，恐將吊橋造成傷害、或導致吊橋被迫遷移或拆除，2013 年由新改名的新北市將其指定為「古蹟」。2019 年營建公司為了擴大其興建的範圍，再次提出靠近鋼索的建築工程計畫，並獲得文化局文化資產審議會的同意。

　　2020 年 9 月在民間單位的申請下，由文化部文化資產局先行辦理其文化資產價值之評估，隨後從事現場勘查，並列入「古蹟歷史建築紀念建築審議會」的決議事項中，但是並未被指定為國定古蹟。

11. 新竹市溫厝太原第遭到拆除

　　位於新竹城外西北角一帶，興建於 1935（昭和 10）年，為兩落、左右護龍的漢式四合院，其前後堂屋各有七間，合院前方為前埕，外

33 採取德國開發而成的吊橋，包括：台北昭和橋（即光復橋所在處）、士林社子橋、碧潭吊橋、安坑溪吊橋，以及戰後的內湖長壽吊橋；相關資料參考自鄭昭民《碧潭吊橋價值評估報告》（2020.8）。

側有土埆造圍牆；前堂屋採凹壽式，其屋身有堆灰（泥塑）、剪黏、交趾陶、冊頁匾及彩畫等裝飾，為具有文化藝術價值的建築；2018年1月由文化局將其列為暫定古蹟，預計於2月底前往會勘，但於2月中的除夕夜前，屋主以該土地已出售給建商，而將建築物整體拆除。

事實上，在同一年5月，位於苗栗後龍的陳愷悌古厝，於被列為「暫定古蹟」的同時，遭到所有權人予以拆除；同一年的6月，位於苗栗頭份的陳氏家祠，於被列為「暫定古蹟」的同時，即遭到拆除。若回顧略早一點時期，在2009年8月，位於台中市逢甲大學與東海大學之間的張家祖廟邊上的張慶興堂，於被登錄為歷史建築的幾天後，隨即遭到所有權人的拆除。

為了防止文化資產遭到違法的遷移、拆除等，2016年「文化資產保存法」修正公布之後，除了提高違反或毀損的罰金之外，在可行的條件之下，可對損害部分進行復建的工作。

12. 台中瑞成堂的破壞事件

位於台中南屯的黃宅，興建於1916（大正5）年，以傳統三合院的配置為基礎，其柱子係以鋼筋混凝土灌注而成，柱子上方塑造出西方古典形式；合院的周圍有前外埕、外門樓、莿竹林等；2011年9月相關委員會準備將其指定為古蹟之後，其大廳主體、圍牆、外門等遭到該地區市地重劃財團的破壞，文化局一方面將其指定為古蹟，另一方面進行修護工程；2013年破壞者遭到判刑，2015年10月底修復完成。

類似的案例為台北市北投洲美的汾陽居，本傳統三合院於2018年8月被列為「暫定古蹟」，大約於2個月之後，其左右間仔的全部、以及正廳的一部分遭到於其附近從事開發案的施工廠商故意拆除，隨後由市政府將其整體拆建後，計畫將其移地重建。前案的修復行為讓人肯定，後者的刻意移建則令人感到遺憾。

餘論

台灣文化資產保存的歷程，從清代史料記錄、日本時代「史蹟名勝天然紀念物保存法」施行、戰後初期拆除日本時代紀念物及法制重建、1982年「文化資產保存法」（文資法第1版）施行、到2005及2016年「文化資產保存法」（文資法第2版、第3版）兩度結構性修法為止，一路走來，崎嶇坎坷。以下歸納整理2020年初以前的：(1)台灣文化資產保存關鍵事蹟的回顧、以及(2)台灣文化資產保存動機及定義的變遷，其次就(3)台灣文化資產保存的新議題，加以簡要的討論。

一、台灣文化資產保存關鍵事蹟的回顧

在台灣文化資產保存歷程中，政府的法規與機制、政策與作為、以及民間活動與事蹟，其內容繁多，請參見表1台灣文化資產保存大事紀年表 p.246。其中部分事蹟對於台灣文化資產保存的發展，具有關鍵性的影響。依據年代先後，條列如下：

1. 總督府推動「市區改正」計畫及工程

1900-1936年台灣總督府推動「市區改正」計畫及工程，改變了台灣城鎮風貌。

2. 台灣博物學會成立

1910年台灣博物學會成立，成為推動台灣第一波自然與文化保存的主要推手。

3.「史蹟名勝天然紀念物保存法」公布

1930年總督府公布施行「史蹟名勝天然紀念物保存法」，以及「施行規則」、「取扱規程」、「調查會規程」等三子法，為台灣首度所擁有的文化與自然保存的法規；1933年進行第一次指定，包括史蹟及天然紀念物各6筆，為台灣歷史上第一批依法保護的文化資產。

4. 總督府核定公布三個國立公園預定地

1937 年台灣總督府核定公布大屯、次高太魯閣、新高阿里山等三個國立公園預定地。

5. 日本離台、第一波保存成果歸零

1945 年日本無條件離台、國民政府來台，台灣第一波文化與自然保存成果歸零。

6. 內政部完成暫定古蹟審查

1972-1975 年內政部推動全國古蹟指定先期作業，1979 年完成暫定古蹟審查作業，1983 及 1985 年經文建會複審後送請內政部公告指定，共 221 筆，為台灣戰後第一批法定古蹟。

7. 內政部推動拆除殖民統治紀念物

1974 年內政部函頒「清除台灣日據時代表現日本帝國主義優越感之殖民統治紀念遺跡要點」，導致全國神社及日本年號幾乎不存。

8. 行政院宣布推動十二大建設

1977 年行政院宣布推動十二大建設，其中之一為文化建設，次年底發布「教育部建立縣市文化中心計畫大綱」及「加強文化及育樂活動方案」，前者推動設立兩廳院、三所博物館及各縣市文化中心等，後者包括成立文建會、以及建構相關法制，完整的勾勒出台灣文化資產保存的藍圖；1983 年通過修正「加強文化及育樂活動方案」，其第三項「文化資產之維護與宣導」，進一步推動文化資產人才培育及基礎調查。

9.「文化資產保存法」首度公布施行

1982 年「文化資產保存法」首度公布施行，1984 年「文化資產保存法施行細則」發布，台灣第二度擁有文化資產保存可執行的法規。

10. 內政部推動成立國家公園

1982 年內政部依據「國家公園法」（1972.6.13 公布施行）公告

1 1995 年「國家風景區管理處組織通則」發布後，分別改名為東北角海岸國家風景區、以及東部海岸國家風景區；前者於 2007 年再度改名為東北角暨宜蘭海岸國家風景區。

成立台灣戰後首座墾丁國家公園，此後陸續設立玉山、陽明山、太魯閣、金門等國家公園。

11. 戰後首批自然資產指定

1984 年經濟部公告指定帝雉、藍腹鷳、櫻花鉤吻鮭為珍貴稀有動物；1986 年公告指定關渡等 8 個自然保留區；1988 年公告指定台灣穗花杉等 11 種珍貴稀有植物。上述指定物為台灣戰後第一批法定自然文化景觀。

12. 交通部推動設立國家風景區

1984 年交通部觀光局設立台灣首座東北角海岸風景特定區，三年後（1987）成立東部海岸風景特定區，此後陸續設立澎湖、馬祖等國家風景區。1

13. 行政院推動「十二項建設計畫」

1994 年行政院宣布「十二項建設計畫」，包括設立國立傳統藝術中心、國立文化資產保存研究中心、民族音樂中心，以及推動社區總體營造計畫，對於文化保存及紮根工作，造成深遠影響。

14. 九二一大地震重創中部地區有形文化資產

1999 年 9 月 21 日清晨發生 7.3 級九二一大地震，導致中部地區文化資產嚴重受損。

15. 文化資產類別增加歷史建築

2000 年「文化資產保存法」第三次修正公布（文資法 1-4 版），於文化資產類別中增加歷史建築，以文建會為中央主管機關。

16. 台灣協助瓜地馬拉從事安地瓜古蹟修復工作

2004 年台灣提供 70 萬美金援助瓜地馬拉安地瓜古城內索爾璜納修道院及聖方濟女修道院維護與再利用計畫，並派專家學者前往從事工程紀錄，為台灣首次至國外從事世界遺產保存工作。

↑金門國家公園之太武山（2009）。

←馬祖國家風景區東引地形景觀（2009）。

↓東北角暨宜蘭海岸國家風景區貢寮龍洞海岸
（2010）。

17.「文資法第 2 版」修正公布

2005 年「文資法第 2 版」修正公布，大幅度調整保存觀念、分類體系、主管機關等，對於台灣文化資產保存的總體環境造成結構性影響。

18. 文化資產總管理處籌備處成立

2007 年文建會設立文化資產總管理處籌備處，負責自然地景以外的所有文化資產保存業務，為台灣第一個統籌文化資產保存之專門機關；2012 年 5 月本籌備處改制為文化資產局。

19. 台灣首度審議指定無形文化資產

從 2007 年中開始，各地方政府展開無形文化資產的登錄，2008 年初文化資產總管理處籌備處審議指定台灣第一件重要民俗及有關文物：基隆市雞籠中元祭；2009 年初審議指定台灣第一批重要傳統藝術：布袋戲（保存者陳錫煌）、歌仔戲（保存者廖瓊枝）、說唱（保存者楊秀卿）、北管戲曲（保存團體漢揚北管劇團）、北管音樂（保存團體梨春園北管樂團），以及第二件重要民俗及有關文物：台南縣西港刈香（保存團體玉敕慶安宮）；2010 年初審議指定台灣第一批文化資產保存技術及其保存者：交趾陶修復技術林洸沂、石滬修造技術澎湖海洋文化協會吉貝保滬隊。

澎湖縣望安島東西安村鎮符隊伍（約 1996）。

20.「文資法第 3 版」修正公布

2016 年「文資法第 3 版」修正公布，將其文化資產區分為：2 大種類、14 類別；凡超過 50 年之公有建築物，於拆改建之前，需進行文化資產價值評估。

二、台灣文化資產保存動機及定義的變遷

從第一至第六章的敘述中，可以明顯感受到，台灣文化資產保存動機及定義，隨著時代改變，而有明顯的不同。

清代方志中，對於文化資產的紀錄觀點，在早期以「蒐奇誌異」為主，18 世紀以後，以具備思古幽情或遊賞怡情的「史蹟名勝」為主；對象包括現今所稱的古蹟、歷史建築、文化景觀及自然地景等；而文化資產的功能，包括歷史考證及鑑戒、或怡情養性等。澎湖望安島好善堂的救援綠蠵龜行動，則為「移風易俗」或「人道關懷」的延伸，屬於道德性的表現。至於傳統藝術及民俗則自成一格，在民間被視為生活慣習的一部分，自然而然的保存下來。

日本時代推動的史蹟名勝天然紀念物保存及國立公園，其中史蹟、天然紀念物及國立公園的認定，以歷史、文化、自然價值為基準，名勝則有「觀光遊憩」意涵，與「世遺準則」第 77 條登錄條件第 7 款的規定類似；就保存對象而言，包括現今世界遺產中聚落及無形文化資產以外的所有登錄物件；整體而言，日本時代的保存觀念，兼具「理性知識」及「觀光遊憩」兩個面向，這種情形在現今日本「文化財保護法」中仍然保持著，其文化財第 4 類「紀念物」的項目，包括「……庭園、橋樑、峽谷、海濱、山岳及其

台北市大龍峒保安宮歌仔戲演出（2007）。

澎湖縣望安島普度祭品（約1996）。

他名勝地，在我國藝術上、觀賞上具有高度價值者，……」。

　　戰後初期，文化資產保存被官方做為「文化作戰」的工具。1970年代文藝界人士展開文化資產保存運動之初，其動機以「文化道統」、「感性浪漫」、「鄉土關懷」、甚至於「懷舊記憶」為主，後三種動機，在日後社區總體營造影響下導致地方文化工作興起之後，依然是部分在地人士推動文化保存的主要動力來源。至於民間風行古董收藏及買賣，則是將部分文化資產視為有價的「文化商品」，其中不乏對歷史文化的珍愛，但也夾雜著物質價值的考量。

　　在「文資法第1版」期間，文化資產保存被視為一種純粹的文化事務，具備歷史、文化、藝術、科學的「理性知識」價值；其保存對象，在「文資法1-3版」以前，包括世界遺產及無形文化遺產中建築群（類似聚落）以外的所有登錄物件，而傳統藝術、民俗及有關文物的保存，較聯合國教科文組織的無形文化遺產登錄早了17年之久，此外也將「藝師」列為保護對象；「文資法1-4版」以後，將聚落納入保護，但新增的歷史建築與古蹟類的古建築物彼此重覆，雖未造成保存上的困擾，但是總令非專業人士感到困惑。在「文資法第2版」期間，其保存對象新增保存技術及其保存者，將台灣文化資產保存由物件保存，提升至人與物件並重的新境界；[2] 此外，「文資法第2版」

2 聯合國教科文組織無形文化遺產委員會（Committee for Safeguarding of the Intangible Cultural Heritage）於1998年才展開人間國寶計畫（Living Human Treasure UNESCO Programme），將匠師及技藝列為保護對象。相關資料請參考聯合國教科文組織 Living Human Treasure 網站，以及本書第六章第二節第二小節第五款 p.212。

將「保存」與「活用」並列，意味著原先的「理性知識」動機之外，另外有「經濟效益」的考量，希望文化資產具備教育推廣、休憩觀光、知性產業及產品加值的功能，成為文化的「資產」，而非財政負擔。在「文資法第3版」期間，將文化資產的數量大量增加成為：2大種類、14類別；此外，對許多有形文化資產增加其「價值評估」等的法律規定，似乎使得有形文化資產較以往細緻而嚴謹。

三、台灣文化資產保存的新議題

台灣文化資產的保存工作，已逐漸的成熟，以下的幾點意見，可能會對其未來的品質或氛圍有所幫助：(1) 建構適宜的修復作業機制、(2) 加強各類資產的補缺及整合、(3) 推動台灣文化資產保存旗艦計畫、(4) 參考世界遺產法規調整台灣文化資產保存規範、(5) 加強國際文化資產交流。

（一）建構適宜的修復作業機制

文化資產修復為文化工作的一種，但是目前台灣相關法規並未針對其文化特性量身打造出適當的作業機制，因而衍生出諸多問題，例如：(1) 修復再利用、或發掘工作，比照一般工程規範，受限於經費支用、招標制度、管考制度、工資給付標準等，使得品質無法提升；(2) 在古蹟、歷史建築、聚落等修復再利用工程方面，多數從業建築師在學期間並未修習相關課程，證照考試也未將文化資產保存列為考科，導致許多建築師執行的調查研究、規劃設計、監造等成果不盡理想；於高等考試建築師考試中加考文化資產相關科目，以做為取得古蹟及歷史建築修復設計監造資格，可能是有效解決此問題的方法之一[3]；(3) 修復或發掘現場，在部分構件拆卸後，可以近距離見到平常所無法目睹的構材及工法，同時也可以觀賞司傅修復的技術及工序，而司傅或藝師則是最有資格的老師或導覽解說人員，因此修復現場可以說是從事技藝傳習、以及舉辦文化資產修復參訪、研討會、研習營的最佳地點，但是截至目前為止，此項重要資源尚未被善加利用。

3 關於這一點，為某次古蹟歷史建築及聚落修復或再利用勞務主持人列冊申請審查會議中，一位委員的建議，作者認為是徹底解決此項缺失的理想方法之一，因而加以引用。

4 有關有形文化資產、無形文化資產、文化性資產、自然資產所涵蓋的類別,請參見導論第一節第一小節 p.11。

5「世遺準則」的登錄條件,請參見導論第一節第二小節 p.20。

（二）加強各類資產的補缺及整合

目前台灣文化資產（文資法第 3 版）分為 2 大總類 14 類別,較世界遺產的分類更為細緻。這種分類方式保障各種不同類型的資產均有權責單位加以照顧,但是在「文資法第 2 版」（2005 年修正公布）施行後已經明顯感受,部分具有中介性質的資產,如：近代產業建築及工業設施設備、土木水利構造物等,並未受到重視。其次,自然資產與文化性資產保存的隔閡,越來越明顯。

隨著文化資產保存蓬勃發展,無論是決策者或基層工作人員,越來越能感受到有形文化資產與無形文化資產無法分割,而文化性資產與自然資產同樣的密不可分 [4]。

在聯合國教科文組織「世遺準則」中,其文化遺產登錄條件有 6 款、自然遺產有 4 款,於 2005 年後,將兩者合成 10 款 [5],意味著不再以二分法的態度來區分文化遺產與自然遺產,而是將兩者合併考慮；此外,於 1993 年展開文化景觀遴選,具有跨越自然與文化遺產的意涵。上述事實說明了,世界遺產朝向文化遺產與自然遺產整合方

位於花蓮縣天祥的合歡越嶺古道為文化景觀的一種（2010）。

向發展。而「世遺準則」
登錄條件第 6 款，其所
指涉的對象，事實上為無
形文化資產，意味著聯合
國教科文組織注意到無形
文化資產對於有形文化資
產價值建構的重要性，而
2008 年其主要的顧問團

澎湖縣小門菜宅為文化景觀的一種（2008）。

體 ICOMOS 也發表魁北克宣言（Quebec Declaration），強調有形文化資產與無形文化資產對於一個地點意義價值塑造是同樣重要的。

　　台灣「文化資產保存法」將文化資產分為文化性資產及自然資產兩大塊面，分別由文化部（原稱文建會）與農委會主管，導致格局無法做大。相較之下，內政部國家公園及交通部國家風景區的保護對象無此限制，促成前者如金門國家公園及台江國家公園、後者如馬祖國家風景區等，得以兼顧自然與人文雙重面向，兩者相輔相成，使得保存工作更為周全。

　　將文化性資產及自然資產的保存機制統整成一體，對於台灣文化資產保存將會有結構性的幫助。

（三）推動台灣文化資產保存旗艦計畫

　　台灣文化資產保存在文化界及行政人員共同努力下，已奠定良好基礎，就目前台灣所蓄積的保存能量而言，已有足夠氣力，進一步規劃更具系統性的保存工作：在垂直面向，由中央、地方與民間社團攜手合作；在水平面向，將有形與無形、文化與自然、人才與物件、保存與推廣等合併考量；選擇適合對象，擬定周詳計畫目標，以較長的期程、較寬廣的空間範圍，集中資源，全力推動。這種「旗艦」式的保存策略，具有拉大格局、達到「綱舉目張」的功效，不僅可以突破現階段操作模式的局限，同時可以拉抬台灣文化資產的總體保存氛圍、以及達到深化文化資產內涵的功效。

7 以上三個組織，被聯合國
教科文組織列為世界遺產委
員會的顧問團體（advisory
bodies），請參見「世遺公約」
第 13 條第 7 項、「世遺準則」
第 30 條。

在文化部推動的「世界遺產潛力點」計畫中，部分者即適合做為「旗艦計畫」的範例，例如：蘭嶼聚落與自然景觀、屏東排灣族聚落、金門馬祖聚落與自然景觀、澎湖吉貝嶼及石滬群、桃園大圳與陂塘、阿里山鐵道及自然人文景觀，以及未列入名單的彰化縣鹿港街、屏東縣恆春城、台南市安平等。

（四）參考世界遺產法規調整台灣文化資產保存規範

聯合國教科文組織在學者專家集思廣義的研商及修正下，為世界遺產訂定「世遺準則」、以及為無形文化遺產訂定「無形準則」[6]，兩套準則都相當周延，其中部分保存策略值得我們借鏡：(1) 指定登錄方面：在「世遺準則」方面，例如申報及審核程序、評估方式與準則等，以及對於保護狀況、經營管理狀況、顯著普世價值（outstanding universal value）、完整性（integrity）、真實性（authenticity）的要求等；在「無形準則」方面，對於登錄條件的規定等，均較台灣現行法規周全。(2) 維護方面：「世遺準則」規定世界遺產地（World Heritage sites）需定期性報告（periodic reporting）、以及接受評鑑（evaluation），而許多國家於世界遺產地附近設立專責的保存研究中心，以便就近照應及管理。

（五）加強國際文化資產交流

隨著 1990 年代冷戰時期結束，國際間文化意願提升，使得許多文化保存團體的活動及重要性，以及國際合作修復世界遺產與日俱增，成為重要的國際交流場合，是國人開拓國際性胸襟及眼界，以及吸收新知、提升形象及績效的捷徑。台灣不是聯合國會員國，但是世界上多數重要文化保存團體均為非政府組織，例如：協助執行聯合國教科文組織文化遺產保存工作的 ICCROM（國際文化資產保存修復研究中心）及 ICOMOS（國際文化紀念物與歷史場所協會）、以及執行自然遺產保存工作的 IUCN（國際自然保育聯盟）均為非政府組織[7]；此外，如：ICOM（國際博物館協會）、IIC（國際文物保護協會）、TICCIH（國際工業遺址保存協會）、CILAC（工業遺址建築經營研究

關係資訊協會）、WMF（世界文化紀念物基金會）、DoCoMoMo（國際現代主義文件及建築、場所及社區保存協會）、IFLA（國際景觀建築師聯盟）等民間社團，也都相當活躍；這些非政府組織均接受公私團體或個人加入會員。台灣人才素質極佳，同時已有參與前述各種組織相關活動的經驗，但是就數量而言，還有很大的成長空間。因此，如何統整台灣相關資源，建構一個既可關照全局、又可以彈性支援各種國際組織活動的平台，是現階段台灣文化資產保存界需要著手策劃的工作之一。

其次，國外許多世界遺產地，如：柬埔寨吳哥窟（Angkor）、越南會安（Hoi-an）、瓜地馬拉安地瓜古城及提卡國家公園（Tikal National Park）馬雅遺址等，均邀請外國專業團隊分區認養從事研究修復工作，台灣目前已具備足夠的文化資產保存知識與能力，宜更積極推動海外文化資產保存修復合作計畫。

←基隆和平島北側海蝕平台的有形岩石（2021）。

↙石門老梅的綠石槽海岸：擁有沙灘、岩岸、海藻、火山岩等（2020）。

法國杜爾（Tours）世界遺產羅亞爾河流域（The Loire Valley）保存中心（2007）。

寮國世界遺產龍坡邦（Luang Prabang）
保存修護中心（2008）。

柬埔寨世界遺產吳哥窟（Angkor）保存修護中心（2005）。

印尼世界遺產婆羅浮圖（Borobudur Temple Compounds）保存修護中心（2006）。

參考書目

■中央古物保管委員會編 1935《中央古物保管委員會議事錄》。南京：中央古物保管委員會。

■中原大學 1999《古蹟土地容積移轉講習會文集》。台北：內政部。

■文建會 1998《文化白皮書》。台北：文建會。

　　　2000a《日本文化財保護法》。台北：文建會。

　　　2000b《法國歷史文物保存法相關法令 彙編》。台北：文建會。

　　　2003《台灣世界遺產潛力點簡介》。台北：文建會。

　　　2004《2004 年文化白皮書》。台北：文建會。

　　　2009《文化法規彙編》（2009 年 11 月版）。台北：文建會。

■文化部文化資產局 2015《文化部文化資產局年報 2012》。台中：文資局。

　　　　　　　　2015《文化部文化資產局年報 2013》。台中：文資局。

　　　　　　　　2015《文化部文化資產局年報 2014》。台中：文資局。

　　　　　　　　2016《文化部文化資產局年報 2015》。台中：文資局。

　　　　　　　　2017《文化部文化資產局年報 2016》。台中：文資局。

　　　　　　　　2018《文化部文化資產局年報 2017》。台中：文資局。

　　　　　　　　2019《文化部文化資產局年報 2018》。台中：文資局。

■王世慶 1993〈介紹台灣史料：檔案、古文書、族譜〉收於張炎憲、陳美蓉編《台灣史與台灣史料》
　　　頁 59-74。台北：自立晚報社文化出版部。

■王嵩山主編 2009《2005-2008 台灣無形文化資產保存年鑑》。台中：文資總處。

■包遵彭 1966《古物保存法》。台北：中華叢書編審委員會。

■台灣經世新報社 1938《台灣大年表》。（1994）台北：南天書局。

■立法院秘書處編印 1983《文化資產保存法案（附古物保存法廢止案）》（法律案專輯 第 47 輯 教育
　　　17）。台北：立法院秘書處。

■行政院 1978「加強文化及育樂活動方案」。行政院公文影本。

　　　1983「加強文化及育樂活動方案」（修訂版）。台北：文建會。

■佐藤續監修、青木行清、諏訪鶴雄共編 1934《台灣六法》。台北：台灣日日新報社。

■吳永華 1995《被遺忘的日籍台灣動物學者》。台中：晨星出版社。

　　　2000《台灣歷史紀念物：日治時期台灣史蹟名勝與天然紀念物的故事》。台中：晨星出版有
　　　限公司。

■吳昱瑩 2006《日治時期台灣建築會之研究（1929-1945）》。台北：國立臺北藝術大學建築與古蹟
　　　保存研究所碩論。

■李亦園 1958〈邵族的經濟生活〉收於陳奇祿等《日月潭邵族調查報告》頁 51-98。（1996）台北：
　　　南天書局。

■李瑞宗 2007《台北植物園與清代欽差行台的新透視》。台北：行政院農業委員會林業試驗所。

■李國玄 2006《日治時期台灣近代博物學發展與文化資產保存運動之研究》。中壢：中原大學建築系
　　　碩論。

■林祀乾等總編輯 2004《台灣文化事典》。台北：國立台灣師範大學人文教育研究中心。

■林會承 1994、1995〈澎湖聚落的形成與變遷〉（上）《文化與建築研究集刊》4：1-36；（下）5：
　　　1-44。台南：成功大學。

　　　1996〈澎湖的聚落單元〉《民族學研究所集刊》81：53-132。

　　　1998《望安島六聚落之空間及形式之建構》。台北：國科會專題研究計畫報告。

　　　1999〈台灣的荷西殖民建築〉《台灣史蹟研習會講義彙編》頁 399-454。台北：台北文獻會。

　　　2011〈古蹟保存〉收於《中華民國發展史》〈教育與文化（下）〉621-654。台北：國立政治大學、
　　　聯經出版公司。

■林會承主編 2002《2001 台灣文化資產保存年鑑》。台南：文資中心。

　　　2003《2002 台灣文化資產保存年鑑》。台南：文資中心。

　　　2004《2003 台灣文化資產保存年鑑》。台南：文資中心。

　　　2005《2004 台灣文化資產保存年鑑》。台南：文資中心。

　　　2006《2005 台灣文化資產保存年鑑》。台南：文資中心。

　　　2007《2006 台灣文化資產保存年鑑》。台南：文資中心。

　　　2008《2007 台灣文化資產保存年鑑》。台中：文資總處。

　　　2009《2008 台灣文化資產保存年鑑》。台中：文資總處。

■青島勝三 1987〈都市計畫概況一般調查〉收於黃世孟編譯《台灣都市計畫講習錄》。台北：台灣大
　　　學土木研究所都市計畫研究室。

■施國隆 2006〈國家文化資產清查結果報告〉收於《2006 文化資產行政國際研討會論文集》頁 267-
　　　306。台北：國立臺北藝術大學。

■洪泉湖 1985《我國文化資產保存政策之研究》。台北：文史哲出版社。

■宮地蒼生夫 1931〈史蹟名勝天然紀念物保存事業い就て〉《台灣時報》1931 年 12 月號。

■馬以工編著 1978《再見林安泰》。台北：皇冠雜誌社。

■高志彬 1987《台灣文獻書目題解 第一種 方志類》。台北：中央圖書館台灣分館編印。

■國立台灣博物館 2008《百年物語：台灣博物館世紀典藏特展》。台北：國立台灣博物館。

■國家文化總會 2008《文化印記 2005-2008》。台北：國家文化總會。

■教育部 1981《研訂文化資產保存法草案資料彙編》。台北：教育部。

■梁靜萍 1996《日據時期台灣「建築文化資產」保存活動發展之歷史過程》。中壢：中原大學建築系
　　　碩論。

■曹永和 2000〈澎湖之紅毛城與天啟明城〉《台灣早期歷史研究續集》頁 149-183。台北：聯經出版
　　　事業公司。

■盛清沂等 1977《台灣史》。台北：眾文圖書股份有限公司。

■莊芳榮 1983《古蹟管理與維護》。台北：台灣學生書局。

■許淑君 2001《台灣「文化資產」保存發展歷程之研究（1895-2001）：以文化資產保存法令之探討為主》。雲林：雲林科技大學文資所碩論。

■許雪姬 1993《北京的辮子：清代台灣的官僚體系》。台北：自立晚報社文化出版部。

　　　　 1998〈台灣日治時期的史蹟保存〉收於《錢穆先生紀念館館刊》6：11-25。

　　　　 2002〈由〈水竹居主人日記〉看豐原慈濟宮的改建及張麗俊所扮演的角色〉 收於《地方文獻學術研討會》會議論文集。台北：國家圖書館。

　　　　 2003《王世慶先生訪問紀錄》。台北：中央研究院近代史研究所。

■陳奇祿 1981〈現階段文化建設的幾個問題〉《民族與文化》頁 67-85。台北：黎明文化事業公司。

■陳捷先 1996《清代台灣方志研究》。台北：台灣學生書局。

■傅朝卿 2001〈台灣閒置空間再利用理論建構〉收於文建會主辦「2001 推動閒置空間再利用國際研討會」論文集。

　　　　 2002 翻譯・導讀《國際歷史保存及古蹟維護：憲章・宣言・決議文・建議文》。台南：文資中心、台灣建築與文化資產出版社。

■曾能汀 2006《閒置空間再利用為藝文用途之關鍵成功因素分析：以二十號倉庫為例》。雲林：雲林科技大學文資所碩論。

■曾惠裏 2001《台灣傳統園林的歷史發展及空間特性》。中壢：中原大學建築系碩論。

■黃世孟 1993〈日治時期台灣都市發展及史料分析〉收於張炎憲、陳美蓉編《台灣史與台灣史料》頁 221-243。台北：自立晚報社文化出版部。

■黃武雄 2008〈地方政府設置社區大學計畫草案〉刊於社團法人社區大學全國促進會網站「社大理念」，最後修訂日期 2008 年 3 月 5 日。

■黃英哲、北岡正子、秦賢次編 1993《許壽裳日記》。東京：東京大學東洋文化研究所。

■黃俊銘 1996a《日據時期台灣文化資產研究與保存文獻彙編：以史蹟名勝天然紀念物為主（文獻導讀部分）》。台北：文建會。

　　　　 1996b《日據時期台灣文化資產研究與保存文獻彙編：以史蹟名勝天然紀念物為主（文獻彙編部分）》。台北：文建會。

■黃昭堂（黃英哲譯）1989《台灣總督府》。台北：自由時代出版社。

■黃翔瑜 2013〈中國古物保存要素對戰後台灣文化保存法制形成之影響〉發表於「戰後台灣歷史的多元鑲嵌與主體創造學術研討會」。台北：中研院台史所。

■蔡錦堂 1994《日本帝國下台灣の宗教政策》。東京：同成社。

■新竹縣文獻委員會 1954《新竹文獻會通訊》第零壹柒號。

■楊仁江 2008〈基隆白米甕砲台的歷史與建築之研究〉收於《第 11 屆文化資產保存、再利用與保存科學國際研討會論文集》頁 13-28。中壢：中原大學。

■廖麗君 1998《台灣孔子廟建築之研究：廟學制的影響及廟學關係的變遷》。台南：成大建築系碩論。

■漢寶德 2001〈文化資產保存法亟待修補〉收於《中央日報》2001.4.16「智庫論壇」。

　　　　 2001《築人間：漢寶德回憶錄》。台北：天下遠見出版公司。

■鮑曉鷗 2006〈十七世紀的雞籠要塞〉收於《艾爾摩莎：大航海時代的台灣與西班牙》頁 39-52。台北：
　　　　國立台灣博物館。

■臧振華 1999《台灣考古》。台北：文建會。

　　　　2007〈我國水下考古的啟動〉收於《2006 台灣文化資產保存年鑑》頁 9。台南：文資中心。

■鄭昭民 2020《碧潭吊橋價值評估報告》。台中：文資局。

■趙俊祥 2003《台灣古蹟的歷史形成過程：以清代志書「古蹟」為探討》。中壢：中央大學歷史所碩論。

■劉益昌 2009〈墾丁遺址簡介〉收於《2008 台灣文化資產保存年鑑》頁 730-731。台中：文資總處。

■劉還月 1999《地方文史工作室現況初探》。台北：常民文化出版社。

■戴炎輝 1979《清代台灣之鄉治》。台北：聯經出版事業公司。

■蕭瓊瑞 2006〈認同與懷鄉：台灣方志八景圖中的文人意識〉收於《台灣美術季刊 65》頁 4-15。台中：
　　　　國立台灣美術館。

■薛化元、劉燕儷編譯 1997《台灣先民的遺跡》。台北：稻香出版社。

■蘇昭英、蔡季勳主編 1999《台灣社區總體營造的軌跡》。台北：文建會。

方志

■尹士俍 1738（乾隆 3 年）《台灣志略》。台北：台銀本。

■王必昌 1752（乾隆 17 年）《重修台灣縣志》。台北：台銀本。

■王瑛曾 1762（乾隆 27 年）《重修鳳山縣志》。台北：台銀本。

■王禮主修、陳文達編纂 1720（康熙 59 年）《台灣縣志》。台北：台銀本。

■余文儀 1764（乾隆 29 年）《續修台灣府志》。台北：台銀本。

■李元春 1891（光緒 17 年）《台灣志略》。台北：台銀本。

■李丕煜與陳文達 1719（康熙 58 年）《鳳山縣志》。台北：台銀本。

■沈茂蔭 1894（光緒 20 年）《苗栗縣志》。台北：台銀本。

■周于仁與胡格 1736（乾隆 1 年）《澎湖志略》。台北：台銀本。

■周元文 1712（康熙 51 年）《重修台灣府志》。台北：台銀本。

■周鍾瑄與陳夢林 1717（康熙 56 年）《諸羅縣志》。台北：台銀本。

■季麒光 1685（康熙 24 年）〈台灣志序〉收於蔣毓英《台灣府志》頁 137-139。台北：台灣銀行。

■林百川與林學源 1898（明治 31 年）《樹林杞志》。台北：台銀本。

■林豪 1893（光緒 19 年）《澎湖廳志》。台北：台銀本。

■金鉉 1683（康熙 22 年）《康熙福建通志台灣府》。台北：台銀本。

■胡傳 1895（光緒 21 年）《台東州採訪修志冊》。台北：台銀本。

■范咸與六十七 1746（乾隆 11 年）《重修台灣府志》。台北：台銀本。

■倪贊元 1894（光緒 20 年）《雲林縣採訪冊》。台北：台銀本。

■高拱乾 1695（康熙 34 年）《台灣府志》。台北：台銀本。

■陳培桂 1870（同治 9 年）《淡水廳志》。台北：台銀本。

■陳淑均 1832（道光 12 年）《噶瑪蘭廳志》。台北：台銀本。

■陳朝龍與鄭鵬雲 1894（光緒 20 年）《新竹縣採訪冊》。台北：台銀本。

■陳壽祺 1829（道光 9 年）《重纂福建通志》。台北：台銀本。

■劉良璧 1741（乾隆 6 年）《重修台灣府志》。台中：台灣省文獻委員會。

■蔣毓英 1685（康熙 24 年）《台灣府志》。台中：台灣省文獻委員會。

■蔡振豐 1897（明治 30 年）《苑里志》。台北：台銀本。

■鄭用錫 1834（道光 14 年）《淡水廳志初稿》。台中：台灣省文獻委員會。

■鄭鵬雲與曾逢辰 1893（光緒 19 年）《新竹縣志初稿》。台北：台銀本。

■盧德嘉 1894（光緒 20 年）《鳳山縣采訪冊》。台北：台銀本。

■穆彰阿奉敕修 1811（嘉慶 16 年）《大清一統志》。台北：台銀本。

■薛紹元 1895（光緒 21 年）《台灣通志》。台北：台銀本。

■謝金鑾 1807（嘉慶 12 年）《續修台灣縣志》。台北：台銀本。

■屠繼善 1984（光緒 20 年）《恆春縣志》。台北：台銀本。

表格

[表1] 台灣文化資產保存大事紀年表

標示符號索引：

政府／法令及機制：☆相關歷史背景、●法規、◆組織、▲教育機構、⊙其他

政府／政策與做為：☆相關歷史背景、○政策推動、◇事件、◎著作、▽傳習、△再利用

民間活動與事蹟：☆相關歷史背景、◆組織、◇事件、◎著作、⊕贊助

年代	政府／法令及機制	政府／政策與作為	民間活動與事蹟
1880	----	----	◆澎湖縣望安鄉民成立好善堂
1895	☆ 4.17／日清簽訂「馬關條約」，日本統治台灣	----	----
1896	● 1.18／台灣總督府頒布「本島廟宮寺院保護相關規則告諭」	----	◇伊能嘉矩、宮村榮一發現圓山貝塚
1900	----	○ -1936／台灣總督府推動「市區改正」計畫及工程	----
1901	----	----	◎島田定知《日本名勝地誌：台灣之部》出版
1902	◆台南博物館設立	----	----
1903	----	○台灣總督府殖產局展開鳥類調查	----
1907	----	----	◎安江正直《建築史編纂資料蒐集復命書》，1909年將總論以〈台灣建築史〉為名發表
1908	◆台灣總督府博物館設立（或稱台灣總督府民政部殖產局附屬博物館，其前身為1899年設立之台灣總督府民政部殖產局商品陳列館，1945年後改名為台灣省（立）博物館，1999年10月改隸文建會，改名為國立台灣博物館）	----	----
1909	◆台中博物館設立	----	----
1910	----	◎台灣舊慣調查會《臨時台灣舊慣調查會第一部報告：清國行政法》（第三卷）出版	◆ 12.10-1945／台灣博物學會成立（川上瀧彌、岡本要八郎等發起）
1911	----	----	◎ 3.9-1945.2／《台灣博物學會會報》共34卷252號
1915	☆ 1914-1918第一次世界大戰	○台灣總督府殖產局展開名木調查 ◇ -1918／台南市孔子廟解體體修復（枝德二等）	----
1916	◆台北市動物園設立 ◆基隆市水族館設立	◎杉山靖憲《台灣名勝舊蹟誌》出版	----
1919	● 4.10／日本政府於日本本土施行「史蹟名勝天然紀念物保存法」	----	----
1921	◆台北植物園設立	----	----
1922	● 12.29／台灣總督府公布「行政諸法台灣施行令」，將「質屋取締法」、「海港檢疫法」等日本本土法律移植至台灣	----	----
1923	----	----	◇台灣博物學會〈台灣史蹟名勝天然紀念物保存建議書〉（第一次）

年代	政府／法令及機制	政府／政策與作為	民間活動與事蹟
1925	----	----	◇ -1936／台北市欽差行台移築事件
1926	----	----	◇台灣博物學會〈台灣史蹟名勝天然紀念物保存建議書〉（第二次）
1927	----	----	◎崛川安市〈有關台灣天然紀念物保存〉發表
1928	▲台北帝大土俗學人種學講座（台大人類學系前身）設立	----	----
1929	----	◇ -1930／台南市安平熱蘭遮城測繪及保存（栗山俊一等）	◆ 1.21-1945／台灣建築會成立（井手薰、栗山俊一等發起） ◎ 3.15-1945.5.12／《台灣建築會誌》共 16 輯 89 號
1930	☆ 6.7／中華民國國民政府於中國本土公布「古物保存法」 ● 2.26／台灣總督府修正公布「行政諸法台灣施行令」，包括增加「史蹟名勝天然紀念物保存法」 ● 9.21／台灣總督府發布「史蹟名勝天然紀念物保存法施行規則」 ● 9.21／台灣總督府發布「史蹟名勝天然紀念物保存法取扱規程」 ● 10.16／台灣總督府發布「史蹟名勝天然紀念物調查會規程」 ◆史蹟名勝天然紀念物調查委員會成立	----	----
1931	----	○台灣總督府公布《史蹟名勝天然紀念物調查資料》	☆第一屆國際歷史文化紀念物建築師與技師會議發表「雅典憲章」（The Athens Charter）建議修復原則 ◇宮本延人、移川子之藏、宮原敦墾丁寮遺址發掘
1933	----	○ 11.26／史蹟名勝天然紀念物第一回指定	----
1935	◆ 10.20／台灣總督府設立國立公園委員會	○ 12.5／史蹟名勝天然紀念物第二回指定	----
1936	----	◇ -1937／基隆市北荷蘭城考古發掘（台北帝大土俗學人種學講座研究室）	----
1937	----	○ 12.27／台灣總督府核定公布大屯、次高太魯閣、新高阿里山等三個國立公園預訂地	----
1941	☆ 1939-1945 第二次世界大戰	○ 6.14／史蹟名勝天然紀念物第三回指定	◎ 7-1945.1／《民俗台灣》共發行 43 期
1942	----	◇ -1944／台南市普羅民遮城解體修復（羽鳥又男等）	----
1945	☆ 8.15／日本無條件投降、國民政府來台 ☆ 10.24 成立聯合國，總部位於紐約 ☆ 11.16 成立聯合國教科文組織，總部位於巴黎	----	----
1946	● 3.7／台灣省行政長官公署民政處訓令「奉令拆毀日偽及漢奸建築碑塔等記念物轉令遵辦」	----	----
1947	☆ 2.28／爆發二二八事件 ☆ 5.16／撤銷台灣省行政長官公署，成立台灣省政府	----	◎ 5-1952.5／「台灣風土」《公論報》共發行 210 期

年代	政府 / 法令及機制	政府 / 政策與作為	民間活動與事蹟
1948	◆ 6.1 / 台灣省通志館設立（1949.7 改組為台灣省文獻委員會；2002.1.1 改隸總統府，改名為國史館台灣文獻館） ▲中研院史語所遷台（1928 年成立於中國廣州）	----	◎藤島亥治郎《台灣的建築》出版 ◎《台灣省通誌館館刊》刊行，1950 年 8 月改名為《文獻專刊》，1955 年 3 月改名為《台灣文獻》
1949	☆ 5.20-1987.7.15 / 台灣省警備總司令部發布「台灣省戒嚴令」自本日起實施 ☆ 12.7 / 國民政府遷台 ▲台大考古人類學系（1982 年改名為人類學系）設立	----	----
1950	----	----	◎田中大作《台灣島建築之研究》完成
1951	----	----	◎ 12--- > / 《台灣風物》刊行
1952	●省政府要求將日據時期遺留之以日文題字之橋樑或建築物及年號應塗毀，不得遺留日據時代之任何字樣	----	----
1954	◆南投縣工藝研究班成立（1973 年改隸省政府，改名為台灣省手工藝研究所；1999 年改隸文建會，改名為國立台灣工藝研究所）	----	----
1955	◆國立歷史博物館設立	----	----
1959	☆埃及興建亞斯文水壩，聯合國教科文組織（UNESCO）發起移築努比亞（Nubia）的阿布辛貝神殿（Temple of Abu Simbel）及菲萊神殿（Temple of Philae）等 20 餘處史蹟	----	----
1960	----	----	◎千千岩助太郎《台灣高砂族の住家》出版
1964	☆ 8-1972.1.27 / 爆發東京灣事件，美軍直接介入越戰 ☆ -1968 / 埃及阿布辛貝（Abu Simbel）展開神殿遷移、重建及修建工程	----	☆ 5.25-5.31 / 第二屆國際歷史文化紀念物建築師與技師會議發表「威尼斯憲章」（The Venice Charter）表達保存觀念
1965	◆ 4 / 中研院民族學研究所設立（1955 年設籌備處，前身為 1928 年設立之社會科學研究所民族學組，1934 年改隸歷史語言研究所） ☆ -1974 / 台灣經濟起飛「黃金十年」 ◆國立故宮博物院復館（前身於 1925 年成立於中國北京）	◎省文獻會《台灣省名勝古蹟集》出版 ◎黃純青、林熊祥《台灣省通志稿・土地志勝蹟篇》出版	----
1966	☆ -1976 / 中國爆發「文化大革命」	☆世界國家公園委員會主席哈羅亞（Harold J. Coolidge）應外交部之邀來台訪問，建議台灣政府應儘速完成國家公園之立法工作	◇台北城東門、南門、小南門遭改建為北方宮殿式樣
1967	◆ 7.28 / 中華文化復興運動推行委員會設立（1991.3.28 改名為中華文化復興運動總會，2006.12.19 改名為國家文化總會） ◆ 11-1973.8 / 教育部設立文化局 ◆板橋林家花園整建促進委員會成立	○中華文化復興運動展開 ◇ -1986 / 台北縣板橋林家花園保存事件	----
1968	●-1982 / 內政部與教育部展開「古物保存法」修正程序	----	----

年代	政府／法令及機制	政府／政策與作為	民間活動與事蹟
1970	----	◇台南府城小西門（靖波門）解體遷建至成大光復校區內	◇-1975／彰化縣彰化孔廟保存事件
1971	☆1／爆發保衛釣魚台群島事件 ☆10.25／台灣退出聯合國	----	1---＞／《ECHO》刊行，1978年中文版《漢聲》發行 4-1976.2／《境與象》共發行28期 ◎狄瑞德、華昌琳《台灣傳統建築之勘察》出版
1972	●6.13／「國家公園法」公布 ☆11.16／聯合國教科文組織第17屆會議制定「世界文化與自然遺產保護公約」 ☆聯合國教科文組織設立世界遺產委員會及世界遺產基金 ☆-1979／埃及菲萊（Philae）神廟群展開遷移重建工程	○-1975／內政部指示各地方政府展開全國性古蹟調查提報 ◎漢寶德、洪文雄《板橋林宅：調查及修復計劃》（台北縣政府）出版	----
1973	----	----	◆鹿港民俗文物館設立 ◎-1976／施翠峰於《中國時報》連載，後集結出版《思古幽情集（名勝古蹟篇）》（1975）、《思古幽情集（神話傳說篇）》（1976）
1974	●2.25／內政部函「清除台灣日據時代表現日本帝國主義優越感之殖民統治紀念遺跡要點」 ☆-1979／行政院推動十大建設	----	----
1975	☆-1981／民歌運動蓬勃發展	○各縣市提報古蹟資料共541筆	◇-1995／彰化縣鹿港老街保存事件
1976	----	◎漢寶德《彰化孔廟的研究與修復計劃》（彰化縣政府）出版	----
1977	☆4-1978.1／鄉土文學論戰達到頂峰 ⊙9.23／行政院宣布推動十二項建設，包括文化建設 ☆聯合國教科文組織世界遺產委員會公布「世界遺產公約作業準則」，次年展開登錄	◎-1982／林衡道《台灣勝蹟採訪冊》（第一輯至第七輯）（省文獻會）出版	◆彰化鹿港文物維護及地方發展促進委員會成立 ◎台北市建築師公會《台灣傳統民居建築》出版 ◇-1978／台北市林安泰保存事件
1978	⊙11／行政院通過「教育部建立縣市文化中心計畫大綱」，包括興建現今兩廳院、三博物館、各縣市圖書館及音樂廳各一座等 ⊙12.14／行政院通過「加強文化及育樂活動方案」，包括成立文建會、文化基金、舉辦文藝季、文化獎勵、「古物保存法」修正、培育文藝人才、傳統技藝保存與改進等（1979.2.6公布） ☆12.16／台灣（中華民國）與美國斷交	----	◎馬以工編《再見林安泰》出版 ◎林會承《清末鹿港街鎮結構研究》論文
1979	☆由國際文化紀念物與歷史場所協會澳大利亞國家委員會（The Australian National Committee of ICOMOS）發表「布拉憲章」（Burra Charter, 1981、1988、1999年三度修正） ●11.21／教育部訂定發布「專科學校專業及技術教師遴聘辦法」	○內政部通過暫定古蹟名單：暫定第一級古蹟53筆、第二級古蹟84筆、第三級古蹟207筆 ◎台大土木系都市計畫研究室《板橋林本源園林研究與修復》（交通部觀光局）出版	◆財團法人中華民俗藝術基金會成立 ◎李乾朗《台灣建築史》出版

年代	政府／法令及機制	政府／政策與作為	民間活動與事蹟
1980	----	○ -1990／教育部委託台大考古人類學系（1982年後改稱人類學系）及政大社會學系辦理「中國民間傳統技藝調查」研究 ○交通部觀光局委託台大土木系都計室辦理「全省重要史蹟勘查與整修建議：歷史古蹟部分」 ○交通部觀光局委託台大考古人類學系辦理「全省重要史蹟勘查與整修建議：考古遺址與舊社部分」 ◇ -1988 台東縣卑南遺址搶救事件	◆財團法人施合鄭民俗文化基金會成立 ◎關山情主編《台灣古蹟全集》出版 ◎ 11---＞／《民俗曲藝》刊行 ◇ -2000／台北市迪化街保存事件
1981	◆ 11.11／行政院文化建設委員會成立	----	◆台南市安平台灣開拓史料蠟像館設立
1982	● 5.26／總統令公布施行「文化資產保存法」（文資法第1版） ▲ 7.1／國立藝術學院設立（2001.8.1改名為國立臺北藝術大學） ◆ 9.1／內政部公告成立台灣首座墾丁國家公園	----	----
1983	⊙ 7.30／行政院修訂公布「加強文化及育樂活動方案」，重新修訂為十項重要措施，第三項為文化資產之維護與宣導，包括設立相關系所、建立文資檔案、辦理傳統技藝與藝能調查等	○ 12.28／內政部公告指定第一級古蹟15筆 ○「鹿港歷史風貌特定區計畫」通過 ◇ -1988／彰化縣北斗奠安宮保存事件	◆學甲慈濟宮葉王交趾陶文化館設立 ◎ 10---＞／《大自然》雜誌刊行
1984	● 2.22／文建會等會銜發布施行「文化資產保存法施行細則」（1-1版） ◆自然文化景觀改由新成立的行政院農業委員會執行	○台灣首座交通部觀光局東北角海岸風景特定區設立（1995年改名為東北角海岸國家風景區、2007年改名為東北角暨宜蘭海岸國家風景區）	◆台灣民俗北投文物館設立 ◆台灣人文窯場展演館（華陶窯）設立 ◎台北市建築師公會《台灣傳統民居建築二：摘星山莊》出版
1985	----	○ 8.19、11.27／內政部公告指定第一、二、三級古蹟共206筆 ○嘉義縣政府為擴建吳鳳紀念園調查並遴聘藝師 ○ -1994／教育部頒發民族藝術薪傳獎（第1-10屆）	◇ -1994／桃園縣桃園神社保存事件
1986	◆國立自然科學博物館正式設立（1981.4設立籌備處）	----	----
1987	☆ 7.15／總統宣布解除「台灣省戒嚴令」 ◆台灣原住民族文化園區設立	○交通部觀光局設立台灣第二座東部海岸風景特定區，1995年改名為東部海岸國家風景區	◆財團法人新港文教基金會成立 ◎林會承《台灣傳統建築手冊》出版
1988	▲ 12.19／國立藝術學院成立傳統藝術研究中心	○ -2001／文建會推動於各縣市文化中心內成立特色館	----
1989	----	○教育部公布重要民族藝術藝師（第1屆）（1998年公布第2屆）	----
1990	----	◇ -1993／台北縣三峽老街保存事件	◆財團法人仰山文教基金會成立
1991	----	○ -1992／內政部及文建會委託宋文薰等辦理「台灣地區重要考古遺址初步評估第一階段研究」 ○ -1994／內政部先後委託東海大學建築研究中心及中國工商專校辦理「台閩地區傳統工匠之調查研究」	◇ -1992／台北縣十三行遺址保存事件

年代	政府／法令及機制	政府／政策與作為	民間活動與事蹟
1992	● 7.1／總統令公布「文化藝術獎助條例」 ☆ 12／聯合國教科文組織世界遺產委員會，將「特定類型資產登錄世界遺產名錄準則」列為「世界遺產公約作業準則」附錄，次年起增加「文化景觀」名錄 ☆／聯合國教科文組織推動世界記憶（Memory of the World）計畫 ⊙文化建設基金設立	○ --->內政部委託中研院史語所辦理「台閩地區考古遺址」普查研究計畫	◆奇美博物館設立 ◆四湖鄉農漁村生活文化館設立
1993	▲臺北藝術大學傳統藝術研究所設立 ▲政大民族學系設立（碩士班設立於 1969 年，原名邊政研究所，於 1990 年改名為民族研究所）	○ 9-1998／教育部於「國民小學課程標準」中增列鄉土教學 ○ -1994／內政部委託李乾朗辦理「台閩地區近代歷史建築調查」	◆九份金礦博物館設立 ◆台灣民俗村設立 ◆水里蛇窯陶藝文化園區設立 ◇ -1997／台北市東和禪寺保存事件 ◇ -2002／台北市中山橋保存事件
1994	☆ 11／聯合國教科文組織世界遺產委員會發表〈奈良真實性文件〉 ⊙行政院宣布「十二項建設計畫」，推動設立國立傳統藝術中心、國立文化資產保存研究中心、民族音樂中心，以及社區總體營造工作	○ 10- ／文建會完成「社區總體營造計畫」，並展開推動工作 ○ -1998／文建會舉辦「全國文藝季」	◆順益台灣原住民博物館設立 ◇ -1995／台南市安平延平老街保存事件 ◇ -2003／台北市蔡瑞月舞蹈研究社保存事件 ◇台北市國民黨中央黨部拆除事件
1995	● 1.28／交通部觀光局發布「國家風景區管理處組織通則」，各風景特定區改名為國家風景區 ◆ 10.18／金門國家公園設立，為台灣第 6 座國家公園，及第 1 座以維護戰役史蹟、文化資產為主且兼具保育自然資源的國家公園	○ -1999／經濟部陸續推動「塑造形象商圈計畫」、「商店街開發計畫」、「商業環境視覺設計」、「創造城鄉新風貌計畫」 ○ -1999／教育部委託國立歷史博物館於澎湖進行古沈船將軍 1 號水下考古工作 ◎楊仁江《台閩地區第二級古蹟檔案圖說》（內政部）出版 ▽ -1996 施坤玉大木技藝傳習	◆樹火紀念紙博物館設立 ◆財團法人金廣福文教基金會成立 ◇ -1997／台北市北投溫泉公共浴場保存事件
1996	◆ 1.31／文建會國立傳統藝術中心籌備處成立（2002.1.28 正式成立，2008 年改制為國立台灣傳統藝術總處籌備處） ● 5.6／教育部訂定發布「大學聘任專業技術人員擔任教學辦法」 ▲ 7／國立台南藝術學院成立（2004.8.1 改名為國立台南藝術大學） ◆國家文化藝術基金會成立 ▲台南藝術學院博物館學研究所設立	○ -1998／教育部於「國民中學課程標準」（1994.10 修正頒布）規定自本年度起，國中增列認識台灣、鄉土藝術活動等課程 ◎黃俊銘《日據時期台灣文化資產研究與保存文獻彙編》（文建會）出版 ◎ -1997／楊仁江《台閩地區第三級古蹟檔案圖說》（內政部）出版	◆李天祿布袋戲文物館設立 ◆埔里酒文化館設立 ◆社團法人中華民國社區營造學會成立
1997	● 1.22／總統令第一次修正公布「文化資產保存法」（1-2 版） ● 5.14／總統令第二次修正公布「文化資產保存法」（1-3 版） ● 7.30／教育部訂定發布「重要民族藝術藝師遴聘辦法」 ◆ 7.28／文建會文化資產保存研究中心籌備處成立（2007.10.17 併入文建會文化資產總管理處籌備處） ◆國立科學工藝博物館成立（1986.7 成立籌備處）	○ 9.13／行政院核備內政部營建署「城鄉景觀風貌改造運動」 ◇ -2000／苗栗縣公館鄉五穀宮保存事件 ◇台中縣潭子摘星山莊保存事件 ▽施鎮洋木雕技藝傳習	◆二結庄生活文化館設立 ◆台南市文化資產保護協會成立 ◇宜蘭縣二結王公廟遷移事件

年代	政府／法令及機制	政府／政策與作為	民間活動與事蹟
1998	⊙ 8.3-2000.11.6 ／設置行政院文化資產保存維護推動小組 ● 9.7 ／內政部訂定發布「古蹟土地容積移轉辦法」（1-1 版） ☆ 12.21 ／台灣省政府虛級，俗稱「精省」 ⊙台灣首座台北市文山社區大學成立 ▲樹德科技大學古蹟建築維護系設立（2000 年改名為建築與古蹟維護系，2001 年設立碩士班，2008 年改名為建築與環境設計系）	○ 10 ／文建會首度發表《文化白皮書》（1998 年版） △台北市古蹟市長官邸再利用 △台南市古蹟原台南州廳再利用	◆台積電文教基金會成立 ◇ -2001 ／台北市四四南村保存事件 ◇ -2001 ／台北市建國啤酒廠保存事件
1999	☆ 9.21 ／清晨發生 7.3 級大地震，震央為南投，俗稱「九二一大地震」 ◆ 10 ／台灣省立博物館改隸文建會，改名為國立台灣博物館 ☆ 10.22 ／ 10 時發生 6.4 級大地震，震央為嘉義市郊，俗稱「嘉義大地震」 ☆聯合國教科文組織公布「人類口述及無形遺產傑作宣示」 ◆行政院成立九二一震災災後重建推動委員會，下設公共建設處文化資產科 ◆ -2002 ／民族音樂中心籌備處成立（2002 併入國立傳統藝術中心，改名為民族音樂研究所；2008 年併入國立台灣傳統藝術總處籌備處，改名為台灣音樂中心） ▲雲林科技大學文化資產維護研究所（2002 年大學部）設立 ▲台南藝術學院古物維護研究所設立	○ -2000 ／內政部營建署推動「創造城鄉新風貌行動方案」及「創造城鄉新風貌計劃」 ○ -2000 ／文建會委託九二一文化資產搶救小組進行災區普查 ◇ -2008 ／九二一大地震文化資產保存事件	◆鳳甲美術館設立 ◆ 10.2 ／九二一文化資產搶救小組成立 ◆財團法人新故鄉文教基金會成立 ◆財團法人古都保存再生文教基金會成立 ◆財團法人台灣交趾藝術文教基金會成立
2000	● 2.9 ／總統令第三次修正公布「文化資產保存法」（1-4 版） ● 2.25 國立海洋生物博物館成立（1991 年設立籌備處） ● 9.16 ／文建會訂定發布「重大災害歷史建築應變處理辦法」（1-1 版） ● 10.26 ／文建會訂定發布「歷史建築登錄及輔助辦法」（1-1 版） ⊙行政院成立九二一震災災後重建推動委員會文化資產督導小組 ▲台灣藝術學院傳統工藝系設立（2001 年改名為台灣藝術大學，2005 年改名為古蹟藝術修護學系）	○台灣文化資產增加「歷史建築」，以文建會為中央主管機關 ○「馬公市中央街歷史風貌特定區計畫」通過 ○「大稻埕歷史風貌特定專用區計畫」通過 ▽王漢松家具細木作技藝傳習計畫	◆林柳新紀念偶戲博物館設立 ◎吳永華《台灣歷史紀念物》出版 ◇ -2002 ／新竹市辛公館保存事件 ◇ -2002 ／嘉義市稅務出張所保存事件
2001	● 3.15 ／內政部訂定發布「古蹟修復工程採購辦法」（1-1 版） ● 3.21 ／文建會訂定發布「九二一地震災區歷史建築補助獎勵辦法」（1-1 版） ● 12.19 ／文建會等會銜第一次修正發布「文化資產保存法施行細則」（1-2 版） ☆聯合國教科文組織公布「保護水下文化遺產（Underwater Cultural Heritage）公約」 ☆政府開始施行週休二日 ◆國立台灣史前文化博物館成立（1990 年設立籌備處） ⊙文建會成立九二一震災重建區歷史建築修復輔導小組 ⊙文資中心成立歷史建築復建諮詢委員會 ▲台北大學民俗藝術研究所設立	○文建會策劃「文化資產年」活動 ○文建會推動（法國）「世界古蹟日」活動 ○文建會策劃「歷史建築百景徵選活動」 ○ -2003 ／文建會推動「歷史建築清查」 ○ --- ＞／文建會展開「閒置空間再利用計畫」 ○ --- ＞／台法合作辦理馬樂侯文化管理研討會 ○「澎湖縣西嶼鄉二崁傳統聚落特定計畫」通過 ▽林再興交趾陶技藝傳習 △台北縣古蹟原英商嘉士洋行再利用	◆世界宗教博物館設立 ◆埔里紙產業文化館設立 ◆九族文化村原住民文化館設立 ◆鹿耳門歷史文化地區地方文化館設立 ◆蘭嶼飛魚生活文化館設立 ◆宜蘭縣博物館家族協會成立 ◇ -2008 ／彰化縣鹿港龍山寺保存事件 ⊕ -2008 ／裕元教育基金會（寶成工業公司）全額贊助鹿港龍山寺修復工程 ⊕台積電文教基金會捐款從事新竹神社殘蹟、前美國駐台北領事館等調查修復 ⊕台灣美國運通基金會捐款從事淡水史蹟推廣及中部古蹟修復工程

年代	政府／法令及機制	政府／政策與作為	民間活動與事蹟
2002	☆ 3.31／下午3時，花蓮縣外海發生6.8級地震，台北市約5級，國定古蹟台灣總督府博物館（今台灣博物館）中度受損 ● 6.12／總統令第四次修正公布「文化資產保存法」（1-5版） ☆ 11-2003.9／於中國廣東爆發嚴重急性呼吸道症候群冠狀病毒（SARS-CoV），傳播至29國家以上，造成嚴重傷害 ⊙ 12／文建會設立產業文化資產調查小組 ▲臺北藝術大學建築與古蹟保存研究所設立 ▲高雄大學民族藝術學系設立（2007年改名為傳統工藝與創意設計學系） ▲輔仁大學博物館學研究所設立 ▲中原大學文化資產研究所設立（2007年併入建築系，改名為文化資產組碩士班） ▲逢甲大學歷史與文物管理研究所設立	○ --- ＞／文建會推動「台灣世界遺產潛力點計畫」，共列12處，包括太魯閣國家公園、棲蘭山原始檜木林、卑南遺址、阿里山森林鐵道、金門全島、大屯火山群、蘭嶼、紅毛城及其周邊文化歷史建築、金瓜石聚落、澎湖玄武岩、三義舊山線鐵道、玉山國家公園 ○文建會舉辦「文化環境年」系列活動 ○ --- ＞／文建會推動「產業文化資產清查」（2004年以後改稱「文化性資產清查」） ○文建會推動「文化創意產業」計畫 ○ -2004／文建會接續「社區總體營造計畫」，展開「新故鄉社區營造計畫」 ○「三峽歷史風貌特定專用區」計畫通過 ◎ -2012／林會承主編《台灣文化資產保存年鑑》2001-2011刊行（文建會文資中心、2008年以後為文資總處） ◎中華民國博物館學會《文物保護手冊》（文建會）出版 ◇ -2006／台北市台灣基督教長老教會大稻埕教堂保存事件 △台北市古蹟西門紅樓再利用 △台北市古蹟前美國大使官邸再利用	◆都蘭紅糖文化藝術館設立 ◎傅朝卿《國際歷史保存及古蹟維護：憲章、宣言、決議文、建議文》出版 ◇ --- ＞／台中市惠來遺址搶救事件 ◇ -2006／台中縣大雪山林業公司舊製材廠失火事件 ⊕ -2003／台灣美國運通基金會捐款推動「2004世界100大最值得關懷及保存的文化紀念物」
2003	● 1.5／教育部訂定「教育部補助直轄市縣（市）推動國民中小學鄉土教育要點」 ◆ 4.24／台北縣立十三行博物館正式開館（1992年奉核籌設） ☆聯合國教科文組織第32屆會議公布「保全無形文化遺產公約」	○ 2／國立文化資產保存研究中心籌備處以機構身分加入國際文化紀念物與歷史場所委員會（ICOMOS） ○文建會舉辦「文化創意年」系列活動 ○ --- ＞／文建會推動「國有宿舍總清查」 ○內政部建築研究所推動「古蹟暨歷史建築保存修復與活用科技計畫」 △台北市古蹟圓山別莊再利用 △澎湖縣歷史建築澎湖廳廳長宿舍再利用 △花蓮縣歷史建築松園別館再利用	◆震旦藝術博物館設立 ◆內灣戲院（地方文化館）設立 ◆西螺延平老街文化館設立 ◆祥太文化館設立 ◆蕭壠文化園區設立 ◆吉安鄉慶修院（地方文化館）設立 ◇大龍峒保安宮修復工程榮獲聯合國教科文組織年度「亞太文化資產保存獎」（Asia-Pacific Heritage Awards for Culture Heritage Conservation）榮譽獎 ◇望安花宅（中社村）列入「2004世界100大最值得關懷及保存的文化紀念物」之一（2004 List of 100 Most Endangered Sites） ⊕宏碁集團及台達電子文教基金會贊助修復李國鼎故居 ⊕裕元教育基金會（寶成工業公司）贊助鹿港天后宮緊急支撐工程
2004	----	○ 3／文建會第二次發表《文化白皮書》（2004年版） ○ 5.20／文建會新主委陳其南政策宣言：伸張公民文化權、推動公民美學、建立全國性文化資產保全網、推動生活劇場 ○文建會舉辦「文化人才年」系列活動	◆陽明海洋文化藝術館設立 ◆吉貝石滬文化館設立 ◎許雪姬總策劃《台灣歷史辭典》出版 ◎林衫乾、莊萬壽等主編《台灣文化事典》出版 ◇ -2006／台南市大天后宮媽祖像修復事件

年代	政府／法令及機制	政府／政策與作為	民間活動與事蹟
		▽ -2005／游禮海家具、木雕與墨繪傳習計畫 △台北市古蹟北投溫泉浴場再利用 △高雄市古蹟打狗英國領事館再利用 △基隆市歷史建築陽明海洋文化藝術館再利用	◇ -2009＞／台北縣樂生療養院保存事件 ⊕台積電文教基金會認養龍潭聖蹟亭 ⊕頂新和德文教基金會自費修復魏成美堂
2005	●2.5／總統令第五次修正公布「文化資產保存法」（文資法第2版） ●11.1／行政院發布「文化資產保存法」全文施行 ●文建會及農委會訂定或修正發布「文化資產保存法」相關子法14種 ▲臺北藝術大學博物館研究所（與科博館合辦）設立 ▲雲林科技大學文化資產維護系設立 ▲金門技術學院建築與文化資產保存學系（2007年改名為建築學系）設立	○ 3／台灣與瓜地馬拉簽署「安地瓜（Antigua）古蹟保護合作意願書」，提供70萬美金協助修復Sor Juana de Maldonado 修道院及 Las Capuchinas 聖母院再利用 ○ 4.18-2007／文建會舉辦 ICOMOS「國際文化資產日」系列活動 ○ -2008／文建會推動「社區文化性資產守護網」 ○ ---＞／文建會推動新一波「文化資產普查」 ○ -2009／客委會推動「客庄文化資源普查」 ○ -2007／台法合作辦理「文化資產詮釋人才培育計畫」 △桃園縣歷史建築大溪公會堂再利用 △台中市歷史建築台中酒廠舊廠再利用 △南投縣歷史建築草屯敷榮堂再利用 △金門縣歷史建築水頭金水國小再利用	◆埔里偏遠醫療宣教歷史見證文化館設立 ◆台灣鹽博物館設立 ◎ 1---＞／《文資學報》（台北藝大）刊行 ◆台灣花宅聚落古厝保存協會成立 ⊕ -2009／俊美行自費修復鹿港慶昌行（意樓）
2006	●3.14／文建會及農委會第二次修正發布「文化資產保存法施行細則」（第2版） ◆4／國立台灣歌仔戲劇團成立 ⊙5／文建會設置眷村文化保存推動小組 ▲8／國立台灣戲曲專科學校升格為國立台灣戲曲學院 ●8.31／考試院修正「專門職業及技術人員高等考試建築師考試規則」，規定在大學中只有建築系、建築及都市設計系、建築與都市計畫系之畢業生具備直接參與建築師考試資格，導致數所學系將原有文化資產相關名稱移除 ☆12.26／晚間屏東恆春發生7級大地震，屏東地區5座古蹟受損，以恆春城南門最嚴重 ◆行政院九二一震災災後重建推動委員會任務完成裁撤 ●文建會、農委會、內政部訂定或修正發布「文化資產保存法」相關子法11種 ⊙文建會將產業文化資產調查小組改名為文化性資產調查小組	○ 1.25／文建會新主委邱坤良政策宣言：強調民間力量活化、文化多元共榮、空間和人的互動、更多的參與分享 ○ 9-2009／由文資中心所推動的「水下文化資產保存維護發展計畫」正式展開 ○ 11.2-4／文建會與國際博物館管理委員會（INTERCOM）於台北市共同舉辦 2006 國際博物館管理委員會年會及研討會 ○ ---＞／文建會推動「眷村文化潛力發掘普查計畫」 ○ -2009／文建會推動「產業文化資產再生計畫」 ○ -2009／文建會推動「區域型文化資產環境保存及活化計畫」 ○台北市「齊東街日式宿舍街區歷史風貌特定區計畫」通過 △台北市古蹟蔡瑞月舞蹈研究社再利用	◆北埔膨風茶文物館設立 ◆苑裡有機稻場（地方文化館）設立 ⊕帝亞吉歐（Diageo）有限公司贊助文資中心修復台灣早期繪畫作品
2007	◆3.15／國立台灣歷史博物館正式設立（1999年設立籌備處） ◆10.1／文建會文化資產總管理處籌備處設立 ●文建會、內政部、國防部訂定或修正發布「文化資產保存法」相關子法7種	◎ 1---＞／《文化資產保存學刊》（文資中心，同年底改為文資總處）刊行 ○ 6.27---＞／內政部營建署首度公布國家重要濕地：國際級濕地2處、國家級濕地39處、地方級濕地35處 ◇台北市台灣民主紀念館指定事件 △台南市古蹟原台南公會堂再利用	◆王金河醫療歷史紀念館設立 ◆七美大嶼常民生活文物館設立

年代	政府／法令及機制	政府／政策與作為	民間活動與事蹟
2008	☆聯合國教科文組織公布「保全無形文化遺產（Intangible Cultural Heritage）公約執行作業準則」，並展開登錄工作 ⊙考試院於高考文化行政類科中，增加「文化資產概論與法規」考科 ▲佛光大學文化資產與創意學系設立	△金門縣歷史建築陳坑陳景蘭洋樓再利用	◆西門鹽場文化館設立 ◆4.12／台灣建築史學會成立 ⊕奇美文化基金會贊助修復台南市總趕宮
2009	☆8.8／莫拉克颱風大量雨水，導致南部山區土石流及平原地區大淹水，納瑪夏鄉小林村近乎滅村、高屏地區部分古蹟泡水、國定古蹟下淡水溪鐵橋一組桁架沖失、內埔五溝水聚落多座伙房受損、台南縣總爺糖廠泡水 ◆12.28／內政部公告成立台江國家公園	○9.16／文資總處首度頒發保存貢獻獎、保存維護獎、評審委員會特別獎 ◎11.18／文建會《台灣大百科全書（藝術文化卷）》網站上線（遠流圖書公司主編） ○---＞／文建會「台灣世界遺產潛力點計畫」增加澎湖石滬群、屏東排灣石板屋、桃園台地陂塘、樂生療養院、烏山頭水庫及嘉南大圳等5個示範地點 ○文資總處公布傳統藝術保存者及保存團體名單 ◎王嵩山主編《2005-2009台灣無形文化資產保年鑑》（文建會文資總處）出版 ◇台北市台北府城東門黨徽事件	◆5.30／中華民國傳統匠師協會成立
2010	◆1.2／「台灣工藝研究所」改制為「國立台灣工藝發展研究中心」 ◆1.12／「行政院組織法」修正案通過，自2012年5月20日文建會改名為文化部 ●2.3／「文化創意產業發展法」公布施行 ◆2.11／台南縣政府文化處所屬「南瀛眷村文物館」揭幕 ◆2.13／客委會於新竹縣新瓦屋聚落成立全國第一個「文化保存區」 ☆3.4／爆發6.4級大地震，震央在高雄縣甲仙鄉，導致台南市興濟宮、台南市祀典武廟、高雄市台灣煉瓦會社打狗工廠（中都唐榮磚窯廠）、高雄縣美濃菸樓等受損 ◆4.3／「澎湖生活博物館」正式啟用 ●5.13／國防部發布「國軍老舊眷村文化保存選擇及評選辦法」 ◆10.16／宜蘭烏石港的「蘭陽博物館」開幕 ●11.12／通過「國家公園法」的部分條文，得以成立「國家自然公園」，隨後包括：壽山國家自然公園、台中都會公園、高雄都會公園 ●12.25／台南市與台南縣合併為台南市、台中市與台中縣合併為台中市、高雄市與高雄縣合併為高雄市、台北縣改稱為新北市，均改制為直轄市 ◆12.25／「台中市文化資產管理中心」正式營運（2.4先設立籌備處），2014年1月改稱為「台中市文化資產處」	○文資總處公布交趾陶、石滬等保存技術及其保存者名單 ○3.6／台北市社教館開設「大稻埕戲苑」 △台北縣政府城鄉局完成三峽、深坑老街改造工程之後，展開新莊老街改造計畫 ○4.14／澎湖望安花宅聚落被登錄為全國第一個「重要聚落」 ⊙10.20／組成「世界遺產推動委員會」，通過審查非物質文化遺產 ◎12／出版《水下考古技術與案例介紹》	◇3.10-15／清水社口楊宅的楊肇嘉祖厝被拆，台中縣文化局展開其餘兩棟古宅保護工作，於3月15日將其指定為縣定古蹟 ◆4.11／台灣的「國民信託協會」成立 ◎5／江樹生經歷10多年的《熱蘭遮城日誌》翻註出版（全部為1-4冊） ◇8-9／文化總會將中研院史語所保存的甲骨文申請登錄為「世界記憶」，遭聯合國相關單位的退回 ◇9／日本文豪水上勉父親所建的古宅，遷移至淡水重建，將其命名為「一滴水紀念館」 ◇9／西班牙仿大航海時代的安達魯西亞號（Andalucia於17世紀時稱為加雷翁艦Galeon）停泊頭城烏石港 ☆10.27／賽德克文史傳承協會與清流社區協會舉辦「馬赫坡古戰場」巡禮與學術研討會

年代	政府／法令及機制	政府／政策與作為	民間活動與事蹟
2011	◆ 2.28／「228 國家紀念館」開館 ◆ 8.19／台江國家公園管理處公布於鹽水西北岸設置遊客及行政服務園區 ◆ 10.25／「文化資產保存法」部分修正公布，包括：保存私有文化資產、容積移轉等 ◆ 10.29／「台灣歷史博物館」開館	△ 5.8／緊鄰烏山頭水庫的八田與一故居群的紀念園區修復完成後開幕 ○ 7／馬祖亮島出土 8,200 年前的人骨 ○ 9／行政院文建會公布「重要傳統藝術保存者」7 項 8 人 △ 9.25／台北市萬華「糖廍文化園區」開幕 △ 11.4／新北市淡水嘉士洋行修復完成後，稱之為「淡水文化園區」開放 △ 12.18／國定古蹟霧峰林家花園五桂樓修復完成 ◎ 12-2017.11／一心一藝：巨匠的技與美 1-7	◆ 1.1／在邵族人爭取下，日月潭國家風景區管理處同意將拉魯島回歸邵族所有 ◇ 2.5／蘭嶼朗島部落 10 人大船下海 ◇ 3.13／澎湖烏崁史姓家族修復打造的古厝京兆堂落成 ◇ 6.29／蘭嶼雅美族人 18 槳大船「拜訪號」下海出航，以 18 天拜訪台灣島 ◇ 新北市土城爆發普安堂保存事件 ◇ 9.16／新北市九份的「昇平戲院」重新開幕 ◇ 9.20／台中市暫定古蹟瑞成堂的大厝身及圍牆遭到破壞
2012	◆ 5.20／原行政院文化建設委員會改制為「文化部」，文建會文化資產總管理處籌備處改制為「文化部文化資產局」	○ 3.24／南投縣草屯月眉「刑期無刑」被指定為民間第一筆重要古物 ○ 3.27／國防部與文化部共同公告選定 13 處「國軍老舊眷村文化保存區」，包括：新北市三重一村、桃園縣馬祖新村、新竹市忠貞新村、新竹縣湖口裝甲新村、台中市信義新村、彰化縣中興莊、台南市志開新村、高雄市左營明建新村、高雄市鳳山黃埔新村等、屏東縣勝利新村及崇仁新村、澎湖縣篤行十村、台北市中心新村、雲林縣建國二村 ◎ 重要聚落望安花宅聚落保存與再發展計畫公布	◇ 5.17／台灣首度於 1955 年 4 月勇渡太平洋的木帆船「自由中國號」的尚存船體自美國運返基隆 ◆ 11.4-11／第十五屆國際工業遺址保存委員會會員大會暨學術研討會於台北舉辦 ◇ 大坪林十四張劉家聚落共有 7 座厝仔及家廟自本年底後依序遭到拆除，其中的 3 座預計於 2020 年以後另地重建
2013	● 6／文化資產局舉辦「公有古蹟歷史建築管理維護評鑑獎勵計畫」 ◆ 7.24／台中文化創意園區「酒文化館」正式開幕	○ 9／傳統建築鹽害處理國際研討會 ○ 11／台灣眷村文化與保存：檢討與展望研討會	☆ 11／保存的軌跡：台灣文化資產保存機制研討會 ◇ 碧潭吊橋被指定為市定古蹟，但其安全性隨後面臨附近建築營建的壓力
2014	● 2.6／訂定發布「古蹟管理維護資料檔案與彙送要點」 ● 12.25／桃園縣改名為桃園市，改制為直轄市	○ 5、10／召開「文化性資產調查小組會議」 ○ 7／將澎湖馬公的澎湖郵便局及原電信局宿舍做為水下工作站場址，隨後發展成為水下工作展覽室 ○ 8／舉辦三次「文化資產氣候地圖建置技術研習」 ◎ 10／出版《潛探水下考古》	☆ 7／中華民俗藝術基金會辦理「向大師學習：傳統藝術研習營」，學習主題包括：廖瓊枝歌仔戲、林吳素霞南管戲、陳錫煌布袋戲、客家音樂等
2015	◆ 8.14／舉辦「文化部文化資產學院」揭牌儀式 ● 12.9／公布施行「水下文化資產保存法」	◎ 1／《文化部文化資產局年報》（2012-）出版 ○ 3.30-11.11／文資局舉辦「文化資產講座：世界遺產系列講座」，共 10 場 ◎ 12／出版《台灣產業文化資產體系與價值：台灣煤礦、台灣閃玉篇》 ◎ 12／出版《眷村文化資產系列 13：眷村的空間與記憶》	◆ 8.31-9.4／文化資產檔案國際委員會（CIPA）為國際文化紀念物與歷史場所委員會（ICOMOS）的科學委員會之一，於台北舉辦第 25 屆大會及研討會，並發表「台北宣言」 ☆ 10.18／屏東縣魯凱族好茶舊社石板屋聚落獲選為世界建築文物守護計畫（或稱為世界文化紀念物守護計畫，WMW）的案例之一
2016	☆ 2.6／高雄「美濃地震」爆發於高雄及台南一帶，對許多建築造成傷害 ● 7.27／「文化資產保存法」（文資法第 3 版）修正通過	◎ 3／出版《台灣附近海域水下文化資產普查計畫報告輯第一階段報告》	◇ -2018／台北三井物產株式會社倉庫遭到移建

年代	政府／法令及機制	政府／政策與作為	民間活動與事蹟
2017	● 7.27／「文化資產保存法施行細則」修正通過 ● 12.11／發布「文化部辦理傳統匠師資格審查作業要點」	○ 4.13／「再造歷史現場專案計畫」督導會議 ○ 7.16／「傳統工匠技術能力分級制度研擬推動」座談會	◇ 4／位於台南烏山頭水庫北側的八田與一銅像遭到鋸斷 ◇ 8／位於台北士林的圓山水神社遭到破壞 ◇位於台北城內的菊元百貨店面臨拆除改建
2018	● 5.22／發布「文化部再造歷史現場專案計畫補助作業要點」 ● 10.9／發布「古蹟歷史建築紀念建築管理維護評鑑獎勵要點」	○ 1.18／文資局與馬來西亞檳城喬治市世界遺產機構（GTWHI）共同簽署備忘錄 ○ 4.13／台灣首屆世界記憶國家名錄公布，包括：登錄 9 案，暫時保留 5 案 ◎ 6／出版《文物普查及暫行分級作業手冊》及《文物普查動手做》 ○ 7.6-25／於檳城及麻六甲舉辦台灣傳統建築修復策展、建築修復暨保存論壇、傳統建築工藝示範體驗	◇ 2／新竹市溫厝太原第遭到拆除 ◇ 5／苗栗陳愷悌古厝遭到拆毀 ◇ 6／苗栗陳氏家祠遭到拆毀 ◇ 10／北投汾陽居遭到部分拆除
2019	☆ 12.1-／中國爆發武漢肺炎（COVID-19，新冠肺炎），隨後傳播至亞洲、歐洲、美洲、非洲等地，對全世界的國家造成嚴重傷害	----	◇草山御賓館頹圮

說明：本表僅收錄主要事蹟，相關資料詳見其他各表及主文。

〔表2〕台灣文化資產保存法規增修年表

年 代		法 令 名 稱	
1871	明治 4	日本公布施行「古器舊物保存法」	----
1896	明治 29	1.18／台灣總督府「本島廟宮寺院保護相關規則告諭」	----
1897	明治 30	日本政府於日本本土施行「古社寺保存法」	----
1916	民國 5	----	10／中華民國北洋政府內務部於中國本土公布「保存古物暫行辦法」
1919	大正 8	4.10／日本政府於日本本土施行「史蹟名勝天然紀念物保存法」	----
1920	大正 9	日本內務省發布「史蹟名勝天然紀念物調查要目認定標準」	----
1922	大正 11	12.29／台灣總督府公布「行政諸法台灣施行令」，包括「質屋取締法」、「海港檢疫法」等	----
1924	民國 13	----	中華民國北洋政府內務部於中國本土公布「古籍、古物及古跡保存法草案」，以防範清室盜賣紫禁城文物
1928	民國 17	----	9.13／中華民國國民政府於中國本土公布「名勝古蹟古物保存條例」
1930	昭和 5 民國 19	2.26 台灣總督府公布「行政諸法台灣施行令」，包括「史蹟名勝天然紀念物保存法」 9.21／台灣總督府發布「史蹟名勝天然紀念物保存法施行規則」 9.21／台灣總督府發布「史蹟名勝天然紀念物保存法取扱規程」 10.16／台灣總督府發布「史蹟名勝天然紀念物調查會規程」（1942.11.12 第一次修正）	6.7／中華民國國民政府於中國本土公布「古物保存法」
1931	民國 20	----	6.12／中華民國國民政府於中國本土施行「古物保存法」 7.3／中華民國國民政府行政院公布「古物保存法施行細則」
1934	民國 23	---	11／國府令准「中央古物保管委員會辦事規則」備案
1935	民國 24	---	3.16／中華民國國民政府行政院公布「採掘古物規則」 6.15／中華民國國民政府行政院公布「暫定古物之範圍及種類大綱」 11.19／第一次修正公布「古物保存法」（第 9 條）
1946	民國 35	3.7／台灣省行政長官公署民政處訓令「奉令拆毀日偽及漢奸建築碑塔等記念物轉令遵辦」	
1968	民國 57	內政部展開「古物保存法」修正 5／內政部將「古物保存」修正草案送呈行政院，隨後發還改擬「古物古蹟保存法」	
1972	民國 61	11.22／教育部與內政部將「古物古蹟保存」草案送呈行政院，隨後發還重擬	
1974	民國 63	2.25／內政部函「清除台灣日據時代表現日本帝國主義優越感之殖民統治紀念遺跡要點」	
1976	民國 65	9.15／台灣省政府訂頒「台灣省政府補助各縣市修復古蹟實施要點」	
1978	民國 67	5.8／內政部將「古物古蹟保存法」草案修訂報院，5.18 發還重擬 8／教育部成立「古物古蹟保存法」修訂專案小組，包括機關代表 19 位、專家學者藍蔭鼎、漢寶德、尹建中、楊雲萍、姚夢谷、劉平衡、王壯為、李鴻球 8 位	
1979	民國 68	11.21／教育部訂定發布「專科學校專業及技術教師遴聘辦法」	

年　代		法　令　名　稱
1980	民國 69	4.23／教育部與內政部將草案改名為「文化資產保存法」草案函送行政院 7／行政院將「文化資產保存法」草案送回教育部 8／教育部完成總說明書後將「文化資產保存法」草案函送行政院 12.30／行政院通過「文化資產保存法」草案，並送請立法院審議
1981	民國 70	1.9／立法院第 66 會期第 29 次會議一讀「文化資產保存法」草案 5.13-1982.1.7／立法院教育、內政、經濟、司法聯席會議經 10 次討論後，通過「文化資產保存法」草案
1982	民國 71	5.26／總統令公布「文化資產保存法」（1-1 版）並廢止「古物保存法」
1984	民國 73	2.22／文建會等會銜發布「文化資產保存法施行細則」（1-1 版） 9.19／教育部訂頒「教育部加強維護及發揚民族藝術實施要點」
1989	民國 77	6.14／農委會訂頒「行政院農業委員會自然文化景觀審議小組設置要點」（2006.1.25 廢止）
1992	民國 81	7.1／總統令公布「文化藝術獎助條例」（1-1 版）
1994	民國 83	1.18／內政部發布「內政部辦理大陸地區民俗文物輸入台灣地區認定作業要點」（2006.3.30 廢止）
1995	民國 84	7.7／教育部發布「國外地區保存之古物運入國內展覽作業要點」（2005.11.8 廢止）
1996	民國 85	6.5／教育部訂定發布「大學聘任專業技術人員擔任教學辦法」
1997	民國 86	1.8／教育部訂頒「古物分級指定實施要點」（2005.11.8 廢止） 1.22／總統令第一次修正公布「文化資產保存法」（1-2 版） 4.30／教育部訂定發布「公有古物複製品管理辦法」（1-1 版） 5.14／總統令第二次修正公布「文化資產保存法」（1-3 版） 7.30／教育部訂定發布「重要民族藝術藝師遴聘辦法」 10.14／台灣省政府訂定「台灣省政府文化處保存地方文獻、民俗、文物補助作業要點」
1998	民國 87	4.1／台灣省文化基金會「台灣省文化基金會保存地方文獻、史蹟、民俗、文物獎助要點」 7.3／內政部訂頒「古蹟指定審查處理要點」（2006.3.30 廢止） 9.7／內政部訂定發布「古蹟土地容積移轉辦法」（1-1 版） 9.19／教育部訂定發布「教育部加強維護及發揚民族藝術實施要點」
1999	民國 88	2.3／教育部訂定發布「大陸地區古物運入台灣地區公開陳列展覽作業辦法」（1-1 版） 6.29／教育部訂定發布「古物捐獻者獎勵辦法」（2005.12.13 廢止） 6.29／教育部訂定發布「無主古物發現人獎勵辦法」（2005.12.13 廢止） 10.4／內政部第一次修正發布「古蹟土地容積移轉辦法」（1-2 版）
2000	民國 89	2.9／總統令第三次修正公布「文化資產保存法」（1-4 版） 9.16／文建會訂定發布「重大災害歷史建築應變處理辦法」（1-1 版） 10.26／文建會訂定發布「歷史建築登錄及輔助辦法」（1-1 版）
2001	民國 90	3.15／內政部訂定發布「古蹟修復工程採購辦法」（1-1 版） 3.21／文建會訂定發布「九二一地震災區歷史建築補助獎勵辦法」（1-1 版） 3.29／文建會訂定發布「九二一地震災區歷史建築修復工程採購辦法」 3.29／文建會訂定發布「九二一地震災區公有歷史建築管理維護辦法」 5.4／文建會訂定發布「九二一震災重建區歷史建築修復輔導小組設置要點」 7.20／文建會訂定發布「重大災害歷史建築應變處理小組設置要點」 6.18／文建會展開「文化資產保存法」第 2 版修正草案研商。 11.7／內政部訂定發布「重大災害古蹟應變處理辦法」（2006.3.24 廢止） 12.19／文建會等會銜第一次修正發布「文化資產保存法施行細則」（1-2 版） 12.28／內政部訂定發布「古蹟委託管理維護辦法」（2006.3.29 廢止）
2002	民國 91	6.12／總統令第四次修正公布「文化資產保存法」（1-5 版） 6.12／總統令修正發布「文化藝術獎助條例」（1-2 版） 8.7／內政部訂頒「古蹟保存獎勵要點」（2006.3.29 廢止） 12.16／內政部修正發布「古蹟修復工程採購辦法」（1-2 版） 12.30／文建會修正發布「九二一地震災區歷史建築補助獎勵辦法」（1-2 版） 12.31／文建會將「文化資產保存法」第五次修正草案陳報行政院
2003	民國 92	5.28／行政院通過「文化資產保存法」第五次修正草案 10.29／立法院展開「文化資產保存法」第五次修正草案審查會
2004	民國 93	1.29／內政部訂頒「內政部發揚民俗及文物保存補助作業要點」（2006.2.7 廢止） 2.28／教育部修正發布「大陸地區古物運入台灣地區公開陳列展覽作業辦法」（1-2 版）

年 代		法 令 名 稱
2005	民國 94	1.18／立法院三讀通過「文化資產保存法」第五次修正草案 2.5／總統令第五次修正公布「文化資產保存法」（第2版） 2.5／行政院發布「文化資產保存法」（第2版）第92條施行 11.1／行政院發布「文化資產保存法」（第2版）全部施行 11.1／文建會發布「暫定古蹟條件及程序辦法」（1-1版） 11.18／文建會及農委會會銜發布「文化資產審議委員會組織準則」 12.15／文建會訂頒「古蹟歷史建築審議委員會設置要點」（1-1版） 12.30／文建會發布「文化資產獎勵補助辦法」 12.30／文建會發布「文化資產保存技術保存傳習及人才養成輔助辦法」 12.30／文建會發布「古蹟管理維護辦法」 12.30／文建會發布「古蹟修復及再利用辦法」 12.30／文建會發布「聚落登錄廢止審查及輔助辦法」（1-1版） 12.30／文建會發布「文化景觀登錄及廢止審查辦法」（1-1版） 12.30／文建會發布「古物分級登錄指定及廢止審查辦法」 12.30／文建會修正發布「公有古物複製及監製管理辦法」，原名稱「公有古物複製品管理辦法」（1-2版） 12.30／文建會發布「遺址指定及廢止審查辦法」 12.30／文建會發布「遺址監管保護辦法」 12.30／文建會發布「遺址發掘資格條件審查辦法」 12.30／文建會發布「傳統藝術民俗及有關文物登錄指定及廢止審查辦法」
2006	民國 95	1.6／農委會林務局發布「自然地景指定及廢止辦法」 1.6／農委會林務局發布「申請進入自然保留區許可辦法」 1.12／文建會發布「古蹟指定及廢止審查辦法」（1-1版） 1.12／文建會修正發布「古蹟歷史建築及聚落修復或再利用採購辦法」，原名稱「古蹟修復工程採購辦法」（1-3版） 1.12／文建會修正發布「歷史建築登錄廢止審查及輔助辦法」，原名稱「歷史建築登錄及輔助辦法」（1-2版） 1.12／文建會修正發布「古蹟及歷史建築重大災害應變處理辦法」，原名稱「重大災害歷史建築應變處理辦法」（1-2版） 1.12／文建會修正發布「大陸地區古物運入台灣地區公開陳列展覽許可辦法」（1-3版） 1.23／文建會發布「古蹟歷史建築及聚落保存維護補助作業要點」（1-1版） 1.25／農委會林務局訂定「自然地景審議委員會設置要點」 2.27／文建會函頒「遺址審議委員會設置要點」 2.27／文建會訂定發布「古物審議委員會設置要點」 3.14／文建會及農委會第二次修正發布「文化資產保存法施行細則」（第2版） 3.17／農委會林務局發布「自然地景保存獎勵辦法」 4.14／內政部第二次修正發布「古蹟土地容積移轉辦法」（1-3版） 8.22／文建會第一次修正發布「古蹟歷史建築及聚落保存維護補助作業要點」（1-2版）
2007	民國 96	1.15／文建會訂定「古蹟歷史建築及聚落修復或再利用勞務委任主持人列冊申請及審查作業要點」 1.15／文建會訂定「古蹟歷史建築及聚落修復或再利用勞務委任主持人列冊審查委員會設置要點」 1.15／文建會訂定「古蹟歷史建築及聚落修復或再利用勞務委任主持人培訓作業要點」 5.11／內政部第三次修正發布「古蹟土地容積移轉辦法」（1-4版） 6.25／文建會與內政部會銜發布「古蹟歷史建築及聚落修復或再利用建築管理土地使用消防安全處理辦法」 7.26／文建會修正發布「大陸地區古物運入台灣地區公開陳列展覽許可辦法」，原名稱「大陸地區古物運入台灣地區公開陳列展覽作業辦法」（1-3版） 9.13／文建會、國防部及教育部會銜訂定發布「國防文物及軍事遺址管理實施辦法」 11.26／文建會訂定「國寶及重要古物出進口作業要點」 11.26／文建會訂定「國外地區中華古物運入國內展覽作業要點」（1-1版） 12.4／文建會修正發布「古蹟指定及廢止審查辦法」（1-2版） 12.4／文建會修正發布「暫定古蹟條件及程序辦法」（1-2版） 12.11／文建會訂頒「文化資產保存技術及其保存者審議委員會設置要點」
2008	民國 97	2.26／文建會第一次修正發布「古蹟歷史建築審議委員會設置要點」（1-2版）
2009	民國 98	1.8／文建會修正發布「國外地區中華古物運入國內展覽作業要點」（1-2版） 2.4／文建會第一次修正發布「聚落登錄廢止審查及輔助辦法」（1-2版） 2.4／文建會第一次修正發布「文化景觀登錄及廢止審查辦法」（1-2版）

年 代		法 令 名 稱
2010	民國 99	1.8 ／修正發布「遺址監管保護辦法」 2.3 ／總統令公布「文化創意產業發展法」 3.2 ／修正發布「古蹟指定及廢止審查辦法」 5.31 ／修正發布「傳統藝術民俗及有關文物登錄指定及廢止審查辦法」 10.19 ／修正發布「古蹟歷史建築及聚落修復或再利用建築管理土地使用消防安全處理辦法」 11.10 ／修正發布「遺址指定及廢止審查辦法」
2011	民國 100	2011.11.9、2012.4.20、2012.5.15 ／「文化資產保存法」第 4、6、35、90、103 條修正公布
2012	民國 101	6.18 ／修正發布「古蹟修復及再利用辦法」 6.18 ／修正發布「古蹟歷史建築及聚落修復或再利用採購辦法」
2013	民國 102	10.28 ／修正發布「文化資產審議委員會組織準則」第 3、5、7、9 條
2015	民國 104	8.14 ／修正發布「文化景觀登錄及廢止審查辦法」 8.31、9.3 ／文化部等主管機關修正發布「文化資產保存法施行細則」第 7-1、15-1、16 條 9.8 ／修正發布「遺址監管保護辦法」
2016	民國 105	4.26 ／修正發布「文化景觀登錄及廢止審查辦法」 7.27 ／總統修正公布「文化資產保存法」全文 113 條 12.1 ／訂定發布「公有文化資產補助辦法」
2017	民國 106	6.22 ／訂定發布「公有古物管理維護辦法」 6.28 ／修正發布「考古遺址指定及廢止審查辦法」，原名稱「遺址指定及廢止審查辦法」 6.28 ／修正發布「考古遺址監管保護辦法」，原名稱「遺址監管保護辦法」 6.28 ／修正發布「考古遺址發掘資格條件審查辦法」，原名稱「遺址發掘資格條件審查辦法」 6.28 ／訂定發布「考古遺址調查研究發掘採購辦法」 6.28 ／修正發布「古物分級指定及廢止審查辦法」，原名稱「古物分級登錄指定及廢止審查辦法」 6.28 ／修正發布「公有古物複製及監製管理辦法」 6.29 ／修正發布「傳統表演藝術登錄認定及廢止審查辦法」，原名稱「傳統藝術民俗及有關文物登錄指定及廢止審查辦法」 6.29 ／訂定發布「傳統工藝登錄認定及廢止審查辦法」 6.29 ／訂定發布「口述傳統登錄認定及廢止審查辦法」 6.29 ／訂定發布「民俗登錄認定及廢止審查辦法」 6.29 ／訂定發布「傳統知識與實踐登錄認定及廢止審查辦法」 6.29 ／訂定發布「文化資產保存技術及保存者登錄認定廢止審查辦法」 6.29 ／修正發布「文化資產保存技術保存傳習活用及保存者輔助辦法」，原名稱「文化資產保存技術保存傳習及人才養成輔助辦法」 7.4 ／修正發布「文化資產獎勵補助辦法」 7.8 ／修正發布「自然地景與自然紀念物指定及廢止審查辦法」，原名稱「自然地景指定及廢止辦法」 7.12 ／訂定發布「出資修復公有文化資產租金減免辦法」 7.12 ／訂定發布「國寶及重要古物運出入處理辦法」 7.12 ／訂定發布「文物運出入申請辦法」 7.18 ／文化部等主管機關訂定發布「原住民族文化資產處理辦法」 7.19 ／訂定發布「公有及接受補助文化資產資料公開辦法」 7.27 ／文化部等主管機關修正發布「文化資產保存法施行細則」全文 7.27 ／修正發布「文化資產審議會組織及運作辦法」，原名稱「文化資產審議委員會組織準則」 7.27 ／修正發布「古蹟指定及廢止審查辦法」 7.27 ／修正發布「歷史建築紀念建築登錄廢止審查及輔助辦法」，原名稱為「歷史建築登錄廢止審查及輔助辦法」 7.27 ／訂定發布「聚落建築群修復及再利用辦法」 7.27 ／修正發布「暫定古蹟條件及程序辦法」 7.27 ／修正發布「古蹟修復及再利用辦法」 7.27 ／訂定發布「聚落建築群修復及再利用辦法」 7.27 ／修正發布「古蹟歷史建築紀念建築及聚落建築群建築管理土地使用消防安全處理辦法」，原名稱「古蹟歷史建築及聚落修復或再利用建築管理土地使用消防安全處理辦法」 7.27 ／修正發布「古蹟歷史建築紀念建築及聚落建築群重大災害應變處理辦法」，原名稱「古蹟及歷史建築重大災害應變處理辦法」 7.27 ／修正發布「古蹟歷史建築紀念建築及聚落建築群修復或再利用採購辦法」，原名稱「古蹟歷史建築及聚落修復或再利用採購辦法」 7.27 ／訂定發布「古蹟保存計畫作業辦法」 7.27 ／訂定發布「史蹟登錄及廢止審查辦法」 7.27 ／修正發布「文化景觀登錄及廢止審查辦法」 7.27 ／訂定發布「史蹟文化景觀建築管理土地使用消防安全處理辦法」

年 代		法 令 名 稱
		7.27／修正發布「自然地景及自然紀念物獎勵補助辦法」，原名稱「自然地景保存獎勵補助辦法」
		8.29／訂定發布「文化部文化資產審議會旁聽要點」
		11.13／修正發布「文化部文化資產審議會旁聽要點」
2018	民國107	5.7／修正發布「出資修復公有文化資產租金減免辦法」
		8.8／修正發布「文化部文化資產審議會旁聽要點」
		11.7／修正發布「公有古物管理維護辦法」
2019	民國108	4.22及12.31／修正發布「文化資產審議會組織及運作辦法」
		8.16／修正發布「史蹟登錄及廢止審查辦法」
		8.16／修正發布「文化景觀登錄及廢止審查辦法」
		8.16／修正發布「聚落建築群修復及再利用辦法」
		8.22／修正發布「歷史建築紀念建築登錄廢止審查及輔助辦法」
		8.23／修正發布「古物分級指定及廢止審查辦法」
		9.9／修正發布「古蹟歷史建築紀念建築及聚落建築群修復或再利用採購辦法」
		9.12／修正發布「古蹟指定及廢止審查辦法」
		9.12／修正發布「古蹟修復及再利用辦法」
		9.26／修正發布「暫定古蹟條件及程序辦法」
		11.29／修正發布「考古遺址指定及廢止審查辦法」
		12.12／文化部等主管機關修正發布「文化資產保存法施行細則」第4、14、14-1、17、18、29條
		12.12／修正發布「古蹟指定及廢止審查辦法」

說明：本表僅列中央主管機關公布或發布之主要法規。

資料來源：
1. 黃俊銘1996《日據時期台灣文化資產研究與保存文獻彙編：以史蹟名勝天然紀念物為主（文獻彙編部分）（文獻導讀部分）》。台北：文建會。
2. 中央古物保管委員會編1935《中央古物保管委員會議事錄》頁56-69。
3. 洪泉湖1985《我國文化資產保存政策之形成》。台北：文史哲出版社。
4. 教育部1981《研訂文化資產保存法草案資料彙編》。台北：教育部。
5. 立法院秘書處編印1983《文化資產保存法案（附古物保存法廢止案）》（法律案專輯 第47輯 教育17）。台北：立法院秘書處。
6. 林會承2006〈台灣新舊「文化資產保存法」的比較〉，收于林會承主編《2006文化資產行政國際研討會論文集》頁121-144。台北：文建會。
7. 文建會法規會2009《文化法規彙編》（2009年11月版）。台北：文建會。
8. 文化部文化資產局《文化資產法規彙編》（2017年9月版）。台中：文化資產局。

【表3】 台灣文化資產保存事件年表

年代	事件名稱	事件概述
1900	台北市急公好義坊遷建事件	1880（光緒 6）年淡水縣貢生洪騰雲捐建台北府城考棚，1887（光緒 13）年巡撫劉銘傳奏請建坊表揚，次年設立於石坊街，今台北市衡陽路與重慶南路交口西側。1900（明治 33）年因開闢計畫道路，由台北市區計劃委員長村上義雄建議移築至台北公園（今二二八公園）西南角，獲民政長官後藤新平准許。本事件為近代台灣第一個遷建保存案例。
1901 -1906	台北市黃氏節孝坊遷建事件	為表彰艋舺儒士王家霖妻黃氏寡居 40 年而建的牌坊，原位於東門街、祕書官邸計畫用地上，今台北市外交部與凱達格蘭大道交界處。1901（明治 34）年管理人捐為國有財，以利遷移至國有地上。原計畫移築至台北公園（今二二八公園），後建議改至圓山公園，1906（明治 39）年最終遷建於台北公園東北角上。
ca. 1912 -1924	台中市清台灣省儒學考棚遷移事件	1885（光緒 11）年台灣建省，以台中為省城。1891（光緒 17）年興建完成儒學考棚共 100 多間房舍，供鄉試之用。1895 年日治以後，考棚失去功能。1912-1913（大正 1-2）年台灣總督府於原儒學考棚所在地興建台中州廳，將多數館舍解體拆除，其正堂 7 間，移築於原地界內，即今台中市政府民生路邊緣；1924（大正 13）年將主樓（湧泉閣）移築至水源地。
1915 -1918	台南市孔子廟解體修復	原為明鄭於 1666（永曆 20）年所建太學，台灣入清後改為府儒學，有聖廟、明倫堂、文昌閣等建築物。1915（大正 4）年台南廳長枝德二募款倡修，由台南廳技師森田松三郎、尾辻國吉、柏谷熊吉負責所有建築體解體及測繪，依原貌修復及重組，將所有家具及器物整修，並將部分廊下、左右兩側圍牆拆除，1917（大正 6）年開工，次年 6 月完工落成。（註 1）台南孔子廟解體修復，為台灣首次以今「文化資產保存法」精神修復的案例。
ca. 1925 -1936	台北市欽差行台移築事件	1894（光緒 20）年落成，原位於清台灣省布政使司衙門之西，為三列、四落建築，左右兩列曾短暫供籌防局使用，日治初期為台灣總督府辦公處所（1895-1919），後做為不同學校校舍及單位的辦公廳或展覽會場。昭和初年（1925-）因位於台北公會堂及計畫道路用地上將遭拆除，由井手薰、栗山俊一等人發起保存活動，1930（昭和 5）年修繕完成。1931（昭和 6）年以台北市官員為主之拆除改建公會堂主張獲准定案，引發拆存兩派人士的對抗。次年將中央部分及花園遷建於台北植物園，兩側的部分建築遷建於圓山動物園（舊圓山育樂中心）及淨土宗台北別院（今善導寺）。（註 2）1936（昭和 11 年）年 12 月台北公會堂完工落成。
1929 -1930	台南市安平熱蘭遮城保存事件	俗稱安平古堡，為荷蘭聯合東印度公司（V.O.C）建於 1624-1644 年的城堡（Casteel Zeelandia），以做為台灣的統治中心。1868（同治 7）年因清軍誤引爆火藥而損毀，隨後陸續遭到破壞。1897（明治 30）年安平稅關於基地上拆牆建官舍，台南縣知事磯貝氏提出諫言。1929-1930（昭和 4-5）年總督府技師栗山俊一進行測繪，台南州及總督府出資徵收城內土地，並進行城壁及城內的整修工程。1933（昭和 8）年總督府依據「史蹟名勝天然紀念物保存法」指定為史蹟熱蘭遮城。
1930 -1931	屏東縣墾丁寮遺址發掘	位於屏東縣恆春鎮墾丁石牛溪河海交界處、大尖石山下的石器時代遺跡。1930（昭和 5）年由宮本延人進行調查，次年由宮本延人、移川子之藏、宮原敦進行 3 次發掘，出土石棺 25 具，以及骨骸、石器、土器、骨器及貝類，距今 3,500-4,500 年之間，為台灣第一次正式考古發掘。1935（昭和 10）年總督府依據「史蹟名勝天然紀念物保存法」指定為史蹟墾丁寮石器時代遺跡。
1936 -1937	基隆市北荷蘭城考古發掘	原為西班牙人於 1626 年始建、1634 年擴建之聖薩爾瓦多城（San Salvador）。1642 年荷蘭人占領後，於 1664 年在基地上興建 102 公尺見方、有四個稜堡的方形城堡，稱為北荷蘭城（Noord Holland Fort）。清領之後，此城荒廢。1933（昭和 8）年總督府依據「史蹟名勝天然紀念物保存法」將其殘蹟指定為史蹟北荷蘭城。1936（昭和 11）年台北帝大土俗學人種學研究室講座教授移川子之藏、村上直次郎、岩生成一、松本盛長、中村孝志及宮本延人等人進行考古發掘，當時東南方稜堡（San Sebastian）、以及部分壘石城壁尚存，1937-1943（昭和 12-18）年日本政府因太平洋戰爭，於此地興建乾船塢，導致遺跡消失。（註 3）
1942 -1944	台南市普羅民遮城保存事件	俗稱赤崁樓，為荷蘭聯合東印度公司（V.O.C）於 1652 年因課稅而爆發郭懷一事件，赤崁地區淪陷，於 1653-1655 年所建的城堡（Casteel Provintia）。清領之後，曾充當承天府衙及火藥庫，1721（康熙 60）年朱一貴事件遭到破壞，隨後因地震導致屋宇傾塌。1875（光緒 1）年於台基上興建海神廟，隨後興建文昌閣及大士殿。1930 年前總督府技師栗山俊一進行測繪，1935（昭和 10）年總督府依據「史蹟名勝天然紀念物保存法」指定為史蹟普羅民遮城。1942（昭和 17）年台南市尹羽鳥又男倡修赤崁樓，隨後由大倉三郎、山中樵、千千岩助太郎、顏水龍、盧嘉興組成工作團隊，解體修復文昌閣、拆除大士殿，1944（昭和 19）年 12 月完工落成。千千岩助太郎因此工程，於 1944 年應聘至台南高等工業學校，為建築學科（今成大建築系前身）創科主任。

年代	事件名稱	事件概述
1967 -1986	台北縣板橋林家花園保存事件	原名板橋別墅，建於1888-1893（光緒10-15）年，與台南吳園（1827-1830）、新竹潛園（1849-1864）、新竹北郭園（1851-1852）、霧峰萊園（1893、1906）等為台灣著名之漢式私園。1949年以後由黨務人員與大陳義胞遷入使用，遭致嚴重破壞。1967年台北縣政府奉上級政策指示，成立整建促進委員會，委請漢寶德、洪文雄於1973年完成《板橋林宅調查研究及修復計畫》一書，同年底經都市計畫核定，但未執行。1976年占住戶遷出，林家捐出花園。次年台北縣政府委託台大土木系夏鑄九從事保存規劃，1982年展開修復工作，1984年經內政部指定為第二級古蹟林本源園邸，1986年第一次修復完成。為台灣戰後文資保存首例。
1970 -1975	彰化縣彰化孔子廟保存事件	始建於1726（雍正4）年，經11次修改建，為台灣保存最完整清代孔子廟之一。1970年因年久失修及占住戶破壞，殘破不堪，彰化縣政府擬拆除，新建於八卦山上，引發施翠峰、席德進等人之反對，透過輿論呼籲保存。1975年經內政部同意整修舊廟，並委請漢寶德主持其事，1978年完成，1983年指定為第一級古蹟彰化孔子廟。為台灣戰後古蹟保存第一個完成整修的案例。
1975 -1995	彰化縣鹿港老街保存事件	1975-76鹿港施人豪、施文炳、施叔青等人推動保存，1977年成立彰化鹿港文物維護及地方發展促進委員會，以辜偉甫為主任委員，並獲亞洲基金會（Asia Foundation）資助，隨後委請漢寶德主持基礎研究，主要成員為施振民、許嘉明、洪文雄、林會承、郭振昌、許常惠、顏水龍、王建柱等人。1980-81年省政府主導推動規劃工作，1983年透過都市計畫將老街劃定為「鹿港歷史風貌特定區」。1986年展開第一期修復工程，因設計及施工不盡理想，導致居民抗爭，至1995年完工，原第二、三期修復計畫則停滯。鹿港老街保存為台灣第一次組織性保存活動，因法令及經驗欠缺，致使保存工作只進行約1/3後停頓。
1977 -1978	台北市林安泰保存事件	為兩落六護龍漢式大厝，1976年台北市政府擬拆除古厝左半部以打通敦化南路，次年引起林衡道、漢寶德、席德進、馬以工、王鎮華、李乾朗等人之抗爭，最後做成拆遷重建之共識。1978年解體拆除，1984年重建於大佳河濱公園一角。戰後台灣都市計畫多沿用日治時期書圖，為方便土地取得，許多大宅及寺廟成為計畫道路用地，鹿港老街因保存先於道路開闢，而免遭破壞，林安泰事件成為文化保存與都市計畫抗爭的第一例，隨後類似案例層出不窮。而林安泰古厝也因此成為台灣戰後第一個古厝遷建案例。
1978 -2000	台北市迪化街保存事件	為原大稻埕之精華區、台北市華洋商行集中地，日治時期再稱為永樂町，兩側店舖多採華麗洋式風格。1978年台北市政府都市計畫核定將該街拓寬為20公尺，兩側店舖臨街面將遭拆除，而引發爭議。1980年市府展開迪化街特定專用區之研究。1983年市府進行土地徵收引起居民反彈，隨後在樂山文教基金會與學者專家聲援下暫緩拆除。2000年市府將其劃定為「大稻埕歷史風貌特定專用區」，保留原道路寬度，原土地容積可移轉，而保存此老街。
1980 -1988	台東縣卑南遺址搶救事件	1979年內政部將卑南遺址列為暫定第一級古蹟，次年於南迴鐵路台東新站及調車場工程，發掘出大量3,500-4,500年前遺物。在輿論呼籲及政府關心下，由宋文薰、連照美組成台大考古隊進行搶救考古，至1988年止，共進行13次考古工作。由於遺址面積廣大，加上出土文物豐碩，1984年教育部接受宋文薰建議在遺址建立博物館，以保護遺跡及遺物，1988年遺址經內政部指定為第一級古蹟卑南遺址（後改列為國定遺址）。1990年國立史前文化博物館籌備處成立，2001年正式成立。
1983 -1988	彰化縣北斗奠安宮保存事件	創建於1718（康熙57）年，為北斗鎮大廟，1979年經內政部列為暫定第三級古蹟。1983年寺廟管理委員會擬將之拆除改建，而請求解除。1985年內政部將其指定為第三級古蹟北斗奠安宮。1987年寺廟管理委員會展開激烈抗爭，1988年內政部在強大政治及社會壓力下解除古蹟指定，隨後招架拆解、並因新址基地限制而略作修改後，重建於彰化縣花壇鄉台灣民俗村中，原址改建新廟，只是仍有信徒遠至舊廟祭拜。1999年九二一大地震後，台灣民俗村經營遭致重創而關園，北斗鎮民呼籲將舊廟遷返故里。北斗奠安宮為台灣第一個解除古蹟指定之案例。
1985 -1994	桃園縣桃園神社保存事件	建於1935-1938（昭和10-13）年，檜木造。1945年政權易幟之後，台灣日本時代所興建之神社先後遭致拆除，僅有桃園神社於1946年改為新竹縣忠烈祠、1950年桃園設縣改稱桃園縣忠烈祠，而被完整保存。1985年桃園縣政府擬將其拆除改建，並進行競圖作業。競圖得獎者之一李政隆建築師於現勘後，發現該建築物完整而精美，同年5月串聯學者專家發起保存呼籲，引發具有強烈日治象徵的建築是否應保留的激烈爭辯，讓社會大眾開始思考台灣日治建築的存在意義與價值。在多次研商後，1994年內政部將其指定為第三級古蹟桃園忠烈祠。桃園神社保存事件排除國族主義對文化資產的干預，自此，國人較能以多元文化的態度來面對台灣的文化保存。1997年桃園縣政府擬將其正名為桃園神社，遭致榮民激烈抗議而作罷。
1985	高雄市左營鳳山縣舊城保存事件	為始建於1722（康熙61）年清代鳳山縣舊城，1786（乾隆51）年林爽文事件城陷，兩年後縣城遷往下陂頭街（今高雄縣鳳山市），1825（道光5）年以磚石重建舊城。日本時代左營被建設為海軍軍港，舊城陸續被拆除，只剩東門、南門、北門、部分城牆及濠溝，1933（昭和8）年依「史蹟名勝天然紀念物保存法」指定為史蹟舊城跡。1985年高雄市政府為拓寬勝利路，以其北門東側牆妨礙交通視線為由，拆除19公尺長，此事經報紙披露後，引發文化界一片撻伐。同年，經內政部指定為第一級古蹟鳳山縣舊城，1991年殘存部分修復完成。

年代	事件名稱	事件概述
1987	台北市陳德星堂保存事件	建於1892（光緒18）年，為台北陳氏大宗祠。原位於文武街、今總統府地界內，1911年（明治44）年為興建台灣總督府，以大稻埕寧夏路土地交換，同年陳氏宗親鳩資聘請名匠陳應彬建新祠，1914（大正3）年完工落成，占地2,200多坪，廟貌堂皇。1985年經指定為第三級古蹟陳德星堂。1987年4月因被列為蓬萊國小用地，台北市教育局擬將其拆除，引發文化行政主管機關及文化界之抗議而獲得保存。目前其左右護室做為私立德星幼稚園。
1989 -1991	台南市台南地方法院保存事件	1912（大正1）年由森山松之助設計，採取樣式風格，華麗而雄偉。1989年台灣高等法院擬拆除改建，次年並完成競圖作業。1990年底，由王明蘅、徐明福、黃秋月、楊澤泉、丘如華、潘元石等人請願保存，隨後獲文化界及輿論界的聲援。1991年經內政部指定為第二級古蹟台南地方法院，為全台第一座被指定為古蹟的具有日本時代統治象徵意涵的建物，隨後引發各地展開日治古蹟指定工作。1999年司法院將此建築定位為司法文物陳列室，次年由法界及文化界人士成立司法博物館推動小組，2009年展開修復工程，2016年底開放參觀。
1990 -2005	高雄縣旗山火車站保存事件	建於1911（明治44）年，為糖業鐵道旗尾線鐵路總站，於1982年因鐵道廢止後閒置。站體為木作，採擬洋風形式，轉角處為尖塔，精緻典雅。1990年都市計畫通盤檢討後將其列為計畫道路用地，並擬將之拆除，引發文化界保存呼籲及抗爭，存拆雙方各有堅持，而僵持不下。2005年7月在高雄縣政府努力下登錄為歷史建築，於2008年展開修復工程，2009年底修復完成。
1990 -2007	台北縣三峽老街保存事件	為北部最長、最具歷史風貌的老街之一，1989年台北縣政府依據三峽都市計畫徵收民權街計畫道路用地，擬將之開闢為16公尺道路。次年鎮公所拆除街頭福德祠，兩度引起文化界抗議。1991年內政部指定民權街為第三級古蹟三峽古街，引起部分住戶之不滿，採取激烈抗爭。1993年內政部迫於壓力解除其古蹟指定，但因臨街土地已徵收，改建不易。2002年北縣府透過都市計畫將其劃定為「三峽歷史風貌特定專用區」，並擬定獎勵補助方式，獲得居民認同，於2004年展開臨街部分修復工作，2007年完工。三峽老街是台灣所指定的第一條街區型古蹟，在透過「文化資產保存法」保存失敗後，幸運地透過都市計畫方式獲得保護。
1991 -1992	台北縣十三行遺址保存事件	1957年台大林朝棨於此發現史前鐵渣遺存，同年石璋如率台大考古隊進行發掘，確認為距今1,800-500年前聚落遺址。1989年台灣省住都局計畫於遺址興建汙水處理廠，1991年臧振華、劉益昌及文化環保人士組成搶救十三行遺址聯盟進行保存抗爭，隨後達成部分保留之決議。1992年經內政部指定為第二級古蹟十三行遺址，並設置遺址保留區，由台北縣政府設置十三行博物館，2001年博物館正式成立；2006年重新指定為國定遺址十三行遺址。
1992 -1994	台北市東和禪寺保存事件	原名曹洞宗大本山台北別院，大殿建於1908（明治41）年，鐘樓建於1930（昭和5）年，為鋼筋混凝土造仿漢式木構造建築。1992年台北市教育局計畫將之拆除，改建為青少年育樂中心，隨後由台北市古風史蹟協會發起護寺運動，展開一系列的抗爭活動。1994年底，在台北市政權易幟之前，市府迅速將大殿拆除，只保留鐘樓。1997年鐘樓被指定為台北市市定古蹟東和禪寺鐘樓。
1992 -2007	卑南文物移轉事件	1980-1988年台東縣卑南遺址經13次發掘，出土文物兩萬餘件暫存於台大人類學系，以供研究之用。1990年國立台灣史前文化博物館籌備處成立，兩年後由教育部召開出土文物移轉至籌備處相關事宜，遭到拒絕。2000年教育部以強硬態度表達不排除透過法律途徑解決，2001年史前館成立，2003年教育部指定史前館為卑南文物唯一保管機構，並解除台大暫行保管之責。2004年台大首度表達同意移轉，但遲未簽署移轉計畫書。2005年2月台東縣組成台東討壺怒吼聯盟，發起連署及抗議活動，3月台大同意分四批移交，隨後於2005年5月及12月、2006年1月、2007年5月移轉完成。
1993 --->	台北市中山橋保存事件	原名明治橋，始建於1901（明治34）年，1930-33（昭和5-8）年二度改建為典雅的鋼筋混凝土橋，為跨越基隆河的主要橋梁。1990年台北市政府進行基隆河截彎取直工程，3年後擬拆舊橋建新橋。1994年市府政權易幟，次年市府民政局通過中山橋古蹟審查，送內政部審議，自此之後，中山橋存廢轉變成中央與台北市府、國民黨與民進黨執政團隊政治對抗。1998年底台北市政權再度易幟，中山橋面臨拆除危機，1999年古風史蹟學會、文化界、學術界發起保存中山橋運動。2002年市府以中山橋與基隆河水患有所關聯為由決意拆遷，同年底將橋體分解為208塊後置於河岸迄今。
1993 -2000	彰化縣鹿港鎮日茂行保存事件	位於原鹿港溪河口、街區西北端，為1808（嘉慶13）年鉅富日茂行林氏所興建之大型漢式建築群。1993年鹿港鎮公所擬拓寬道路、拆除其前埕及部分臨街面，因鹿港大專文青會發起保存運動而暫緩。1998年鎮公所強行動工，引起當地青年返鄉組成鹿港發展苦力群進行長期性保存運動。2000年經彰化縣政府指定為縣定古蹟鹿港日茂行。
1994 -1995	台南市安平延平老街保存事件	為荷治時期大員市鎮（1628-1662）內的主要街區，清領後稱為市仔街，為台灣最早街市之一。1994年台南市政府計畫將之拓寬為6公尺道路，引起當地文史界之抗議，由鄭水萍、王明蘅、喻肇青、鄭道聰等人發起搶救活動，形成文史界與當地居民之角力。1995年地方居民自行雇工拆屋，導致延平街風貌全失。

年代	事件名稱	事件概述
1994 -1997	台北縣淡水海關稅務司公館保存事件	俗稱「淡水小白宮」,位於淡水埔頂,為1870(同治9)年興建之淡水關稅務司公館,採番仔厝形式,戰後初期為總稅務司官邸。1994年財政部關稅總局擬將之拆除改建為員工住宅,引起當地文史社團之反彈,隨後舉辦一系列搶救活動。1997年經台北縣政府指定為縣定古蹟前清淡水關稅務司官邸。
1994 -2003	台北市蔡瑞月舞蹈研究社保存事件	建於1925(大正14)年前後,為日式木造宿舍。1953年由著名舞蹈家蔡瑞月承租,做為中華舞蹈社教室,俗稱蔡瑞月舞蹈研究社,至1984年為止。1988年台北市政府為追討產權,提起訴訟。1994年因台北捷運行控中心計畫,擬將之拆除,在藝文界人士支持下,舉辦一系列抗爭活動。同年台北市政權易幟,暫受保護。1999年台北市政權再度易幟,市府擬強制拆除,引起藝文人士二度抗爭,同年10月指定為市定古蹟蔡瑞月舞蹈研究社,4天後遭人縱火,付之一炬。2003年依原樣重建完成。
1994 -2002	高雄縣橋仔頭糖廠保存事件	1901(明治34)年台灣製糖株式會社興建新式糖廠,稱為橋仔頭製糖所,廠區廣23公頃,其內有鋼構加強磚造廠房、日式宿舍、庭園、防空洞、水塔、倉庫、鐵道等構造物。1992年部分廠區被劃入橋頭新市鎮計畫內,1994年文史工作者成立橋仔頭文史工作室,兩年後成立橋仔頭文史協會,1998年經高雄縣政府指定為縣定古蹟橋仔頭糖廠,為台灣第一個成功保存產業遺產的案例。2002年因高雄捷運施工欲砍除糖廠西側大樹,文史協會發起保存老樹活動,最終因工程需要而遷移或砍除。
1994 -2000	彰化縣扇形火車庫保存事件	始建於1922(大正11)年,日治時期稱之為機關庫,有12條鐵軌,為台灣現存唯一的燃煤或柴油等傳統火車機車維修工廠。1979年台鐵縱貫線鐵路電氣化完成後,其主要功能大減,導致台鐵有意將之拆除。1994年經彰化地方有線電視台報導後,引起政界及文化界人士關心。2000年在地方文化人士、民意代表及鐵道文化協會努力下,經彰化縣政府指定為縣定古蹟彰化扇形車庫,2022年8月指定為國定古蹟。
1994	台北市國民黨中央黨部拆除事件	位於今總統府之正前方,原為1905(明治38)年興建之赤十字社台灣支部總部。1945年被國民黨接收,1950年後做為國民黨中央黨部辦公廳舍。1994年國民黨宣布拆除重建,引發文化界、教育界、在野黨群起反對但遭致拒絕,並雇用工程機具進行拆除,爆發社運團體、在野人士、及全民計程車隊之激烈衝突。國民黨隨即展開新建工程,於1998年完成。2006年將新辦公大樓轉賣給張榮發文教基金會。
1994 -1996	高雄市陳中和墓保存事件	建於1930-1935(昭和5-10)年,位於高雄市區內,為日本時代高雄鉅富陳中和及其家屬的傳統漢式墓園,範圍廣大、環境幽雅,石刻由名匠蔣馨主持,圖文稿本出自多位名家之手。1994年高雄市為爭取亞運,計畫拆除墓園以興建地下停車場,引發各界搶救之聲。同年由成大建築系、炎黃藝術月刊及空間雜誌社發起保存運動,由徐明福、江哲銘、李乾朗、林會承、郭瑞坤、傅朝卿、黃俊銘等人呼籲列為古蹟。1996年經內政部指定為第三級古蹟陳中和墓。
1995 -1997	台北市北投溫泉公共浴場保存事件	建於1913(大正2)年,為當時北投最醒目的公共浴場,戰後因年久失修而荒廢。1995年北投國小老師黃桂冠、呂鴻文、蔡麗美帶領學生鄉土教學,發現其重要的歷史文化價值,隨後與八頭里仁協會洪德仁、國代許陽明等人發起保存再利用運動,於1997年經內政部指定為第三級古蹟北投溫泉浴場,同年完成調查研究計畫。1998年修復完成,做為北投溫泉博物館。北投溫泉公共浴場保存運動得以圓滿落幕,係因當地文化教育界人士的用心,以及當時台北市政府對於古蹟保存之重視。
1995 -2017	台南縣南科遺址搶救事件	南部科學工業園區位於台南縣新市、善化及安定鄉,自1995年展開規劃,同年由中研院史語所及國立台灣史前文化博物館進行考古研究,至2008年底共發現遺址60餘處,發掘30餘處,發現珍貴的狗骨骸、小米及稻米遺物、石造及陶器等物等。2008年南科考古文物陳列室開放參觀,2017年底興建完成南科考古館。
1997 -2006	林田山林業聚落保存事件	林田山位於花蓮縣鳳林鎮森榮里,1918(大正7)年由花蓮港木材株式會社展開伐木事業,此後依次改隸台灣興業株式會社、台紙及中興紙業公司、林務局,為日治時期東部三大林場之一。其工作站分為辦公區、工廠區、宿舍區,多為木造雨淋板建築,為台灣目前少數保留完整的林業產業聚落。1992年林場關閉,隨後林務局計畫將其改造為大型遊樂區,而花蓮縣文化中心則擬設置「國際藝術村」。1995年文化中心於此舉辦活動,使外界注意林田山聚落的特有風味。1997年1月居民成立林田山文史工作室,自行蒐集林業文物,並從事導覽活動,以推動聚落保存。2001年7月發生火災燒毀30餘棟房舍。2003年7月中山堂修復完成,2006年經花蓮縣政府登錄為全國第二個聚落林田山(MORISAKA)林業聚落。林田山林業聚落在所有權單位、地方文化機關及地方居民合作下,圓滿地保存,值得讚許。
1997 -2000	苗栗縣公館鄉五穀宮保存事件	為公館鄉之大廟,於1997年4月經內政部古蹟審查委員會評定為第三級古蹟,但因信徒激烈反對而未辦理指定公告程序,引起文化保護人士的抗議。同年5月「文化資產保存法」修正,改由各級主管機關指定,苗栗縣政府因相同原因未進行指定程序,同樣的引起地方文化工作者抗議。2000年廟方管理委員會雇工將五穀宮拆除,並隨即進行新建工程。事後,由監察委員馬以工、古登美提案,將苗栗縣長移送公務人員懲戒委員會議處。

年代	事件名稱	事件概述
1997 -1999	台北市紫藤蘆保存事件件	建於 1920 年代，原為海軍將領木造日式宿舍，1950 年成為財政部基隆關署長周氏官邸。1981 年其子成立紫藤蘆茶館，成為非主流藝文界及黨外人士聚會場所。1985 年基隆關提起產權訴訟，經十餘年纏訟之後，由基隆關勝訴，並於 1997 年提出假扣押及強制收回。隨後由文藝界及學術界夏鑄九、王鎮華等人發起搶救運動。同年「文化資產保存法」修正，古蹟改由各級主管機關自行指定，7 月經台北市政府指定為市定古蹟紫藤蘆，屬周氏所有部分開放，基隆關所屬產權的另一半由法院釘封，隨後古蹟保存人士將板件拆除，改以圍繩。1999 年基隆關將所屬產權無償撥用市府，2001 年市府將紫藤蘆變更為古蹟保存區，2002 年委託紫藤文化協會經營。2007 年展開修復，次年 6 月完工落成。
1997	宜蘭縣二結王公廟遷移事件	即鎮安廟，為宜蘭二結地區之大廟，現貌為 1929-1932（昭和 4-7）年重建，隨後經過兩次整修。1993 年廟方決議依據日本象設計集團設計案進行改建，並保存舊廟做為二結庄生活文化館。1995 年地方居民成立大二結文教促進會，1997 年舉辦千人移廟二結埕活動，以傳統方式將舊廟廟體平移至廟埕對面約 90 公尺處，並旋轉 180 度。二結王公廟遷移為台灣文化資產保存歷史上首次大廟整體遷移的案例。
1997 -2001	台中縣神岡筱雲山莊保存事件	建於 1866（同治 5）年，為清代著名書香世家呂氏宅第，占地 3 千餘坪。1982 年被列為特定計畫保護保存區，但宅東側被劃入計畫道路用地。1997 年展開道路土地徵收，1999 年台中縣政府建議將其列為省定古蹟，所有權人也同意將宅地捐出，同年經行政院文化資產維護推動小組建議後台中縣政府將本宅指定為縣定古蹟筱雲山莊。2000 年當地居民為了道路遲遲無法拓寬而向該宅丟擲汽油彈，2001 年第二度變更計畫道路，對筱雲山莊完整性傷害降低，同年展開調查研究規劃，2003 年道路完工，2006 年展開修復工程，於 2019 年冬天大致修建完成。
1997	台中縣潭子摘星山莊保存事件	建於 1876-1878（光緒 2-4）年，為台灣清代誥授二品頂戴督都府賞戴花翎林其中宅，為台灣漢式建築之精品。1997 年 7 月屋主將土地賣給建商，12 月建商擬雇工拆除建築體，縣府緊急邀請洪文雄、關華山、馬以工、林會承等人召開古蹟審查會議，現場另有立委謝啟大等人制止拆除。同日經縣政府、省政府及內政部緊急將其指定為縣定古蹟摘星山莊。1999 年縣府透過價購方式取得 3/4 土地所有權，2003 年屋主售出其餘 1/4 土地、並將建築體捐給台中縣政府。2006 年完成修復計畫，隨後展開整修工程，於 2014 年修復完成。摘星山莊保存事件促成內政部依 1997 年 1 月修正「文化資產保存法」第 36-1 條規定，於 1998 年訂定「古蹟土地容積移轉辦法」。
1998 -1999	台北市剝皮寮保存事件	舊稱福皮寮、福地寮或北皮寮，位於台北市萬華區昆明街、廣州街與康定路交會處的三角街廓、老松國小南側，今名康定路 173 巷，原為剝除杉木皮之處而得名。街區約形成於 1850 年，日本時代劃為老松國小用地，因此保留其歷史風貌。1988 年台北市教育局進行土地徵收，次年完成。1997 年通知拆除地上物，次年居民成立反對老松國小徵收私有地自救會（後改名為剝皮寮歷史風貌特定區促進會）。1999 年市府執行強制搬遷，隨後改變政策，於 2002 年展開保存規劃設計，2003 年展開修復工程，同年成立台北市鄉土教育中心，2004 年東側 18 間修復完成，同年第二期計畫 40 多間通過都市計畫審議，2006 年 2 月台北市鄉土教育中心開館，2009 年第二期工程完工落成。
1998 -2001	台北市四四南村保存事件	位於台北市信義計畫區內，建於 1948 年，為國民黨來台後首建的眷村，供聯勤四四兵工廠人員居住，屬於密集、連棟、單層斜屋頂眷村，將校級軍人住西村、基層軍人住東村、平民技工住南村。1988 年四四南村被劃為信義國小用地，1998 年加拿大人史康迪（Curtis Smith）陳情保留眷村文化，1999 年展開拆除工作，但保留「乙字號」部分。2001 年史康迪、葉乃齊、楊長鎮等人函請指定古蹟，遭到否決，但建議列為歷史建築物，並指定保留 4 棟建築物，規劃為公民會館，2003 年 10 月修復完成使用。為台灣首次眷村保存運動。
1998 -2001	台北市建國啤酒廠保存事件	前身為創建於 1919（大正 8）年的高砂麥酒株式會社廠址，戰後改稱台北啤酒公司第二酒廠，1975 年改今名。1990 年代之後，因台灣申請加入世界貿易組織（WTO）（2002 年正式加入），菸酒專賣制度將取消，公賣局面臨民營化壓力，決定擇期將廠址歸還政府，員工轉調。1995 年建國啤酒廠產業公會開始與公賣局溝通活化保存建國啤酒廠事宜，隨後在樂山文教基金會及都市改革者組織等協助下進行史料蒐集工作，1998 年宣布將於 2000 年關廠，次年行政院決議將保存案交台北市政府處理。2000 年經台北市政府指定為市定古蹟建國啤酒廠，但將西半部規劃為長安國中校地。同年建國啤酒廠恢復生產。2001 年台北市政府取消西半部之學校用地。
1998 -1999	台北市龍安坡黃宅濂讓居保存事件	建於 1897（明治 30）年，位於國立台北教育大學附近，為一落雙護龍、坐北朝南、紅磚造火庫起紅瓦厝，具有景美溪流域漢式民宅典型風格，是目前台北市都會區中，罕見的傳統漢式建築。1973 年被劃入公共設施保留地，引發爭議，1995 年台北市政府規劃新設龍門國中，1998 年將宅地列為龍門國中預定地，1999 年 6 月預定拆除前，經文化界人士發起保存運動，隨後由台北市政府列為市定古蹟龍安坡黃宅濂讓居。2004 年修復完成。
1998	台北市善導寺大雄寶殿拆除事件	原名淨土宗佈教資團，1925（大正 14）年由日本時代台灣淨土宗信徒所建，為日本時代台北市七大日本佛寺之一，也是台灣淨土宗總本山。1981-1986 年於大雄寶殿側興建慈恩大樓，其內設立佛教歷史博物館。而典雅蕭穆的歇山單檐、鋼筋混凝土仿木造大雄寶殿則保存完好。1998 年 3 月 25 日台北市政府民政局前往善導寺大雄寶殿古蹟勘查，4 月 28 日民政局召開古蹟審查會前夕，善導寺緊急雇工將之拆除，2003 年 10 月新建築完工落成。

年代	事件名稱	事件概述
1999 -2002	台南縣新化街役場遷移事件	建於 1934（昭和 9）年，為日本時代新化街的行政中心，戰後充當新化鎮公所，建築物強調水平線條，具近現代建築風格。1996 年新化鎮公所新館舍落成後，本建築即閒置，1999 年鎮公所擬將之拆除，引起居民及文化界反對，隨後鎮公所採取折衷方案，先將街役場整體遷移 300 多公尺，待地下停車場完成後，再遷回。2000 年舉辦「乾坤大挪移」千名鎮民移厝活動，2002 年停車場完工，街役場遷回原址。同年經台南縣登錄為歷史建築原新化街役場，並加以整修，目前做為休閒餐廳。
1999 -2009	九二一大地震文化資產保存事件	1999 年 9 月 21 日凌晨，台灣中部地區發生 7.3 級大地震，屋倒人死慘重，內政部隨即展開古蹟搶救，共損壞 31 座，以剛修復完成的霧峰林宅最為嚴重。教育部國立歷史博物館負責古物搶救。文建會與學界林會承、徐明福、薛琴、張嘉祥、陳其澎、邱上嘉等 12 所院校師生、15 支隊伍所組成的九二一文化資產搶救小組合作，調查約 750 座受損歷史建築及 200 餘座暫緩拆除建物、研擬 228 座複勘建築之修復費用及 15 處修復範例計畫書。2000 年初，「文資法 1-4 版」修正公布，增列歷史建築，以文建會為中央主管機關，負責災區內歷史建築之修復工作。2006 年底行政院九二一震災災後重建推動委員會裁撤。2009 年底，所有古蹟及歷史建築修復完成，霧峰林宅於 2020 年大多數修復完成。
1999 -2001	台南縣新化老街保存事件	新化為平埔族西拉雅大目降社舊址，其老街原包括今中山路及中正路，1995 年中山路老街臨街歷史風貌立面因道路拓寬遭致拆除，1999 年中正路老街面臨相同困境。成大王明蘅等人發起保存老街運動，同年街役場建築成功遷移保存，中正路老街保存因而獲得當地居民支持，並成立新化老街文化展望會。2001 年街上的第一銀行雇工拆毀改建其館舍，其餘部分在鎮公所支持下進行環境美化工程。
2000 -2002	新竹市辛公館保存事件	約建於 1922（大正 11）年，為日式高級文官木造宿舍，戰後為首任新竹中學校長辛志平居所，於辛氏 1985 年過世後閒置。1996 年新竹市政府將宅地變更為停車場用地，2000 年 5 月展開工程發包作業，此時新竹市文化局發現該建築具有歷史文化價值，要求妥為處理。7 月新竹市文化保存團體木屋自造社發起保存運動，由新竹市政府提議解體修復，於地下停車場完工後復原未獲接受，2002 年 8 月經指定為市定古蹟辛志平校長故居。2004 年展開修復工程，2008 年 8 月完成，供作藝文展示、教育推廣之用。
2000 -2002	嘉義市稅務出張所保存事件	建於 1932-1933（昭和 7-8）年，位於嘉義市政府對面，為具有現代折衷風格的二樓建築。戰後改為嘉義縣議會，1982 年一樓部分供工程隊使用，二樓閒置。1998 年市議會駁回市府嘉義市歷史博物館計畫，2000 年嘉義市文化局做成保存提議。2000 年嘉義市清理周遭環境，計畫拆除改建為新市政大樓。同年嘉義文化界人士余國信、林瑞霞、李榮昱等人成立搶救嘉義稅務出張所（舊縣議會）行動陣線展開搶救活動，引起文化界、政界、學術界廣泛的回響，行動陣線透過演講、陳情、訴訟、抗爭等各種方式，引起全國矚目，即使如此，2002 年遭到拆除改建。
2000	台北市北投穀倉保存事件	1938（昭和 13）年由北投信用購買組合所建，戰後歸北投區農會所有，平面為曲尺形，有穀倉 12 間，碾米機具以檜木製成，保存良好，為台灣農業文化的重要資產。2000 年台北市政府古蹟勘查之後，北投區農會雇工將部分牆體拆毀，經市府制止，11 月指定為市定古蹟北投穀倉。次年市府展開調查研究及緊急搶修，2002 年完成調查研究暨修復工作計畫書，於修復完成之後，做為香菇培養地方及咖啡店。
2000 -2021	高雄市高雄驛遷移事件	今高雄火車站，完成於 1941（昭和 16）年，屋身為鋼骨混凝土造，外形為當時少見的帝冠式樣，細部為和洋混合風格。2000 年因原址做為台鐵、高鐵、高捷及輕軌四鐵共構之車站，高雄市政府決定將建築體暫時往東南方遷移 82 公尺。2001 年聘原營造廠日本清水株式會社吉普營造公司負責，次年 8 月順利完成，先做為高雄市政願景館，於 2021 年遷回原址，做為車站的中心。高雄驛遷移是台灣歷史上最大型歷史建築遷移事件。
2001 -2008	彰化縣鹿港龍山寺保存事件	始建於 1786-1831（乾隆 51- 道光 11）年，為典雅莊嚴漢式廟宇，1983 年經內政部指定為第一級古蹟鹿港龍山寺。於 1999 年九二一大地震受損，次年由內政部補助施作緊急加固及保護鋼棚架。2001 年 2 月展開大殿修復工程，同月地方人士質疑其彩畫修復計畫，2001 年 4 月鹿港籍企業寶成集團贊助所有修復經費，7 月地方人士質疑修復工程為黑箱作業，9 月展開修復工程，11 月聘請文資中心從事彩畫研究，2003 年 2 月完成落架工程，2006 年 2 月地方人士再度質疑修復工程，5 月寶成集團透過律師擬對多次質疑其工程的地方人士提起告訴，6 月寶成集團擬停止贊助退出工程，經文化主管機關力勸下，打消辭意。2008 年 9 月建築物修復工程完工落成。
2001	台北市南港八卦窯拆除事件	日治時期後宮家族所建的八卦窯，採取當地及坤仔堵的泥土，所產磚、瓦、花磚品質優良，廣泛運用在大台北地區，1972 年因環保及市場因素封窯。2001 年 7 月，當地里長以該窯足以做為台北地區建材產業發展歷史的見證，建議將其列為古蹟，北市府隨即展開相關作業，8 月中業主緊急雇工拆除。
2002	台北市內湖新豐磚窯廠拆除事件	建於戰後，位於內湖石潭里，擁有 40 公尺高的煙囪及古樸的八卦窯，為台北盆地製磚業的典範。2002 年初民眾有鑑於當地進行市地重劃，建議保存窯廠，台北市文化局隨即前往蒐集資料，並準備進行古蹟會勘，地主於得知後，隨即緊急雇工拆除。

年代	事件名稱	事件概述
2002	基隆市大武崙砲台盜挖黃金事件	為日俄戰爭（1904-1905）前緊急修建的砲台之一，始建於 1900（明治 33）年 8 月，完成於 1902（明治 35）年 1 月，原配置 9 吋加農砲 4 門。（註 4）長久以來，傳說砲台地下有日軍撤退時埋藏的 5 公噸黃金，現值約 10 億元。1984 年向國防部申請挖掘未准，1995 及 1999 年兩度發生盜挖事件。2002 年 1 月挖寶人駕駛怪手，將砲台區挖得面目全非，深達一層樓高，且將女兒牆破壞。為了杜絕後患，基隆市政府主動出擊，委請北科大以透地雷達探測，並無金屬反應，事後向媒體公布，呼籲勿再誤聽傳聞，而破壞古蹟。
2002 -2004	台北市齊東街木造房舍保存事件	建於日本時代 1920-1940 年間，為幸町總督府職務文官宿舍群，位於今忠孝東路與濟南路之間的齊東街 53 巷，為檜木造雨淋板式獨門獨戶建築，周圍有庭院，樹林茂密，戰後將其中 9 棟移作台灣銀行高級職員宿舍。2002 年台銀以其中 8 座空屋殘破不堪為由，擬將宅地拍賣，3 月地方居民成立齊東文史工作室推動保存工作，2004 年 9 月初台銀將 4 座宅地標售，同月 21 日在即將進行古蹟指定前夕，開發商於深夜拆屋，其中的 9 號屋遭拆除，其餘者遭到工作室成員制止，同日台北市將其中 1 座指定為古蹟、9 座登錄為歷史建築。2006 年將該區域透過都市計畫變更為「齊東街日式宿舍街區風貌保存特定區」。
2002 -2007	台北市台灣基督長老教會大稻埕教堂保存事件	為 1915（大正 4）年由富商李春生捐建，其正立面以西式柱頭、圓栱、尖栱、以及花草所組成，具有異國風味，而成為當時市內著名的建築物之一。1997 年教會以該建築物老舊、室內及停車空間不足等理由，擬將之拆除改建。台北市政府在經過數次研商之後，決意進行古蹟指定審查，並於 2002 年 4 月前往初勘，5 月教會雇工拆除其部分正立面，市政府於同月將之公告為市定古蹟台灣基督長老教會大稻埕教會，8 月搭建保護鋼棚架，以避免其遭到自然的破壞。同年 11 月教會提起行政訴訟，2004 年教會提出新舊共構設計案，2006 年教會撤消行政訴訟。2007 年經台北市文化局同意下展開興修工程，保存正面及兩邊側面，後側興建新大樓，2009 年重建完成。
2002	台中縣霧峰林宅部分建物未列古蹟本體事件	霧峰林家為台灣清代官階及資產最顯赫的家族，其宅第由頂厝（景薰樓等，1885-）、下厝（宮保第等，1862）及萊園（1893）所組成，占地近 10 多頃，為全台最龐大的漢式建築群，1985 年經指定為第二級古蹟霧峰林宅。1992 年後依次展開下厝及頂厝保存調查研究計畫，1995 年展開下厝大花廳整建，1996 年展開頂厝整建工程。1999 年九二一大地震，對已修復完成但尚未驗收之霧峰林宅造成重大損壞，隨後由學者專家協助進行緊急搶救及清理工作，2000 年展開清理及文物保存工作。2002 年 4 月內政部公告將景薰樓後樓後側、新厝、頤圃後側、下厝草厝及二十八間解除古蹟指定。此舉引起林家後裔及部分學者專家的不滿，認為將傷害林宅之完整性，以及復建工程尚未展開，即先解除部分建物，將影響復建之社會觀感。7 月內政部召開審議會，將下厝草厝及二十八間恢復指定為古蹟之一部分。霧峰林家建築物修復完成的時間如下：(1) 頤圃（2006）、(2) 景薰樓前兩落（2009）、(3) 萊園五桂樓（2011）、(4) 宮保第、大花廳、二房厝（2013）、(5) 蓉鏡齋（2019）、(6) 草厝（2020）。
2002 -2010	台中市惠來遺址搶救事件	6 月科博館展開惠來遺址發掘，次年史前遺骨出土。2004 年台中市政府委託科博館進行考古發掘，獲致豐富的史前遺物。台中市文化界希望能就地保存此珍貴遺址，但台中市政府因該地用途已有規劃而不克執行。2005 年 10 月台中市 90 餘環保團體發起搶救惠來遺址活動，獲得在地大、中學生呼應。2006 年 3 月台中市文化局召開審議委員會，建議指定惠來遺址；2010 年初將其公告為台中市首座市定遺址，並將該土地變更為公園用地，做為惠來遺址公園。
2002 -2003	高雄市高雄港站鐵道號誌樓拆除事件	原打狗停車場（後改稱高雄驛，戰後改稱高雄港站），始建於 1908（明治 40）年，1947 年加以整建。以往為南北縱貫線、屏東線交會處，擁有全國最複雜的鐵路網系統，以及透過機械原理以鋼索、間柄操作轉轍器變換軌道的傳統號誌樓。2002 年南號誌樓，因高雄捷運施工需要，在鐵道保存團體呼籲下，仍遭到拆除，目前只剩北號誌樓。2003 年高雄港站（含北號誌樓）經高雄市政府登錄為歷史建築高雄港車站（舊打狗驛）。
2002 -2008	台中縣大雪山林業公司舊製材廠失火事件	建造於 1962-1964 年，占地 28 公頃，為當時東南亞最大、最先進製材廠，擁有貯木池、鋸木廠、燃料倉、鍋爐間、宿舍、辦公室等完整而龐大木造建築群，為台灣最珍貴產業文化資產之一。2002 年經台中縣政府登錄為歷史建築原大雪山製材廠，並研議設立台灣林業文化館，舉辦多次文化活動。2006 年 5 月製材廠疑似人為縱火，主要木造建築付之一炬，因重建困難，2008 年 10 月廢止歷史建築資格。
2003 -2005	高雄市中都磚窯廠保存事件	原為 1899-1900（明治 32-33）年建鮫島煉瓦工場，後改名為台灣煉瓦株式會社，因引進霍夫曼窯（Hoffmann Kiln，俗稱八卦窯），成為高雄紅磚主要供應商。戰後幾經易主及改名，民間俗稱之中都磚窯廠，1992 年關廠，2002 年員工撤出，並擬將窯場及煙囪拆除。2003 年高雄市濕地聯盟、文化愛河協會等社團合作推動保存，並進行基礎研究，隨後獲得高雄市政府及民意代表的支持與參與，並獲業主唐榮公司的同意保存。2005 年指定為國定古蹟台灣煉瓦會社打狗工場（中都唐榮磚窯廠），隨後安裝夜間燈光照明及完成環境整理工作。
2003 -2009	台北縣汐止周家花園拆除事件	經營煤礦及金礦的當地富紳周再思於 1899（明治 32）年所建，占地約 1,200 坪，名為斯園。園內主要建築為略呈三合院配置的洋樓，坐北朝南，紅磚屋身、迴廊、西式圖案裝飾。周家於家道中落後，將花園售予陽明海運及 4 人，園林先被改建為住宅大廈，2003 年陽明海運拆除外牆、闢建停車場，引發地方文史工作者高燈立、鄭金川等人的抗議。2009 年 1 月 7 日因所有權人之間的產權分配，陽明海運再度雇工將主建築的中間部分拆毀。

年代	事件名稱	事件概述
2004 -2006	台南市大天后宮媽祖像修復爭議	2004年6月台南大天后宮鎮殿媽祖神像頭部斷裂，隨後委託台南藝術大學古物維護研究所調查研究，延聘傳統司傅修復。次年7月修復完成，但大天后宮要求將神像臉部由黑色改為原有之金色，11月清洗完成，並填補色塊缺損處。2006年2月司傅在廟方指示下於臉部塗上金粉，台南藝大以該作為不符合古物保存精神，宣布退出工作團隊。
2004	基隆市基隆火車站鐵道號誌樓拆除事件	建於1918（大正7）年，為目前台灣僅存的傳統鐵道號誌樓。2004年3月因鐵路控制系統電子化，擬加以拆除，經地方文史工作者及鐵道文化協會的呼籲後，4月文建會產業文化資產小組會議要求台鐵加以保存，獲得正面回應。同年10月經基隆市政府登錄為歷史建築基隆站南北號誌樓轉轍站，包括南北兩座號誌樓、機械式聯動設備、鐵道地面聯桿、臂木式號誌機、彈簧轉轍器，台鐵也同意將已遭拆除的轉轍器聯線加以復原。
2004 -2009	台北縣樂生療養院保存事件	1930（昭和5）年初期完工落成，1994年院址被徵收為台北捷運新莊機廠用地，1997年衛生署建議將園區申報古蹟，2002年新莊地區文史社團發起搶救園區老樹運動。2002年台北縣政府進行古蹟會勘，認為具有保存價值，但因恐影響捷運施作而未辦理指定作業。在此之後，大台北地區許多文史社團展開搶救園區活動。2004年捷運公司提出保留38％方案，遭到社運團體反對。2005年桃園縣政府將其轄區內尚未拆除之部分院舍指定為暫定古蹟。2006年行政院核定保存41.6％方案，引起社運團體反對。2007年行政院工程會召開會議，決議與以往無多大差異，導致社運團體持續抗爭。2008年12月台北市捷運局展開保留區外館舍的解體及拆除工程。2009年9月台北縣文化局將保留部分登錄為歷史建築及文化景觀。
2004	台北縣淡水海關宿舍拆除事件	台灣清末開口通商後，淡水為通商口岸之一，清廷於今紅毛城附近設立海關相關設施，日治之後增建相關設施。2004年6月位於淡水河岸的4座建於1917（大正6）年及1933（昭和8）年的日式高等文官木造宿舍經當地文史工作者提報古蹟或歷史建築審查，同月25日其中的3座在一夕之間遭到保管單位台灣銀行拆除，經由丁榮生聯繫，林會承、陳景峻、李乾朗等透過興論加以譴責，剩下的1座經台灣銀行同意加以保存。
2005 -2008	基隆市白米甕砲台破壞事件	始建於1900（明治33）年12月，完成於1902（明治35）年7月，為日俄戰爭（1904-1905）前緊急修建的砲台之一，（註4）包括砲座區、營區及觀測壕三個區域。砲座區配置英製阿姆斯壯8吋砲4門，於1985年與觀測壕被指定為市定古蹟白米甕砲台。營區有監守衛舍、庫房、蓄水池及廁所等，2005年9月原所有權單位國財部將監守衛舍標售予私人，經基隆市文化局及雞籠文史進會曾子良等奔波保存，同月基隆市文化局將營區登錄為歷史建築，10月提報為古蹟，但未獲通過，隨後文史協進會發起義賣購回監守衛舍土地的活動。11月監守衛舍遭業主拆除。2008年3月21日基隆市政府將庫房、廁所納入古蹟範圍，監守衛舍因已滅失，廢止歷史建築身分。
2007	台北市陽明山草山行館失火事件	建於日本時代之木造建築，原為台灣糖業株式會社招待所，戰後成為蔣介石首座官邸。1975年4月蔣氏過世後閒置，2002年登錄為歷史建築草山行館，2003年整修後開放，做為藝文展示及餐飲處所。2007年4月7日清晨失火，除石造門廊及磚造牆壁外，其餘盡付之一炬，輿論臆測為基於政治原因的破壞事件，然而經消防單位現勘研究後，排除電線走火及人為縱火的可能性，但無法確認失火原因；2011年底修復完成後，做為展覽室與餐廳。
2007 -2008	台北市台灣民主紀念館指定事件	2007年3月20日教育部決定將中正紀念堂更名為台灣民主紀念館，台北市政府隨即將其指定為暫定古蹟加以反制。5月教育部於兩側懸掛布幔，台北市政府以違反「文化資產保存法」為由，加以罰款。20日台北市政府強制拆除布幔，隨後連續處罰上百次。11月9日文建會將其指定為國定古蹟台灣民主紀念園區，12月教育部將原石刻碑文改為「台灣民主紀念館」及「自由廣場」。2008年3月台北市政府將其主體建築登錄為歷史建築中正紀念堂、將園區登錄為文化景觀中正紀念堂。同年5月中央政府易幟，次年10月教育部再度將台灣民主紀念館石碑改回舊的「中正紀念堂」石碑。
2008 -2009	苗栗縣三座古窯拆除事件	苗栗縣後龍鎮松興窯廠1971年建四角窯（或稱川竹古窯）、新建利1957年建八卦窯煙囪、以及協明瓦窯1964年建包子窯，因位於高鐵特定區，土地遭到縣府徵收，窯址則因計畫道路開闢將遭致拆除。2008年底苗栗文史團體成立苗栗古窯搶救行動聯盟展開保存運動，苗栗縣政府召開文化資產審議委員座談會，決議不予保留，2009年1月8-9日上述構造物遭苗栗縣政府強行拆除。
2009	八八風災文化資產保存事件	2009年8月莫拉克颱風大量雨水，導致南部山區土石流及平原地區大淹水，那瑪夏鄉小林村近乎滅村，高屏地區部分古蹟泡水、國定古蹟下淡水溪鐵橋一組桁架沖失、內埔五溝水聚落多座伙房受損、台南縣總爺糖廠泡水。
2009	台北市台北府城東門黨徽油漆事件	1966年政府以配合觀光需要為由，將清代台北府城東門（景福門）、南門（麗正門）、小南門（重熙門）城門樓改建為鋼筋混凝土造北方宮殿式建築，並於兩側山花上塑製中國國民黨黨徽，下半部的城門洞則保留不變。1982年反對黨議員首度針對山花上黨徽適當性提出質詢。2009年春天，3座城門進行整修時，營造廠將已褪色的黨徽重新漆上藍白雙色，引發反對黨市議員不滿，並逕行前往以白漆塗遮，而引起社會矚目。同年6月，台北市政府決定將黨徽部分全部塗以白漆，而結束雙方爭議。

年代	事件名稱	事件概述
2009	台中市張慶興堂遭到拆除	興建於 1926 年，位於西屯區、市定古蹟張家祖廟邊上，為三合院、前有前埕，其廳堂及左右廂房前均有檐廊，正廳內有花馬、人物、書法等玻璃彩繪，由於建築完整、形貌良好，於 2009 年 8 月 6 日由文化局登錄為歷史建築，12 日似乎因基於土地重劃開發的心機，本古厝遭到地主或開發公司的整體拆除。
2011-	新北市土城普安堂保存事件	土城普安堂為齋教建築，2011 年底由使用者向新北市政府申請將普安堂園區及步道指定為古蹟，次年初，文化局文化資產審查會因土地所有權人新莊慈祐宮反對，而將其列為暫定古蹟。同年底文化部認為文化局的決定不符合文資法規定，2014 年 1 月該局委員會將其登錄為「歷史建築」。隨後由慈祐宮向台北高等行政法院提起訴願，2015 年 9 月撤銷其「歷史建築」資格，2016 年 3 月文化局再次將其列為暫定古蹟，7 月再度將其登錄為「歷史建築」，包括外山門、石砌步道、石刻、紅磚合院等，隨即由慈祐宮再次提起訴願。
2011 -2015	台中市瑞成堂的破壞事件	位於台中南屯的黃宅，建於 1916 年，以三合院為基礎，其鋼筋混凝土柱子採西方古典形式，周圍有前外埕、外門樓、荔竹林等；2011 年 9 月相關委員會同意將其指定為古蹟之後，其大廳主體、圍牆、外門等遭到該地區市地重劃財團的破壞，文化局一方面將其公布指定為古蹟，另一方面進行修護工程，2013 年破壞者遭到判刑，2015 年 10 月底修復完成。
2012 -2015	新北市大坪林十四張劉家聚落遭到拆除	18 世紀末，在十五份及七張庄開墾的劉氏族人，移往二十張及十四張拓墾，成為十四張的開墾大戶，先後興建：劉氏家廟、利記公厝、文記堂、明記堂、厚記堂、高記堂、悠記堂等祖厝。2011 年底，新北市為了興建捷運，決定將十四張建築拆除清理後，做為捷運線機場及重劃地區；僅將劉氏家廟、利記公厝、文記堂、斯馨祠移建。2015 年底大多數的祖厝及斯馨祠先後遭到拆除，將於 2023 年中，於新店十四張歷史公園邊完成遷移建築物的重建工程。
2013 -2019	新北市新店碧潭吊橋安全性面臨壓力	1936-1937 年興建、位於安坑與新店街之間的碧潭上方的吊橋，其外形為西式雙塔、雙銨、單跨式，橋長 186.6 公尺，寬度 3.5 公尺，落成後成為搬運貨物的橋梁。因位於碧潭上方、其南邊有美麗的和美山，成為台灣北部最受歡迎的地區之一，是訪客們最喜愛「過河」、「散步」的地方。2012 年 7 月，碧潭東岸進行都市更新計畫，其建案的基址僅距離吊橋墩座約 1 公尺，恐將吊橋造成傷害、移置或拆除，2013 年由新北市政府將其指定為「古蹟」。2019 年營建公司為了擴大興建範圍，再次提出靠近鋼索的建築工程計畫，獲得新北市同意，對吊橋安全性可能造成嚴重傷害。
2016 -2018	台北市三井物產株式會社倉庫移建	位於台北城北門的東邊，約建於 1914 年，為三間二樓，以磚木組合而成，屋架採木架、屋頂多採雙斜坡、正面為三斜坡，正立面的一樓採三組圓栱形山牆、二樓為三個方形窗、頂部為半圓弧形，為國內所少見的西式倉庫。2012 年 5 月登錄為歷史建築，2014 年台北市政府為改建北門廣場，要求將其東移，在文化界強烈反對下，2016 年 5 月市政府堅持將本建築東移，隨後將其解體，2018 年 3 月移建完成。
2017	台南市官田八田與一銅像遭到鋸斷	八田與一為石川縣人、土木工程師，1910 年自大學畢業後，即來台工作，先後負責桃園大圳、嘉南大圳與烏山頭水庫等興建工程，對台灣造成重大的貢獻，而受到台灣人的敬仰，1931 年在民眾推動下於烏山頭水庫大壩旁安置他的銅質塑像，1942 年 5 月搭乘郵輪遭美軍擊沈罹難，2007 年由總統頒發褒獎令。2017 年 4 月中華統一促進黨兩位成員，以鋸子將銅像的頭部鋸下，隨後由台南市長先行致歉，於修復完成後，舉辦復原儀式，犯案人員遭到徒刑或罰金。
2017	台北市圓山水神社遭到破壞	為市定古蹟，位於劍潭捷運站東邊、台北自來水事業處陽明營業分處後的劍潭山高平坦處，為草山水道匯集處，為了保護水源的安全，1938 年於圓山儲水池南邊設置水神社，以祭祀水神為主，其配置單純，包括：小神殿、石燈籠、石狛犬、參拜道等，2017 年 8 月中華統一促進黨成員將柱子噴漆、石狛犬拆下，其後遭到判刑。事實上，在本案發生之前，同批人員於北投逸仙國小內毀損一對石狛犬。
2017-	台北市菊元百貨店面臨拆除的可能性	位於台北市總統府北邊、衡陽路與博愛路交會處，成立於 1932 年 11 月底，略早於台南林百貨店一週，為台灣最早的百貨公司；原為 5 層 6 樓，室內有升降梯；1940 年加建為 7 樓、高 24.52 公尺，加上塔樓共約 30 公尺高，為當時全台最高的民間建築物；戰後被做為不同的百貨公司，1968 年進行外形及部分內部設備的改建；2014 年 7 月台北市政府將「菊元百貨店」列冊；同年所有權者世華銀行及國泰建設公司提出興建計畫；2017 年 5 月，登錄為歷史建築，可同意所有權者進行改建。
2018	新竹市溫厝太原第遭到拆除	建於 1935 年，為兩落、左右護龍的四合院，前後堂屋各有七間，合院前方為前埕，外側有土埆造圍牆；前堂屋採凹壽式，其屋身有泥塑、剪黏、交趾陶、冊頁匾及彩畫等裝飾，為具有文化藝術價值的建築；2018 年 1 月由文化局列為暫定古蹟，預計於 2 月底前往會勘，但於 2 月中除夕夜前，屋主以該土地已出售給建商，將建築物整體拆除。
2018	台北市陳悅記祖厝再度展開修復計畫	位於台北大龍峒，於 1807 年始建公媽廳、1832 年始建公館廳，隨後增建落後、左右護龍，形成坐東向西的兩主廳、四落、三護龍的建築群，為國內所罕見、形式完整及優美的祖厝；1825 年維藻、1859 年維英、1873 年樹藍先後中舉；1985 年指定為古蹟，2003 年展開公媽廳的修復工程，因工作品質及土地容積移轉問題，導致其他修復及再利用工程的停頓；2018 年指定為國定古蹟，隨後再度展開修復再利用的規劃工作。

年代	事件名稱	事件概述
2018	苗栗縣陳愷悌古厝遭到拆毀	位於苗栗後龍，建於 1930 年前後，為兩層樓、採巴洛克式的建築物；2018 年 5 月文化局先將其列為「暫定古蹟」，於預計前往現勘前，其所有權人以本建築的土地已出售，以及並未收到縣府公文為由，將本建築物拆除，隔天文觀局邀請委員前往會勘，對所有權人進行法辦。
2018	苗栗縣陳氏家祠遭到拆毀	位於苗栗頭份市山下里，為 1921 年興建的傳統三合院，2018 年 6 月文觀局計畫前往現勘，並將其列為「暫定古蹟」，在現勘之前即聽到該建築物已遭拆除，緊急邀請委員前往會勘，發現本家祠整體已遭到拆除。
2018	台北市北投汾陽居遭到部分拆除	位於台北北投洲美街，為傳統三合院，於 2018 年 8 月列為「暫定古蹟」，10 月由水利處執行「北投士林科技園區整體開發案」的施工廠商故意裝作因誤會而將其正廳部分拆除、以及左右房整體拆毀，隨後由文化局提出修復計畫，於 12 月底另由監察院對台北市政府提出糾正案；隨後於整體拆建後，移地重建。
2019	台北市草山御賓館頹圮	位於陽明山陽金公路與菁山路交會處，於 1923 年初因皇太子裕仁訪台前所興建的日式建築，包括：御休憩所、貴賓館、庭園、車寄、平房等；其後做為皇室宮家的招待所，提供餐飲、泡湯、宿泊等服務。1945 年以後做為高級人員使用場所，1965-1997 年改為孫科官邸及兒子住所，並增建西式住宅，1998 年指定為台北市市定古蹟「草山御賓館」。本建築物的土地屬新北市政府所有、建築物屬台灣省政府所有，因雙方均缺乏照顧，導致建築物幾乎全部倒塌。2019 年由文化部撥款，先行從事緊急搶修工作；計畫於 2022-2023 年間從事修復與再利用工程。
2020	錐麓古道觀音神像遭到刮損	花蓮錐麓古道，位於斷崖之中，長約 1.2 公里，高約 1,100 公尺，由大理石山腰開發而成，為太魯閣國家公園內唯一的古蹟保存區。石刻觀音神像位於斷崖古道中間的轉彎角上，據傳為 1917 年所雕刻而成者，高約 60 公分、寬約 40 公分，為前往縱走山友所虔誠膜拜的神像；於 2020 年 8 月由嚮導人員發現其臉部遭到刮損，隨後由太魯閣國家公園管理處將其略加清理及修復。

說明：

1. 本表收錄內容包括兩類，一是在保存過程中引發拆存爭議或對抗者；二是具有開創性或困難性，但因所有人或主管機關支持、或透過周詳行政作業，而成功加以保存，其成果受到大眾矚目或具有歷史意義者。

2. 「事件描述」資料整理自各公私出版品及網路資訊，因來源眾多，除了以下 4 筆外，不另列資料來源。

3. 「事件概述」記載主要發動人，但並不意味其為主要貢獻者，成功的保存事件，通常為民間眾人之力及行政單位共同努力的結果，在「文化資產保存法」施行初期的多起保存事件，當時的新聞記者扮演著相當重要的角色。

附註：

註 1：參考廖麗君 1998《台灣孔子廟建築之研究：廟學制的影響及廟學關係的影響》。台南：成大建研所碩論。

註 2：參考李瑞宗 2007《台北植物園與清代欽差行台的新透視》。台北：農委會。

註 3：參考鮑曉鷗 2006〈十七世紀的雞籠要塞〉收於《艾爾摩莎：大航海時代的台灣與西班牙》頁 39-52。台北：國立台灣博物館。

註 4：參考楊仁江 2008〈基隆白米甕砲台的歷史與建築之研究〉收於《第 11 屆文化資產保存、再利用與保存科學國際研討會論文集》頁 13-28。中壢：中原大學。

【表4】台灣歷年重要文化資產普查活動

年代	主事者	動機	內容及數量	資料收錄
1901 明治34	島田定知	私人撰述。	共列全台自然景觀、市鄉鎮及建築史蹟名勝204筆。	島田定知1901《日本名勝地誌》第12輯〈台灣之部〉。東京：博文館。名單參見：黃俊銘《日據時期台灣文化資產研究與保存文獻彙編》（文獻導讀部分）頁65-66。台北：文建會。
1907 明治40	台灣總督府	為瞭解台灣民情風俗制度，以做為治台政策之參考，台灣總督府設立臨時台灣舊慣調查會，指派安江正直負責土木建築類資料蒐集。	區分城、官衙、學宮書院、宮廟寺巖、宅邸五類，共112筆。	收錄於臨時台灣舊慣調查會1910《臨時台灣舊慣調查會第一部報告：清國行政法》第三卷。安江正直另以〈台灣建築史〉發表於日本建築學會會刊《建築會誌》（1909.1-2）。
1916 大正5	台灣總督府	因應日本國會要求保存史蹟名勝天然紀念物，台灣總督府任命杉山靖憲為編纂主任展開調查工作，以做為「史蹟名勝天然紀念物保存法」施行之前置作業。	透過方志、文獻、檔案資料篩選後，進行田調，共收錄331筆史蹟、名勝、天然紀念物。	杉山靖憲1916《台灣名勝舊蹟誌》。台北：台灣總督府。名單參見：黃俊銘1996《日據時期台灣文化資產研究與保存文獻彙編》（文獻導讀部分）頁71-72。台北：文建會。
1923 大正12	台灣博物館學會	私人團體為敦促台灣總督府推動史蹟名勝天然紀念物保存。	台灣博物館學會《台灣史蹟名勝天然紀念物保存建議書》中計有史蹟28件。	台灣博物館學會1923〈本島史蹟名勝天然紀念物概況〉。名單參見：梁靜萍1996《日據時期台灣「建築文化資產」保存活動發展之歷史過程》頁70。中壢：中原大學碩論。
1927 昭和2	台灣博物館學會	台灣博物館學會堀川安市私人建言。	於所著〈有關台灣天然紀念物保存〉一文中條列動物9筆、植物17筆、礦物14筆，總計40筆。	名單參見：黃俊銘1996《日據時期台灣文化資產研究與保存文獻彙編》（文獻導讀部分）頁59-60。台北：文建會。
1931 昭和6	台灣總督府	台灣總督府為調查史蹟名勝天然紀念物，所整理的相關資料。	於《史蹟名勝天然紀念物調查資料》中條列史蹟153筆、名勝83筆、天然紀念物87筆，總計323筆。	名單參見：黃俊銘1996《日據時期台灣文化資產研究與保存文獻彙編》（文獻彙編部分）頁47-53。台北：文建會。
1950	田中大作	於1931-1947（昭和6-22）年來台任職期間調查著述，返日後出版。	完成於1950年，2005年出版。書中將台灣建築區分為高砂族人（包括高山族人及平埔族人）、台灣人、西洋人及日本人建築四類，列舉案例、收錄照片及測繪圖。	田中大作1950《台灣島建築之研究》。（2005）台北：台北科技大學。
1960	千千岩助太郎	於1925（大正14）年來台任教台北高等工業專門學校（台北科技大學前身），1934（昭和9）年展開高山族群建築調查，1941（昭和16）年轉任總督府，1944（昭和19）年轉任台南高等工業學校（成大前身）。	書中分泰雅、賽夏、布農、鄒、排灣、阿美、雅美等七族，共收錄74組簡測圖及相關照片。	1937-1942（昭和12-17）年間發表於《台灣建築會誌》中。千千岩助太郎1960《台灣高砂族の住家》。台北：南天書局

年代	主事者	動機	內容及數量	資料收錄
1972 -1979	內政部	內政部指示各地方政府進行古蹟調查提報，為「文化資產保存法」施行之前置作業。	1972 年指示，1975 年各地方政府提報 541 筆，經內政部邀請專家學者審查，1979 年完成，計刪 224 筆，增列 27 筆。包括暫定第一級古蹟 53 筆，第二級古蹟 84 筆，第三級古蹟 207 筆，共計 344 筆。	名單參見：莊芳榮 1983《古蹟管理與維護》頁 11-19。台北：台灣學生書局。林會承主編 2003《2002 台灣文化資產保存年鑑》頁 610-618。台南：文資中心。
1977 -1982	林衡道	林衡道任台灣省文獻委員會主任委員期間，所進行的文獻彙整。	共出版 7 輯報告書，每輯約 50 至 100 餘筆資料，各筆包括數量不等史蹟、名勝、民俗、傳統藝術。	林衡道 1977-1982《台灣勝蹟採訪冊》（第一輯至第七輯）。台中：台灣省文獻會。
1980	交通部觀光局	為台灣文化資產保存預作準備，委託台大土木所都計室辦理歷史古蹟勘查。計畫主持人夏鑄九。	共列歷史古蹟 458 筆。	台大土木系都計室 1980《全省重要史蹟勘查與整修建議：歷史古蹟部分》。台北：台大土木系都計室。
1980	交通部觀光局	為台灣文化資產保存預作準備，委託台大考古人類學系辦理考古遺址與舊社勘查。計畫主持人黃士強、劉益昌。	共列重要遺址 90 筆、一般遺址 323 筆。	黃士強、劉益昌 1980《全省重要史蹟勘查與整修建議：考古遺址與舊社部分》。台北：台大考古人類學系。
1980	戶外生活雜誌社	私人撰述，由林衡道指導及編審。	共出版 4 冊，以縣市為單元，以漢式為主，共蒐集 593 筆資料。	關山情主編 1980《台灣古蹟全集》（第 1 冊至第 4 冊）。台北：戶外生活雜誌社。
1980 -1990	教育部	依據 1979 年行政院頒「加強文化及育樂活動方案」，教育部委託台大考古人類學系辦理台灣民間技藝人才普查、建檔及研究，以及地方戲曲研究；政大社會學系辦理台灣中國戲曲、說唱、民間音樂、雜耍特技、陣頭等。自 1980 年展開，至 1990 年止。台大計畫主持人尹建中，政大計畫主持人林恩顯。	台大於 1980-1990 年間共出版報告書 11 種，於第 2-3 年，進行人才普查，區分傳統技藝及傳統藝能兩大類。傳統技藝人才（含雕刻、編織、捏塑、彩繪、漆器製造、琺瑯製造、印染、刺繡、剪、糊、打造、鑲嵌、灌漿、綜合共 14 類）於 1982 年列 548 人，1983 年增列 13 人。傳統藝能人才（含說唱、歌舞小戲、地方戲曲、偶戲、雜技、樂器共 6 類）於 1982 年列 351 人，1983 年增列 22 人。政大於 1983-1990 年共出版 8 種報告書，於 1984 年報告書共列大陸地方戲曲 316 人、說唱及民間音樂 1,161 人、雜耍特技 2,018 人，總計 3,495 人。	尹建中 1982《中國民間傳統技藝訪查報告》。台北：教育部、台大人類學系。尹建中 1983《中國民間傳統技藝與藝能調查研究》（第三年報告書）。台北：教育部、台大人類學系。林恩顯 1984《中國民間傳統技藝調查與現況》。台北：教育部。
1982 -1985	文建會	文建會遴聘專家學者針對內政部於 1979 年所列暫定古蹟進行現勘複審。	1983 年公布第一級古蹟 15 筆，1985 年公布第一級古蹟 3 筆、第二級古蹟 16 筆、第三級古蹟 167 筆。	林會承主編 2003《2002 台灣文化資產保存年鑑》頁 619-628。台南：文資中心。
1982 -1985	嘉義縣政府	為將嘉義吳鳳廟擴建為吳鳳紀念園，於 1982-1985 年間調查並遴聘藝師製作展示品。計畫主持人漢寶德。	分為雕刻、塑造、陶、平面繪繡、紙藝、偶戲藝術、其他等共 7 類，60 位藝師。	漢寶德 1985《嘉義縣吳鳳紀念園民藝名家》。嘉義：嘉義縣政府。
1985	文建會	傳統建築匠師普查	（報告書及相關資料無法獲得）	張天開主持 1985《全國古蹟修護技術人才調查研究報告》。

年代	主事者	動機	內容及數量	資料收錄
1991 -1992	內政部文建會	因應經濟發展後工程大量施作,遺址遭到破壞,由內政部委託中國民族學會辦理台灣地區重要考古遺址普查建檔。計畫主持人宋文薰。	共列重要遺址 109 處。	宋文薰等 1992《台灣地區重要考古遺址初步評估第一階段研究報告》。台北:中國民族學會。
1992 ---＞	內政部	為繼 1991 年台灣地區重要考古遺址普查建檔後,內政部委託中研院史語所於 1992 年辦理全國性遺址文獻資料蒐集,1993 年後辦理分年分區普查。計畫主持人黃士強、臧振華、陳仲玉、劉益昌等。	從第 2 期至第 7 期,依縣市別逐年普查,每筆資料編代號,依次描述地理環境、遺址狀況、遺物類別、文化資產、備註、研究簡史、參考文獻、地圖。 第 2 期(1994):台南縣 57 筆、台南市 11 筆、高雄縣 176 筆、高雄市 22 筆、屏東縣 78 筆 第 3 期(1995):台中縣 66 筆、台中市 3 筆、彰化縣 29 筆、雲林縣 8 筆、嘉義縣 27 筆、嘉義市 1 筆 第 4 期(2000):台東縣 216 筆、澎湖縣 93 筆 第 5 期(2000):桃園縣 47 筆、新竹縣 18 筆、新竹市 5 筆、苗栗縣 109 筆 第 6 期(2001):金門縣 17 筆、連江縣 9 筆 第 7 期(2004):南投縣 393 筆、台北縣 227 筆、基隆市 6 筆、台北市 43 筆、宜蘭縣 65 筆、花蓮縣 155 筆	中研院史語所 1993-2004《台閩地區考古遺址》(第 1-7 期)。台北:內政部、中研院史語所。
1991 -1994	內政部	因應古蹟修復之需,1991 年委託東海大學建築研究中心辦理傳統建築匠師普查。計畫主持人洪文雄。1993 年委託中國工商專科學校辦理第二期計畫,包括第一期未涵蓋之宜蘭、花蓮、台東等,計畫主持人閻亞寧。	第一期:共收錄大木 42 人、土水 71 人、小木 12 人、鑿花 37 人、石匠及磚雕 16 人、剪黏、泥塑及塑花 27 人、彩繪 48 人,合計 253 人。 第二期:共收錄大木 7 人、土水 14 人、小木 2 人、鑿花 9 人、石雕 8 人、剪黏 4 人、彩繪 8 人,合計 51 人。	洪文雄主持 1993《台閩地區傳統工匠之調查研究》(第 1 期)。台中:東海大學建築研究中心。 閻亞寧主持 1994《台閩地區傳統工匠之調查研究》(第 2 期)。台北:中國工商專科學校。
1993 -1994	內政部	近代歷史建築基礎調查。計畫主持人李乾朗。	以縣市為單元,第一輯共列 258 筆、第二輯共列 345 筆,合計 603 筆。其中 82 筆建議列入保護。	李乾朗 1993《台閩地區近代歷史建築調查》(第 1 輯)。台北:內政部。 李乾朗 1994《台閩地區近代歷史建築調查》(第 2 輯)。台北:內政部。
1999 -2000	文建會	九二一大地震古蹟及歷史建築普查,計畫主持人林會承,協同主持人徐明福、張嘉祥、王惠君、米復國、吳奕德、邱上嘉、邱博舜、徐慧民、陳其澎、黃俊銘、張興國、葉乃齊、賴志彰、閻亞寧、薛琴。	共列地震災區受損歷史建築約 750 座、暫緩拆除建物 222 座、複勘建築 228 座、及修護範例 15 座。	名單參見: 徐明福主編 2000《(九二一集集大地震及一〇二二嘉義大地震)震災地區歷史建築初勘報告書》。台南:文資中心。 林會承主編 2000《(九二一集集大地震及一〇二二嘉義大地震)震災地區歷史建築複勘調查報告書》(上、下)。台北:文建會。 林會承主編 2000《(九二一集集大地震及一〇二二嘉義大地震)震災地區歷史建築修護範例報告書》。台北:文建會。 林會承主編 2000《(九二一集集大地震及一〇二二嘉義大地震)震災地區文化資產搶救紀要》。台北:文建會。 林會承主編 2006《2005 台灣文化資產保存年鑑》頁 702-718。台南:文資中心。

年代	主事者	動機	內容及數量	資料收錄
2001-2003	文建會	2000 年 2 月 9 日「文化資產保存法」第三次修正（1-4版）公布，增加「歷史建築」，以文建會為中央主管機關。2001 年文建會補助各地方單位辦理歷史建築清查，以做為登錄之準備。由各單位委託學校或文化團體辦理。	25 縣市至 2003 年底，共初勘 28,903 筆，複勘 11,007 筆，建議優先登錄為「歷史建築」2,025 筆。	相關資料請參見：林會承主編 2004《2003 台灣文化資產保存年鑑》頁 644-647。台南：文資中心。
2002 --- >	文建會	因各部會及所屬機關構快速發展或於民營化過程可能造成文化性資產流失，行政院於 2002 年責成文建會辦理「產業文化資產清查」，同年 12 月文建會成立產業文化資產調查小組，2006 年改名為文化性資產調查小組。由各單位委託學校或文化團體辦理。	2004 年進行 16 個單位，2005 年進行 5 個單位，2006 年進行 12 個單位（含 6 個縣市「眷村文化潛力發掘普查計畫」），2007 年進行 13 個單位（含 11 個縣市「眷村文化潛力發掘普查計畫」）。	名單參見：林會承主編 2005《2004 台灣文化資產保存年鑑》頁 690-693。台南：文資中心。林會承主編 2006《2005 台灣文化資產保存年鑑》頁 838。台南：文資中心。林會承主編 2007《2006 台灣文化資產保存年鑑》頁 798-803。台南：文資中心。林會承主編 2008《2007 台灣文化資產保存年鑑》頁 816-822。台中：文資總處。
2003 --- >	文建會	因應 2003.7.10 行政院核定「國有宿舍及眷舍房地加強處理方案」，文建會於 2003.10.15 展開具歷史建築價值者清查。計畫主持人林會承。同年 12 月起改由各地方政府執行，計畫名稱為「國有宿舍總清查」。	2003-2005 年清查 3,816 戶，具保存價值者 200 件，具歷史建築登錄價值者 88 件。2006 年清查 554 戶，具保存價值者 11 件。2007 年清查 408 戶，具保存價值者 16 件。	名單參見：林會承 2004《國有宿舍及眷舍房地中具有文化資產價值潛力者先期資料整理及初勘計畫》。南投：文建會中部辦公室。林會承主編 2006《2005 台灣文化資產保存年鑑》頁 830-835。台南：文資中心。林會承主編 2007《2006 台灣文化資產保存年鑑》頁 794-79。台南：文資中心。林會承主編 2008《2007 台灣文化資產保存年鑑》頁 812-813。台中：文資總處。
2005	文建會	文建會推動各縣市從事文化資產普查，以聚落、文化景觀、傳統藝術、民俗及有關文物、古物、保存技術及保存者普查為主。	2005 年 6 月 1 日發布「輔導直轄市及縣市政府推動文化資產保存維護工作作業要點」後，各縣市展開普查工作，至 2008 年底完成：文化資產綜合類 2 件、聚落 6 件、文化景觀 30 件、傳統藝術 9 件、民俗及有關文物 5 件、古物 14 件、保存技術及保存者 6 件。	名單參見：林會承主編 2009《2008 台灣文化資產保存年鑑》頁 900-908。台中：文資總處。王嵩山主編 2009《2005-2008 台灣無形文化資產保存年鑑》頁 900-908。台中：文資總處。
2006 --- >	文建會	因應 2009 年完成眷村改建，文建會於 2006 年 5 月成立眷村文化保存工作推動小組，展開「眷村文化潛力發掘普查計畫」。由各縣市委託學校或文化團體執行。	2006 年完成 6 個縣市普查。2007 年完成 11 縣市普查。成果合併於文化性資產清查中。	名單參見：林會承主編 2007《2006 台灣文化資產保存年鑑》頁 800。台南：文資中心。林會承主編 2008《2007 台灣文化資產保存年鑑》頁 819。台中：文資總處。
2006	文建會文資中心	由國立文化資產保存研究中心籌備處主辦。計畫主持人林春美。	分為修復人員及科學保存人員兩類。修復人員共 112 人次，其中 40 餘人次重覆，分別為：木質 12 人、紙質書畫 30 人、油畫 6 人、陶瓷 15 人、金屬 7 人、泥塑‧石灰泥塑 7 人、壁畫 9 人、石質玉器 4 人、照片 3 人、牙骨珠貝 4 人、戲偶 1 人、玻璃 2 人、動物標本 4 人、出土出水 4 人、植物標本 1 人、化石 1 人、織品 2 人、影片 1 人。科學保存人員共 19 人。	名單參見：林春美 2006《文物保存修護人力資源及就業市場調查計畫》。台南：文資中心。

年代	主事者	動機	內容及數量	資料收錄
2006 -2007	文建會文資中心	國立文化資產保存研究中心籌備處委託台南大學台灣文化研究所辦理「傳統工匠調查與培育策略研究」。計畫主持人賴志彰。	以 1991-1994 年內政部委託洪文雄及閻亞寧所辦理之普查，以及古蹟修復報告書所列司傅為準，進行複查，收錄各類匠師 186 人，包含大木匠師 34 人、土水匠師 12 人、小木匠師 10 人、鑿花匠師 60 人、打石匠師 6 人、彩繪匠師 34 人、剪黏泥塑交趾陶匠師 30 人。	名單參見： 賴志彰 2007《建築類文化資產保存修護傳統工匠調查及培育策略研究計畫》「匠師人力資源手冊」。台中：文資總處。
2009 -2010	文資總處	文建會文化資產總管理處籌備處委託中原大學辦理匠師人力資源相關調查。計畫主持人薛琴。	以 1991-1994 年內政部委託洪文雄及閻亞寧所辦理之普查資料為基礎，進一步瞭解修復匠師現況，將司傅區分為大木、細木、鑿花、土水、彩繪、石作、剪黏泥塑交趾陶等七類，共收錄 75 歲以上 51 位、65 歲以上 67 位、35 至 64 歲 280 餘位。	名單參見： 薛琴 2010《古蹟、歷史建築、聚落及文化景觀之維護、修復匠師人力資源守護計畫》。台中：文資總處。
2012 -2015	文化資產局	依據「行政院所屬各機關機構學校文化性資產清查作業要點」推動所屬單位進行清查工作，2014 年提出「中央政府各機關經管文化資產潛力建築之列管名單」。	2012 年有國家退除役官兵輔導委員會完成金門縣榮民服務處等 34 個附屬單位清查成果報告書，文化部「社區資源整合試點專案：茄萣工作圈」；2013-2015 年「文化資產個案資料徵集暨數位典藏系統建構計畫」；至 2014 年完成國家退除役官兵輔導委員會之基隆市、新竹、澎湖縣、高雄、台中、屏東等報告書；第一期中央政府名單完成。	名單參見： 文化部文化資產局 2012-2015《文化部文化資產局年報》。台中：文化資產局。

〔表5〕台灣清代方志所列古蹟條目一覽表

名　稱	所列古蹟及相關名稱條目
金鋐 1683（康熙22年）《康熙福建通志台灣府》卷二十二〈古蹟〉	台灣縣：大井 鳳山縣：藥水、三保薑、玉山、仙人山、鳳芋、溫泉 諸羅縣：金山、石湖、木排田、水漣潭、火山、龍湖巖、泉
● 蔣毓英 1685（康熙24年）《台灣府志》卷之十〈古蹟〉	大井、藥水、三保薑、玉山、金山、湯泉、仙人山、石湖、木排田、鳳芋、水漣潭、火山、湯泉
● 高拱乾 1695（康熙34年）《台灣府志》卷九〈外志〉	【古蹟】大井、藥水、湯泉、大滾水山、仙人山、石湖、水漣潭、湯泉、火山 （附）台灣八景：安平晚渡、沙崑漁火、鹿耳春潮、雞籠積雪、東溟曉日、西嶼落霞、澄台觀海、斐亭聽濤 【寺觀】海會寺 （附）宮廟：觀音宮、天妃宮、上帝廟、關帝廟、竹溪寺、夢蝶園、彌陀寺、廣慈庵、準提閣、黃蘗庵、慈濟宮、沙陶宮、二王廟、五帝廟、開山王廟、岳武穆王廟、大人廟、王公廟、天妃宮、慈濟宮、關帝廟、崑沙宮、水仙宮、龍湖巖、關帝廟、（附）澎湖：天妃宮、大王廟、真人廟、關帝廟、太子廟、將軍廟 【墳墓】故寧靖王（名術桂）墓、鄭成功墓、陳烈婦墓
● 周元文 1712（康熙51年）《重修台灣府志》卷九〈外志〉	多抄襲高拱乾《台灣府志》，宮廟增列火神廟
● 周鍾瑄、陳夢林 1717（康熙56年）《諸羅縣志》卷十二〈雜記志〉	【古蹟】淡水礮城、雞籠礮城、青峯闕礮台、火山、石湖、水沙浮嶼、水漣潭、劍潭、八里岔潭、溫泉、龍目井、紅毛井、龍湖巖、靈山廟 【寺廟】天妃廟、關帝廟、保生大帝廟、元天上帝廟、睢陽廟、諸福寺、觀音宮、姑媽廟
● 李丕煜、陳文達 1719（康熙58年）《鳳山縣志》卷之十〈外志〉	【古蹟】紅毛城、紅毛井、龍目井、石洞、火焰山、大、小滾水山、仙人山、漯底山、月眉池、蓮池潭 【寺廟】天妃宮、關帝廟、慈濟宮、水仙宮、元天上帝廟、觀音宮、仙堂、元帥廟、無祀祠 【墳墓】明寧靖王墓
● 王禮主修、陳文達編纂 1720（康熙59年）《台灣縣志》卷九〈雜記志〉	【古蹟】 城：赤嵌城、澎湖暗澳城、澎湖瓦硐港銃城 井：大井（西定坊）、烏鬼井、馬兵營井、大井（澎湖）、紅毛井（澎湖） 澤：龍潭、蓮花潭 池：月眉池 【寺廟】（略） 【丘墓】五妃墓
尹士俍 1738（乾隆3年）《台灣志略》中卷〈寺廟舊跡〉	【舊跡】大井、仙人山、石洞、大滾水山、劍潭、龍目井、龍眼井、赤嵌樓、紅毛城、砲台樓
● 劉良璧 1741（乾隆6年）《重修台灣府志》卷十八〈古蹟〉	台灣縣：赤嵌城、紅毛城、澎湖暗澳城、瓦硐港銃城 諸羅縣：青峯闕礮台 彰化縣：淡水砲台、雞籠城 井泉（附） 台灣縣：大井、烏鬼井、馬兵營井、澎湖大井。鳳山縣：龍目井。諸羅縣：紅毛井。彰化縣：龍目井。 宮室（附）：北園別館、敬聖樓 寺觀（附） 台灣縣：海會寺、竹溪寺、黃蘗寺、法華寺、彌陀寺、廣慈庵 鳳山縣：仙堂 諸羅縣：龍湖巖、大山巖 宅墓（附） 台灣縣：陳氏花園、檨林宅、五妃墓、李茂春墓、盧若騰墓、陳節烈墓 鳳山縣：寧靖王墓 諸羅縣：沈斯庵墓

名　稱	所列古蹟及相關名稱條目
周于仁、胡格 1740（乾隆 5 年）《澎湖志略》	（無）
●范咸、六十七 1746（乾隆 11 年）《重修台灣府志》〈雜記〉	【樓堞】 台灣縣：赤嵌樓、紅毛城、秀峰塔 諸羅縣：青峰闕砲台 淡水廳：淡水砲台、雞籠城、雞籠砲台 澎湖廳：澎湖暗澳城、瓦硐港銃城 【園亭】 台灣縣：北園別館、陳氏園、夢蝶園、聚星亭、樣林 諸羅縣：鎮番亭 淡水廳：望海亭 【寺廟】 台灣縣：海會寺、竹溪寺、黃蘗寺、法華寺、彌陀寺、廣慈庵、東嶽廟、元帝廟、吳真人廟、藥王廟、開山王廟、馬王廟、五帝廟、臨水夫人廟、水仙宮、觀音宮、觀音亭、敬聖樓、超峰石觀音亭 鳳山縣：仙堂、元帝廟、元帥廟、觀音宮、慈濟宮 諸羅縣：諸福寺、龍湖巖、大山巖、元帝廟、保生大帝廟、元帥廟、觀音宮 彰化縣：觀音亭 淡水廳：元壇廟 澎湖廳：將軍廟、大王廟、吳真人廟、水仙宮、觀音宮、元帝廟 【墳墓】 台灣縣：五妃墓、李茂春墓、陳烈婦墓 鳳山縣：寧靖王墓 諸羅縣：沈斯庵墓 澎湖廳：盧若騰墓
●王必昌 1752（乾隆 17 年）《重修台灣縣志》卷十五〈雜記〉	【古蹟】 赤嵌樓、赤嵌城、暗澳城、瓦硐港銃城、荷蘭井、大井、烏鬼井、馬兵營井、澎湖大井（亦名大井頭）、靈濟井、榕梁、斐亭、澄台、寓望園 宅（附）：明寧靖王朱術桂園亭、北園別館、陳氏別墅、夢蝶園、樣仔林、聚星亭 墓（附）：五妃墓、鄭成功墓、陳烈婦墓、明進士盧若騰墓、明隆武舉人李茂春墓
●余文儀 1764（乾隆 29 年）《續修台灣府志》〈雜記〉	多抄襲范咸、六十七《重修台灣府志》，【園亭】項增鳳山縣：忠義亭，【寺廟】略有增加
●王瑛曾 1762（乾隆 27 年）《重修鳳山縣志》卷十一〈雜志〉	【名蹟】埋金山、仙人山、火焰山、石洞、蓮池潭、月眉池、龍目井、湯泉、忠義亭 寺觀（附）：元興寺、興隆寺（即觀音寺）、泗洲寺、慈濟宮、仙堂、元帥廟、池王爺廟、寧靖王廟、祖師廟 墳墓（附）：寧靖王墓、李茂春墓、黃烈婦墓、阮烈婦墓、鄭烈婦墓、黃節孝墓
●胡建偉 1769（乾隆 34 年）《澎湖紀略》	（無）
●謝金鑾 1807（嘉慶 12 年）《續修台灣縣志》卷五〈外編〉	【遺蹟】赤嵌樓、赤嵌城（亦名台灣城）、荷蘭井、大井、烏鬼井、馬兵營井、一元子園亭、鄭成功墓、北園別館、陳氏別墅、夢蝶園、樣仔林、五妃墓、陳烈婦墓、李先生墓 【寺觀】嶽帝廟、真武廟、三官堂、聖公廟、吳真人廟、臨水夫人廟、三山國王廟、水仙廟、五帝廟（亦名五聖廟）、開山王廟、玉皇太子宮、呂祖廟、海靖寺（舊名海會寺，亦名開元寺）、竹溪寺、黃蘗寺、法華寺、彌陀寺、萬壽寺、廣慈庵、觀音宮、重慶寺、龍山寺、準提堂、清水寺、萬福庵、慈雲閣、竹林寺 【勝蹟】〈地志〉「山水」秀峰塔、南湖書院、正音書院
穆彰阿奉敕修 1811（嘉慶 16 年）《大清一統志》台灣府重修本	【古蹟】赤嵌城、台灣故城、鳳山故城、淡水故城、澎湖暗澳城、萬年廢州、天興廢州、廢雞籠安撫司、廢淡水安撫司、廢半線安撫司、察院舊衙、夢蝶園、樣林、忠義亭、望海亭、秀峰塔 【陵墓】明寧靖王墓（長陽王術桂墓）、五妃墓 【祠廟】八蜡祠、天后廟、吳真人廟、田祖廟、將軍廟、水仙宮、元帥廟、朱文公祠、功臣生祠、五忠祠、忠烈廟 【寺觀】海會寺、竹溪寺、龍湖巖院、黃蘗寺、諸福寺、南浦寺、碧山巖院、虎山巖院

名　稱	所列古蹟及相關名稱條目
陳壽祺 1829（道光 9 年）《重纂福建通志》台灣府〈古蹟〉	台灣縣 名勝：北園別館、吉失門、赤嵌樓、紅毛城、李氏園、嘉蔭亭。園宅：陳氏園、一元子園亭、夢蝶園、樣林。冢墓：李茂春墓、五妃墓、陳烈婦墓 鳳山縣 名勝：月眉池、忠義亭。冢墓：明靖寧王朱術桂墓 嘉義縣 名勝：紅毛井。冢墓：明太僕少卿沈光文墓 彰化縣 名勝：鎮番亭 淡水廳 名勝：望海亭 澎湖廳 名勝：明暗澳城、瓦硐港城。冢墓：明兵部郎中寧紹兵備道盧若騰墓 噶瑪蘭廳 名勝：莿竹城 寺觀（另附） 台灣府台灣縣：竹溪寺、黃蘗寺、海靖寺、廣慈庵、法華寺、萬壽寺、彌陀寺、水仙宮、超峰石觀音亭 鳳山縣：元興寺、泗洲寺、水仙宮 嘉義縣：諸福寺、地藏庵、南浦寺、彌陀寺、龍湖巖、大山巖、觀音宮 彰化縣：觀音亭、虎山巖、碧山巖、定公庵 淡水廳：大士觀 澎湖廳：觀音宮
● 蔣鏞 1829（道光 9 年）《澎湖續編》	（無）
陳國瑛等十七人採集 1830（道光 10 年）《台灣採訪冊》	（無）
● 周璽 1832（道光 12 年）《彰化縣志》	（無）
● 陳淑鈞編、李祺生續輯 1832（道光 12 年）《噶瑪蘭廳志》（初稿）	（無）
● 柯培元 1832（道光 12 年）《噶瑪蘭志略》	（無）
鄭用錫 1834（道光 14 年）《淡水廳志稿》	（無）
● 陳培桂 1870（同治 9 年）《淡水廳志》卷十三考三〈古蹟考〉	玉山、紗帽山、龍峒山、鶯哥山、鳶山、杙峯、纍嶼、社寮島、月眉崎、獨崎、寒石洞、水簾峒、仙人洞、蝙蝠洞、仙迹石、反經石、硯盤山、鳥踏石、石鐘、石鼓、土地公坑、柏節坑、紫薇坑、火穴、劍潭、八卦潭、鯉魚潭、馬龍潭、大潭、八里坌潭、仰天湖、金魚湖、澹雲湖、峯仔峙溪、磺溪、三合水、墨水、蘆洲、蓮花池、龍王池、三孔泉、石壁泉、西雲巖泉、石閣泉、番井沸泉、半山泉、鐵砧山泉、響泉、封頂泉、溫泉、磺油窟、龍目井、國姓井、乳井、巡司埔井、井井泉井、荳菜井 寺觀（附）：竹蓮寺、靈泉寺、壽山巖寺、觀音寺、龍山寺、慈雲寺、劍潭寺、芝山寺、石壁潭寺、西雲巖寺、鄞山寺、地藏菴 園亭（附）：望海亭、竹林石室、潛園、北郭園、怡園、太古巢
李元春 1891（光緒 17 年）《台灣志略》卷一〈地志〉	【勝蹟】赤嵌樓、赤嵌城、荷蘭井、大井、烏鬼井、馬兵營井、一元子園亭、鄭成功墓、北園別館、陳氏別墅、夢蝶園、樣仔林、五妃墓、陳烈婦墓、李先生墓、天后廟、聖宮廟、吳真人廟、臨水夫人廟、三山國王廟、開山王廟
● 林豪 1893（光緒 19 年）《澎湖廳志》	（無）
鄭鵬雲、曾逢辰 1893（光緒 19 年）《新竹縣志初稿》卷五考二〈古蹟〉	竹塹堡古蹟：井井泉、巡司埔井、龍王池、墨水、仰天湖、土地公坑、合水合潮、靈泉試茗 樹杞林堡古蹟：石壁潭、十八兒山 苗栗堡古蹟：澹雲湖、石磴瀉泉、磺油窟 苑裏堡古蹟：馬龍潭 大甲堡古蹟：國姓井、鯉魚潭 竹北二堡古蹟：六角潭、大潭 竹塹堡園亭：潛園、北郭園
● 沈茂蔭 1894（光緒 20 年）《苗栗縣志》卷六〈古蹟考〉	五星墩、筆架山、墨硯山、火焰山、印斗山、仙人島、雷公崁、合幹榕、泉水洞、土地公坑、火穴、天池、鯉魚潭、磺油窟、滾水、鹹泉、山頂泉、響泉、石井、下溝井、甘泉井、水井、蟹目井、國姓井、蟾蜍石 寺觀（附）：善德寺、和善寺、行修寺、清修寺、養真寺、觀音寺 園亭（附）：迎風亭、煥藜園

名　稱	所列古蹟及相關名稱條目
● 屠繼善 1894（光緒 20 年）《恆春縣志》	（無）
蔣師轍、薛紹元 1895（光緒 21 年）《台灣通志》	（無）
蔡振豐 1897（明治 30 年）《苑裏志》下卷〈古蹟考〉	福德井、湧天泉、甘露水、鷲山、雞冠山、風鬟山、慈雲寺、養真堂、壽公祠、方鑑堂
林百川、林學源 1898（明治 31 年）《樹林杞志》〈古蹟考〉	觀音坐蓮、龜山、五指山、十八兒、托盤山、師善堂、石筆、石室、轉溝水

說明：

1. 方志前加「●」者，為陳捷先《清代台灣方志研究》（1996）所提體例及內容較完備的 21 種。

2. 本表資料由劉郡芷彙整，經作者比對方志及趙俊祥《台灣古蹟的歷史形成過程：以清代志書「古蹟」為探討》（2003）修正。

【表6】「史蹟名勝天然紀念物保存法」及相關法規

本表包括：（一）史蹟名勝天然紀念物相關法規一覽表、（二）「史蹟名勝天然紀念物保存法」、（三）「史蹟名勝天然紀念物調查要目認定標準」、（四）「史蹟名勝天然紀念物保存相關依命通牒」、（五）「史蹟名勝天然紀念物保存法施行規則」、（六）「史蹟名勝天然紀念物保存法取扱規程」、（七）「史蹟名勝天然紀念物保存調查會規程」。條文原為直式，改為橫式；原「左列」意即「下列」。

（一）史蹟名勝天然紀念物相關法規一覽表

「史蹟名勝天然紀念物保存法」	大正 8（1919）年 4 月 10 日法律第 44 號
「史蹟名勝天然紀念物調查要目認定標準」	大正 9（1920）年內務省
「史蹟名勝天然紀念物保存相關依命通牒」	大正 11（1922）年 6 月 22 日內務大臣官房地理課通牒第 25 號
「行政諸法台灣施行令」	大正 11（1922）年 12 月 29 日敕令第 521 號
「史蹟名勝天然紀念物保存法施行規則」	昭和 5（1930）年 9 月 21 日府令第 35 號
「史蹟名勝天然紀念物保存法取扱規程」	昭和 5（1930）年 9 月 21 日訓令第 73 號
「史蹟名勝天然紀念物保存調查會規程」	昭和 5（1930）年 10 月 16 日訓令第 84 號發布 昭和 17（1942）年 11 月 12 日訓令第 143 號第 1 次修正

資料來源：黃俊銘 1996《日據時期台灣文化資產研究與保存文獻彙編：以史蹟名勝天然紀念物為主（文獻導讀部分）》頁 36。台北：文建會。

（二）「史蹟名勝天然紀念物保存法」

大正 8（1919）年 4 月 10 日　　法律第 44 號	
第 1 條	本法所適用之史蹟名勝天然紀念物由內務大臣指定。 除前項指定以前，若為必要時得由地方長官暫時指定。
第 2 條	史蹟名勝天然紀念物於指定前後，調查吏員因調查之必要得撤去其障礙物。
第 3 條	史蹟名勝天然紀念物之現狀變更或對保存有影響之行為需經地方長官之許可。
第 4 條	內務大臣對指定保存之區域內特定行為得予以限制或禁止，亦得命令設置相關設施。 本條及第二條規定所限制或禁止之行為，對私人造成之損害得由政府補償。
第 5 條	內務大臣得指定公共團體管理史蹟名勝天然紀念物。 前項管理所需費用由公共團體負擔，國庫得對其做部分補助。
第 6 條	違反第三條或第四條第一項規定者，得處六個月以下拘禁或百圓以下罰金或罰款。
附則	本法實施中相關必要事項，需依照相關（行政）命令。 本法實施日期需依照相關（行政）命令。 古社寺保存法第十九條自本法實施之日起廢除。

說明：
1. 本法依大正 8 年（1919）勅令第 261 號於同年 6 月 1 日起實施。
2. 本法中所涉及史蹟名勝天然紀念物保存相關之業務，於昭和 3 年 12 月 1 日起，主管大臣由內務大臣改為文部大臣。
3. 【註釋】日本於 1873 年設立內務省，掌管警察、治安、衛生、地方自治等，其最高行政長官為「內務大臣」；位階僅次於內閣總理大臣。
4. 本資料依條文原斷句及格式調整，並由黃士娟老師增訂部分條文及註釋。

資料來源：黃俊銘 1996《日據時期台灣文化資產研究與保存文獻彙編：以史蹟名勝天然紀念物為主（文獻導讀部分）》頁 13-14。台北：文建會。

（三）「史蹟名勝天然紀念物調查要目認定標準」

大正 9（1920）年　　內務省	
史蹟	1. 皇室之有關建築。 2. 寺社遺跡及祭祀信仰相關之重要史蹟。 3. 古墳及名人墓。 4. 古城址、城壁、古戰場、官府等其他政治軍事相關之史蹟。 5. 聖廟、文庫等其他教育學藝之史蹟。 6. 社會事業之相關史蹟。 7. 產業交通土木等相關史蹟。 8. 古宅、苑池、井泉、樹石類。 9. 貝塚、遺物、巨石等其他人類學及考古學上之重要遺跡。 10. 外族文化相關之史蹟。 11. 重要傳說地。
名勝	1. 著名之公園及庭園。 2. 著名之橋樑、堤防。 3. 著名之花草樹、鳥獸、蟲魚等。 4. 著名之奇岩（材木岩、俵石、天然橋、石柱等）。 5. 著名之峽谷、急流、深淵。 6. 著名之瀑布。 7. 著名之湖沼。 8. 浮島、砂嘴等。 9. 海岸、島嶼與其他勝地。 10. 著名風景區。 11. 自然景勝地。
天然紀念物 一、動物	1. 僅存於台灣稀有動物。 2. 其他地區瀕臨絕種動物之近族。 3. 台灣近海瀕臨絕種動物。 4. 非台灣特有動物，但屬於東亞著名動物。 5. 著名動物的繁殖地或遷徙停留地。 6. 在台灣發現的各種巨獸及其他著名動物。 7. 生活於山地、平地、濕地、森林、湖泊、海濱、河海、島嶼、洞穴等各種動物或整個生物群。 8. 台灣特有畜養動物。 9. 海外移殖之非台灣原生家畜動物。
天然紀念物 二、植物	1. 樹叢之名木、巨樹、老樹。 2. 具代表性的原始林、稀有林。 3. 具代表性的高山植物帶。 4. 珍奇植物所在地。 5. 植物分布境界之處。 6. 培養植物之稀有產地。 7. 有明顯畸形之野生植物。 8. 瀕臨絕種之植物。 9. 生活於江河、湖海、池塘、溪泉中珍奇之水草類、藻類、苔蘚類、地衣類。 10. 洞穴或瀑潭中固有植物之生長地。 11. 泥炭堆積地區形成泥炭之植物，其主要生長地。 12. 海岸、河岸之固有防砂植物之生長地。 13. 溫泉等熱水或溫水中固有下等植物之主要生長地。 14. 固有原野植物群落。 15. 蘭類、羊齒類、石松類、蔓藤植物、地衣、苔蘚主要生長之土地或樹林。 16. 島嶼之特異植物區系。 17. 稀少或有稀少憂慮之野生有用植物。
天然紀念物 三、礦物	1. 岩石及露出之礦物。 2. 礦物蘊藏之狀態。 3. 顯示礦物成因之狀態。 4. 地層之褶曲。 5. 斷層之裂縫、陷落。 6. 地層之整合或不整合。譯註：相鄰的上下二地層的沉積過程中不含侵蝕層，兩者走向、傾斜相同，在地質學上稱為整合（conformity），反之為不整合（unconformity）。

大正 9（1920）年　　內務省	
天然紀念物 三、礦物	7. 洞穴。 8. 火山岩之各種構造。 9. 溫泉中的間歇泉及其他火山現象及其沉殿物。 10. 湧泉冷礦。 11. 風化及侵蝕之相關現象。 12. 泥火山。 13. 隆起海岸。

說明：史蹟及名勝條文依據黃俊銘 1996《日據時期台灣文化資產研究與保存文獻彙編：以史蹟名勝天然紀念物為主（文獻導讀部分）》頁 15。台北：文建會。天然紀念物條文由黃士娟老師翻譯。

（四）「史蹟名勝天然紀念物保存相關依命通牒」

大正 11（1922）年 6 月 22 日　　內務大臣官房地理課通牒第 25 號	
第 1 條	依照史蹟名勝天然紀念物保存法第一條第二項規定，進行暫時指定時，需註明其種類、名稱、所在地、地籍、物件調查報告及地籍圖，並與本省（內務省）進行研討。
第 2 條	在依照史蹟名勝天然紀念物保存法第三條規程得到許可或承認時，需針對其中被認為重要的部分與本省進行研討。
第 3 條	史蹟名勝天然紀念物保存法施行令第二條第一項規定之行為應由調查吏員以書面通知土地所有者及占有者，並載明區域範圍行為、種類。
第 4 條	史蹟名勝天然紀念物的指定依下列規定處理： 一、需立即向指定物件的所有者、管理者或占有者、其他利害相關者及轄區警察官署知會被指定的事實，以及對違反保存法者的制裁要領。 二、需設置標示牌或告示牌。 三、有必要標示出地域範圍者，需設置境界標示。 四、標示大小需為 8 寸至 1 尺的方形，離地面高度需為 5 尺至 8 尺。 五、標示牌所記內容需如下文例予以記載： 　　正面 　　史蹟（名勝、天然紀念物）……（標明指定名稱） 　　背面 　　依史蹟名勝天然紀念物保存法……某年某月建設 六、標示牌使用文句需淺顯易懂。 七、標示、告示牌及其他設施之費由國費支出時，需向本省提出申請，並提交詳細的設計圖說、位置圖、報價單等資料。
第 5 條	依照史蹟名勝天然紀念物保存法第四條第一項規定，該指定之區域需經由內務省認可。
第 6 條	依照史蹟名勝天然紀念物保存法施行規則第四條規定，接到申請時需立即報備本省。
第 7 條	台帳記載事項如有異動，需向內務省報備。
第 8 條	依照明治 7 年太政官達第 59 號及明治 13 年宮內省達第 3 號規定，向宮內省提出申請的同時也需向本省報備。

說明：第 3、5、7 條文依據黃俊銘 1996《日據時期台灣文化資產研究與保存文獻彙編：以史蹟名勝天然紀念物為主（文獻導讀部分）》頁 15。台北：文建會。其餘者由黃士娟老師翻譯。

（五）「史蹟名勝天然紀念物保存法施行規則」

昭和 5（1930）年 9 月 21 日　　府令第 35 號	
第 1 條	台灣史蹟名勝天然紀念物之指定及解除由台灣總督府報加以告示，由地方知事及廳長暫時指定及暫時解除者亦同。
第 2 條	史蹟名勝天然紀念物保存法（以下簡稱保存法）第二條所規定之行為應由調查吏員於三日前通知土地之所有者及占有者。保存法第二條所提調查行為，調查員於調查前應出示票證（譯註：身分證明）。 日出前、日落後，非經占有者同意，不得依保存法第二條規定進入屋內。
第 3 條	保存法第三條規定之行為，需經地方知事或廳長之受理承認。
第 4 條	保存法第四條第一項之限制或禁止之設施行為，需於府報中加以告示。
第 5 條	保存法第四條第二項規定中所造成之損害應予以補償。 前項補償之金額，由各地知事或廳長與被損害人協議調處，台灣總督為協議之鑑定人。

昭和 5（1930）年 9 月 21 日　　府令第 35 號	
第 6 條	史蹟名勝天然紀念物之所有者、管理者、占有者若有變更，應於十日以內向各地知事或廳長申報告知。
第 7 條	雖未經指定為保存物，但土地之所有者、管理者、占有者因變更現狀而發現史蹟時，應於發現十日內具下列事項向各地知事或廳長申報告知： 一、發現之年月日。 二、所在地。 三、現狀。 四、其他參考事項。
第 8 條	史蹟名勝天然紀念物之國屬收益及地方公共團體之所得得做為負擔管理之費用。
第 9 條	史蹟名勝天然紀念物管理費用之負擔，得由地方公共團體經知事或廳長之許可予以徵收史蹟名勝天然紀念物參觀費用負擔之。
第 10 條	台灣總督府應具備史蹟名勝天然紀念物之台帳。
第 11 條	違反第六條、第七條之規定，得科處 20 圓以下之罰金。
附則	昭和 5 年敕令第 27 號及本令於昭和 5 年 11 月 1 日正式施行。

說明：條文依原斷句及格式調整，以及略作詞句增補。
資料來源：黃俊銘 1996《日據時期台灣文化資產研究與保存文獻彙編：以史蹟名勝天然紀念物為主（文獻導讀部分）》頁 13-14。台北：文建會。

（六）「史蹟名勝天然紀念物保存法取扱規程」

昭和 5（1930）年 9 月 21 日　　訓令第 73 號公布	
第 1 條	史蹟名勝天然紀念物保存法（以下簡稱保存法）第一條第一項規定，史蹟名勝天然紀念物分為兩類進行指定： 第一類　國家級。 第二類　地方級。
第 2 條	知事或廳長依照保存法第一條第一項規定進行認可時，需將其種類、名稱、所在地、地籍、物件調查書、及地籍圖向台灣總督提出申請。
第 3 條	知事或廳長依照保存法第一條第一項規定進行認可前，如認為有必要採取急救措施時，需按同法第一條第二項規定進行暫時指定。前項暫時指定時，需向台灣總督提交物件之種類、名稱、所在地、地籍、物件調查報告及地籍圖等具體資訊。
第 4 條	知事或廳長在對史蹟名勝天然紀念物指定後，需立即向指定物件的所有者、管理者或占有者、其他利害關係者及轄區警察署長及副廳長知會已被指定的事實，以及對違反者的制裁要領。並且，依照保存法第五條規定，管理者需按下列規定採取相關保存措施。暫時指定亦同。 一、需設置標示牌或告示牌。 二、需設置必要之界限標記。 三、如有必要得設置圍欄或進行覆蓋。 四、標示牌大小需為 20 至 30 公分的方形、離地面高度需為 1.5 至 2.5 公尺。 五、標示牌所記內容需如下文例予以記載： 　　正面 　史蹟（名勝、天然紀念物）……（標明指定名稱） 　　背面 　依史蹟名勝天然紀念物保存法　某年某月台灣總督指定 　注意：使用文句需淺顯易懂。
第 5 條	依照史蹟名勝天然紀念物保存法施行規則（以下簡稱施行規則）第二條第一項規定，通知書需註明時日、土地之區域、行為種類等。
第 6 條	史蹟名勝天然紀念物調查官員的識別證樣式，為長 7.5 公分、寬 4.5 公分折疊厚紙版，詳如附圖。
第 7 條	知事或廳長依保存法第三條規定進行許可，或依施行規則第三條規定進行承認時，需預先向台灣總督提交相關重要資訊。
第 8 條	知事或廳長依保存法第四條第一項規定進行地域指定時，需攜相關事由及地域圖向台灣總督提出申請。
第 9 條	知事或廳長依施行規則第五條規定，對補償額進行協議時，需將協議過程及補償額相對應事宜向台灣總督提出報備。
第 10 條	知事或廳長依施行規則第六條規定，在接到申告後十日內向台灣總督提出報備。
第 11 條	知事或廳長依施行規則第七條規定，在接到申告後需立即向台灣總督提出報備。
第 12 條	知事或廳長依施行規則第九條規定，在進行許可時需向台灣總督提出報備。

昭和 5（1930）年 9 月 21 日　訓令第 73 號公布	
第 13 條	知事或廳長認為史蹟名勝天然紀念物已無保存必要時，需向台灣總督報告具體事由及提出解除指定的申請。
第 14 條	知事或廳長需對其管轄區域內之史蹟名勝天然紀念物製作清單，並按第十五條之規定之相關事項予以記載。記載事項出現異動時，需立即向台灣總督提出報備。
第 15 條	史蹟名勝天然紀念物清單需記載之事宜： 一、史蹟或名勝（第＊類） 　（一）名稱。 　（二）所在地。 　（三）地區編號。 　（四）地籍。 　（五）所有者之地址、姓名。 　（六）所有者之外，管理者或占有者之地址、姓名。 　（七）人造物以外，其物件之質地、形狀、構造、大小、數量。 　（八）現狀。 　（九）歷史沿革。 　（十）證明物件。 　（十一）指定事由。 　（十二）指定年月日及編號。 　（十三）調查報告之編號。 　（十四）保存要件。 二、天然紀念物 　（一）名稱。 　（二）所在地。 　（三）地區編號。 　（四）地籍。 　（五）所有者之地址、姓名。 　（六）所有者之外，管理者或占有者之地址、姓名。 　（七）形狀、構造、大小、數量。 　（八）現狀。 　（九）原先狀態。 　（十）指定事由。 　（十一）指定年月日及編號。 　（十二）調查報告之編號。 　（十三）保存要件。

說明：條文由黃士娟老師翻譯。

（七）「史蹟名勝天然紀念物調查會規程」

昭和 5（1930）年 10 月 16 日　訓令第 84 號 昭和 17（1942）年 11 月 12 日　訓令第 143 號第 1 次修正	
第 1 條	台灣總督府設置史蹟名勝天然紀念物調查會，負責史蹟名勝天然紀念物之調查及指定保存等有關事項的審議。
第 2 條	調查會設置會長一人、副會長一人及委員若干人。
第 3 條	會長由台灣總督府總務長官、副會長由台灣總督府內務局長擔任之。委員由台灣總督任命府內官吏或其他具學識經驗者擔任之。
第 4 條	會長掌理會務，副會長輔佐或代理會長之相關事務。
第 5 條	調查會設置幹事若干人，由台灣總督任命府內高等官擔任之。會長或副會長得指揮幹事承接及掌理保存相關庶務。
第 6 條	調查會內設置書記若干人，由台灣總督任命府內判任官擔任之。書記承上司指揮從事保存相關庶務。

說明：本表內容為昭和 5（1930）年 10 月 16 日版。

資料來源：黃俊銘 1996《日據時期台灣文化資產研究與保存文獻彙編：以史蹟名勝天然紀念物為主（文獻導讀部分）》頁 35-36。台北：文建會。

【表7】史蹟名勝天然紀念物指定名單

指定時間	作者編碼	名稱	說明	類別	所在地
第一回指定 昭和 8.11.26／ 1933.11.26	史1 天1	芝山巖	台北市芝山巖（或岩），為聳立於平原上的小丘，生態豐富，並有新石器時代遺物及學務官僚遭難之碑（1896）。芝山巖同時指定為史蹟及天然紀念物。芝山巖惠濟宮及芝山巖隘門於1985年經內政部指定為第三級古蹟，芝山巖遺址（5,000-3,500 B.P.）於1993年經內政部指定為第二級古蹟；上述三者目前均改稱為市定古蹟。	史蹟 天然紀念物	台北州
	史2	北荷蘭城	基隆市和平島上荷蘭聯合東印度公司（V.O.C）城堡（Noord Holland Fort, 1642, 1664-1665）遺構，改建自西班牙人聖薩爾瓦多城堡（San Salvador, 1626-, 1634-）。1937-1943年日本政府因太平洋戰爭，於此地興建乾船塢，致使其位於地表上的構造物，目前除一口井外，其餘均消失不存。	史蹟	台北州
	史3	熱蘭遮城	台南市安平荷蘭城堡（Casteel Zeelandia, 1624-1643）遺構，俗稱安平古堡。目前僅部分內城台基及角城城壁尚存，於1983年經內政部指定為第一級古蹟台灣城殘蹟（安平古堡殘蹟），2010年底以後改稱為國定古蹟。	史蹟	台南州
	史4	舊城跡	位於高雄市左營。為始建於1722（康熙61）年台灣清代鳳山縣舊城，1786（乾隆51）年林爽文事件後城陷，兩年後縣城遷往下陴頭街（今高雄市鳳山區），1825（道光5）年重建舊城。目前遺構於1985年經內政部指定為第一級古蹟鳳山縣舊城，2006年改稱國定古蹟鳳山縣舊城。	史蹟	高雄州
	史5	琉球藩民墓	位於屏東縣車城鄉統埔村。1871（同治10）年琉球人66名遭風漂流至屏東縣滿州鄉八瑤灣，其中54人遭排灣族人所殺。此事引發1874（同治13）年牡丹社事件。戰後部分遺骸改葬於此，立碑「大日本琉球藩民五十四名墓」，部分遺骸運返琉球，1898（明治31）年移葬那霸市護國寺，並立碑「台灣遭害者之墓」紀念。目前墳墓及碑文尚存。	史蹟	高雄州
	天2	海蝕石門	今新北市石門區石門洞，為海浪侵蝕造成的特殊地理景觀。	天然紀念物	台北州
	天3	北投石	產於台北市北投地熱谷下游，為溫泉沉澱結晶物，具有放射性。目前由台北市政府指定為「北投石自然保留區」。	天然紀念物	台北州
	天4	泥火山	位於高雄市燕巢區橋頭車站東4公里處，為蓄積於地下的泥漿與瓦斯受壓自鬆軟岩層衝出地表，泥漿於周圍堆積成尖丘。	天然紀念物	高雄州
	天5	儒艮	俗稱海牛，屬於哺乳綱海牛目，為大型海棲哺乳類，日本時代曾出現於屏東縣恆春鎮海岸。	天然紀念物	高雄州
	天6	帝雉	又名黑長尾雉、海雉、烏雉等，棲息於中央山脈2,000至3,000公尺森林下層之濃密矮竹叢中。1984年列為珍貴稀有動物，2001年改列為瀕臨絕種野生動物，2008年改列為珍貴稀有野生動物。	天然紀念物	全島
第一回指定 第二回指定 第三回指定	史6 史7 史8	北白川宮能久親王御遺跡 （共38筆）	【第一回指定：澳底登陸地、台北駐營之址、八卦山司令所（彰化）】 【第二回指定：頂雙溪舍營所（基隆）、三貂嶺之險、瑞芳舍營所、圓窗嶺司令所（基隆深澳坑槓子寮）、基隆舊海關舍營所、水返腳舍營所（汐止）、桃仔園休憩所、桃仔園舍營所、中壢舍營所、新竹舍營所、牛埔山露營地（新竹）、尖筆山司令所（竹南）、中港舍營所（竹南）、後龍舍營所、苗栗司令所、通霄舍營所、大甲舍營所、牛罵頭舍營所（清水）、大肚舍營所、大肚露營地、大肚遺跡戰線視查之所、彰化駐營之址、滴港西舍營所（永靖）、北斗舍營所、莿桐巷舍營所（斗六）、三疊溪舍營所（嘉義溪口）、坪仔頭司令所（嘉義）、嘉義舍營所、安溪寮舍營所（後壁）、果毅後營舍營所（柳營）、灣裡舍營所（善化）、大目降舍營所（新化）、台南安海街舍營所、台南市南門町終焉之地】	史蹟	全島

指定時間	作者編碼	名稱	說明	類別	所在地
			【第三回指定：鹿港軍情視察之所】 北白川宮能久親王（1847-1895）為日本南進軍近衛師團師團長，於1895年5月29日自北部登陸後，一路揮軍南下，同年10月28日因瘴疾病逝於台南城內。		
第二回指定 昭和 10.12.5 / 1935.12.5	史9	艾爾騰堡 （Eltenburgh）	基隆市和平島八尺門水道邊荷蘭碉堡（Eltenburgh, 1642, 1664-1665）遺構，改建自西班牙人聖路易司（San Luis, 1632-1636）圓堡（koevo, cubo）。目前已不存。	史蹟	台北州
	史10	圓山貝塚	位於台北市圓山，包含圓山貝層及大砥石。圓山貝層為台灣新石器時代中期（5,000-3,500 B.P.）及晚期（3,500-2,000 B.P.）遺址，自然遺物以蜆為主，以及蛤、牡蠣等；文化遺物有獸骨、魚骨、石器、土器等。大砥石為磨刀石，戰後被臨濟護國禪寺磨平後雕刻「無住生心」等字，立於寺門前。本遺址於1988年經內政部指定為第一級古蹟圓山遺址，2006年經文建會變更、目前稱之為國定圓山考古遺址。	史蹟	台北州
	史11	台北景福門、麗正門、承恩門、重熙門	台北市東門、北門、南門、小南門。始建於1882（光緒8）年、完成於1884（光緒10）年。台北城有5座城門，於1904（明治37）年執行市區計畫，將城牆及西門拆除。1966年東門、南門、小南門遭到改建為北方宮殿式樣，目前僅北門保存原貌。北門於1983年指定為第一級古蹟承恩門，1998年增列東門、南門、小南門，改名為第一級古蹟台北府城：東門、南門、小南門、北門；目前改稱為國定古蹟。	史蹟	台北州
	史12	竹塹迎曦門	即新竹市東門。新竹市原為淡水廳治，石城始建於1827（道光7）年，完成於1829（道光9）年，有4座城門，日本時代將城壁拆除，僅保存東門（迎曦門）。東門於1985年經內政部指定為第二級古蹟竹塹城迎曦門，2006年改稱國定古蹟竹塹城迎曦門。	史蹟	新竹州
	史13	普羅民遮城	台南市荷蘭城堡（Provintia, 1653-1655）遺構，俗稱赤崁樓。1630年代荷蘭聯合東印度公司致力於赤崁地區開墾，引進大量勞工，1652年因課稅爆發郭懷一事件，次年興建中型碉堡。目前僅基礎部分尚存，遺構及其上漢式建築於1983年經內政部指定為第一級古蹟赤崁樓，2010年底以後改稱為國定古蹟。	史蹟	台南州
	史14	台南東安門、寧南門、靖波門 （共3筆）	即台南市清代台灣府城大東門、大南門、小西門。台南市自1684（康熙23）年即為台灣府治，1725（雍正3）年築木城、1736（乾隆1）年以土石改建城門，此後歷經多次整修。日治時期將城壁及部分城門拆除，僅存前述3門，以及西側外城兌悅門。目前小西門遷建於成大光復校區。大東門及大南門於1975年及1977年整修，風味略減，此二城門於1985年經內政部指定為第三級古蹟台南府城大東門、第三級古蹟台南府城大南門，2010年底以後兩者均改稱為市定古蹟。	史蹟	台南州
	史15	恆春城	屏東縣清代恆春縣城。牡丹社事件（1874，同治13年）後，沈葆楨奏請築城設官。1875（光緒1）年動工、1879（光緒5）年完成，有4座城門。戰後因開路及設校，而拆除部分城牆，為目前台灣保存較完整的清代城牆。現存部分於1985年經內政部指定為第二級古蹟恆春古城，2006年改稱國定古蹟恆春古城。	史蹟	高雄州
	史16	明治七年龜山本營之址	牡丹社事件期間，日軍於屏東縣車城鄉射寮之司令部。1874（同治13）年5月西鄉從道率日艦自屏東縣車城鄉射寮登陸，設大本營於其南之龜山上（今國立海洋生物博物館北側），至同年12月離台為止，隨後置「明治七年討蕃軍本營地」碑。目前石碑保存於國立海洋生物博物館基地內。	史蹟	高雄州
	史17	石門戰蹟	牡丹社事件期間，屏東縣車城鄉與牡丹鄉交界之四重溪石門戰場。1874（同治13）年5月西鄉從道率日艦自屏東縣車城鄉射寮登陸，22日陸軍中佐佐久間左馬太率軍經過石門時，遭到牡丹社人伏擊，4人陣亡、20餘人受傷，隨後將其擊退，事後於此地興建紀念碑。目前碑座尚存，原「西鄉都督遺績記念碑」碑文被磨除改刻「澄清海宇還我河山」。	史蹟	高雄州

指定時間	作者編碼	名稱	說明	類別	所在地
	史 18	墾丁寮石器時代遺跡	屏東縣恆春鎮墾丁石牛溪河海交界處、大尖石山下的石器時代遺跡，出土石棺、骨骸、石器、土器、骨器及貝類，距今 3,500-4,500 年之間。	史蹟	高雄州
	史 19	佳平社蕃屋	屏東縣泰武鄉排灣族佳平社頭目家，為典型北排灣族石板屋，內部以粗木為骨架，其餘部分以大小不同石板鋪疊。由於為頭目家，因此屋前有石板庭院及司令台、門楣有雕刻。	史蹟	高雄州
	史 20	民蕃境界古令埔碑	即「奉憲封禁古令埔碑」，為 1815（嘉慶 20）年 5 月 20 日台灣府立古碑，禁止閩粵籍人侵占屏東縣內埔鄉老埤與萬巒鄉五溝水以東的古令埔地區，即今赤山農場一帶。石碑目前移至內埔六堆天后宮內。	史蹟	高雄州
	史 21	太巴塱社蕃屋	為花蓮縣光復鄉阿美族人家屋，1958 年 7 月被強烈颱風溫妮（Winnie）吹垮，將構件拆遷至中研院民族所，並將雕刻材典藏。2006 年依據千千岩助太郎（1897-1991）測繪圖及複刻現存構件，於原址重建完成；2006 年經花蓮縣政府登錄為文化景觀。	史蹟	花蓮港廳
	史 22	比志島混成枝隊良文港上陸地	澎湖縣湖西鄉龍門村日本艦隊登陸地。1895 年 3 月日本南方派遣艦隊在司令官伊東祐亨中將率領下航抵澎湖，由陸軍混成枝隊（指揮官步兵大佐比志島義輝）自良文港（今湖西鄉龍門村）登陸，事後立碑紀念。目前原碑文「明治二十八年混成枝隊上陸紀念碑」遭磨除改刻「台灣光復紀念碑」，2000 年經澎湖縣政府指定為縣定古蹟龍門裡正角日軍上陸紀念碑，並依原貌複製後回復。	史蹟	澎湖廳
	天 7	過港貝化石層	今苗栗縣後龍鎮龍港站與白沙屯站之間東側、過港隧道上方，以海棲貝類化石為主。	天然紀念物	新竹州
	天 8	紅樹林	位於高雄港內旗津中洲及紅毛港海岸，共有五梨跤、細蕊紅樹、紅茄苳、欖李及海茄苳五種紅樹林。	天然紀念物	高雄州
	天 9	毛柿及榕樹林	位於屏東縣恆春鎮鵝鑾鼻，今墾丁牧場一帶上方，有毛柿及榕樹 200 餘棵，樹齡數百至數千年。	天然紀念物	高雄州
	天 10	熱帶性海洋原生林	位於屏東縣恆春鎮鵝鑾鼻香蕉灣附近珊瑚石灰岩隆起海岸，面積約 122 公頃，有棋盤腳、蓮葉桐、月橘等植物。此地區於 1994 年經農委會指定為墾丁高位珊瑚礁自然保留區。	天然紀念物	高雄州
	天 11	寬尾鳳蝶	分布於北部羅東附近至中南部海拔約 1,000-2,000 公尺之地區，為台灣特產之大型蝶類。1989 年列為珍貴稀有動物，2001 年改列為瀕臨絕種野生動物。	天然紀念物	全島
	天 12	華南鼬鼠	舊稱台灣鼬鼠，俗稱黃鼠狼，屬於哺乳類食肉目貂科，分布於 1,000-3,500 公尺山區。	天然紀念物	全島
第三回指定 昭和 16.6.14 / 1941.6.14	史 23	伏見宮貞愛親王御遺跡（共 3 筆）	【布袋嘴上陸之地（嘉義）、鹽水港舍營所（台南）、台南駐營之址】 伏見宮貞愛親王（1859-1923）為日本南進軍混成第四旅團長，於 1895 年 10 月 11 日自東石郡布袋嘴（今嘉義縣布袋鄉）登陸，同月 22 日進入台南城。	史蹟	台南州
	史 24	南菜園	位於今台北市南昌路與和平西路交口之南昌公園，為第四任台灣總督（1898.2-1906.2）兒玉源太郎於 1899（明治 32）年所建之茅頂木屋別墅，雅稱「藤園」，現石碑尚存。	史蹟	台北州
	史 25	乃木館	約位於今台北市延平南路遠東百貨公司對面，為第三任台灣總督（1896.10-1898.2）乃木希典官邸，原為漢式建築，1921（大正 10）年改建為木造平房，稱為「乃木館」。	史蹟	台北州
	史 26	乃木母堂之墓	位於今台北市林森北路與南京東路交口之第 14、15 號公園。第三任台灣總督乃木希典於 1896（明治 29）年 10 月就任，其母長谷川壽子同來，同年 12 月病逝。1980 年因闢建公園，將墓碑及遺骨送返日本奉祀，墓前鳥居移至二二八公園內。2010 年底將其鳥居遷回原所在的林森公園中。	史蹟	台北州
	史 27	三角湧戰跡	位於新北市三峽區隆恩埔。1895 年 7 月日本南進軍支隊行經三峽時，受到義軍伏擊，29 人陣亡，隨後展開激戰，致使義軍潰敗，三峽街遭到焚毀，1923（大正 12）年於此地興建紀念碑。	史蹟	台北州

指定時間	作者編碼	名稱	說明	類別	所在地
	史 28	第二師團枋寮上陸地	位於今屏東縣枋寮鄉。1895 年 10 月 11 日日本南進軍第二師團長乃木希典率第三旅團自屏東縣枋寮鄉北邊海岸登陸，隨後率軍北上台南。事後於登陸地樹立「故乃木將軍上陸紀念碑」。	史蹟	高雄州
	史 29	文石書院	位於澎湖縣馬公市西文里。由澎湖通判胡建偉倡建，完成於 1767（乾隆 32）年，為澎湖最早文教中心。1799（嘉慶 4）年重修，並加建魁星樓，1873（同治 12）年移魁星樓於左前東南方。此後多次改建，目前僅魁星樓保存原貌。魁星樓於 2002 年經澎湖縣政府登錄為歷史建築馬公文石書院魁星樓，其內六面石碑於 2003 年登錄為歷史建築文石書院內石碑。	史蹟	澎湖廳
	史 30	千人塚	位於澎湖縣馬公市西文里。1895 年日本陸軍混成枝隊登陸澎湖後，因瘴疾肆虐，戰死及病死千餘人，隨後埋於此，俗稱「千人塚」。目前整建為馬公國中體育館及操場，其石碑基座於 2008 年 6 月被發現。	史蹟	澎湖廳
	史 31	海軍聯合陸戰隊林投上陸地	位於澎湖縣湖西鄉林投公園旁，為 1895 年 3 月日本海軍陸戰隊登陸地，目前碑石尚存，但碑文「日本皇軍海軍陸戰隊上陸紀念碑」遭磨除改刻「抗戰勝利紀念碑」。2000 年經澎湖縣政府指定為縣定古蹟林投日軍上陸紀念碑。	史蹟	澎湖廳
	天 13	仙腳石海岸原生林	位於新竹縣竹北市，鳳山溪以北約 2 公里內的海岸砂丘，屬於海岸性雨綠林，有刺桐、林投、水筆仔、黃連等原生種植物。	天然紀念物	新竹州
	天 14	野生稻種自生地	位於今桃園市八德區三元宮附近及苗栗縣竹南鎮。台灣野生稻，屬於濕地生草本，高 1-1.5 公尺，有 11 節。米粒呈赤褐色或白色，狹長形。	天然紀念物	新竹州
	天 15	台灣原始觀音座蓮及菱形奴草自生地	位於今南投縣魚池鄉蓮華池林業試驗所內，占地約 1 公頃。台灣原始觀音座蓮為台灣特有種，屬於地上生草本蕨類植物。菱形奴草為台灣特有植物，為一年生寄生草本植物。	天然紀念物	台中州
	天 16	台灣高地產鱒	今稱櫻花鉤吻鮭，又名台灣櫻花鉤吻鮭、台灣鱒、梨山鱒、大甲鱒、次高山鱒、高山鱒、台灣鮭魚、台灣鮭、台灣陸封型櫻鮭、櫻鮭、石田氏鮭魚、台灣馬蘇麻哈魚、三文魚、本邦等，屬於冷水性之陸封性鮭魚，目前分布於大甲溪上游之七家灣溪與雪山溪。櫻花鉤吻鮭於 1984 年列為珍貴稀有動物，2001 年改列為瀕臨絕種野生動物。	天然紀念物	台中州
	天 17	穿山甲	屬於鱗甲目鯪鯉科，為台灣特有亞種。全身覆有角質厚鱗，呈瓦片狀排列，吻端尖，口中無牙齒，舌頭呈蠕蟲狀。個性膽小，行動緩遲，為夜行性動物。分布於台灣中低海拔之山區。	天然紀念物	台北州台中州台南州高雄州
	天 18	小紅頭嶼植物相	今台東縣蘭嶼鄉小蘭嶼，島上有植物 54 科、136 種、以及 9 變種。	天然紀念物	台東廳
	天 19	蓮角鷸	俗稱菱角鳥或水雉，屬水雉科，分布於台灣、中國南方、及東南亞，多活動於淡水埤塘，喜在浮葉植物上活動，南部菱角田中特別常見。尾端細長，繁殖期體背大致呈銅褐色，腹部黑褐色，其餘大多呈白色。	天然紀念物	全島

說明：
1. 本「表格」的「說明」項中，其所提的直轄市、縣市、以及其行政區的名稱，係以 2020 年為準。
2. 凡書寫【共○○筆】，原告示公文中每筆為獨立公告，為了閱讀上方面合併成一筆。

資料來源：《台灣總督府府報》昭和 8 年 11 月 26 日告示第 166 號、昭和 10 年 12 月 5 日告示第 184 號、昭和 16 年 6 月 14 日告示第 474 號。轉引自黃俊銘 1996《日據時期台灣文化資產研究與保存文獻彙編：以史蹟名勝天然紀念物為主（文獻彙編部分）》頁 71-78。台北：文建會。

「說明」內容參考：
1. 吳永華 2000《台灣歷史紀念物》。台中：晨星。
2. 薛化元、劉燕儷編譯 1996《台灣先民的遺跡》。台北：稻香。

【表8】「古物保存法」及相關法規

本表包括：（一）「古物保存法」相關法規一覽表、（二）「古物保存法」、（三）「古物保存法施行細則」、（四）中央古物保管委員會組織條例更迭表、（五）「暫定古物之範圍及種類大綱」。條文原為直式，改為橫式；「古物保存法」及「古物保存法施行細則」之原條文無標點符號，從之。

（一）「古物保存法」相關法規一覽表

古物保存法	19 年 6 月 7 日國民政府公布 20 年 6 月 12 日施行 24 年 11 月 19 日第一次修正公布
古物保存法施行細則	20 年 7 月 3 日行政院公布
中央古物保管委員會組織條例	21 年 6 月 18 日公布 24 年 11 月第一次修正公布
中央古物保管委員會辦事規則	23 年 11 月呈奉國府令准備案
中央古物保管委員會會議規則	23 年 11 月呈奉國府令准備案
中央古物保管委員會各地辦事處暫行組織通則	24 年 2 月呈奉國府令准備案
中央古物保管委員會各地辦事處辦事細則	24 年 2 月呈奉國府令准備案
採掘古物規則	24 年 3 月 16 日行政院公布
外國學術團體或私人參加採掘古物規則	24 年 3 月 16 日行政院公布
古物出國護照規則	24 年 3 月 16 日行政院公布
暫定古物之範圍及種類大綱	24 年 6 月 15 日行政院公布

資料來源：中央古物保管委員會編 1935（民國二十四年六月）《中央古物保管委員會議事錄》頁 56-69。

（二）「古物保存法」

19 年 6 月 7 日 國民政府公布　　20 年 6 月 12 日施行　　24 年 11 月 19 日國民政府修正公布第 9 條	
第 1 條	本法所稱古物指與考古學歷史學古生物學及其他文化有關之一切古物而言 前項古物之範圍及種類由中央古物保管委員會定之
第 2 條	古物除私有者外應由中央古物保管委員會責成保存處所保存之
第 3 條	保存於左列處所之古物應由保存者製成可垂久遠之照片分存教育部內政部中央古物保管委員會及原保存處所 一、直轄於中央之機關 二、省市縣或其他地方機關 三、寺廟或古蹟所在地
第 4 條	古物保存處所每年應將古物填具表冊呈報教育部內政部中央古物保管委員會及地方主管行政官署 前項表冊格式由中央古物保管委員會定之
第 5 條	私有之重要古物應向地方主管行政官署登記並由該管官署彙報教育部內政部及中央古物保管委員會 前項重要古物之標準由中央古物保管委員會定之
第 6 條	前條應登記之私有古物不得移轉於外人違者沒收其古物不能沒收者追繳其價額
第 7 條	埋藏地下及由地下暴露地面之古物概歸國有 前項古物發現時發現人應立即報告當地主管行政官署呈由上級機關咨明教育部內政部兩部及中央古物保管委員會收存其古物並酌給相當獎金其有不報而隱匿者以竊盜論
第 8 條	採掘古物應由中央或地方政府直轄之學術機關為之 前項學術機關採掘古物應呈請中央古物保管委員會審核轉請教育內政兩部會同發給採取執照 無前項執照而採掘古物者以竊盜論
第 9 條	中央古物保管委員會之組織條例另定之

19 年 6 月 7 日 國民政府公布　　20 年 6 月 12 日施行　　24 年 11 月 19 日國民政府修正公布第 9 條	
第 10 條	中央或地方政府直轄之學術機關採取古物有須外國學術團體或專門人才參加協助之必要時應先呈請中央古物保管委員會核准
第 11 條	採掘古物應由中央古物保管委員會派員監察
第 12 條	採掘所得之古物由中央或地方政府直轄之學術機關呈經中央古物保管委員會核准於一定期內負責保存以供學術上之研究
第 13 條	古物之流通以國內為限但中央或地方政府直轄之學術機關因研究之必要須派員攜往國外研究時應呈經中央古物保管委員會核准轉請教育內政兩部會同發給出境護照 攜往國外之古物至遲須於二年內歸還原保存處所 前二項之規定於應登記之私有古物適用之
第 14 條	本法施行日期以命令定之

說明：
1、依據 1975（民國 64）年版增加斷句。
2、1935（民國 24）年 11 月 19 日修正第 9 條，取消原第一項，其原條文如下：「中央古物保管委員會由行政院聘請古物專家六人至十一人教育部內政部代表各二人國立各研究院國立各博物院代表各一人為委員組織之」。

資料來源：
1. 中央古物保管委員會編 1935（民國二十四年六月）《中央古物保管委員會議事錄》頁 56-57。
2. 馬以工編 1978《再見林安泰》頁 59-61。台北：皇冠雜誌社。

（三）「古物保存法施行細則」

20 年 7 月 3 日　　行政院公布	
第 1 條	古物保存法第三條所列舉各保存處所除遵照本法第四條第一項每年填表呈報外應於本法施行後兩個月內由原保存者將所有古物造具清冊並分別記明古物之種類數目現狀暨所在地及在歷史或學術上之關係連同照片一併送請中央古物保管委員會登記 前項登記應設置登記簿由原登記官署永遠保存之
第 2 條	私有重要古物聲請登記其聲請書內應記載左列事項 一、古物之名稱數目 二、聲請登記年月日 三、登記官署 四、古物之照片 五、古物在歷史或學術上之關係 六、現狀 七、保管方法 八、登記人之姓名籍貫年齡住址職業聲請人若為法人其名稱及事務所
第 3 條	私有古物之登記由該管官署依古物保存法第五條之規定彙報中央古物保管委員會時須照錄原聲請書連同古物照片一併附送
第 4 條	已經登記之私有古物如有轉移或讓與等行為應由原主會同取得人向原主管官署聲請移轉登記違者其移轉行為為無效
第 5 條	凡私有古物已經登記者其所有權仍屬之原主但私有古物應登記而不登記者得按其情節之輕重施以二百元以上一千元以下之罰鍰並得責令古物所有人補行登記
第 6 條	凡經登記之古物如有已經殘損中央古物保管委員會認為有修整之必要時得會同原主或該管官署分別酌量修整之其經費除由原主或該管官署担任外得由中央古物保管委員會補助之
第 7 條	凡經登記之古物倘有因殘損或他種原因須改變原形式或移轉地點應由原主或該管官署先行報告中央古物保管委員會非經該會核准不得處置
第 8 條	凡學術機關呈請發掘古物須具備聲請書應記載左列事項 一、古物種類 二、古物所在地 三、發掘時期 四、發掘古物之原因 五、學術機關之名稱 六、預定發掘之計劃
第 9 條	依古物保存法第七條發現之古物應由中央古物保管委員會核定其保存辦法並呈報行政院備案

20 年 7 月 3 日　　行政院公布	
第 10 條	前條發現之古物經核定保存辦法後由中央古物保管委員會登記之
第 11 條	監察採掘古物人員應將下列各事（一）採掘古物之數量（二）古物名稱（三）發掘年月日（四）古物所在地（五）採掘所得之古物現存何處（六）已否採掘完畢分別列表詳細呈報中央古物保管委員會備核 前項表式由中央古物保管委員會定之
第 12 條	採掘古物不得損毀古代建築物雕刻塑像碑文及其他附屬地面上之古物遺物或減少其價值
第 13 條	凡外國人民無論用何種名義不得在中國境內採掘古物但外國學術團體或私人對於中國學術機關發掘古物如有經濟上之協助該學術機關報告中央古物保管委員會核准後得承受之
第 14 條	古物之流通以國內為限如擅自輸出國外其情節係違反古物保存法第十三條之規定者得按其情節之輕重施以五百元以上三千（元）以下之罰鍰
第 15 條	凡名勝古蹟古物應永遠保存之但依土地徵收法應徵收時由該管官署呈由內政部核辦並分報中央古物保管委員會備查
第 16 條	違反本細則第一條第一項之規定故意不依限登記者原保存處所之保存者應受相當之處分
第 17 條	各省市縣政府得斟酌地方情形組織古物保存委員會及其保護古物辦法報經中央古物保管委員會核准後施行
第 18 條	關於古物之登記保護獎勵採採各規則及登記簿冊式樣由中央古物保管委員會定之
第 19 條	本細則自公布之日施行

說明：第 14 條原條文似漏「元」一字，如括號所示，補上。

資料來源：中央古物保管委員會編 1935（民國二十四年六月）《中央古物保管委員會議事錄》頁 58-59。

（四）中央古物保管委員會組織條例更迭表

	21（西元 1932）年 6 月 18 日公布	24（西元 1935）年 11 月 8 日立法院修正版
第 1 條	本條例依據古物保存法第 9 條第 2 項制定之。	中央古物保管委員會隸屬於內政部，依古物保存法之規定行使職權。
第 2 條	中央古物保管委員會直隸於行政院，計畫全國古物古蹟保管研究及發掘事宜。	中央古物保管委員會以內政部常務次長為主席委員，並由內政部聘請古物專家 4 人至 7 人，教育部內政部代表各二人，國立中央研究院、國立北平研究院代表各 1 人為委員組成之。就委員中指定常務委員 4 人，主席委員為當然常務委員。中央古物保管委員會事務之處理，以全體常務委員名義行之。
第 3 條	中央古物保管委員會依古物保存法第 9 條第 1 項之規定組織之，就委員中指定常務委員 5 人，以 1 人為主席。本會事務之處理，以主席及全體常務委員名義行之。	中央古物保管委員會於必要時，得分科辦事。
第 4 條	中央古物保管委員會，置左列各科，一、文書科，二審核科，三登記科。	中央古物保管委員會設科員及辦事員，共 6 至 12 人，承主席委員及常務委員之命，辦理本會事務。
第 5 條	文書科之職務如左：一、關於文書收發及保管事項。二、關於典守印信事項。三、關於本會庶務及會計事項。四、關於本會會議事項。五、不屬於其他各科事項。	中央古物保管委員會因學術上之必要得延聘專家為顧問。
第 6 條	審核科之職務如左：一、關於古物調查鑑定及保管事項。二、關於古物陳列展覽事項。三、關於古物攝影傳布事項。四、關於古物發掘及審核事項。	中央古物保管委員會因繕寫文件及其他事務，得酌用僱員。
第 7 條	登記科之職務如左：一、關於古物登記事項。二、關於古物編號公告事項。三、關於保管登記簿冊事項。四、關於古物統計事項。	中央古物保管委員會之會議規則及辦事規則，由內政部定之。
第 8 條	中央古物保管委員會應將所辦事項製作報告統計，每年統計一次。	本條例自公布之日施行。
第 9 條	中央古物保管設科長 3 人薦任，承主席及常務委員之命，分掌各科事務。	--
第 10 條	中央古物保管委員會設科員 8 至 12 人，承長官之命佐理各科事務。	--

	21（西元 1932）年 6 月 18 日公布	24（西元 1935）年 11 月 8 日立法院修正版
第 11 條	中央古物保管委員會因學術上之必要，得聘任國內外專家為顧問。	--
第 12 條	中央古物保管委員會因繕寫文件或其他事務，得酌用雇員。	--
第 13 條	中央古物保管委員會之會議規則及辦事規則，由行政院定之。	--
第 14 條	本條例自公布之日施行。	--

（五）「暫定古物之範圍及種類大綱」

24 年 6 月 15 日　　行政院公布		
甲、古物之範圍	1.本大綱所定範圍，根據古物保存法第一條所稱古物，指與考古學，歷史學，古生物學，及其他文化有關之一切古物而言。 2.古物之值得保存者，以下列三種標準定其範圍： （1）古物之時代久遠者。 （2）古物數量罕少者。 （3）古物本身有科學的、歷史的、或藝術的價值者。	
乙、古物之種類	1. 古生物	包括古動植物之遺迹，遺骸及化石等。
	2. 史前遺物	包括史前人類之遺蹟、遺物及遺骸等。
	3. 建築物	包括城郭、關塞、宮殿、衙署、書院、第宅、園林、寺塔、祠廟、陵墓、橋梁、堤閘、及一切遺址等。
	4. 繪畫	包括前代畫家之各種作品，以及宮殿、寺廟、冢墓之壁畫，與美術之繡繪、織繪、漆繪等。
	5. 雕塑	包括一切建築之雕刻，及宗教的禮俗的雕像塑像，與施於金、石、竹、木、骨、角、齒、牙、陶、匏、之美術雕刻等。
	6. 銘刻	包括甲骨刻辭，及金石竹木磚瓦之銘記璽印符契書版之雕刻等。
	7. 圖書	包括簡牘、圖籍、檔案、契券，以及金石拓本、法書、墨跡等。
	8. 貨幣	包括古貝，以及金屬之刀布錢錠，紙屬之交鈔票券，及其他交易媒介物等。
	9. 輿服	包括車輿、船艦、馬具、冠帽、衣裳、烏履、帶佩、飾物、及織物等。
	10. 兵器	包括攻擊防禦及刑具等。
	11. 器具	包括禮器、樂器、農具、工具、各種儀器、模型，以及日用飲食之器，宗教之法器，隨葬之物品、文具、奩具、玩具、劇具、博具等。
	12. 雜物	凡不列以上各類之古物皆屬之。

說明：原條文中標點符號似有誤，如第 5 款最後一句，為存真，依其原格式。

資料來源：中央古物保管委員會編 1935（民國二十四年六月）《中央古物保管委員會議事錄》頁 66-67。

【表 9】暫定古蹟名單

於 1979（民國 68）年由內政部所列「暫定古蹟」的名單，以及各名單於 1982（民國 71）年 5 月 26 日「文化資產保存法」公布施行之後，其指定及其後改變的情況。

基隆市

	暫定古蹟名稱	指定別	指定狀況
1	獅球嶺砲台遺址	第一級	第三級（1985.8.19）市定（2006.3.29）古蹟「獅球嶺砲台」
2	海門天險	第一級	第一級（1983.12.28）國定（2006.3.29）古蹟「基隆二砂灣砲台（海門天險）」
3	清代鐵路隧道	第二級	第三級（1985.8.19）「獅球嶺隧道」、市定（2006.3.29）「劉銘傳隧道」古蹟
4	民族英雄墓	第三級	與法軍公墓合併指定為市定（1999.1.8）古蹟「清法戰爭遺址」，後改名為「清法戰爭紀念園區」
5	番字洞	第三級	未指定
6	平安宮	第三級	未指定
7	安德宮	第三級	未指定
8	仙洞	第三級	文化景觀（2006.7.20）「仙洞巖」

台北市

	暫定古蹟名稱	指定別	指定狀況
1	承恩門（北門城門）	第一級	第一級（1983.12.28）「台北府城北門（承恩門）」，擴大範圍為第一級（1998.9.3）國定古蹟「台北府城：東門、南門、小南門、北門」
2	芝山岩隘門	第一級	第三級（1985.8.19）市定古蹟「芝山岩隘門」
3	學海書院（高氏宗祠）	第二級	第三級（1985.8.19）市定古蹟「學海書院」
4	老師府（陳悅記祖厝）	第二級	第三級（1985.8.19）市定、國定（2018.8.22）古蹟「陳悅記祖宅（老師府）」
5	景福門（東門城門）	第二級	同承恩門（北門城門）
6	麗正門（南門城門）	第二級	同承恩門（北門城門）
7	重熙門（小南門城門）	第二級	同承恩門（北門城門）
8	急公好義坊	第二級	第三級（1985.8.19）市定古蹟「急公好義坊」
9	黃氏節孝坊	第二級	第三級（1985.8.19）市定古蹟「黃氏節孝坊」
10	周氏節孝坊	第二級	第三級（1985.8.19）市定古蹟「周氏節孝坊」
11	龍山寺	第二級	第二級（1985.8.19）市定、國定（2018.11.12）古蹟「艋舺龍山寺」
12	保安宮	第二級	第二級（1985.8.19）市定、國定（2018.11.12）古蹟「大龍峒保安宮」
13	清水巖祖師廟	第二級	第三級（1985.8.19）市定古蹟「艋舺清水巖」
14	寶藏庵	第二級	市定（1997.8.5）古蹟「寶藏巖」
15	台灣巡撫衙門	第二級	第二級（1985.8.19）市定古蹟「台灣布政使司衙門」，2013 年改名為「欽差行台」
16	艋舺隘門	第三級	未指定
17	惠濟宮	第三級	第三級（1985.8.19）市定古蹟「芝山岩惠濟宮」
18	芝蘭廟	第三級	未指定
19	關渡宮	第三級	未指定
20	青山宮	第三級	第三級（1985.8.19）市定古蹟「艋舺青山宮」
21	霞海城隍廟	第三級	第三級（1985.8.19）市定古蹟「大稻埕霞海城隍廟」

	暫定古蹟名稱	指定別	指定狀況
22	集應廟	第三級	第三級（1985.8.19）市定古蹟「景美集應廟」
23	錫口慈祐宮	第三級	未指定
24	石泉巖	第三級	未指定
25	地藏庵	第三級	第三級（1985.8.19）市定古蹟「艋舺地藏庵」

台北縣（2010.12.25 改制為新北市）

	暫定古蹟名稱	指定別	指定狀況
1	淡水鎮紅毛城	第一級	第一級（1983.12.28）國定（2006.3.29）古蹟「淡水紅毛城」
2	貢寮鄉虎字碑	第一級	第三級（1985.8.19）縣定（2006.3.29）市定古蹟「虎字碑」
3	貢寮鄉雄鎮蠻煙碑	第一級	第三級（1985.8.19）縣定（2006.3.29）市定古蹟「雄鎮蠻煙碑」
4	瑞芳鎮金字碑	第一級	第三級（1985.8.19）縣定（2006.3.29）市定古蹟「金字碑」
5	淡水鎮砲台遺址	第一級	第二級（1985.8.19）國定（2006.3.29）古蹟「滬尾砲台」
6	板橋市林本源庭園	第二級	第二級（1985.8.19）國定（2006.3.29）古蹟「林本源園邸」
7	新莊市慈祐宮	第二級	第三級（1985.8.19）縣定（2006.3.29）市定古蹟「新莊慈祐宮」
8	新莊市廣福宮（三山國王廟）	第二級	第二級（1985.8.19）國定（2006.3.29）古蹟「廣福宮」
9	淡水鎮鄞山寺（汀州會館）	第二級	第二級（1985.8.19）國定（2006.3.29）古蹟「鄞山寺」
10	淡水鎮理學堂大書院	第二級	第二級（1985.8.19）國定（2006.3.29）古蹟「理學堂大書院」
11	土城鄉大墓公	第三級	未指定
12	樹林鎮乙未抗日先烈十三公墓	第三級	未指定
13	樹林鎮聖蹟亭	第三級	未指定
14	板橋市大觀書社	第三級	第三級（1985.8.19）縣定（2006.3.29）市定古蹟「大觀義學」
15	新莊市武聖廟	第三級	第三級（1985.8.19）縣定（2006.3.29）市定古蹟「新莊武聖廟」
16	新莊市文昌祠	第三級	第三級（1985.8.19）縣定（2006.3.29）市定古蹟「新莊文昌祠」
17	五股鄉西雲寺	第三級	第三級（1985.8.19）縣定（2006.3.29）市定古蹟「五股西雲寺」
18	泰山鄉泰山巖	第三級	第三級（1985.8.19）縣定（2006.3.29）市定古蹟「頂泰山巖」
19	淡水鎮福佑宮	第三級	第三級（1985.8.19）縣定（2006.3.29）市定古蹟「淡水福佑宮」
20	淡水鎮振文社	第三級	未指定
21	淡水鎮龍山寺	第三級	第三級（1985.8.19）縣定（2006.3.29）市定古蹟「淡水龍山寺」
22	淡水鎮馬偕墓	第三級	第三級（1985.8.19）縣定（2006.3.29）市定古蹟「馬偕墓」
23	新店市太平宮開漳聖王廟	第三級	未指定
24	貢寮鄉吳沙墓	第三級	第三級（1985.8.19）縣定（2006.3.29）市定古蹟「吳沙墓」

宜蘭縣

	暫定古蹟名稱	指定別	指定狀況
1	礁溪鄉吳沙妻之墓	第三級	未指定
2	宜蘭市楊進士故宅	第三級	未指定
3	宜蘭市重建先農壇碑	第三級	未指定
4	蘇澳鎮礮台山海防遺址	第三級	未指定
5	蘇澳鎮隘丁城遺址	第三級	未指定
6	頭城鎮北門土地廟及十三行遺址	第三級	第三級（1985.8.19）古蹟「北門福德祠及十三行遺址」，1987年解除指定，縣定（2003.11.24）古蹟「頭城十三行街屋」

	暫定古蹟名稱	指定別	指定狀況
7	宜蘭市天后宮	第三級	第三級（1985.8.19）縣定（2006.4.27）古蹟「昭應宮」
8	蘇澳鎮羅提督興學碑	第三級	未指定
9	蘇澳鎮羅提督開路碑	第三級	未指定

桃園縣（2014.12.25 改制為桃園市）

	暫定古蹟名稱	指定別	指定狀況
1	大溪鎮蓮座山觀音寺	第二級	第三級（1985.8.19）縣定（2006.4.13）市定古蹟「大溪蓮座山觀音寺」
2	龜山鄉壽山巖觀音寺（嶺頂村）	第二級	第三級（1985.8.19）縣定（2006.4.13）市定古蹟「壽山巖觀音寺」
3	龍潭鄉聖蹟亭（惜字爐）	第二級	第三級（1985.8.19）縣定（2006.4.13）市定古蹟「龍潭聖蹟亭」
4	桃園市景福宮	第三級	第三級（1985.8.19）縣定（2006.4.13）市定古蹟「桃園景福宮」
5	桃園市文昌祠	第三級	未指定
6	桃園市鴻福寺（佛祖廟）	第三級	未指定
7	桃園市鎮撫宮	第三級	未指定
8	桃園市西廟（義民廟）	第三級	未指定
9	大溪鎮福份山齋明寺	第三級	第三級（1985.8.19）縣定（2006.4.13）市定古蹟「大溪齋明寺」
10	蘆竹鄉五福村五福宮	第三級	第三級（1985.8.19）縣定（2006.4.13）市定古蹟「蘆竹五福宮」
11	蘆竹鄉南崁褒忠亭	第三級	未指定
12	平鎮鄉褒忠祠（中壢義民廟）	第三級	未指定
13	新屋鄉范姜祖堂	第三級	第三級（1985.8.19）縣定（2006.4.13）市定古蹟「新屋范姜祖堂」

新竹市（新竹市於 1982 年升格為省轄市，原資料為新竹縣政府所提報）

	暫定古蹟名稱	指定別	指定狀況
1	東門城	第一級	第二級（1985.8.19）國定（2006.3.29）古蹟「竹塹城迎曦門」
2	楊氏天旌節孝坊	第一級	第三級（1985.8.19）市定（2006.3.29）古蹟「楊氏節孝坊」
3	張氏天旌節孝坊	第一級	第三級（1985.8.19）市定（2006.3.29）古蹟「張氏節孝坊」
4	蘇氏天旌節孝坊	第一級	第三級（1985.8.19）市定（2006.3.29）古蹟「蘇氏節孝坊」
5	鄭用錫墓	第一級	第二級（1985.8.19）國定（2006.3.29）古蹟「鄭用錫墓」
6	李錫金孝子坊	第二級	第三級（1985.8.19）市定（2006.3.29）古蹟「李錫金孝子坊」
7	潛園	第二級	未指定
8	鄭氏家廟	第二級	第三級（1985.8.19）市定（2006.3.29）古蹟「新竹鄭氏家廟」
9	進士第	第二級	第二級（1985.8.19）國定（2006.3.29）古蹟「進士第（鄭用錫宅第）」
10	新竹都城隍廟	第三級	第三級（1985.8.19）市定（2006.3.29）古蹟「新竹都城隍廟」
11	長和宮（外媽祖）	第三級	第三級（1985.8.19）市定（2006.3.29）古蹟「新竹長和宮」
12	武廟（關帝廟）	第三級	第三級（1985.8.19）市定（2006.3.29）古蹟「新竹關帝廟」
13	香山天后宮	第三級	未指定

新竹縣

	暫定古蹟名稱	指定別	指定狀況
1	北埔鄉金廣福義聯枌社	第一級	第一級（1983.12.28）國定（2006.7.25）古蹟「金廣福公館（含天水堂）」
2	新埔鎮義民廟	第二級	第三級（1985.8.19）縣定（2006.7.25）古蹟「新埔褒忠亭」
3	北埔鄉慈天宮	第二級	第三級（1985.8.19）縣定（2006.7.25）古蹟「北埔慈天宮」

	暫定古蹟名稱	指定別	指定狀況
4	北埔鄉姜宅	第二級	縣定（2001.5.21）古蹟「北埔姜阿新故宅」
5	芎林鄉文林閣	第三級	未指定
6	北埔鄉義友塚	第三級	未指定
7	新埔鎮劉家祠（劉氏家廟）	第三級	第三級（1985.8.19）縣定（2006.7.25）古蹟「新埔劉家祠」
8	竹北鄉采田福地	第三級	第三級（1985.8.19）縣定（2006.7.25）古蹟「竹北采田福地」
9	新埔鎮劉氏古厝	第三級	第三級（1985.8.19）縣定（2006.7.25）古蹟「新埔上枋寮劉宅」
10	新埔鎮潘氏古厝	第三級	第三級（1985.8.19）縣定（2006.7.25）古蹟「新埔潘宅」

苗栗縣

	暫定古蹟名稱	指定別	指定狀況
1	後龍鎮鄭祉亭墓	第一級	第二級（1985.8.19）國定（2006.5.19）古蹟「鄭崇和墓」
2	頭份鎮楊載雲墓（又名楊再雲）	第二級	未指定
3	苗栗市義民廟	第三級	未指定
4	苗栗市城隍廟	第三級	未指定
5	苗栗市東嶽廟	第三級	未指定
6	竹南鎮中港慈裕宮	第三級	第三級（1985.8.19）縣定（2006.5.19）古蹟「中港慈裕宮」
7	苗栗市天旌節孝坊	第三級	第三級（1985.8.19）縣定（2006.5.19）古蹟「賴氏節孝坊」
8	後龍鎮慇善亭	第三級	未指定
9	苗栗市文昌祠	第三級	第三級（1985.8.19）縣定（2006.5.19）古蹟「苗栗文昌祠」

台中市（2010.12.25 改屬直轄市的台中市）

	暫定古蹟名稱	指定別	指定狀況
1	廖壹善堂	第二級	未指定
2	吳鸞旂公館	第二級	未指定
3	萬春宮	第三級	未指定
4	萬和宮	第三級	第三級（1985.11.27）市定（2006.3.29）古蹟「萬和宮」
5	樂成宮	第三級	第三級（1985.11.27）市定（2006.3.29）古蹟「台中樂成宮」
6	元保宮	第三級	第三級（1985.11.27）古蹟「台中元保宮」，1989 年解除指定
7	文昌公廟	第三級	未指定
8	文昌廟	第三級	第三級（1985.11.27）市定（2006.3.29）古蹟「台中文昌廟」
9	台灣府城樓遺蹟	第三級	未指定
10	三官堂	第三級	未指定
11	紫微亭	第三級	未指定
12	張家祖廟	第三級	第三級（1985.11.27）市定（2006.3.29）古蹟「台中張家祖廟」
13	林祖厝	第三級	第三級（1985.11.27）市定（2006.3.29）古蹟「台中林氏宗祠」
14	張廖祖居	第三級	第三級（1985.11.27）市定（2006.3.29）古蹟「台中西屯張廖家廟」

台中縣（2010.12.25 改屬直轄市的台中市）

	暫定古蹟名稱	指定別	指定狀況
1	大甲鎮貞節坊	第一級	第三級（1985.8.19）縣定（2008.8.29）市定古蹟「林氏貞孝坊」
2	霧峰鄉林家	第二級	第二級（1985.11.27）國定（2008.8.29）古蹟「霧峰林宅」
3	石岡鄉龍興神木（樟樹）	第二級	未指定

	暫定古蹟名稱	指定別	指定狀況
4	大肚鄉磺溪書院	第二級	第三級（1985.11.27）縣定（2008.8.29）市定古蹟「磺溪書院」
5	后里鄉樟公樹	第三級	未指定
6	潭子鄉石碑仔	第三級	未指定
7	石岡鄉土牛番地界碑	第三級	未指定
8	大甲鎮文昌孔子廟	第三級	第三級（1985.11.27）縣定（2008.8.29）市定古蹟「大甲文昌祠」
9	潭子鄉古老荔枝樹	第三級	未指定
10	神岡鄉社口林家	第三級	第三級（1985.11.27）縣定（2008.8.29）市定古蹟「社口林宅」
11	大里鄉樹王	第三級	未指定

彰化縣

	暫定古蹟名稱	指定別	指定狀況
1	彰化市孔子廟	第一級	第一級（1983.12.28）國定（2005.11.1）古蹟「彰化孔子廟」
2	彰化市嶽帝廟	第一級	未指定
3	彰化市關帝廟	第一級	第三級（1985.8.19）縣定（2005.11.1）古蹟「彰化關帝廟」
4	鹿港鎮龍山寺	第一級	第一級（1983.12.28）國定（2005.11.1）古蹟「鹿港龍山寺」
5	和美鎮道東書院	第一級	第二級（1985.8.19）國定（2005.11.1）古蹟「道東書院」
6	彰化市觀音亭	第二級	未指定
7	鹿港鎮天后宮	第二級	第三級（1985.11.27）縣定（2005.11.1）古蹟「鹿港天后宮」
8	鹿港鎮文武廟	第二級	第三級（1985.11.27）縣定（2005.11.1）古蹟「鹿港文武廟」
9	鹿港鎮新祖宮	第二級	未指定
10	秀水鄉益源大厝（馬興陳宅）	第二級	第二級（1985.11.27）國定（2005.11.1）古蹟「馬興陳宅（益源大厝）」
11	鹿港鎮地藏王廟	第二級	第三級（1985.11.27）縣定（2005.11.1）古蹟「鹿港地藏王廟」
12	花壇鄉虎山巖	第三級	第三級（1985.11.27）縣定（2005.11.1）古蹟「虎山巖」
13	社頭鄉清水巖寺	第三級	未指定
14	彰化市西門福德祠（土地公廟）	第三級	第三級（1985.11.27）縣定（2005.11.1）古蹟「彰化西門福德祠」
15	彰化市南壇（南山寺）	第三級	未指定
16	彰化市紅毛井	第三級	未指定
17	彰化市節孝祠	第三級	第三級（1985.11.27）縣定（2005.11.1）古蹟「節孝祠」
18	彰化市定光佛廟（汀州會館）	第三級	第三級（1985.11.27）縣定（2005.11.1）古蹟「定光佛廟（汀州會館）」
19	彰化市白龍庵（三山會館）	第三級	未指定
20	彰化市西門三山國王廟（鎮安宮）	第三級	未指定
21	彰化市威惠王廟（聖王廟）	第三級	第二級（1985.11.27）國定（2005.11.1）古蹟「聖王廟」
22	鹿港鎮三山國王廟	第三級	第三級（1985.11.27）縣定（2005.11.1）古蹟「鹿港三山國王廟」
23	鹿港鎮城隍廟	第三級	第三級（1985.11.27）縣定（2005.11.1）古蹟「鹿港城隍廟」
24	鹿港鎮泉郊會館	第三級	未指定
25	芬園鄉寶藏寺	第三級	第三級（1985.11.27）縣定（2005.11.1）古蹟「芬園寶藏寺」
26	永靖鄉餘三館	第三級	第三級（1985.11.27）縣定（2005.11.1）古蹟「餘三館」
27	北斗鎮奠安宮（媽祖宮）	第三級	第三級（1985.11.27）古蹟「北斗奠安宮」，1988年解除指定
28	北斗鎮大榕樹	第三級	未指定
29	彰化市慶安宮	第三級	第三級（1985.11.27）縣定（2005.11.1）古蹟「彰化慶安宮」
30	彰化市懷忠祠	第三級	第三級（1985.11.27）縣定（2005.11.1）古蹟「彰化懷忠祠」
31	秀水鄉秀水橋碑	第三級	未指定

南投縣

	暫定古蹟名稱	指定別	指定狀況
1	南投市藍田書院	第三級	第三級（1985.11.27）縣定（2006.3.29）古蹟「藍田書院」
2	竹山鎮林圮公墓	第三級	未指定
3	集集鎮明新書院	第三級	第三級（1985.11.27）縣定（2006.3.29）古蹟「明新書院」
4	名間鄉永濟義渡碑	第三級	第三級（1988.2.26）「永濟義渡」、縣定（2006.7.11）古蹟「永濟義渡碑」
5	鹿谷鄉石碑二處	第三級	未指定（一位於初鄉村水仔尾，一位於初鄉村 15 鄰）
6	鹿谷鄉旗竿台	第三級	未指定
7	鹿谷鄉聖蹟亭	第三級	原列入第一級（1987.4.17）古蹟「八通關古道」、縣定（2006.7.11）古蹟
8	鹿谷鄉告示牌	第三級	未指定
9	鹿谷鄉「萬年亨衢」碑	第三級	列入第一級（1987.4.17）國定（2006.3.29）古蹟「八通關古道」
10	鹿谷鄉「賢德可嘉碑」	第三級	同前
11	集集鎮「開闢鴻荒」古碣	第三級	同前
12	集集鎮「化及蠻貊」古碣	第三級	同前
13	鹿谷鄉「德遍山陬」石碑	第三級	同前
14	信義鄉「萬興關」石碑	第三級	同前
15	信義鄉「山通大海」石碣	第三級	同前
16	草屯鎮登瀛書院（文昌祠）	第三級	第三級（1985.11.27）縣定（2006.3.29）古蹟「登瀛書院」

雲林縣

	暫定古蹟名稱	指定別	指定狀況
1	北港鎮朝天宮	第一級	第二級（1985.11.27）國定（2008.11.6）古蹟「北港朝天宮」
2	西螺鎮振文書院	第二級	第三級（1985.11.27）縣定（2008.11.6）古蹟「振文書院」
3	北港鎮義民廟	第二級	第三級（1991.11.23）縣定（2008.11.6）古蹟「北港義民廟」
4	北港鎮碧水寺（原笨港北壇）	第二級	未指定

嘉義市（嘉義市於 1982 年升格為省轄市，原資料為嘉義縣政府所提報）

	暫定古蹟名稱	指定別	指定狀況
1	蘭潭（古名紅毛埤）	第三級	未指定
2	圓通寺與義士廟	第三級	未指定
3	十九公廟（古名義犬公廟）	第三級	未指定
4	紅毛井	第三級	未指定
5	一品夫人王祖母許太夫人之墓	第三級	第三級（1985.11.27）市定（2006.6.23）古蹟「王祖母許太夫人墓」

嘉義縣

	暫定古蹟名稱	指定別	指定狀況
1	新港鄉王得祿將軍墓	第一級	第一級（1983.12.28）國定（2006.3.29）古蹟「王得祿墓」
2	中埔鄉吳鳳廟（包括吳鳳公成仁地）	第一級	第三級（1985.11.27）縣定（2006.3.29）古蹟「吳鳳廟」
3	竹崎鄉吳鳳公故居	第二級	未指定
4	竹崎鄉吳鳳公墓	第二級	未指定
5	新港鄉奉天宮	第二級	第三級（1985.8.19）縣定（2006.3.29）古蹟「新港奉天宮」
6	新港鄉水仙宮	第二級	第二級（1985.11.27）國定（2006.3.29）古蹟「新港水仙宮」

	暫定古蹟名稱	指定別	指定狀況
7	新港鄉大興宮	第三級	第三級（1985.11.27）縣定（2006.3.29）古蹟「新港大興宮」
8	新港鄉六興宮	第三級	第三級（1985.11.27）縣定（2006.3.29）古蹟「六興宮」
9	新港鄉南壇水月庵	第三級	未指定（縣丞署遺址3處，一位於板頭村，一位於宮前村，一位於大興村）
10	新港鄉丞署遺址三處	第三級	未指定
11	水上鄉顏思齊公墓	第三級	未指定
12	太保鄉王氏家廟	第三級	未指定
13	義竹鄉義竹古墓	第三級	未指定
14	番路鄉半天巖紫雲寺	第三級	第三級（1985.11.27）縣定（2006.3.29）古蹟「半天巖紫雲寺」

台南市（2010.12.25 改屬直轄市的台南市）

	暫定古蹟名稱	指定別	指定狀況
1	安平古堡（包括古牆及安平外堡）	第一級	第一級（1983.12.28）國定古蹟「台灣城殘蹟（安平古堡殘蹟）」
2	北極殿	第一級	第二級（1985.8.19）國定古蹟「北極殿」
3	赤崁樓	第一級	第一級（1983.12.28）國定古蹟「赤崁樓」
4	法華寺	第一級	第三級（1985.8.19）市定古蹟「台南法華寺」
5	孔子廟	第一級	第一級（1983.12.28）國定古蹟「台南孔子廟」
6	開元寺	第一級	第二級（1985.8.19）國定古蹟「開元寺」
7	二鄭公子墓	第一級	第三級（1985.8.19）市定古蹟「藩府二鄭公子墓」
8	曾蔡二姬墓	第一級	第三級（1985.8.19）市定古蹟「藩府曾蔡二姬墓」
9	開基靈祐宮	第一級	第三級（1985.8.19）市定古蹟「台南開基靈祐宮」
10	五妃廟	第一級	第一級（1983.12.28）國定古蹟「五妃廟」
11	大天后宮	第一級	第一級（1985.8.19）國定古蹟「大天后宮（寧靖王府邸）」
12	武廟	第一級	第一級（1983.12.28）國定古蹟「祀典武廟」
13	三山國王廟	第一級	第二級（1985.8.19）國定古蹟「台南三山國王廟」
14	安平小炮台	第一級	第三級（1985.8.19）市定古蹟「安平小砲台」
15	接官亭石坊	第一級	第三級（1985.8.19）市定古蹟「接官亭」
16	泮宮坊	第一級	第一級（1983.12.28）國定古蹟「台南孔子廟」範圍內
17	蕭氏節孝坊	第一級	第三級（1985.8.19）市定古蹟「蕭氏節孝坊」
18	四草炮台（鎮海城）	第一級	第二級（1985.8.19）國定古蹟「四草砲台（鎮海城）」
19	明延平郡王祠	第一級	未指定
20	億載金城	第一級	第一級（1983.12.28）國定古蹟「二鯤鯓砲台（億載金城）」
21	烏鬼井	第二級	第三級（1985.11.27）市定古蹟「烏鬼井」
22	海堡遺蹟	第二級	未指定
23	曾振暘墓	第二級	第三級（1985.11.27）市定古蹟「曾振暘墓」
24	陳德聚堂	第二級	第三級（1985.11.27）市定古蹟「陳德聚堂」
25	鄭氏家廟	第二級	第三級（1985.11.27）市定古蹟「台南鄭氏家廟」
26	府城隍廟	第二級	第二級（1985.11.27）國定古蹟「台灣府城隍廟」
27	開基天后宮	第二級	第二級（1985.11.27）國定古蹟「開基天后宮」
28	大東門城	第二級	第三級（1985.11.27）市定古蹟「台灣府城大東門」
29	台灣府城垣（小東門－大東門）	第二級	第三級（1985.11.27）市定古蹟「台灣府城城垣小東門段殘蹟」
30	大南門城	第二級	第三級（1985.11.27）市定古蹟「台灣府城大南門」
31	台灣府城垣遺址（南門）	第二級	第三級（1985.11.27）市定古蹟「台灣府城城垣南門段殘蹟」

	暫定古蹟名稱	指定別	指定狀況
32	小西門城	第二級	未指定
33	林朝英重道崇文石坊	第二級	第三級（1985.11.27）市定古蹟「重道崇文坊」
34	慎德堂	第二級	未指定
35	巽方靖鎮	第二級	第三級（1985.11.27）市定古蹟「台灣府城巽方砲台（巽方靖鎮）」
36	原英商德記洋行	第二級	第三級（1985.11.27）市定古蹟「原英商德記洋行」
37	兌悅門	第二級	第二級（1985.11.27）國定古蹟「兌悅門」
38	大井（民權路）	第三級	未指定
39	彌陀寺	第三級	未指定
40	開基武廟	第三級	第三級（1985.11.27）市定古蹟「開基武廟原正殿」
41	萬福庵	第三級	第三級（1985.11.27）市定古蹟「萬福庵照牆」
42	東嶽殿	第三級	第三級（1985.11.27）市定古蹟「台南東嶽殿」
43	普濟殿	第三級	未指定
44	關帝廳	第三級	第三級（1985.11.27）市定古蹟「關帝廳」，1989年解除指定
45	大觀音亭	第三級	第三級（1985.11.27）市定古蹟「大觀音亭」
46	沙陶宮	第三級	未指定
47	竹溪寺	第三級	未指定
48	興濟宮	第三級	第三級（1985.11.27）市定古蹟「台南興濟宮」
49	水仙宮	第三級	第三級（1985.11.27）市定古蹟「台南水仙宮」
50	台灣府城門遺址（大東門－小南門）	第三級	未指定
51	風神廟	第三級	第三級（1985.11.27）市定古蹟「風神廟」
52	開山宮	第三級	未指定
53	三老爺宮	第三級	未指定
54	景福祠	第三級	第三級（1985.11.27）市定古蹟「台南景福祠」
55	西華堂	第三級	第三級（1985.11.27）市定古蹟「西華堂」
56	妙壽宮	第三級	第三級（1985.8.19）市定古蹟「妙壽宮」
57	辜孝女廟	第三級	未指定
58	五帝廟	第三級	未指定
59	德化堂	第三級	第三級（1985.11.27）市定古蹟「台南德化堂」
60	古井（中興街）	第三級	未指定
61	開隆宮	第三級	未指定
62	吳園	第三級	未指定
63	古井（延平街）	第三級	第三級（1985.11.27）市定古蹟「台南延平街古井」
64	古井（效忠街）	第三級	未指定
65	天壇	第三級	第三級（1985.11.27）市定古蹟「台南天壇」
66	原德商東興洋行	第三級	第三級（1985.11.27）市定古蹟「原德商東興洋行」
67	報恩堂	第三級	第三級（1985.11.27）市定古蹟「台南報恩堂」
68	擇賢堂	第三級	第三級（1985.11.27）市定古蹟「擇賢堂」
69	蓬壺書院	第三級	未指定
70	海山館	第三級	第三級（1985.11.27）市定古蹟「海山館」

台南縣（2010.12.25 改屬直轄市的台南市）

	暫定古蹟名稱	指定別	指定狀況
1	學甲鎮慈濟宮	第一級	第三級（1985.8.19）縣定（2006.6.7）市定古蹟「學甲慈濟宮」
2	歸仁鄉歸園	第一級	未指定
3	柳營鄉陳永華將軍古墓	第二級	未指定
4	新化鎮洋港大帝宮	第二級	未指定
5	北門鄉南鯤鯓代天府	第二級	第二級（1985.11.27）國定（2006.6.7）古蹟「南鯤鯓代天府」
6	六甲鄉赤山龍湖岩	第二級	未指定
7	白河鎮大仙寺	第二級	第三級（1985.11.27）縣定（2006.6.7）市定古蹟「大仙寺」
8	白河鎮火山碧雲寺	第二級	縣定（1998.2.13）市定古蹟「關子嶺碧雲寺」
9	佳里鎮飛番墓碑	第二級	未指定
10	佳里鎮佳里興葉王作品	第二級	第三級（1985.11.27）縣定（2006.6.7）市定古蹟「佳里震興宮」
11	麻豆鎮文旦樹	第三級	未指定
12	麻豆鎮郭宅	第三級	未指定
13	佳里鎮金唐殿	第三級	第三級（1985.11.27）縣定（2006.6.7）市定古蹟「佳里金唐殿」

高雄市

	暫定古蹟名稱	指定別	指定狀況
1	孔子廟及碑林	第一級	第三級（1985.8.19）市定（2006.4.17）古蹟「鳳山舊城孔廟崇聖祠」
2	雄鎮北門	第一級	第三級（1985.8.19）市定（2006.4.17）古蹟「雄鎮北門」
3	舊城南門	第一級	第一級（1985.8.19）國定（2006.4.17）古蹟「鳳山舊城」
4	舊城北門	第二級	第一級（1985.8.19）國定（2006.4.17）古蹟「鳳山舊城」
5	英國領事館	第三級	第二級（1987.4.17）古蹟「前清打狗英國領事館」、市定（2006.4.17）古蹟「打狗英國領事館」、國定（2019.2.22）古蹟「打狗英國領事館及官邸」
6	天后宮	第三級	第三級（1985.11.27）市定（2006.4.17）古蹟「旗後天后宮」
7	元亨寺（打鼓岩）	第三級	未指定
8	龍泉寺	第三級	未指定
9	高雄港燈塔	第三級	第三級（1985.11.27）市定（2006.4.17）古蹟「旗後燈塔」
10	蓮池潭（蓮埤湖）	第三級	未指定
11	舊城城隍廟	第三級	未指定

高雄縣（2010.12.25 改屬直轄市的高雄市）

	暫定古蹟名稱	指定別	指定狀況
1	鳳山市平成砲台	第一級	未指定
2	鳳山市鳳儀書院	第二級	第三級（1985.11.27）縣定（2007.8.27）市定古蹟「鳳儀書院」
3	鳳山市曹公祠	第二級	未指定
4	鳳山市東便門門洞	第二級	未指定
5	鳳山市城隍廟	第二級	未指定
6	林園鄉清水寺	第三級	未指定
7	阿蓮鄉超峰寺	第三級	未指定
8	內門鄉萃文書院遺址	第三級	未指定
9	大社鄉翠屏巖（翠屏夕照）	第三級	未指定
10	湖內鄉寧靖王墓	第三級	第三級（1988.2.26）縣定（2007.8.27）市定古蹟「明寧靖王墓」
11	鳳山市龍山寺	第三級	第二級（1985.11.27）國定（2007.8.27）古蹟「鳳山龍山寺」
12	鳳山市媽祖廟（雙慈亭）	第三級	未指定

屏東縣

	暫定古蹟名稱	指定別	指定狀況
1	恆春鎮恆春古城	第一級	第二級（1985.8.19）國定（2006.3.29）古蹟「恒春古城」
2	屏東市孔子廟	第二級	第三級（1985.11.27）縣定（2006.3.29）古蹟「屏東書院」
3	屏東市阿猴城門遺蹟	第二級	第三級（1985.11.27）縣定（2006.3.29）古蹟「阿猴城門」
4	茄冬鄉茄冬隘門	第二級	第三級（1985.11.27）縣定（2006.3.29）古蹟「佳冬西隘門」
5	內埔鄉豐田隘門	第二級	第三級（1985.11.27）縣定（2006.3.29）古蹟「新北勢庄東柵門」
6	東港鎮東隆宮	第三級	未指定
7	竹田鄉西勢六堆忠義祠（原忠義亭）	第三級	未指定
8	萬巒鄉萬金天主教堂	第三級	第三級（1985.11.27）縣定（2006.3.29）古蹟「萬金天主教堂」
9	車城鄉石門古戰場	第三級	未指定
10	恆春鎮鵝鑾鼻燈塔	第三級	未指定
11	車城鄉琉球藩民墓	第三級	未指定

台東縣

	暫定古蹟名稱	指定別	指定狀況
1	長濱鄉八仙洞（長濱文化遺址）	第一級	第一級（1988.7.8）古蹟「八仙洞遺址」、國定（2006.5.1）遺址「八仙洞遺址」
2	台東市卑南巨石文化遺址	第一級	第一級（1988.7.8）古蹟「卑南遺址」、國定（2006.5.1）遺址「卑南遺址」
3	東河鄉都蘭巨石文化遺址	第二級	第三級（1988.7.8）古蹟「都蘭遺址」、縣定（2006.4.14）遺址「都蘭遺址」

花蓮縣

	暫定古蹟名稱	指定別	指定狀況
1	掃叭石柱	第三級	第三級（1998.4.25）古蹟「掃叭遺址」、縣定（2006.3.29）古蹟「掃叭遺址」、縣定（2006.11.2）遺址「掃叭遺址」

澎湖縣

	暫定古蹟名稱	指定別	指定狀況
1	西嶼鄉防禦工事（西炮台）	第一級	第一級（1983.12.28）國定（2006.3.29）古蹟「西嶼西台」
2	馬公市順承門及媽宮城郭	第一級	第二級（1985.8.19）國定（2006.3.29）古蹟「媽宮古城」
3	馬公市天后宮	第一級	第一級（1983.12.28）國定（2006.3.29）古蹟「澎湖天后宮」
4	馬公市文澳城隍廟	第二級	第三級（1985.11.27）縣定（2006.3.29）古蹟「文澳城隍廟」
5	馬公市四眼井	第二級	第三級（1985.11.27）縣定（2006.3.29）古蹟「四眼井」
6	七美鄉七美人塚	第三級	未指定
7	馬公市孤拔紀念碑	第三級	未指定
8	馬公市觀音亭	第三級	第三級（1985.11.27）縣定（2006.3.29）古蹟「馬公觀音亭」
9	馬公市文石書院舊址	第三級	未指定
10	馬公市施公祠及萬軍井	第三級	第三級（1985.11.27）縣定（2006.3.29）古蹟「施公祠及萬軍井」
11	白沙鄉通樑大榕樹	第三級	未指定
12	馬公市紅木埕關帝廟	第三級	未指定
13	白沙鄉瓦硐張百萬宅	第三級	未指定
14	馬公市馬公之會館	第三級	第三級（1985.11.27）縣定（2006.3.29）古蹟「台廈郊會館」

說明：

1. 內政部所列「暫定古蹟」的名單，並不包括金門縣及連江縣；於此名單公布後，於 1983 年底古蹟首度公告之前，曾進行重新鑑定，其所列可能被增列者包括連江縣 4 處、金門縣 12 處。

2. 本表現況資料記錄至 2020 年 5 月。

3. 「文化資產保存法」中古蹟原分為第一級、第二級、第三級；1997 年 5 月 14 日「文資法 1-3 版」修正公布後，改為國定、省（市）定及縣（市）定；2000 年 2 月 9 日「文資法 1-4 版」修正公布後，改為國定、直轄市定及縣（市）定。2001 年 12 月 19 日「文資細則 1-2 版」修正發布，就古蹟分類改變，增訂 76-1 條：「中華民國八十六年六月三十日以前公告之第一級古蹟視為國定古蹟；省轄第二級古蹟視為省定古蹟，省轄第三級古蹟視為縣（市）定古蹟；直轄市第二級及第三級古蹟視為直轄市定古蹟。前項之視為省定古蹟及自中華民國八十六年七月一日起公告之省定古蹟，自中華民國八十八年七月一日起視為國定古蹟，其主管機關為內政部。」即使如此，部分地方政府認為「視為」一詞，並無強制變更之意涵，而拒絕變更。2006 年 6 月 2 日文建會函釋「有關古蹟區分類別之疑議」，強調「視為」一詞，係指法律上強制擬制之事實，不得舉反證推翻。

暫定古蹟名稱資料來源：莊芳榮 1983《古蹟管理與維護》。台北：台灣學生書局。

現況資料來源：

1. 林會承主編 2003《2002 台灣文化資產保存年鑑》頁 610-618。台南：文資中心。
2. 林會承主編 2007《2006 台灣文化資產保存年鑑》頁 819-850。台南：文資中心。

【表10】「文化資產保存法」（1-1版）

1982（民國71）年5月26日　總統令公布

第一章	總則
第1條	本法以保存文化資產，充實國民精神生活，發揚中華文化為宗旨。
第2條	文化資產之保存、維護、宣揚及權利之轉移，依本法之規定。本法未規定者，依其他有關法令之規定。
第3條	本法所稱之文化資產，指具有歷史、文化、藝術價值之左列資產： 一、古物：指可供鑑賞、研究、發展、宣揚而具有歷史及藝術價值或經教育部指定之器物。 二、古蹟：指古建築物、遺址及其他文化遺蹟。 三、民族藝術：指民族及地方特有之藝術。 四、民俗及有關文物：指與國民生活有關食、衣、住、行、敬祖、信仰、年節、遊樂及其他風俗、習慣之文物。 五、自然文化景觀：指產生人類歷史文化之背景、區域、環境及珍貴稀有之動植物。
第4條	古物與民族藝術之保存、維護、宣揚、權利轉移及保管機構之指定、設立與監督等事項，由教育部主管。
第5條	古蹟、民俗及有關文物之保存、維護、宣揚、權利轉移及管理機構之監督等事項，由內政部主管。
第6條	自然文化景觀之維護、保育、宣揚及管理機構之監督等事項，由經濟部主管。
第7條	關於文化資產保存之策劃與共同事項之處理，由行政院文化建設委員會會同內政部、教育部、經濟部、交通部及其他有關機關會商決定之。
第8條	各級地方政府依中央主管機關之授權，負責執行各該地區內文化資產之保存及管理工作。
第二章	古物
第9條	古物除私人所有者外，應由中央或地方政府設立古物保管機構保管之。
第10條	前條古物保管機構對於負責保管之古物，應造具表冊層報教育部存案；如有增損或變更並應隨時具報。 前項古物應擇優精製圖片，隨同保存及報備。
第11條	教育部得就古物中擇其珍貴稀有者，指定為重要古物，並就重要古物中依其文化價值特高者指定為國寶。 前項國寶或重要古物喪失其重要價值時，教育部得解除其為國寶或重要古物之指定。
第12條	國寶及重要古物，經教育部指定後應予登記列管並發給證明書。 前項器物係私人所有者，移轉所有權時，應事先報請教育部核備。
第13條	私人所有之古物，得申請教育部鑑定登記。重要古物，不得移轉於非中華民國之人。 私人所有之古物，應鼓勵其委託公立古物保管機構公開展覽。 前項古物得由政府收購，自願捐獻者應予獎勵；其辦法由教育部定之。
第14條	流失國外之珍貴稀有古物，政府應予調查、收購，並鼓勵私人及團體收購進口。
第15條	公立古物保管機構得接受委託，保管私有國寶及重要古物，並公開陳列展覽。
第16條	公立古物保管機構保管之公有古物，得由原保管機構自行複製出售，以資宣揚。他人非經原保管機構准許及監製，不得再複製。
第17條	埋藏地下、沈沒水中或由地下暴露地面之無主古物，概歸國家所有。 前項古物之發見人，應即報告當地警察機關轉報或逕報地方政府指定保管機構採掘收存；對發見人獎勵辦法，由教育部定之。 對於珍貴稀有之古物，地方地府應函請教育部指定公立古物保管機構收存保管。
第18條	公私工程於施工中發見古物時，應即停止工程之進行，並依前條之規定處理。主管機關認為有必要時得繼續發掘古物，惟對於工程延誤或其他損失應酌予補償。
第19條	警察機關對於前二條發見之古物，應即採取維護措施，以免失落、傷損。
第20條	古物之採掘，由教育部指定公立古物保管機構或核准有關學術研究機構為之。 前項學術研究機構，須經教育部核發採掘執照，並派員監督，始得採掘。
第21條	依前條規定採掘古物而有邀請外國專家參加之必要時，應先報請教育部核准。
第22條	採掘紀錄及所得古物，應於核定期限內，報經教育部核備後予以公告及公開展覽。 採掘所得之古物，由公立古物保管機構保管之。但為學術研究之需要，得准由原採掘之學術研究機構暫行保管。
第23條	國寶或重要古物不得運出國外。但為國際文化交流舉辦展覽或其他特殊理由，經教育部轉請行政院核准者，不在此限。 依前項但書核准出國之古物，應妥慎移運、保管並應於規定期限內運回。

第 24 條	國外保存古物之免稅進口，依有關稅法之規定辦理。 由於展覽、鑑定等原因進口之古物，必須重行運出國外者，事先應提出申請及登記。
第 25 條	有關機關依法沒收、沒入或收受外國政府交付之古物，由教育部指定公立古物保管機構保管之。
第 26 條	政府應獎勵並輔導私人或財團法人設立博物館、美術館及文物陳列室，收藏古物或本法所定之有關文物，並開放展覽。

第三章　古蹟

第 27 條	古蹟由內政部審查指定之，並依其歷史文化價值，區分為第一級、第二級、第三級三種，分別由內政部、省（市）政府民政廳（局）及縣（市）政府為其主管機關。 古蹟喪失或減損其價值時，內政部得解除其指定或變更其等級。
第 28 條	古蹟由所在地方政府管理維護之。但屬於私人或團體所有者，除得委託當地地方政府管理維護外，由其所有人或受託人管理維護之。
第 29 條	前條古蹟之管理維護機關、團體或個人對於所管理古蹟應造具概況表，並附詳圖及有關照片層報內政部存案。其所報狀況有變更時，應隨時層報。
第 30 條	古蹟之修護，應報經古蹟主管機關許可後始得為之。 前項修護，依法應領執照者，發給單位應會同古蹟主管機關辦理。
第 31 條	私有古蹟之管理、整修或復原需要巨額經費或有特殊情形時，各級政府得酌予補助或輔導，並通知其管理維護之團體或個人採取必要措施。 私有古蹟所有權轉移時，除繼承外，政府有優先購買權；其性質不宜私有或管理不當致有滅失或減損其價值之虞者，政府得徵收。 私有古蹟捐獻政府者，應優予獎勵。
第 32 條	埋藏地下、沈沒水中或存在於地上之無主古蹟，概歸國家所有。 前項古蹟之發現人，應即報告當地警察機關轉報或逕報地方政府層報內政部處理，並由該部酌予獎勵。 前項古蹟所定著之土地，必要時政府得予購買或徵收之。
第 33 條	公私工程施工中發見古蹟時，應即停止工程之進行，並依前條之規定辦理。主管機關認為有必要時得繼續發掘古蹟，惟對於工程延誤或其他損失應予補償。
第 34 條	古蹟所在地都市計劃之訂定或變更，應先徵求古蹟主管機關之意見。 政府機關策定重大營建工程計畫時，應先調查工程地區有無古蹟。
第 35 條	古蹟應保存原有形貌，不得變更，如因故損毀應依照原有形貌修復。 第一級古蹟非因國防安全或國家重大建設，並經古蹟主管機關同意，不得遷移或拆除。 公私營建工程不得破壞古蹟之完整、遮蓋古蹟之外貌或阻塞其觀覽之通道。
第 36 條	為維護古蹟並保全其環境景觀，必要時得依都市計畫訂定之程序劃定古蹟保存區，限制其土地或建築物等之使用及建造。 前項保存區內對於基地面積或基地內應保留空地之比率、容積率、基地前後側院之深度、寬度、建築物之形貌、高度、色彩以及有關交通、景觀等事項，得依實際情況作必要之規定。
第 37 條	古蹟保存區內，關於左列事項之申請，應由主管機關會同古蹟主管機關辦理： 一、建築物與其他工作物之新建、增建、改建、修繕、遷移、拆除或其他外形及色彩之變更。 二、宅地之形成，土地之開墾，道路之整修、拓寬及其他土地形狀之變更。 三、竹木採伐及土石之採取。 四、廣告物之設置。
第 38 條	教育部依第二十條規定委託或核准在古蹟所在地或古蹟保存區內採掘古物時，應會同內政部為之。
第 39 條	採掘古物，發見具有古蹟價值之文化遺址時，應即停止採掘，並報請教育部會同內政部處理。

第四章　民族藝術

第 40 條	教育部對於民族藝術應進行全面性之調查、採集及整理，並依其性質分別由教育部或地方政府指定或專設機構保存或維護。 前項之調查、採集及整理，教育部得委託地方政府、團體或專家進行。
第 41 條	教育部得就民族藝術中擇其重要者指定為重要民族藝術。 前項重要民族藝術喪失或減損其重要性時，教育部得解除其指定。
第 42 條	教育部為保存、發揚及傳授傳統技藝，對於重要民族藝術具有卓越技藝者，得遴聘為藝師；其遴聘辦法由教育部定之。
第 43 條	對於民族藝術之傳授、研究及發展，教育部得設專門教育、訓練機構或鼓勵民間為之。 前項專門教育或訓練機構，得聘請藝師擔任教職；其設置辦法由教育部定之。
第 44 條	政府對於即將消失之重要民族藝術，應詳細製作紀錄及採取適當之保存措施，並對具有該項民族藝術技藝之個人或團體給予保護及獎勵。

第五章	民俗及有關文物
第 45 條	民俗及有關文物由地方政府保存及維護。
第 46 條	地方政府經主動調查與蒐集本地區具有特性之傳統民俗及有關文物，作成紀錄，並指定或設立機構保管展示之。
第 47 條	政府對於優良之傳統民俗，應加以輔導及闡揚。 私人或團體對闡揚優良傳統民俗有顯著貢獻者，應予獎勵；獎勵辦法由內政部定之。
第 48 條	私人所有之民俗有關文物捐獻政府或公開展覽者，得予獎勵。
第六章	**自然文化景觀**
第 49 條	自然文化景觀由經濟部會同內政部、教育部與交通部審查指定之，並依其特性區分為生態保育區、自然保留區及珍貴稀有動植物三種。 自然文化景觀喪失或減損其價值時，經濟部得會同內政部、教育部及交通部解除其指定。
第 50 條	自然文化景觀由所在地地方政府或由主管機關指定之機構管理之。
第 51 條	前條自然文化景觀之管理機關或機構，對所管理之自然文化景觀，應造具概況表，並附詳圖與有關資料層報經濟部存案。生態保育區與自然保留區並應附其所在地之地號、地目及面積。 前項所報狀況有變更時，應隨時層報。
第 52 條	生態保育區與自然保留區，禁止改變或破壞其原有自然狀態。
第 53 條	珍貴稀有動植物禁止捕獵、網釣、採摘、砍伐或其他方式予以破壞，並應維護其生態環境。但研究機構為研究、陳列或國際交換等特殊需要，報經主管機關核准者不在此限。
第 54 條	自然文化景觀所在地區域計畫、都市計畫之訂定或變更，應先徵求自然文化景觀主管機關之意見。 政府機關策定重大營建工程計畫時，應先調查工程地區有無自然文化景觀。
第七章	**罰則**
第 55 條	有左列行為之一者處五年以下有期徒刑、拘役或科或併科三萬元以下罰金： 一、毀損公有古物者。 二、毀損古蹟者。 三、移轉古物所有權違反第十三條之規定者。 四、未依本法規定申請核准，將國寶或重要古物運出國外或核准出國之國寶或重要古物不依限運回者。 五、未經古蹟主管機關同意，遷移或拆除第一級古蹟者。 六、改變或破壞自然文化景觀者。 前項第三款、第四款之古物、國寶及重要古物沒收之；不能沒收者追繳其所得利益。
第 56 條	有左列行為之一者，處三年以下有期徒刑、拘役或科或併科二萬元以下罰金： 一、採掘古物違反第二十條之規定者。 二、捕獵、網釣、採摘、砍伐或破壞指定之珍貴稀有動植物者。
第 57 條	有左列行為之一者，科五萬元以下罰金： 一、移轉國寶或重要古物所有權未先報請教育部核備者。 二、未經原保管機關核准，監製再複製公有古物者。 三、發見古物、古蹟或具有古蹟價值之文化遺址未依規定立即報告或停止工程之進行，或不依規定處理者。 四、未依規定報請核准，邀請外國人採掘古物者。 五、修護古蹟未依規定報經許可者。 六、不依古蹟主管機關之通知，對古蹟之維護採取必要之措施者。 七、不依原有形貌修護古蹟者。 八、營建工程破壞古蹟之完整、遮蓋古蹟之外貌或阻塞觀覽之通道者。
第 58 條	法人之代表人，代理人或受僱人犯本法之罪者，除處罰行為人外，對該法人應科罰金。
第 59 條	有該管責任之公務員犯本章第五十五條、第五十六條、第五十七條之罪者，得依各條之規定，加重其刑二分之一。
第八章	**附則**
第 60 條	本法施行細則，由行政院文化建設委員會會同教育部、內政部、經濟部、交通部定之。
第 61 條	本法自公布日施行。

說明：本表原以直式為主，本文改為橫式。

【表11】「文化資產保存法」（1-5版）

1982（民國 71）年 5 月 26 日　總統令公布
1997（民國 86）年 1 月 22 日　總統令修正公布，增訂第 31-1 條及 36-1 條條文
1997（民國 86）年 5 月 14 日　總統令修正公布，修正第 27 條、第 30 條、第 35 條及 36 條條文
2000（民國 89）年 2 月 9 日　總統令修正公布，增訂第 27-1 條、第 29-1 條、第 30-1 條、第 30-2 條及第 31-2 條條文，並
　　　　　　　　　　　　　　　修正第 3 條、第 5 條、第三章章名、第 27 條、第 28 條、第 30 條及第 31-1 條條文
2002（民國 91）年 6 月 12 日　總統令修正公布，修正第 16 條、第 31 條及第 32 條條文

第一章	總則
第 1 條	本法以保存文化資產，充實國民精神生活，發揚中華文化為宗旨。
第 2 條	文化資產之保存、維護、宣揚及權利之轉移，依本法之規定。本法未規定者，依其他有關法令之規定。
第 3 條	本法所稱之文化資產，指具有歷史、文化、藝術價值之左列資產： 一、古物：指可供鑑賞、研究、發展、宣揚而具有歷史及藝術價值或經教育部指定之器物。 二、古蹟：指依本法指定、公告之古建築物、傳統聚落、古市街，考古遺址及其他歷史文化遺蹟。 三、民族藝術：指民族及地方特有之藝術。 四、民俗及有關文物：指與國民生活有關食、衣、住、行、敬祖、信仰、年節、遊樂及其他風俗、習慣之文物。 五、自然文化景觀：指人類為保存歷史文化及保育自然之需要，而指定具有保存價值之自然區域、動物、植物及礦物。 六、歷史建築：指未被指定為古蹟，但具有歷史、文化價值之古建築物、傳統聚落、古市街及其他歷史文化遺蹟。
第 4 條	古物與民族藝術之保存、維護、宣揚、權利轉移及保管機構之指定、設立與監督等事項，由教育部主管。
第 5 條	古蹟、民俗及有關文物之主管機關：在中央為內政部，在直轄市為直轄市政府，在縣（市）為縣（市）政府。 歷史建築之主管機關：在中央為行政院文化建設委員會；在直轄市為直轄市政府，在縣（市）為縣（市）政府。
第 6 條	自然文化景觀之維護、保育、宣揚及管理機構之監督等事項，由經濟部主管。
第 7 條	關於文化資產保存之策劃與共同事項之處理，由行政院文化建設委員會會同內政部、教育部、經濟部、交通部及其他有關機關會商決定之。
第 8 條	各級地方政府依中央主管機關之授權，負責執行各該地區內文化資產之保存及管理工作。
第二章	**古物**
第 9 條	古物除私人所有者外，應由中央或地方政府設立古物保管機構保管之。
第 10 條	前條古物保管機構對於負責保管之古物，應造具表冊層報教育部存案；如有增損或變更並應隨時具報。 前項古物應擇優精製圖片，隨同保存及報備。
第 11 條	教育部得就古物中擇其珍貴稀有者，指定為重要古物，並就重要古物中依其文化價值特高者指定為國寶。 前項國寶或重要古物喪失其重要價值時，教育部得解除其為國寶或重要古物之指定。
第 12 條	國寶及重要古物，經教育部指定後應予登記列管並發給證明書。 前項器物係私人所有者，移轉所有權時，應事先報請教育部核備。
第 13 條	私人所有之古物，得申請教育部鑑定登記。重要古物，不得移轉於非中華民國之人。 私人所有之古物，應鼓勵其委託公立古物保管機構公開展覽。 前項古物得由政府收購，自願捐獻者應予獎勵；其辦法由教育部定之。
第 14 條	流失國外之珍貴稀有古物，政府應予調查、收購，並鼓勵私人及團體收購進口。
第 15 條	公立古物保管機構得接受委託，保管私有國寶及重要古物，並公開陳列展覽。
第 16 條	公立古物保管機構保管之公有古物，得由原保管機構自行複製出售，以資宣揚。他人非經原保管機構准許及監製，不得再複製。 前項公有古物複製及再複製之管理辦法，由教育部定之。
第 17 條	埋藏地下、沈沒水中或由地下暴露地面之無主古物，概歸國家所有。 前項古物之發見人，應即報告當地警察機關轉報或逐報地方政府指定保管機構採掘收存；對發見人獎勵辦法，由教育部定之。 對於珍貴稀有之古物，地方地府應函請教育部指定公立古物保管機構收存保管。
第 18 條	公私工程於施工中發見古物時，應即停止工程之進行，並依前條之規定處理。主管機關認為有必要時得繼續發掘古物，惟對於工程延誤或其他損失應酌予補償。
第 19 條	警察機關對於前二條發見之古物，應即採取維護措施，以免失落、傷損。

第 20 條	古物之採掘，由教育部指定公立古物保管機構或核准有關學術研究機構為之。 前項學術研究機構，須經教育部核發採掘執照，並派員監督，始得採掘。
第 21 條	依前條規定採掘古物而有邀請外國專家參加之必要時，應先報請教育部核准。
第 22 條	採掘紀錄及所得古物，應於核定期限內，報經教育部核備後予以公告及公開展覽。 採掘所得之古物，由公立古物保管機構保管之。但為學術研究之需要，得准由原採掘之學術研究機構暫行保管。
第 23 條	國寶或重要古物不得運出國外。但為國際文化交流舉辦展覽或其他特殊理由，經教育部轉請行政院核准者，不在此限。 依前項但書核准出國之古物，應妥慎移運、保管並應於規定期限內運回。
第 24 條	國外保存古物之免稅進口，依有關稅法之規定辦理。 由於展覽、鑑定等原因進口之古物，必須重行運出國外者，事先應提出申請及登記。
第 25 條	有關機關依法沒收、沒入或收受外國政府交付之古物，由教育部指定公立古物保管機構保管之。
第 26 條	政府應獎勵並輔導私人或財團法人設立博物館、美術館及文物陳列室，收藏古物或本法所定之有關文物，並開放展覽。

第三章　古蹟與歷史建築

第 27 條	古蹟依其主管機關，區分為國定、直轄市定、縣（市）定三類，分別由內政部、直轄市政府及縣（市）政府審查指定及公告之，並報內政部備查。 古蹟喪失、減損或增加其價值時，除依第三十六條之一第三項規定辦理外，應報內政部核准後，始得解除其指定或變更其類別。 各級主管機關得接受個人與團體之古蹟指定申請，並經法定程序審查指定之。
第 27-1 條	地方主管機關對歷史建築應進行登錄。對已登錄之歷史建築，中央主管機關應予以輔助。 前項登錄基準、審查程序及輔助辦法，由中央主管機關另定之。 各級主管機關得接受個人與團體之歷史建築登錄之申請，並經法定程序審查之。 經該管主管機關登錄之私有歷史建築物，得在百分之五十範圍內減徵地價稅及房屋稅，其減免之範圍、標準、程序由直轄市及縣（市）政府訂定，報財政部備查。
第 28 條	古蹟由所在地直轄市、縣（市）政府管理維護之，但公有古蹟得由主管機關授權管理使用之政府機關或委託自然人或登記有案之公益性法人管理維護之。 前項私有古蹟，必要時得委託古蹟所有人或受託人或登記有案之公益性法人管理維護之。 前二項委託管理維護辦法由中央主管機關定之。
第 29 條	前條古蹟之管理維護機關、團體或個人對於所管理古蹟應造具概況表，並附詳圖及有關照片層報內政部存案。其所報狀況有變更時，應隨時層報。
第 29-1 條	古蹟之管理維護係指左列事項： 一、使用與再利用經營管理。 二、防盜、防災、保險。 三、日常維護。 四、定期維修。 五、緊急應變計畫之擬定。 六、其他古蹟管理維護事項。
第 30 條	古蹟應保存原有形貌及文化風貌，不得變更，如因故損毀應依照原有形貌及文化風貌修復，並得依其性質，報經古蹟主管機關許可後，採取不同之保存、維護或再利用方式。 古蹟之發掘、修復、再利用，應由各管理維護機關（構）提出計劃，報經古蹟主管機關許可後始得為之。 前項修復計畫之提出，必要時得採用現代科技與工法，以增加其防震、防災、防蛀等機能。
第 30-1 條	古蹟之修復由政府機關辦理時，其修復工程應視為特殊採購。其採購程序由中央主管機關訂定之，不受政府採購法限制。 古蹟修復完竣後，中央主管機關應辦理績效評鑑。
第 30-2 條	重大災害，辦理古蹟之緊急修復，古蹟所在地直轄市、縣（市）政府應於災後三十日內提報搶修計畫，並於災後六個月內提出重建計畫，送中央主管機關備查後修復之。 古蹟、歷史建築之中央主管機關，應訂定重大災害古蹟及歷史建築應變處理辦法，並得依政府採購法第一百零五條規定辦理。
第 31 條	私有古蹟之管理、整修或復原需要巨額經費或有特殊情形時，各級政府得酌予補助或輔導，並通知其管理維護之團體或個人採取必要措施。 私有古蹟所有權轉移時，除繼承外，政府有優先購買權；其性質不宜私有或管理不當致有滅失或減損其價值之虞者，政府得徵收。 私有古蹟捐獻政府者，應優予獎勵；其辦法，由內政部定之。
第 31-1 條	出資贊助維護或修復古蹟、古蹟保存區內建築物及歷史建築者，其贊助款項得依所得稅法第十七條第一項第二款第二目及第三十六條第一款規定列舉扣除或列為當年度費用，不受金額之限制。 前項贊助費用，應交付國家文化藝術基金會或直轄市、縣（市）文化基金會，會同有關單位辦理之。該項贊助經費，經贊助者指定其用途者，不得移作他用。

第 31-2 條	經政府補助之古蹟調查、發掘、維護、修復工作中所繪製圖說、攝影照片或蒐集之標本等資料應列冊登錄，交主管機關妥為收藏保管。其內容除涉及該文化資產之安全，或所有權人或管理人隱私權部分外，應予公開。
第 32 條	埋藏地下、沈沒水中或存在於地上之無主古蹟，概歸國家所有。 前項古蹟之發見人，應即報告當地警察機關轉報或逕報地方政府層報內政部處理，並得酌予獎勵；其辦法，由內政部定之。 前項古蹟所定著之土地，必要時，政府得予購買或徵收之。
第 33 條	公私工程施工中發見古蹟時，應即停止工程之進行，並依前條之規定辦理。主管機關認為有必要時得繼續發掘古蹟，惟對於工程延誤或其他損失應予補償。
第 34 條	古蹟所在地都市計劃之訂定或變更，應先徵求古蹟主管機關之意見。 政府機關策定重大營建工程計畫時，應先調查工程地區有無古蹟。
第 35 條	古蹟非因國防安全或國家重大建設，並經古蹟主管機關同意，不得遷移或拆除。 公私營建工程不得破壞古蹟之完整、遮蓋古蹟之外貌或阻塞其觀覽之通道。
第 36 條	為維護古蹟並保全其環境景觀，古蹟主管機關得會同有關機關，擬具古蹟保存計畫，並依區域計畫法、都市計畫法或國家公園法有關規定編定、劃定或變更古蹟保存用地或保存區，予以保存維護。 古蹟保存區內對於基地面積或基地內應保留空地之比率、容積率、基地內前後側院之深度、寬度、建築物之形貌、高度、色彩以及有關交通、景觀等事項，得依實際情況作必要之規定。 主管機關於擬定古蹟保存區計畫及修復計畫過程中，應分階段舉辦說明會、公聽會及公開展覽，並應公開通知古蹟保存區內關係人及公眾參與。 古蹟所有人得自行擬定古蹟保存區計畫或修復計畫，建請主管機關依前三項規定辦理。
第 36-1 條	經指定為古蹟之私有民宅、家廟、宗祠所定著之土地或古蹟保存區內之私有土地，因古蹟之指定或保存區之劃定，致其原依法可建築之基準容積受到限制部份，得等值移轉至其他地區建築使用或予以補償；其辦法由主管機關定之。 前項所稱其他地區，係指同一都市主要計畫地區，或區域計畫地區之同一鄉鎮（市）內之地區。前項樓地板面積之移轉得優先辦理。 第一項之樓地板面積一經移轉，其古蹟之指定或古蹟保存區之管制不得解除。若其價值喪失或減損應按原貌修復之。
第 37 條	古蹟保存區內，關於左列事項之申請，應由主管機關會同古蹟主管機關辦理： 一、建築物與其他工作物之新建、增建、改建、修繕、遷移、拆除或其他外形及色彩之變更。 二、宅地之形成，土地之開墾，道路之整修、拓寬及其他土地形狀之變更。 三、竹木採伐及土石之採取。 四、廣告物之設置。
第 38 條	教育部依第二十條規定委託或核准在古蹟所在地或古蹟保存區內採掘古物時，應會同內政部為之。
第 39 條	採掘古物，發見具有古蹟價值之文化遺址時，應即停止採掘，並報請教育部會同內政部處理。

第四章	民族藝術
第 40 條	教育部對於民族藝術應進行全面性之調查、採集及整理，並依其性質分別由教育部或地方政府指定或專設機構保存或維護。 前項之調查、採集及整理，教育部得委託地方政府、團體或專家進行。
第 41 條	教育部得就民族藝術中擇其重要者指定為重要民族藝術。 前項重要民族藝術喪失或減損其重要性時，教育部得解除其指定。
第 42 條	教育部為保存、發揚及傳授傳統技藝，對於重要民族藝術具有卓越技藝者，得遴聘為藝師；其遴聘辦法由教育部定之。
第 43 條	對於民族藝術之傳授、研究及發展，教育部得設專門教育、訓練機構或鼓勵民間為之。 前項專門教育或訓練機構，得聘請藝師擔任教職；其設置辦法由教育部定之。
第 44 條	政府對即將消失之重要民族藝術，應詳細製作紀錄及採取適當之保存措施，並對具有該項民族藝術技藝之個人或團體給予保護及獎勵。

第五章	民俗及有關文物
第 45 條	民俗及有關文物由地方政府保存及維護。
第 46 條	地方政府經主動調查與蒐集本地區具有特性之傳統民俗及有關文物，作成紀錄，並指定或設立機構保管展示之。
第 47 條	政府對於優良之傳統民俗，應加以輔導及闡揚。 私人或團體對闡揚優良傳統民俗有顯著貢獻者，應予獎勵；獎勵辦法由內政部定之。
第 48 條	私人所有之民俗有關文物捐獻政府或公開展覽者，得予獎勵。

第六章	自然文化景觀
第 49 條	自然文化景觀由經濟部會同內政部、教育部與交通部審查指定之，並依其特性區分為生態保育區、自然保留區及珍貴稀有動植物三種。 自然文化景觀喪失或減損其價值時，經濟部得會同內政部、教育部及交通部解除其指定。
第 50 條	自然文化景觀由所在地地方政府或由主管機關指定之機構管理之。
第 51 條	前條自然文化景觀之管理機關或機構，對所管理之自然文化景觀，應造具概況表，並附詳圖與有關資料層報經濟部存案。生態保育區與自然保留區並應附其所在地之地號、地目及面積。 前項所報狀況有變更時，應隨時層報。
第 52 條	生態保育區與自然保留區，禁止改變或破壞其原有自然狀態。
第 53 條	珍貴稀有動植物禁止捕獵、網釣、採摘、砍伐或其他方式予以破壞，並應維護其生態環境。 但研究機構為研究、陳列或國際交換等特殊需要，報經主管機關核准者不在此限。
第 54 條	自然文化景觀所在地區域計畫、都市計畫之訂定或變更，應先徵求自然文化景觀主管機關之意見。 政府機關策定重大營建工程計畫時，應先調查工程地區有無自然文化景觀。
第七章	**罰則**
第 55 條	有左列行為之一者處五年以下有期徒刑、拘役或科或併科三萬元以下罰金： 一、毀損公有古物者。 二、毀損古蹟者。 三、移轉古物所有權違反第十三條之規定者。 四、未依本法規定申請核准，將國寶或重要古物運出國外或核准出國之國寶或重要古物不依限運回者。 五、未經古蹟主管機關同意，遷移或拆除第一級古蹟者。 六、改變或破壞自然文化景觀者。 前項第三款、第四款之古物、國寶及重要古物沒收之；不能沒收者追繳其所得利益。
第 56 條	有左列行為之一者，處三年以下有期徒刑、拘役或科或併科二萬元以下罰金： 一、採掘古物違反第二十條之規定者。 二、捕獵、網釣、採摘、砍伐或破壞指定之珍貴稀有動植物者。
第 57 條	有左列行為之一者，科五萬元以下罰金： 一、移轉國寶或重要古物所有權未事先報請教育部核備者。 二、未經原保管機關核准、監製再複製公有古物者。 三、發見古物、古蹟或具有古蹟價值之文化遺址未依規定立即報告或停止工程之進行，或不依規定處理者。 四、未依規定報請核准，邀請外國人採掘古物者。 五、修護古蹟未依規定報經許可者。 六、不依古蹟主管機關之通知，對古蹟之維護採取必要之措施者。 七、不依原有形貌修護古蹟者。 八、營建工程破壞古蹟之完整、遮蓋古蹟之外貌或阻塞觀覽之通道者。
第 58 條	法人之代表人，代理人或受僱人犯本法之罪，除處罰行為人外，對該法人應科罰金。
第 59 條	有該管責任之公務員犯本章第五十五條、第五十六條、第五十七條之罪者，得依各條之規定，加重其刑二分之一。
第八章	**附則**
第 60 條	本法施行細則，由行政院文化建設委員會會同教育部、內政部、經濟部、交通部定之。
第 61 條	本法自公布日施行。

說明：本法原以直式為主，本文改為橫式。

【表 12】「文化資產保存法」第 1 版修正對照表

本表包括（一）1-1 版及 1-2 版修正對照表、（二）1-2 版及 1-3 版修正對照表、（三）1-3 版及 1-4 版修正對照表、（四）1-4 版及 1-5 版修正對照表。

（一）1-1 版及 1-2 版修正對照表

1997（民國 86）年 1 月 22 日第一次修正公布，增訂第 31-1 條及 36-1 條條文

	1982（民國 71）年 5 月 26 日 制定公布（1-1 版）	1997（民國 86）年 1 月 22 日 第一次修正公布（1-2 版）
第 31-1 條	----	出資贊助維護或修復古蹟、古蹟保存區內建築者，其贊助款項得依所得稅法第十七條第一項第二款第二目及第三十六條第一款規定列舉扣除或列為當年度費用，不受金額之限制。 前項贊助費用，應交付國家文化藝術基金會或省（市）、縣（市）文化基金會，會同有關單位辦理之。該項贊助經費，經贊助者指定其用途者，不得移作他用。
第 36-1 條	----	經指定為古蹟之私有民宅、家廟、宗祠所定著之土地或古蹟保存區內之私有土地，因古蹟之指定或保存區之劃定，致其原依法可建築之基準容積受到限制部份，得等值移轉至其他地區建築使用或予以補償；其辦法由主管機關定之。 前項所稱其他地區，係指同一都市主要計畫地區，或區域計畫地區之同一鄉鎮（市）內之地區。前項樓地板面積之移轉得優先辦理。 第一項之樓地板面積一經移轉，其古蹟之指定或古蹟保存區之管制不得解除。若其價值喪失或減損應按原貌修復之。

（二）1-2 版及 1-3 版修正對照表

1997（民國 86）年 5 月 14 日第二次修正公布，修正第 27 條、第 30 條、第 35 條及 36 條條文

	1997（民國 86）年 1 月 22 日 第一次修正公布（1-2 版）	1997（民國 86）年 5 月 14 日 第二次修正公布（1-3 版）
第 27 條	古蹟由內政部審查指定之，並依其歷史文化價值，區分為第一級、第二級、第三級三種，分別由內政部、省（市）政府民政廳（局）及縣（市）政府為其主管機關。 古蹟喪失或減損其價值時，內政部得解除其指定或變更其等級。	古蹟依其主管機關，區分為國定、省（市）定、縣（市）定三類，分別由內政部、省（市）政府及縣（市）政府審查指定之，並報各該上級主管機關備查。 古蹟喪失、減損或增加其價值時，除依第三十六條之一第三項規定辦理外，應報上級主管機關核准後，始得解除其指定或變更其類別。
第 30 條	古蹟之修護，應報經古蹟主管機關許可後始得為之。 前項修護，依法應領執照者，發給單位應會同古蹟主管機關辦理。	古蹟應保存原有形貌及文化風貌，不得變更，如因故損毀應依照原有形貌及文化風貌修復，以延續其古蹟之生命，並得依其性質，報經內政部許可後，採取不同之保存、維護或管制方式。 古蹟之發掘、修復、再利用，應提出計劃，報經各該古蹟主管機關許可，並送內政部核備後始得為之。
第 35 條	古蹟應保存原有形貌，不得變更，如因故損毀應依照原有形貌修復。 第一級古蹟非因國防安全或國家重大建設，並經古蹟主管機關同意，不得遷移或拆除。 公私營建工程不得破壞古蹟之完整、遮蓋古蹟之外貌或阻塞其觀覽之通道。	古蹟非因國防安全或國家重大建設，並經古蹟主管機關同意，不得遷移或拆除。 公私營建工程不得破壞古蹟之完整、遮蓋古蹟之外貌或阻塞其觀覽之通道。
第 36 條	為維護古蹟並保全其環境景觀，必要時得依都市計畫訂定之程序劃定古蹟保存區，限制其土地或建築物等之使用及建造。 前項保存區內對於基地面積或基地內應保留空地之比率、容積率、基地	為維護古蹟並保全其環境景觀，古蹟主管機關得會同有關機關，擬具古蹟保存計劃，並依區域計畫法、都市計畫法或國家公園法有關規定編定、劃定或變更古蹟保存用地或保存區，予以保存維護。 古蹟保存區內對於基地面積或基地內應保留空地之比率、容積率、基地內前後側院之深度、寬度、建築物之形貌、高度、色彩以及有關交通、景觀等事項，得依實際情況作必要之規定。

	內前後側院之深度、寬度、建築物之形貌、高度、色彩以及有關交通、景觀等事項，得依實際情況作必要之規定。	主管機關於擬定古蹟保存區計畫及修復計畫過程中，應分階段舉辦說明會、公聽會及公開展覽，並應公開通知古蹟保存區內關係人及公眾參與。 古蹟所有人得自行擬定古蹟保存區計畫或修復計畫，建請主管機關依前三項規定辦理。

（三）1-3 版及 1-4 版修正對照表

2000（民國 89）年 2 月 9 日第三次修正公布，增訂第 27-1 條、第 29-1 條、第 30-1 條、第 30-2 條及第 31-2 條條文，並修正第 3 條、第 5 條、第三章章名、第 27 條、第 28 條、第 30 條及第 31-1 條條文

	1997（民國 86）年 5 月 14 日 第二次修正公布（1-3 版）	2000（民國 89）年 2 月 9 日 第三次修正公布（1-4 版）
第 3 條	本法所稱之文化資產，指具有歷史、文化、藝術價值之左列資產： 一、古物：指可供鑑賞、研究、發展、宣揚而具有歷史及藝術價值或經教育部指定之器物。 二、古蹟：指古建築物、遺址及其他文化遺蹟。 三、民族藝術：指民族及地方特有之藝術。 四、民俗及有關文物：指與國民生活有關食、衣、住、行、敬祖、信仰、年節、遊樂及其他風俗、習慣之文物。 五、自然文化景觀：指產生人類歷史文化之背景、區域、環境及珍貴稀有之動植物。	本法所稱之文化資產，指具有歷史、文化、藝術價值之左列資產： 一、古物：指可供鑑賞、研究、發展、宣揚而具有歷史及藝術價值或經教育部指定之器物。 二、古蹟：指依本法指定、公告之古建築物、傳統聚落、古市街，考古遺址及其他歷史文化遺蹟。 三、民族藝術：指民族及地方特有之藝術。 四、民俗及有關文物：指與國民生活有關食、衣、住、行、敬祖、信仰、年節、遊樂及其他風俗、習慣之文物。 五、自然文化景觀：指人類為保存歷史文化及保育自然之需要，而指定具有保存價值之自然區域、動物、植物及礦物。 六、歷史建築：指未被指定為古蹟，但具有歷史、文化價值之古建築物、傳統聚落、古市街及其他歷史文化遺蹟。
第 5 條	古蹟、民俗及有關文物之保存、維護、宣揚、權利轉移及管理機構之監督等事項，由內政部主管。	古蹟、民俗及有關文物之主管機關：在中央為內政部，在直轄市為直轄市政府，在縣（市）為縣（市）政府。 歷史建築之主管機關：在中央為行政院文化建設委員會；在直轄市為直轄市政府，在縣（市）為縣（市）政府。
第三章章名	第三章 古蹟	第三章 古蹟與歷史建築
第 27 條	古蹟依其主管機關，區分為國定、省（市）定、縣（市）定三類，分別由內政部、省（市）政府及縣（市）政府審查指定之，並報各該上級主管機關備查。 古蹟喪失、減損或增加其價值時，除依第三十六條之一第三項規定辦理外，應報上級主管機關核准後，始得解除其指定或變更其類別。	古蹟依其主管機關，區分為國定、直轄市定、縣（市）定三類，分別由內政部、直轄市政府及縣（市）政府審查指定及公告之，並報內政部備查。 古蹟喪失、減損或增加其價值時，除依第三十六條之一第三項規定辦理外，應報內政部核准後，始得解除其指定或變更其類別。 各級主管機關得接受個人與團體之古蹟指定申請，並經法定程序審查指定之。
第 27-1 條	----	地方主管機關對歷史建築應進行登錄。對已登錄之歷史建築，中央主管機關應予以輔助。 前項登錄基準、審查程序及輔助辦法，由中央主管機關另定之。 各級主管機關得接受個人與團體之歷史建築登錄之申請，並經法定程序審查之。 經該管主管機關登錄之私有歷史建築物，得在百分之五十範圍內減徵地價稅及房屋稅，其減免之範圍、標準、程序由直轄市及縣（市）政府訂定，報財政部備查。
第 28 條	古蹟由所在地地方政府管理維護之。但屬於私人或團體所有者，除得委託當地地方政府管理維護外，由其所有人或受託人管理維護之。	古蹟由所在地直轄市、縣（市）政府管理維護之，但公有古蹟得由主管機關授權管理使用之政府機關或委託自然人或登記有案之公益性法人管理維護之。 前項私有古蹟，必要時得委託古蹟所有人或受託人或登記有案之公益性法人管理維護之。 前二項委託管理維護辦法由中央主管機關定之。
第 29-1 條	----	古蹟之管理維護係指左列事項： 一、使用與再利用經營管理。 二、防盜、防災、保險。

		三、日常維護。 四、定期維修。 五、緊急應變計畫之擬定。 六、其他古蹟管理維護事項。
第 30 條	古蹟應保存原有形貌及文化風貌，不得變更，如因故損毀應依照原有形貌及文化風貌修復，以延續其古蹟之生命，並得依其性質，報經內政部許可後，採取不同之保存、維護或管制方式。 古蹟之發掘、修復、再利用，應提出計劃，報經各該古蹟主管機關許可，並送內政部核備後始得為之。	古蹟應保存原有形貌及文化風貌，不得變更，如因故損毀應依照原有形貌及文化風貌修復，並得依其性質，報經古蹟主管機關許可後，採取不同之保存、維護或再利用方式。 古蹟之發掘、修復、再利用，應由各管理維護機關（構）提出計劃，報經古蹟主管機關許可後始得為之。 前項修復計畫之提出，必要時得採用現代科技與工法，以增加其防震、防災、防蛀等機能。
第 30-1 條	----	古蹟之修復由政府機關辦理時，其修復工程應視為特殊採購。其採購程序由中央主管機關訂定之，不受政府採購法限制。 古蹟修復完竣後，中央主管機關應辦理績效評鑑。
第 30-2 條	----	重大災害，辦理古蹟之緊急修復，古蹟所在地直轄市、縣（市）政府應於災後三十日內提報搶修計畫，並於災後六個月內提出重建計畫，送中央主管機關備查後修復之。 古蹟、歷史建築之中央主管機關，應訂定重大災害古蹟及歷史建築應變處理辦法，並得依政府採購法第一百零五條規定辦理。
第 31-1 條	出資贊助維護或修復古蹟、古蹟保存區內建築者，其贊助款項得依所得稅法第十七條第一項第二款第二目及第三十六條第一款規定列舉扣除或列為當年度費用，不受金額之限制。 前項贊助費用，應交付國家文化藝術基金會或省（市）、縣（市）文化基金會，會同有關單位辦理之。該項贊助經費，經贊助者指定其用途者，不得移作他用。	出資贊助維護或修復古蹟、古蹟保存區內建築物及歷史建築者，其贊助款項得依所得稅法第十七條第一項第二款第二目及第三十六條第一款規定列舉扣除或列為當年度費用，不受金額之限制。 前項贊助費用，應交付國家文化藝術基金會或直轄市、縣（市）文化基金會，會同有關單位辦理之。該項贊助經費，經贊助者指定其用途者，不得移作他用。
第 31-2 條	----	經政府補助之古蹟調查、發掘、維護、修復工作中所繪製圖說、攝影照片或蒐集之標本等資料應列冊登錄，交主管機關妥為收藏保管。其內容除涉及該文化資產之安全，或所有權人或管理人隱私權部分外，應予公開。

（四）1-4 版及 1-5 版修正對照表

2002（民國 91）年 6 月 12 日第四次修正公布，修正第 16 條、第 31 條及第 32 條條文

	2000（民國 89）年 2 月 9 日 第三次修正公布（1-4 版）	2002（民國 91）年 6 月 12 日 第四次修正公布（1-5 版）
第 16 條	公立古物保管機構保管之公有古物，得由原保管機構自行複製出售，以資宣揚。他人非經原保管機構准許及監製，不得再複製。	公立古物保管機構保管之公有古物，得由原保管機構自行複製出售，以資宣揚。他人非經原保管機構准許及監製，不得再複製。 前項公有古物複製及再複製之管理辦法，由教育部定之。
第 31 條	私有古蹟之管理、整修或復原需要巨額經費或有特殊情形時，各級政府得酌予補助或輔導，並通知其管理維護之團體或個人採取必要措施。 私有古蹟所有權轉移時，除繼承外，政府有優先購買權；其性質不宜私有或管理不當致有滅失或減損其價值之虞者，政府得予徵收。 私有古蹟捐獻政府者，應優予獎勵。	私有古蹟之管理、整修或復原需要巨額經費或有特殊情形時，各級政府得酌予補助或輔導，並通知其管理維護之團體或個人採取必要措施。 私有古蹟所有權轉移時，除繼承外，政府有優先購買權；其性質不宜私有或管理不當致有滅失或減損其價值之虞者，政府得予徵收。 私有古蹟捐獻政府者，應優予獎勵；其辦法，由內政部定之。
第 32 條	埋藏地下、沈沒水中或存在於地上之無主古蹟，概歸國家所有。 前項古蹟之發見人，應即報告當地警察機關轉報或逕報地方政府層報內政部處理，並由該部酌予獎勵。 前項古蹟所定著之土地，必要時政府得予購買或徵收之。	埋藏地下、沈沒水中或存在於地上之無主古蹟，概歸國家所有。 前項古蹟之發見人，應即報告當地警察機關轉報或逕報地方政府層報內政部處理，並得酌予獎勵；其辦法，由內政部定之。 前項古蹟所定著之土地，必要時，政府得予購買或徵收之。

【表13】「**文化資產保存法施行細則**」（1-2版）

1984（民國73）年2月22日　行政院文化建設委員會（73）文建壹字第452號令、內政部（73）臺內民字第203321號令、教育部（73）臺社字第5105號令、經濟部（73）經農字第06467號令、交通部（73）交路字第04051號令會銜訂定發布全文77條

2001（民國90）年12月19日　行政院文化建設委員會（90）文建壹字第2021807號令、內政部（90）臺內民字第9062443號令、教育部（90）臺社字第90156565號令、經濟部（90）經礦字第09002728620號令、交通部（90）交路發字第00079號令、行政院農業委員會（90）農輔字第900051417號令會銜訂定發布增訂第3-1條、第3-2條、第4-1條、第39-1條、第39-2條、第39-3條、第39-4條、第40-1條、第40-2條、第56-1條、第76-1條；刪除第49條及第56條；並修正第3條、第23條、第三章章名、第37條、第38條、第39條、第40條、第42條、第45條、第46條、第47條、第48條、第50條、第55條、第62條及第68條條文

第一章	總則
第1條	本細則依文化資產保存法（以下簡稱本法）第六十條規定訂定之。
第2條	本法第三條第一款所稱器物，指年代久遠之禮器、樂器、兵器、農具、舟車、貨幣、繪畫、書法、雕塑、織物、服飾、器皿、圖書、文獻、印璽、文玩、家具、雜器及其他文化遺物。
第3條	本法第三條第二款及第六款所稱古建築物，指年代長久之建築物，其重要部分仍完整者，包括城郭、關塞、宮殿、衙署、書院、宅第、寺塔、祠廟、牌坊、陵墓、堤閘、橋樑及其他具有歷史、文化、藝術價值之建築物。
第3-1條	本法第三條第二款及第六款所稱傳統聚落，指與傳統建築物群結合為一體，形成歷史風貌或具有地域性特色之區域。
第3-2條	本法第三條第二款及第六款所稱古市街，指具有特殊地方風格，為歷史上重要之生活中心所形成之街廓。
第4條	本法第三條第二款所稱遺址，指年代久遠之人類活動舊址，已淹沒消失或埋藏於地下，或僅部分殘存者；包括居住、信仰、教化、生產、交易、交通、戰爭、墓葬等活動舊址。
第4-1條	本法第三條第二款及第六款所稱其他歷史文化遺蹟，指具有特殊歷史價值之文化活動地點或區域。
第5條	本法第三條第三款所稱民族及地方特有之藝術，指足以表現民族及地方特色之傳統技術及藝能；包括編織、刺繡、窯藝、琢玉、木作、髹漆、竹木牙雕、裱褙、版刻、造紙、搨揚、作筆製墨、戲曲、古樂、歌謠、舞蹈、說唱、雜技等。
第6條	本法第七條所稱共同事項，指依本法涉及二個以上主管機關及有關機關須待共同協商或聯合推動，或不能依本法第四條至第六條確定主管機關之事項。
第二章	古物
第7條	本法第九條所稱古物保管機構，包括現有之博物館、美術館及其他文化學術機構。
第8條	本法第十條第一項所定表冊，應載明下列事項： 一、保管機構之名稱、所在地。 二、古物之名稱、類別、數量及典藏號碼。 三、古物之作者、材料、質地、形狀、大小、重量、出處等綜合描述。 四、古物保管上必要之限制或有關注意事項。 五、其他事項。
第9條	關於古物之評鑑、審議事項，教育部得委託文化學術機構或專家學者辦理之。
第10條	私人所有之古物申請鑑定登記，應填具申請表，並附照片、圖片或幻燈片，報請直轄市或縣（市）政府核轉教育部為之。 前項申請表，應載明下列事項： 一、古物所有人或管理人之姓名、住址。 二、古物之名稱、類別、數量、所在地或保管場所。 三、古物之作者、材料、質地、形狀、大小、重量、出處等綜合描述。 四、其他事項。 教育部認為古物有評鑑之價值者，應通知申請人將古物送請評鑑；其組件數量過多或體積龐大不便運送者，應指派專家前往古物所在地或保管場所評鑑之。
第11條	教育部為國寶或重要古物之指定或解除其指定，應予公告並通知其所有人、占有人或保管機構及海關。
第12條	國寶或重要古物之證明書，應於解除指定公告後，繳回教育部。
第13條	私人所有之古物經指定為國寶或重要古物者，如有遺失、滅失、毀損、盜竊時，應報請教育部核備。其遺失或被盜竊者，教育部應轉知警察機關加強調查；其毀損而可以修復者，由教育部代為指定修護機構協助修護。

第 14 條	教育部為明瞭流失國外之珍貴稀有古物實況，得委託下列機構或人員調查之： 一、駐外使領館或公私代表機構。 二、國內外學術機構或團體。 三、對中國古物有研究之中外人士。 教育部得視情節提供前項受委託者有關參考資料，並予以必要之協助。
第 15 條	教育部委託前條所列機構或人員調查流失國外之珍貴稀有古物，依下列規定辦理： 一、由教育部製定調查表格函送受委託機構、人員應用。 二、受委託機構應將指定辦理人之有關資料函請教育部備查。 三、受委託機構、人員應依委託本旨，將古物調查資料以書面報告教育部。 四、教育部根據調查資料經研議後，得透過各機關，並鼓勵私人及團體進行收購進口。
第 16 條	私有之國寶及重要古物經教育部指定登記發給證明書後，其所有人、占有人得洽請公立古物保管機構代為保管。 公立古物保管機構接受委託保管後，應善盡保管責任，古物運離保管機構展示時，保管機構應代為保險。
第 17 條	公有古物之複製品或再複製品應標明其複製時間及保管機構監製之字樣。 古物複製品管理辦法由教育部定之。
第 18 條	發見無主古物時，教育部據地方政府轉報後得邀同專家學者到場作學術研究，並為採掘收存上之技術指導或即時採取必要之保全措施。
第 19 條	經發見之無主古物或依法沒收、沒入或收受外國政府交付之古物，由教育部鑑定後，按其類別等級交由公立古物保管機構保管。
第 20 條	學術研究機構申請採掘古物，應填具採掘古物申請書，載明下列事項： 一、採掘機構之主持人、採掘人員之姓名、住址。 二、採掘之地域、範圍。 三、取得土地所有人及土地使用權人同意之證明。 四、預定採掘起訖時間。 五、採掘之理由。 六、採掘方法。 七、其他必要事項。
第 21 條	教育部核發採掘執照後，應以書面通知當地地方政府並轉知土地所有人及土地使用權人。
第 22 條	採掘古物不得損害古建築物及其他文化遺蹟。其有損害古建築物或其他文化遺蹟之虞者，應先取得古蹟主管機關之許可。
第 23 條	有下列情形之一者，教育部應通知採掘機構停止採掘或廢止其採掘執照： 一、自核准之採掘日起逾六個月未採掘者。 二、邀請外國學術團體或個人參加採掘，未經陳報核准者。 三、不受教育部所派人員之監督者。
第 24 條	依本法第二十一條邀請外國專家參加採掘古物者，其申請書應載明下列事項： 一、敘明邀請外國學術團體或個人參與協助之理由。 二、外國學術團體之名稱、地址、組織性質、參加採掘之設備及負責人員或專家之姓名、國籍、學經歷、職業及住址。 三、外國學術團體或個人之參加人數。
第 25 條	採掘機構如需與外國學術團體或個人簽訂參加採掘古物之契約，應先將訂約內容報請教育部核定後行之。
第 26 條	外國學術團體或個人參加採掘古物時，應受採掘機構指揮。
第 27 條	參加採掘古物之外國學術團體或個人，有下列情形之一者，教育部得通知採掘機構停止其參加採掘工作： 一、逾越採掘古物範圍區，任意測繪地圖者。 二、為他種目的逾越採掘古物範圍區而有不當行為者。 三、不受採掘機構之指揮者。
第 28 條	採掘機構如需將所發見之古物及其採掘原始紀錄運出國外研究時，應報教育部轉請行政院核准後，按古物出國規定辦理，並於規定期限內運回。
第 29 條	古物採掘之報告書，非經採掘機構同意不得發表。
第 30 條	採掘機構應於採得古物後六個月內，將採掘紀錄、所得古物，連同報告書，報送教育部核備。
第 31 條	依本法第二十三條第一項但書申請將國寶或重要古物運出國外者，應檢具左列文件向教育部申請之： 一、古物出國申請書。 二、研究或展覽計畫書。 三、外國政府機關或學術機構邀請文件、契約書或保證書。 四、古物清冊：品名、年代、形狀、大小、件數等。 五、古物照片粘存簿：依申請順序排列並加蓋騎縫章。 六、派遣隨護人員名冊。 教育部受理前項申請後，應就古物有無出國之必要，及其安全、運輸、點驗封箱、回國啟箱等審議之。
第 32 條	核准出國之國寶或重要古物，應辦理保險，並向教育部陳驗保險證件後始准運。

第 33 條	核准出國之國寶或重要古物運抵國外目的地後，隨護人員應即向當地我國駐在機構繳驗有關文件，並接受其輔導，同時應將運送經過、到達日期及存放地點報送教育部。
第 34 條	核准出國之國寶或重要古物運回國內時，應由教育部會同專家核對查驗並報行政院備查。
第 35 條	公立古物保管機構或公立學術研究機構所保存之一般古物運往國外研究或展覽者，準用第三十一條至第三十四條之規定。
第 36 條	依本法第二十四條第二項規定，進口之古物必須重行運出國外者，應於進口前填具申請書，經教育部同意後辦理。進口驗關及運出時均須由教育部會同專家鑑定並拍照存據無誤後始得放行。
第三章　古蹟與歷史建築	
第 37 條	古蹟主管機關依本法第二十七條第一項規定辦理古蹟之指定，應邀集有關機關、學者、專家實地勘察，經審查指定後公告之。 前項勘察及審查，得邀請古蹟所有人、管理人、占有人或其他相關人士到場說明。
第 38 條	古蹟之審查指定，依下列各款綜合評定之： 一、所具歷史、文化、藝術價值。 二、時代之遠近。 三、重要歷史事件或人物之關係。 四、表現各時代之特色、技術、流派或地方之特色。 五、數量之多寡。 六、保存之情況。 七、規模之大小。 八、附近之環境。 九、其他有關事項。
第 39 條	直轄市、縣（市）政府應辦理並督促各鄉（鎮、市、區）公所調查轄區內之文化資產具有古蹟價值者，依第三十七條所定程序審查指定之。 前項古蹟指定前，直轄市、縣（市）政府認為有遭受破壞之虞時，應採取必要維護措施，予以保護。
第 39-1 條	內政部應辦理並督促直轄市、縣（市）政府調查轄區內直轄市定、縣（市）定古蹟中具國定古蹟價值者，依第三十七條所定程序審查指定之。 前項直轄市定、縣（市）定古蹟，經內政部指定公告為國定古蹟者，直轄市、縣（市）政府應即公告解除其原有之指定。
第 39-2 條	各級地方政府辦理前二條古蹟調查時，應填具古蹟調查表，載明下列事項，並附詳圖及有關照片： 一、古蹟之名稱、位置、種類、所定著土地地號、面積、所有權屬。 二、古蹟所有人、管理人或占有人之姓名、出生年月日、住（居）所、國民身分證統一編號。如係法人或其他設有管理人或代表人之團體，其名稱、事務所或營業所、管理人或代表人之姓名、出生年月日、住（居）所、國民身分證統一編號。 三、古蹟之創建年代、歷史沿革。 四、古蹟之現狀、構造、材料、建築面積、特徵。 五、現行土地使用分區或編定使用類別、附近景觀及使用狀況。 六、所有人意願。 七、建議及其他事項。 前項調查，得委託學者、專家或學術機構為之。個人或團體申請古蹟指定，應依第一項規定填具古蹟調查表，並附詳圖及有關照片，向各級主管機關提出申請。
第 39-3 條	古蹟喪失其價值而應解除指定者，國定古蹟由內政部公告解除指定；直轄市定、縣（市）定古蹟由直轄市政府、縣（市）政府報內政部核准後公告解除指定。 古蹟是否喪失其價值，古蹟主管機關應邀集有關機關、學者、專家實地勘察，並進行審查。
第 39-4 條	古蹟減損或增加其價值時，依下列程序變更其類別： 一、原古蹟主管機關應邀集有關機關、學者、專家實地勘察後進行審查，提出變更類別之建議，送請類別變更後之古蹟主管機關處理。 二、類別變更後之古蹟主管機關應依第三十七條及第三十八條規定完成古蹟指定之審查，確定其擬變更類別，函復原古蹟主管機關。 三、類別變更後之古蹟主管機關公告指定為國定、直轄市定或縣（市）定古蹟後，原古蹟主管機關應即公告解除其原有之指定。
第 40 條	古蹟之指定、解除指定或變更類別，應由各該古蹟主管機關通知古蹟所在地直轄市、縣（市）政府、古蹟所有人、管理人或占有人。
第 40-1 條	直轄市、縣（市）政府依本法第二十七條第一項規定報內政部備查時，應檢附古蹟清冊、圖說及有關照片，載明下列事項： 一、古蹟之名稱、類別、位置、種類。 二、古蹟及所定著土地之範圍。 三、古蹟指定理由。 四、古蹟指定公告之日期、文號。 五、古蹟所有權屬及其所有人、管理人或占有人之姓名、住（居）所、電話。

	六、古蹟之創建年代、歷史沿革。 七、古蹟之現狀、特徵、使用情形。 八、現行土地使用分區或編定使用類別、附近景觀及使用狀況。 九、建議及其他事項。
第 40-2 條	前條所定圖說,應繪製於地籍圖上,並標明下列事項: 一、古蹟之配置及其所定著土地四至界限。 二、附近街廓名稱及位置。 三、圖面之比例尺。
第 41 條	古蹟應開放供大眾參觀,並得酌收費用。其費額應先報請該管古蹟主管機關核備。
第 42 條	古蹟管理維護機關、團體或個人,應於古蹟指定通知書到達之日起二個月內,造具古蹟概況表,載明第三十九條之二第一項各款事項及管理維護上必要之限制或禁止事項。
第 43 條	古蹟主管機關於必要時,得通知私有古蹟之管理維護機關、團體或個人,就該古蹟之現狀、管理、維護及其環境保存狀況,提出報告。
第 44 條	古蹟之管理維護機關、團體或個人,應將附屬於古蹟之古物於向教育部申請鑑定登記後,列冊並檢附十乘十五公分照片一張,報內政部備查。 前項古物所有權移轉時,應先報請內政部會同教育部核備。
第 45 條	古蹟之修復,其管理維護機關(構)、團體或個人應將修復計畫連同設計圖說及預定施工期程,報經各該古蹟主管機關許可後始得為之。 古蹟主管機關收到古蹟修復計畫後,應於二個月內邀集有關機關及學者、專家完成審查。必要時得延長二個月。
第 46 條	古蹟修復,應依下列原則為之: 一、保存原有之色彩、形貌及文化風貌。 二、採用原用或相近之材料。 三、使用傳統之技術及方法。 四、非有必要不得解體重建。
第 47 條	古蹟修復工程,應遴聘具有傳統或專業技術人員為之。
第 48 條	古蹟修復工程,古蹟主管機關應委託學者、專家作成工作報告書,存供日後文獻之用。
第 49 條	(刪除)
第 50 條	古蹟修復工程之進行,應受古蹟主管機關之指導監督。
第 51 條	古蹟主管機關對曾接受政府補助經費整修之私有古蹟,得通知其管理維護機關、團體或個人,於整修完成後三個月內開放供大眾參觀。
第 52 條	私有古蹟所有權之轉讓,應先以書面記載受讓人、受讓金額、條件,連同古蹟概況表,通知該管古蹟主管機關於三個月內答覆是否優先承買。
第 53 條	私有古蹟捐獻政府及發見無主古蹟之獎勵辦法,由內政部定之。
第 54 條	徵收私有古蹟或無主古蹟所定著之土地,其徵收補償,應徵詢該管古蹟主管機關及學者專家意見。
第 55 條	直轄市、縣(市)政府接獲本法第三十二條第二項、第三十三條發見古蹟之報告時,應即採取緊急保全維護措施,由警察機關協助處理,並邀集學者、專家及有關機關實地勘察,研訂具體處理方式。
第 56 條	(刪除)
第 56-1 條	直轄市、縣(市)歷史建築主管機關為保存維護歷史建築,應擬具整體風貌保存維護計畫。必要時,並得協調都市計畫或非都市土地使用編定主管機關,依都市計畫法或區域計畫法相關規定,檢討變更歷史建築所在地土地使用分區或編定使用類別。 中央主管機關得就前項區域計畫、都市計畫整體風貌保存之歷史建築修復、修景等工程酌予補助。
第 57 條	本法第三十七條第二款所稱宅地之形成,指變更土地現況為建築用地而言。
第四章	**民族藝術**
第 58 條	教育部或地方政府得依民族藝術之性質,連繫藝文社團或社會機構配合節令、廟會、觀光舉辦具有地區特性之民族藝術活動。
第 59 條	關於民族藝術之評鑑、審議事項,教育部得委託文化學術機構或專家學者辦理之。
第 60 條	為求民族藝術與現代生活相結合,教育部得鼓勵設計具有傳統藝術風格之各類工藝創作。
第 61 條	為求民族藝術風格之普及,各級政府應鼓勵及支援舉辦民族藝術之訓練、發表、欣賞、比賽、展演及出版等活動。
第 62 條	民族藝術之傳授、研究及發展,由教育部及直轄市、縣(市)政府督導各級學校於相關課程或學生課外活動中為之。
第 63 條	民族藝術之調查及採集,除文字、圖片、紀錄片外,並得利用攝影、錄音、錄影、資訊技術等方法為之。

第五章	民俗及有關文物
第 64 條	關於民俗及有關文物之評鑑、審議事項，內政部得委託文化學術機構或專家學者辦理之。
第 65 條	地方政府為保存及維護本地區具有特性之傳統民俗及有關文物，應填具傳統民俗及有關文物調查表，並檢附圖說或照片，層報內政部核備後公告之。 傳統民俗及有關文物調查表，應載明左列事項： 一、民俗之名稱、規模及保存區範圍。 二、民俗之由來、沿革。 三、民俗之內容及儀式。 四、民俗有關文物之名稱、形狀、大小、質地及其持有者。 五、其他事項。
第 66 條	地方政府視各地區之特性，得設民俗資料館或於博物館、文化中心或社會教育館內附設民俗資料室，保管展示傳統民俗有關文物。
第 67 條	本法第四十六條所稱作成紀錄，除以文字記載外，並得視需要製作圖片或拍攝活動紀錄影片或幻燈片。
第 68 條	直轄市、縣（市）政府對於地區性優良之傳統民俗，應按時序節令妥為規劃、舉辦或輔導民間團體辦理各種民俗活動。
第六章	自然文化景觀
第 69 條	本法第四十九條第一項所稱生態保育區、自然保留區及珍貴稀有動植物，其定義如左： 一、生態保育區，指依本法指定加以保護之特殊動植物之生育、棲息地。 二、自然保留區，指依本法指定，具有代表性生態體系、或具有獨特地形、地質意義，或具有基因保存永久觀察、教育研究價值之區域。 三、珍貴稀有動植物，指依本法指定，本國所特有之動植物或族群數量上稀少或有絕滅危機之動植物。
第 70 條	經濟部為辦理自然文化景觀之指定及解除其指定等事項，得委託文化學術機構或專家學者調查研究。
第 71 條	各級政府發現轄區內有未經指定之自然文化景觀，應報請經濟部依法指定之。
第 72 條	經指定或解除指定之生態保育區、自然保留區及珍貴稀有動植物，應由經濟部公告之。
第 73 條	生態保育區及自然保留區，得指定土地所有人為其管理機構，負責管理之。
第 74 條	生態保育區、自然保留區之管理機關或機構，應建立該區之詳細資料檔並提具年度管理計畫層報經濟部核定。
第 75 條	為保持生態保育區及自然保留區之原有自然狀態，必要時由經濟部會同有關機關採取保育措施。
第 76 條	珍貴稀有動植物，除依本法第五十三條但書核准之研究或國際交換外，一律禁止出口。 前項禁止出口項目包括珍貴稀有動植物標本或其他任何取材於珍貴稀有動植物之加工品。
第七章	附　則
第 76-1 條	中華民國八十六年六月三十日以前公告之第一級古蹟視為國定古蹟，省轄第二級古蹟視為省定古蹟，省轄第三級古蹟視為縣（市）定古蹟；直轄市第二級及第三級古蹟視為直轄市定古蹟。 前項之視為省定古蹟及自中華民國八十六年七月一日起公告之省定古蹟，自中華民國八十八年七月一日起視為國定古蹟，其主管機關為內政部。
第 77 條	本細則自發布日施行。

說明：本條文原為直式，改為橫式。

【表 14 】「文化資產保存法施行細則」第 1 版 修正對照表

2001（民國90）年12月19日增訂第3-1條、第3-2條、第4-1條、第39-1條、第39-2條、第39-3條、第39-4條、第40-1條、第40-2條、第56-1條、第76-1條；刪除第49條及第56條；並修正第3條、第23條、第三章章名、第37條、第38條、第39條、第40條、第42條、第45條、第46條、第47條、第48條、第50條、第55條、第62條及第68條條文。

	1984（民國73）年2月22日 訂定發布（1-1 版）	2001（民國90）年12月19日 第一次修正公布（1-2 版）
第3條	本法第三條第二款所稱古建築物，指年代久遠之建築物，其全部或重要部分仍完整者；包括城郭、關塞、市街、宮殿、衙署、書院、宅第、寺塔、祠廟、牌坊、陵墓、堤閘、橋樑及其他建築物。	本法第三條第二款及第六款所稱古建築物，指年代長久之建築物，其重要部分仍完整者，包括城郭、關塞、宮殿、衙署、書院、宅第、寺塔、祠廟、牌坊、陵墓、堤閘、橋樑及其他具有歷史、文化、藝術價值之建築物。
第3-1條	----	本法第三條第二款及第六款所稱傳統聚落，指與傳統建築物群結合為一體，形成歷史風貌或具有地域性特色之區域。
第3-2條	----	本法第三條第二款及第六款所稱古市街，指具有特殊地方風格，為歷史上重要之生活中心所形成之街廓。
第4-1條	----	本法第三條第二款及第六款所稱其他歷史文化遺蹟，指具有特殊歷史價值之文化活動地點或區域。
第23條	有左列情形之一者，教育部應通知採掘機構停止採掘或撤銷其採掘執照：一、自核准之採掘日起逾六個月不開始採掘者。二、邀請外國學術團體或個人參加採掘，未經陳報核准者。三、不受教育部所派人員之監督者。	有下列情形之一者，教育部應通知採掘機構停止採掘或廢止其採掘執照：一、自核准之採掘日起逾六個月未採掘者。二、邀請外國學術團體或個人參加採掘，未經陳報核准者。三、不受教育部所派人員之監督者。
第三章 章名	古蹟	古蹟與歷史建築
第37條	關於古蹟之評鑑、審議事項，內政部得委託文化學術機構或專家學者辦理之。	古蹟主管機關依本法第二十七條第一項規定辦理古蹟之指定，應邀集有關機關、學者、專家實地勘察，經審查指定後公告之。前項勘察及審查，得邀請古蹟所有人、管理人、占有人或其他相關人士到場說明。
第38條	古蹟等級依左列各項評定之：一、所具歷史、文化、藝術、科學、紀念或其他學術價值。二、時代之遠近。三、與重要歷史事件或人物之關係。四、表現各時代之特色、技術、流派或地方之特色。五、數量之多寡。六、保存之情況。七、規模之大小。八、附近之環境。	古蹟之審查指定，依下列各款綜合評定之：一、所具歷史、文化、藝術價值。二、時代之遠近。三、重要歷史事件或人物之關係。四、表現各時代之特色、技術、流派或地方之特色。五、數量之多寡。六、保存之情況。七、規模之大小。八、附近之環境。九、其他有關事項。
第39條	各鄉（鎮、市、區）公所應調查轄區內之古蹟，並填具古蹟調查表，附詳圖暨有關照片，報由縣（市）政府初審，省政府複審後函送內政部審定；直轄市由市政府審查後函送內政部審定。	直轄市、縣（市）政府應辦理並督促各鄉（鎮、市、區）公所調查轄區內之文化資產具有古蹟價值者，依第三十七條所定程序審查指定之。前項古蹟指定前，直轄市、縣（市）政府認為有遭受破壞之虞時，應採取必要維護措施，予以保護。

		古蹟調查表應載明左列事項： 一、古蹟之名稱、位置、類別、所在地 地號、面積、所有權屬。 二、古蹟所有人、占有人或管理人之姓 名、性別、年齡、住址。 三、古蹟之創建年代、歷史沿革。 四、古蹟之現狀、構造、材料、建積、 特徵。 五、現行土地使用分區或編定、附近景 觀及使用情形。 六、建議暨其他事項。	
第 39-1 條	----	內政部應辦理並督促直轄市、縣（市）政府調查轄區內直轄市定、縣（市）定古蹟中具國定古蹟價值者，依第三十七條所定程序審查指定之。 前項直轄市定、縣（市）定古蹟，經內政部指定公告為國定古蹟者，直轄市、縣（市）政府應即公告解除其原有之指定。	
第 39-2 條	----	各級地方政府辦理前二條古蹟調查時，應填具古蹟調查表，載明下列事項，並附詳圖及有關照片： 一、古蹟之名稱、位置、種類、所定著土地地號、面積、所有權屬。 二、古蹟所有人、管理人或占有人之姓名、出生年月日、住（居）所、國民身分證統一編號。如係法人或其他設有管理人或代表人之團體，其名稱、事務所或營業所、管理人或代表人之姓名、出生年月日、住（居）所、國民身分證統一編號。 三、古蹟之創建年代、歷史沿革。 四、古蹟之現狀、構造、材料、建築面積、特徵。 五、現行土地使用分區或編定使用類別、附近景觀及使用狀況。 六、所有人意願。 七、建議及其他事項。 前項調查，得委託學者、專家或學術機構為之。個人或團體申請古蹟指定，應依第一項規定填具古蹟調查表，並附詳圖及有關照片，向各級主管機關提出申請。	
第 39-3 條	----	古蹟喪失其價值而應解除指定者，國定古蹟由內政部公告解除指定；直轄市定、縣（市）定古蹟由直轄市政府、縣（市）政府報內政部核准後公告解除指定。 古蹟是否喪失其價值，古蹟主管機關應邀集有關機關、學者、專家實地勘察，並進行審查。	
第 39-4 條	----	古蹟減損或增加其價值時，依下列程序變更其類別： 一、原古蹟主管機關應邀集有關機關、學者、專家實地勘察後進行審查，提出變更類別之建議，送請類別變更後之古蹟主管機關處理。 二、類別變更後之古蹟主管機關應依第三十七條及第三十八條規定完成古蹟指定之審查，確定其擬變更類別，函復原古蹟主管機關。 三、類別變更後之古蹟主管機關公告指定為國定、直轄市定或縣（市）定古蹟後，原古蹟主管機關應即公告解除其原有之指定。	
第 40 條	古蹟之指定、等級之變更或指定之解除，應由內政部公告，並通知地方政府及其所有人、占有人或管理人。	古蹟之指定、解除指定或變更類別，應由各該古蹟主管機關通知古蹟所在地直轄市、縣（市）政府、古蹟所有人、管理人或占有人。	
第 40-1 條	----	直轄市、縣（市）政府依本法第二十七條第一項規定報內政部備查時，應檢附古蹟清冊、圖說及有關照片，載明下列事項： 一、古蹟之名稱、類別、位置、種類。 二、古蹟及所定著土地之範圍。 三、古蹟指定理由。 四、古蹟指定公告之日期、文號。 五、古蹟所有權屬及其所有人、管理人或占有人之姓名、住（居）所、電話。 六、古蹟之創建年代、歷史沿革。 七、古蹟之現狀、特徵、使用情形。 八、現行土地使用分區或編定使用類別、附近景觀及使用狀況。 九、建議及其他事項。	

第 40-2 條	----	前條所定圖說，應繪製於地籍圖上，並標明下列事項： 一、古蹟之配置及其所定著土地四至界限。 二、附近街廓名稱及位置。 三、圖面之比例尺。
第 42 條	古蹟管理維護機關、團體或個人，應於古蹟指定通知書到達之日起二個月內，造具古蹟概況表，載明第三十九條第二項各款事項及管理維護上必要之限制或禁止事項。	古蹟管理維護機關、團體或個人，應於古蹟指定通知書到達之日起二個月內，造具古蹟概況表，載明第三十九條之二第一項各款事項及管理維護上必要之限制或禁止事項。
第 45 條	古蹟之修護，其管理機關、團體或個人應將修護計畫連同設計圖說及預定日期，報經該管古蹟主管機關許可後始得為之。 古蹟主管機關收到古蹟修護計畫後，應邀集有關機關及學者專家研商，並以於三十日內決定為原則。	古蹟之修復，其管理維護機關（構）、團體或個人應將修復計畫連同設計圖說及預定施工期程，報經各該古蹟主管機關許可後始得為之。 古蹟主管機關收到古蹟修復計畫後，應於二個月內邀集有關機關及學者、專家完成審查。必要時得延長二個月。
第 46 條	古蹟修護，應依左列原則為之： 一、保存原有之色彩、形貌。 二、採用原用或相近之材料。 三、使用傳統之技術及方法。 四、非有必要不得解體重建。	古蹟修復，應依下列原則為之： 一、保存原有之色彩、形貌及文化風貌。 二、採用原用或相近之材料。 三、使用傳統之技術及方法。 四、非有必要不得解體重建。
第 47 條	古蹟修護工程，應遴聘具有傳統或專業技術人員為之。	古蹟修復工程，應遴聘具有傳統或專業技術人員為之。
第 48 條	重大古蹟修護工程，古蹟主管機關應委託專家學者作成工作報告書，存供日後文獻之用。	古蹟修復工程，古蹟主管機關應委託學者、專家作成工作報告書，存供日後文獻之用。
第 49 條	公有古蹟及由政府修護之私有古蹟，其修護工程得視為特殊工程。	（刪除）
第 50 條	接受政府補助經費整修之私有古蹟，其整修工程之進行，應受政府之指導監督。	古蹟修復工程之進行，應受古蹟主管機關之指導監督。
第 55 條	警察機關及古蹟主管機關接獲依本法第三十二條第二項、第三十三條發見古蹟之報告時，應即採取保全維護措施。	直轄市、縣（市）政府接獲本法第三十二條第二項、第三十三條發見古蹟之報告時，應即採取緊急保全維護措施，由警察機關協助處理，並邀集學者、專家及有關機關實地勘察，研訂具體處理方式。
第 56 條	於古蹟所在地鄰近地區或古蹟保存區鄰接地興建公私營建工程時，主管建築機關應於核准建築前，會商該管古蹟主管機關。 古蹟所在地鄰近地區或古蹟保存區鄰接地之範圍，由古蹟主管機關商請有關機關劃定。	（刪除）
第 56-1 條	----	直轄市、縣（市）歷史建築主管機關為保存維護歷史建築，應擬具整體風貌保存維護計畫。必要時，並得協調都市計畫或非都市土地使用編定主管機關，依都市計畫法或區域計畫法相關規定，檢討變更歷史建築所在地土地使用分區或編定使用類別。 中央主管機關得就前項區域計畫、都市計畫整體風貌保存之歷史建築修復、修景等工程酌予補助。
第 62 條	民族藝術之傳授、研究及發展，由教育部及省（市）教育廳（局）督導各級學校於美術、音樂、戲劇等相關課程或學生課外活動中為之。	民族藝術之傳授、研究及發展，由教育部及直轄市、縣（市）政府督導各級學校於相關課程或學生課外活動中為之。
第 68 條	省（市）、縣（市）政府對於地區性優良之傳統民俗，應按時序節令妥為規劃，舉辦或輔導民間團體辦理各種民俗活動。	直轄市、縣（市）政府對於地區性優良之傳統民俗，應按時序節令妥為規劃、舉辦或輔導民間團體辦理各種民俗活動。
第 76-1 條	----	中華民國八十六年六月三十日以前公告之第一級古蹟視為國定古蹟；省轄第二級古蹟視為省定古蹟，省轄第三級古蹟視為縣（市）定古蹟；直轄市第二級及第三級古蹟視為直轄市定古蹟。 前項之視為省定古蹟及自中華民國八十六年七月一日起公告之省定古蹟，自中華民國八十八年七月一日起視為國定古蹟，其主管機關為內政部。

【表15】「文化資產保存法」（第2版）

1982（民國71）年5月26日　　總統令公布
1997（民國86）年1月22日　　總統令修正公布，增訂第31-1條及36-1條條文
1997（民國86）年5月14日　　總統令修正公布，修正第27條、第30條、第35條及36條條文
2000（民國89）年2月9日　　總統令修正公布，增訂第27-1條、第29-1條、第30-1條、第30-2條及第31-2條條文，並修正第3條、第5條、第三章章名、第27條、第28條、第30條及第31-1條條文
2002（民國91）年6月12日　　總統令修正公布，修正第16條、第31條及第32條條文
2005（民國94）年2月5日　　華總一義字第09400017801號總統令修正文化資產保存法全文104條
2005（民國94）年8月1日　　行政院院臺文字第0940030668號令發布第92條定自94年2月5日施行
2005（民國94）年10月31日　　行政院院臺文字第0940051650號令發布第1條至第91條、第93條至第103條定自94年11月1日施行

第一章	總則
第1條	為保存及活用文化資產，充實國民精神生活，發揚多元文化，特制定本法。
第2條	文化資產之保存、維護、宣揚及權利之轉移，依本法之規定。本法未規定者，依其他有關法律之規定。
第3條	本法所稱文化資產，指具有歷史、文化、藝術、科學等價值，並經指定或登錄之下列資產： 一、古蹟、歷史建築、聚落：指人類為生活需要所營建之具有歷史、文化價值之建造物及附屬設施群。 二、遺址：指蘊藏過去人類生活所遺留具歷史文化意義之遺物、遺跡及其所定著之空間。 三、文化景觀：指神話、傳說、事蹟、歷史事件、社群生活或儀式行為所定著之空間及相關連之環境。 四、傳統藝術：指流傳於各族群與地方之傳統技藝與藝能，包括傳統工藝美術及表演藝術。 五、民俗及有關文物：指與國民生活有關之傳統並有特殊文化意義之風俗、信仰、節慶及相關文物。 六、古物：指各時代、各族群經人為加工具有文化意義之藝術作品、生活及儀禮器物及圖書文獻等。 七、自然地景：指具保育自然價值之自然區域、地形、植物及礦物。
第4條	前條第一款至第六款古蹟、歷史建築、聚落、遺址、文化景觀、傳統藝術、民俗及有關文物及古物之主管機關，在中央為行政院文化建設委員會（以下簡稱文建會）；在直轄市為直轄市政府；在縣（市）為縣（市）政府。 前條第七款自然地景之主管機關：在中央為行政院農業委員會（以下簡稱農委會）；在直轄市為直轄市政府；在縣（市）為縣（市）政府。 前條具有二種以上類別性質之文化資產，其主管機關，與文化資產保存之策劃及共同事項之處理，由文建會會同有關機關決定之。
第5條	文化資產跨越二以上直轄市、縣（市）轄區，其地方主管機關由所在地直轄市、縣（市）主管機關商定之；必要時得由中央主管機關協調指定。
第6條	主管機關為審議各類文化資產之指定、登錄及其他本法規定之重大事項，應設相關審議委員會，進行審議。 前項審議委員會之組織準則，由文建會會同農委會定之。
第7條	主管機關得委任、委辦其所屬機關（構）或委託其他機關（構）、文化資產研究相關之學術機構、團體或個人辦理文化資產調查、保存及管理維護工作。
第8條	公有之文化資產，由所有或管理機關（構）編列預算，辦理保存、修復及管理維護。
第9條	主管機關應尊重文化資產所有人之權益，並提供其專業諮詢。 前項文化資產所有人對於其財產被主管機關認定為文化資產之行政處分不服時，得依法提請訴願及行政訴訟。
第10條	接受政府補助之文化資產，其調查研究、發掘、維護、修復、再利用、傳習、記錄等工作所繪製之圖說、攝影照片、蒐集之標本或印製之報告等相關資料，均應予以列冊，並送主管機關妥為收藏。 前項資料，除涉及文化資產之安全或其他法規另有規定外，主管機關應主動公開。
第11條	主管機關為從事文化資產之保存、教育、推廣及研究工作，得設專責機構，其組織另以法律或自治法規定之。
第二章	古蹟、歷史建築及聚落
第12條	主管機關應普查或接受個人、團體提報具古蹟、歷史建築、聚落價值建造物之內容及範圍，並依法定程序審查後，列冊追蹤。
第13條	主管機關應建立古蹟、歷史建築及聚落之調查、研究、保存、維護、修復及再利用之完整個案資料。
第14條	古蹟依其主管機關區分為國定、直轄市定、縣（市）定三類，由各級主管機關審查指定後，辦理公告。直轄市、縣（市）定者，並應報中央主管機關備查。 古蹟滅失、減損或增加其價值時，應報中央主管機關核准後，始得解除其指定或變更其類別。 前二項指定基準、審查、廢止條件與程序及其他應遵行事項之辦法，由中央主管機關定之。 建造物所有人得向主管機關申請指定古蹟，主管機關受理該項申請，應依法定程序審查之。

第 15 條	歷史建築由直轄市、縣（市）主管機關審查登錄後，辦理公告，並報中央主管機關備查。對已登錄之歷史建築，中央主管機關得予以輔助。 前項登錄基準、審查、廢止條件與程序、輔助及其他應遵行事項之辦法，由中央主管機關定之。 建造物所有人得向主管機關申請登錄歷史建築，主管機關受理該項申請，應依法定程序審查之。
第 16 條	聚落由其所在地之居民或團體，向直轄市、縣（市）主管機關提出申請，經審查登錄後，辦理公告，並報中央主管機關備查。 中央主管機關得就前項已登錄之聚落中擇其保存共識及價值較高者，審查登錄為重要聚落。 前二項登錄基準、審查、廢止條件與程序、輔助及其他應遵行事項之辦法，由中央主管機關定之。
第 17 條	進入古蹟指定之審查程序者，為暫定古蹟。 具古蹟價值之建造物在未進入前項審查程序前，遇有緊急情況時，主管機關得逕列為暫定古蹟，並通知所有人、使用人或管理人。 暫定古蹟於審查期間內視同古蹟，應予以管理維護；其審查期間以六個月為限。但必要時得延長一次。主管機關應於期限內完成審查，期滿失其暫定古蹟之效力。 建造物經列為暫定古蹟，致權利人之財產受有損失者，主管機關應給與合理補償；其補償金額以協議定之。 第二項暫定古蹟之條件及應踐行程序之辦法，由中央主管機關定之。
第 18 條	古蹟由所有人、使用人或管理人管理維護。 公有古蹟必要時得委任、委辦其所屬機關（構）或委託其他機關（構）、登記有案之團體或個人管理維護。 私有古蹟依前項規定辦理時，應經主管機關審查後為之。 公有古蹟及其所定著之土地，除政府機關（構）使用者外，得由主管機關辦理撥用。
第 19 條	公有古蹟因管理維護所衍生之收益，其全部或一部得由各管理機關（構）做為古蹟管理維護費用，不受國有財產法第七條規定之限制。
第 20 條	古蹟之管理維護，係指下列事項： 一、日常保養及定期維修。 二、使用或再利用經營管理。 三、防盜、防災、保險。 四、緊急應變計畫之擬定。 五、其他管理維護事項。 古蹟於指定後，所有人、使用人或管理人應擬定管理維護計畫，並報主管機關備查。 古蹟所有人、使用人或管理人擬定管理維護計畫有困難時，主管機關應主動協助擬定。 第一項管理維護辦法，由中央主管機關定之。
第 21 條	古蹟應保存原有形貌及工法，如因故毀損，而主要構造與建材仍存在者，應依照原有形貌修復，並得依其性質，由所有人、使用人或管理人提出計畫，經主管機關核准後，採取適當之修復或再利用方式。 前項修復計畫，必要時得採用現代科技與工法，以增加其抗震、防災、防潮、防蛀等功能及存續年限。 第一項再利用計畫，得視需要在不變更古蹟原有形貌原則下，增加必要設施。 古蹟修復及再利用辦法，由中央主管機關定之。
第 22 條	為利古蹟、歷史建築及聚落之修復及再利用，有關其建築管理、土地使用及消防安全等事項，不受都市計畫法、建築法、消防法及其相關法規全部或一部之限制；其審核程序、查驗標準、限制項目、應備條件及其他應遵行事項之辦法，由中央主管機關會同內政部定之。
第 23 條	因重大災害有辦理古蹟緊急修復之必要者，其所有人、使用人或管理人應於災後三十日內提報搶修計畫，並於災後六個月內提出修復計畫，均於主管機關核准後為之。 私有古蹟之所有人、使用人或管理人，提出前項計畫有困難時，主管機關應主動協助擬定搶修或修復計畫。 前二項規定，於歷史建築所有人、使用人或管理人同意時，準用之。 古蹟及歷史建築重大災害應變處理辦法，由中央主管機關定之。
第 24 條	古蹟經主管機關審查認因管理不當致有滅失或減損價值之虞者，主管機關得通知所有人、使用人或管理人限期改善，屆期未改善者，主管機關得逕為管理維護、修復，並徵收代履行所需費用，或強制徵收古蹟及其所定著土地。
第 25 條	政府機關辦理古蹟、歷史建築及聚落之修復或再利用有關之採購，應依中央主管機關訂定之採購辦法辦理，不受政府採購法限制。但不得違反我國締結之條約及協定。
第 26 條	私有古蹟、歷史建築及聚落之管理維護、修復及再利用所需經費，主管機關得酌予補助。 依前項規定接受政府補助之歷史建築，其保存、維護、再利用及管理維護等，準用第二十條及第二十一條之規定。
第 27 條	公有及接受政府補助之私有古蹟、歷史建築及聚落，應適度開放大眾參觀。 依前項規定開放參觀之古蹟、歷史建築及聚落，得酌收費用；其費額，由所有人、使用人或管理人擬訂，報經主管機關核定。公有者，並應依規費法相關規定程序辦理。
第 28 條	古蹟及其所定著土地所有權移轉前，應事先通知主管機關；其屬私有者，除繼承者外，主管機關有依同樣條件優先購買之權。
第 29 條	發現具古蹟價值之建造物，應即通知主管機關處理。
第 30 條	營建工程及其他開發行為，不得破壞古蹟之完整、遮蓋古蹟之外貌或阻塞其觀覽之通道；工程或開發行為進行中，發現具古蹟價值之建造物時，應即停止工程或開發行為之進行，並報主管機關處理。

第 31 條	古蹟所在地都市計畫之訂定或變更，應先徵求主管機關之意見。 政府機關策定重大營建工程計畫時，不得妨礙古蹟之保存及維護，並應先調查工程地區有無古蹟或具古蹟價值之建造物；如有發見，應即報主管機關依第十四條審查程序辦理。
第 32 條	古蹟除因國防安全或國家重大建設，經提出計畫送中央主管機關審議委員會審議，並由中央主管機關核定者外，不得遷移或拆除。
第 33 條	為維護古蹟並保全其環境景觀，主管機關得會同有關機關擬具古蹟保存計畫後，依區域計畫法、都市計畫法或國家公園法等有關規定，編定、劃定或變更為古蹟保存用地或保存區、其他使用用地或分區，並依本法相關規定予以保存維護。 前項古蹟保存用地或保存區、其他使用用地或分區，對於基地面積或基地內應保留空地之比率 、 容積率、基地內前後側院之深度、寬度、建築物之形貌、 高度、 色彩及有關交通、景觀等事項，得依實際情況為必要規定及採取獎勵措施。 主管機關於擬定古蹟保存區計畫過程中，應分階段舉辦說明會、公聽會及公開展覽，並應通知當地居民參與。
第 34 條	為維護聚落並保全其環境景觀，主管機關得擬具聚落保存及再發展計畫後，依區域計畫法、都市計畫法、國家公園法等有關規定，編定、劃定或變更為特定專用區。 前項保存及再發展計畫之擬定，應召開公聽會，並與當地居民協商溝通後為之。
第 35 條	古蹟除以政府機關為管理機關者外，其所定著之土地、古蹟保存用地、保存區、其他使用用地或分區內土地，因古蹟之指定、古蹟保存用地、保存區、其他使用用地或分區之編定、劃定或變更，致其原依法可建築之基準容積受到限制部分，得等值移轉至其他地區建築使用或享有其他獎勵措施；其辦法，由內政部會商文建會定之。 前項所稱其他地區，係指同一都市主要計畫地區或區域計畫地區之同一直轄市、縣（市）內之地區。 第一項之容積一經移轉，其古蹟之指定或古蹟保存用地、保存區、其他使用用地或分區之管制，不得解除。
第 36 條	依第三十三條及第三十四條規定劃設之古蹟保存用地或保存區、其他使用用地或分區及特定專用區內，關於下列事項之申請，應由目的事業主管機關會同主管機關辦理： 一、建築物與其他工作物之新建、增建、改建、修繕、遷移、拆除或其他外形及色彩之變更。 二、宅地之形成、土地之開墾、道路之整修、拓寬及其他土地形狀之變更。 三、竹木採伐及土石之採取。 四、廣告物之設置。

第三章　遺址

第 37 條	主管機關應普查或接受個人、團體提報具遺址價值者之內容及範圍，並依法定程序審查後，列冊追蹤。
第 38 條	主管機關應建立遺址之調查、研究、發掘及修復之完整個案資料。
第 39 條	主管機關為維護遺址之需要，得培訓相關專業人才，並建立系統性之監管及通報機制。
第 40 條	遺址依其主管機關，區分為國定、直轄市定、縣（市）定三類，由各級主管機關審查指定後，辦理公告。直轄市、縣（市）定者，並應報中央主管機關備查。 遺址滅失、減損或增加其價值時，主管機關得廢止其指定或變更其類別，並辦理公告。直轄市、縣（市）定者，應報中央主管機關核定。 前二項指定基準、審查、廢止條件與程序及其他應遵行事項之辦法，由中央主管機關定之。
第 41 條	具遺址價值者，經依第三十七條規定列冊處理後，於審查指定程序終結前，直轄市、縣（市）主管機關應負責監管，避免其遭受破壞。
第 42 條	遺址由主管機關擬具遺址管理維護計畫，進行監管保護。 前項監管保護，必要時得委任、委辦其所屬機關（構）或委託其他機關（構）、登記有案之團體或個人為之。 遺址之監管保護辦法，由中央主管機關定之。
第 43 條	為維護遺址並保全其環境景觀，主管機關得會同有關機關擬具遺址保存計畫，並依區域計畫法、都市計畫法或國家公園法等有關規定，編定、劃定或變更為保存用地或保存區、其他使用用地或分區，並依本法相關規定予以保存維護。 前項保存用地或保存區、其他使用用地或分區範圍、利用方式及景觀維護等事項，得依實際情況為必要之規定及採取獎勵措施。 劃入遺址保存用地或保存區、其他使用用地或分區之土地，主管機關得辦理撥用或徵收之。
第 44 條	遺址之容積移轉，準用第三十五條規定。
第 45 條	遺址之發掘，應由學者專家、學術或專業機構向主管機關提出申請，經審議委員會審議，並由主管機關核定後，始得為之。 前址發掘者，應製作發掘報告，於主管機關所定期限內，報請主管機關備查，並公開發表。 遺址發掘之資格限制、條件、審查程序及其他應遵行事項之辦法，由中央主管機關定之。
第 46 條	外國人不得在我國領土及領海範圍內調查及發掘遺址。但與國內學術或專業機構合作，經中央主管機關許可者，不在此限。
第 47 條	遺址發掘出土之古物，應由其發掘者列冊，送交主管機關指定古物保管機關（構）保管。

第 48 條	為保護或研究遺址，需要進入公、私有土地者，應先徵得土地所有人、使用人或管理人之同意。 為發掘遺址，致土地權利人受有損失者，主管機關應給與合理補償；其補償金額，以協議定之。
第 49 條	政府機關辦理遺址調查、研究或發掘有關之採購，準用第二十五條規定。
第 50 條	發見疑似遺址，應即通知所在地直轄市、縣（市）主管機關採取必要維護措施。 營建工程或其他開發行為進行中，發見疑似遺址時，應即停止工程或開發行為之進行，並報所在地直轄市、縣（市）主管機關處理。
第 51 條	遺址所在地都市計畫之訂定或變更，應先徵求主管機關之意見。 政府機關策定重大營建工程計畫時，不得妨礙遺址之保存及維護，並應先調查工程地區有無遺址或疑似遺址；如有發見，應即報主管機關依第四十條審查程序辦理。
第 52 條	疑似遺址之發見、採購及出土古物之保管等事項，準用第四十五條至第四十九條規定。

第四章 文化景觀

第 53 條	直轄市、縣（市）主管機關應普查或接受個人、團體提報具文化景觀價值之內容及範圍，並依法定程序審查後，列冊追蹤。
第 54 條	文化景觀由直轄市、縣（市）主管機關審查登錄後，辦理公告，並報中央主管機關備查。 前項登錄基準、審查、廢止條件與程序及其他應遵行事項之辦法，由中央主管機關定之。
第 55 條	文化景觀之保存及管理原則，由直轄市、縣（市）主管機關設立之審議委員會依個案性質決定，並得依文化景觀之特性及實際發展需要，作必要調整。 直轄市、縣（市）主管機關應依前項原則，擬定文化景觀之保存維護計畫，進行監管保護，並輔導文化景觀所有人、使用人或管理人配合辦理。
第 56 條	為維護文化景觀並保全其環境，主管機關得會同有關機關擬具文化景觀保存計畫，並依區域計畫法、都市計畫法或國家公園法等有關規定，編定、劃定或變更為保存用地或保存區、其他使用用地或分區，並依本法相關規定予以保存維護。 前項保存用地或保存區、其他使用用地或分區用地範圍、利用方式及景觀維護等事項，得依實際情況為必要規定及採取獎勵措施。

第五章 傳統藝術、民俗及有關文物

第 57 條	直轄市、縣（市）主管機關應普查或接受個人、團體提報具傳統藝術、民俗及有關文物保存價值之項目、內容及範圍，並依法定程序審查後，列冊追蹤。
第 58 條	直轄市、縣（市）主管機關應建立傳統藝術、民俗及有關文物之調查、採集、整理、研究、推廣、保存、維護及傳習之完整個案資料。
第 59 條	傳統藝術、民俗及有關文物由直轄市、縣（市）主管機關審查登錄後，辦理公告，並報中央主管機關備查。 中央主管機關得就前項已登錄之傳統藝術、民俗及有關文物中擇其重要者，審查指定為重要傳統藝術、重要民俗及有關文物，並辦理公告。 傳統藝術、民俗及有關文物滅失或減損其價值時，主管機關得廢止其登錄、指定或變更其類別，並辦理公告。 直轄市、縣（市）登錄者，應報中央主管機關核定。 前三項登錄、指定基準、審查、廢止條件與程序及其他應遵行事項之辦法，由中央主管機關定之。
第 60 條	主管機關應擬具傳統藝術及民俗之保存維護計畫，並應就其中瀕臨滅絕者詳細製作紀錄、傳習，或採取為保存所作之適當措施。
第 61 條	主管機關應鼓勵民間辦理傳統藝術及民俗之記錄、保存、傳習、維護及推廣等工作。 前項工作所需經費，主管機關得酌予補助。
第 62 條	為進行傳統藝術及民俗之傳習、研究及發展，主管機關應協調各級教育主管機關督導各級學校於相關課程中為之。

第六章 古物

第 63 條	古物依其珍貴稀有價值，分為國寶、重要古物及一般古物。
第 64 條	國立古物保管機關（構）應就所保存管理之古物暫行分級，並就其中具國寶、重要古物價值者列冊，報中央主管機關審查。
第 65 條	私有及地方政府機關（構）保管之古物，由直轄市、縣（市）主管機關審查登錄後，辦理公告，並報中央主管機關備查。
第 66 條	中央主管機關應就前二條所列冊或登錄之古物，擇其價值較高者，審查指定為國寶、重要古物，並辦理公告。 前項國寶、重要古物滅失、減損或增加其價值時，中央主管機關得廢止其指定或變更其類別，並辦理公告。 古物之分級、登錄、指定基準、審查、廢止條件與程序及其他應遵行事項之辦法，由中央主管機關定之。
第 67 條	公有古物，由保存管理之政府機關（構）管理維護。 國立古物保管機關（構）應就所保存之古物，訂定其管理維護辦法，報中央主管機關備查。
第 68 條	有關機關依法沒收、沒入或收受外國政府交付之古物，由主管機關指定或認可之公立古物保管機關（構）保管之。

第 69 條	公立古物保管機關（構）為研究、宣揚之需要，得就保管之公有古物，具名複製或監製。他人非經原保管機關（構）准許及監製，不得再複製。 前項公有古物複製及監製管理辦法，由中央主管機關定之。
第 70 條	私有國寶、重要古物之所有人，得向公立古物保存或相關專業機關（構）申請專業維護。 中央主管機關得要求公有或接受前項專業維護之私有國寶、重要古物，定期公開展覽。
第 71 條	中華民國境內之國寶、重要古物，不得運出國外。但因戰爭、必要修復、國際文化舉辦展覽或其他特殊情況有必要運出國外，經中央主管機關報請行政院核准者，不在此限。 依前項規定核准出國之國寶、重要古物，應辦理保險、妥慎移運、保管，並於規定期限內運回。
第 72 條	因展覽、銷售、鑑定及修復等原因進口之古物，須復運出口者，應事先向主管機關提出申請。
第 73 條	私有國寶、重要古物所有權移轉前，應事先通知中央主管機關。除繼承者外，公立古物保管機關（構）有依同樣條件優先購買之權。
第 74 條	發見具古物價值之無主物，應即通知所在地直轄市、縣（市）主管機關，採取維護措施。
第 75 條	營建工程或其他開發行為進行中，發見具古物價值者，應即停止工程或開發行為之進行，並報所在地直轄市、縣（市）主管機關依第六十五條審查程序辦理。
第七章	**自然地景**
第 76 條	自然地景依其性質，區分為自然保留區及自然紀念物；自然紀念物包括珍貴稀有植物及礦物。
第 77 條	主管機關應普查或接受個人、團體提報具自然地景價值者之內容及範圍，並依法定程序審查後，列冊追蹤。
第 78 條	主管機關應建立自然地景之調查、研究、保存、維護之完整個案資料。
第 79 條	自然地景依其主管機關，區分為國定、直轄市定、縣（市）定三類，由各級主管機關審查指定後，辦理公告。直轄市定、縣（市）定者，並應報中央主管機關備查。 自然地景滅失、減損或增加其價值時，主管機關得廢止其指定或變更其類別，並辦理公告。直轄市定、縣（市）定者，應報中央主管機關核定。 前二項指定基準、審查、廢止條件與程序及其他應遵行事項之辦法，由中央主管機關定之。 具自然地景價值者之所有人得向主管機關申請指定，主管機關受理該項申請，應依法定程序審查之。
第 80 條	自然地景由所有人、使用人或管理人管理維護；主管機關對私有自然地景，得提供適當輔導。 自然地景得委任、委辦其所屬機關（構）或委託其他機關（構）、登記有案之團體或個人管理維護。 自然地景之管理維護者，應擬定管理維護計畫，報主管機關備查。
第 81 條	自然地景管理不當致有滅失或減損價值之虞之處理，準用第二十四條規定。
第 82 條	進入自然地景指定之審查程序者，為暫定自然地景。 具自然地景價值者遇有緊急情況時，主管機關得指定為暫定自然地景，並通知所有人、使用人或管理人。 暫定自然地景之效力、審查期限、補償及應踐行程序等事項，準用第十七條規定。
第 83 條	自然紀念物禁止採摘、砍伐、挖掘或以其他方式破壞，並應維護其生態環境。但原住民族為傳統祭典需要及研究機構為研究、陳列或國際交換等特殊需要，報經主管機關核准者，不在此限。
第 84 條	自然保留區禁止改變或破壞其原有自然狀態。 為維護自然保留區之原有自然狀態，非經主管機關許可，不得任意進入其區域範圍；其申請資格、許可條件、作業程序及其他應遵行事項之辦法，由中央主管機關定之。
第 85 條	自然地景所在地訂定或變更區域計畫或都市計畫，應先徵求主管機關之意見。 政府機關策定重大營建工程計畫時，不得妨礙自然地景之保存及維護，並應先調查工程地區有無具自然地景價值者；如有發見，應即報主管機關依第七十九條審查程序辦理。
第 86 條	發見具自然地景價值者，應即報主管機關處理。 營建工程或其他開發行為進行中，發見具自然地景價值者，應即停止工程或開發行為之進行，並報主管機關處理。
第八章	**文化資產保存技術及保存者**
第 87 條	主管機關應普查或接受個人或團體提報具保護需要之文化資產保存技術及其保存者，並依法定程序審查後，列冊追蹤。 前項保存技術及其保存者，主管機關應建立基礎資料之調查與登錄及其他重要事項之紀錄。
第 88 條	中央主管機關對於文化資產保存及修復工作中不可或缺，且必須加以保護之技術及其保存者，應審查指定，並辦理公告。 前項指定之保存技術無再加以保護之必要時，中央主管機關得於審查後廢止該項技術及其保存者之指定。 第一項保存技術之保存者因身心障礙或其他特殊情事，經審查認定不適合繼續做為保存者時，中央主管機關得廢止其指定。
第 89 條	主管機關應協助經指定之保存技術及其保存者進行技術保存及傳習，並活用該項技術於保存修復工作。 前項保存技術之保存、傳習、活用與其保存者之工作保障、人才養成及輔助辦法，由中央主管機關定之。

第九章	獎勵
第 90 條	有下列情形之一者，主管機關得給予獎勵或補助： 一、捐獻私有古蹟、遺址或其所定著之土地或自然地景予政府。 二、捐獻私有國寶、重要古物予政府。 三、發見第二十九條之建造物、第五十條之疑似遺址、第七十四條之具古物價值之無主物或第八十六條第一項之具自然地景價值之區域或紀念物，並即通報主管機關處理。 四、維護文化資產具有績效。 五、對闡揚文化資產保存有顯著貢獻。 六、主動將私有古物申請登錄，並經中央主管機關依第六十六條規定審查指定為國寶、重要古物者。 前項獎勵或補助辦法，由文建會、農委會分別定之。
第 91 條	私有古蹟、遺址及其所定著之土地，免徵房屋稅及地價稅。 私有歷史建築、聚落、文化景觀及其所定著土地，得在百分之五十範圍內減徵房屋稅及地價稅；其減免範圍、標準及程序之法規，由直轄市、縣（市）主管機關訂定，報財政部備查。
第 92 條	私有古蹟及其所定著之土地，因繼承而移轉者，免徵遺產稅。 本法公布生效前發生之古蹟繼承，於本法公布生效後，尚未核課或尚未核課確定者，適用前項規定。
第 93 條	出資贊助辦理古蹟、歷史建築、古蹟保存區內建築物、遺址、聚落、文化景觀之修復、再利用或管理維護者，其捐贈或贊助款項，得依所得稅法第十七條第一項第二款第二目及第三十六條第一款規定，列舉扣除或列為當年度費用，不受金額之限制。 前項贊助費用，應交付主管機關、國家文化藝術基金會、直轄市或縣（市）文化基金會，會同有關機關辦理前項修復、再利用或管理維護事項。該項贊助經費，經贊助者指定其用途者，不得移作他用。
第十章	罰則
第 94 條	有下列行為之一者，處五年以下有期徒刑、拘役或科或併科新臺幣二十萬元以上一百萬元以下罰金： 一、違反第三十二條規定遷移或拆除古蹟。 二、毀損古蹟之全部、一部或其附屬設施。 三、毀損遺址之全部、一部或其遺物、遺跡。 四、毀損國寶、重要古物。 五、違反第七十一條規定，將國寶、重要古物運出國外，或經核准出國之國寶、重要古物，未依限運回。 六、違反第八十三條規定，擅自採摘、砍伐、挖掘或以其他方式破壞自然紀念物或其生態環境。 七、違反第八十四條第一項規定，改變或破壞自然保留區之自然狀態。 前項之未遂犯，罰之。
第 95 條	有前條第一項各款行為者，其損害部分應回復原狀；不能回復原狀或回復顯有重大困難者，應賠償其損害。 前項負有回復原狀之義務而不為者，得由主管機關代履行，並向義務人徵收費用。
第 96 條	法人之代表人、法人或自然人之代理人、受僱人或其他從業人員，因執行職務犯第九十四條之罪者，除依該條規定處罰其行為人外，對該法人或自然人亦科以同條所定之罰金。
第 97 條	有下列情事之一者，處新臺幣十萬元以上五十萬元以下罰鍰： 一、古蹟之所有人、使用人或管理人，對古蹟之修復或再利用，違反第二十一條規定，未依主管機關核定之計畫為之。 二、古蹟之所有人、使用人或管理人，對古蹟之緊急修復，未依第二十三條規定期限內提出修復計畫或未依主管機關核定之計畫為之。 三、古蹟、自然地景之所有人、使用人或管理人經主管機關依第二十四條、第八十一條規定通知限期改善，屆期仍未改善。 四、營建工程或其他開發行為，違反第三十條、第五十條第二項、第七十五條或第八十六條第二項規定者。 五、發掘遺址或疑似遺址，違反第四十五條、第四十六條或第五十二條規定。 六、再複製公有古物，違反第六十九條第一項規定，未經原保管機關（構）核准者。 有前項第一款、第二款及第四款至第六款情形之一，經主管機關限期通知改正而不改正，或未依改正事項改正者，得按次分別處罰，至改正為止；情況急迫時，主管機關得代為必要處置，並向行為人徵收代履行費用；第四款情形，並得勒令停工，通知自來水、電力事業等配合斷絕自來水、電力或其他能源。 有第一項各款情形之一，其產權屬公有者，主管機關並應公布該管理機關名稱及將相關人員移請權責機關懲處或懲戒。
第 98 條	有下列情事之一者，處新臺幣三萬元以上十五萬元以下罰鍰： 一、移轉私有古蹟及其定著之土地、國寶、重要古物之所有權，未依第二十八條、第七十三條規定，事先通知主管機關者。 二、發見第二十九條之建造物、第五十條之疑似遺址、第七十四條之具古物價值之無主物或第八十六條第一項之具自然地景價值之區域或紀念物，未通報主管機關處理。 三、違反第八十四條第二項規定未經主管機關許可，任意進入自然保留區者。
第 99 條	依本法所處之罰鍰，經限期令其繳納，屆期仍不繳納者，依法移送強制執行。
第 100 條	公務員假借職務上之權力、機會或方法，犯第九十四條之罪者，加重其刑至二分之一。

第十一章 附則	
第 101 條	直轄市、縣（市）主管機關依本法應做為而不做為，致危害文化資產保存時，得由行政院、中央主管機關命其於一定期限內為之；屆期仍不做為者，得代行處理。但情況急迫時，得逕予代行處理。
第 102 條	本法修正前公告之古蹟，其屬傳統聚落、古市街、遺址及其他歷史文化遺蹟者，由主管機關自本法施行之日起六個月內依本法規定，完成重新指定、登錄及公告程序；本法修正前公告之自然文化景觀，亦同。
第 103 條	本法施行細則，由文建會會同農委會定之。
第 104 條	本法施行日期，由行政院以命令定之。

【表16】「文化資產保存法施行細則」（第 2 版）

1984（民國 73）年 2 月 22 日　　行政院文化建設委員會（73）文建壹字第 452 號令、內政部（73）臺內民字第 203321 號令、教育部（73）台社字第 5105 號令、經濟部（73）經農字第 06467 號令、交通部（73）交路字第 04051 號令會銜訂定發布全文 77 條

2001（民國 90）年 12 月 19 日　　行政院文化建設委員會（90）文建壹字第 2021807 號令、內政部（90）臺內民字第 9062443 號令、教育部（90）台社字第 90156565 號令、經濟部（90）經礦字第 09002728620 號令、交通部（90）交路發字第 00079 號令、行政院農業委員會（90）農輔字第 900051417 號令會銜訂定發布增訂第 3-1 條、第 3-2 條、第 4-1 條、第 39-1 條、第 39-2 條、第 39-3 條、第 39-4 條、第 40-1 條、第 40-2 條、第 56-1 條、第 76-1 條；刪除第 49 條及第 56 條；並修正第 3 條、第 23 條、第三章章名、第 37 條、第 38 條、第 39 條、第 40 條、第 42 條、第 45 條、第 46 條、第 47 條、第 48 條、第 50 條、第 55 條、第 62 條及第 68 條條文。

2006（民國 95）年 3 月 14 日　　行政院文化建設委員會文壹字第 0951103157-5 號令暨行政院農業委員會農林務字第 0951603882-5 號令會銜修正發布全文 30 條

第 1 條	本細則依文化資產保存法（以下簡稱本法）第一百零三條規定訂定之。
第 2 條	本法第三條第一款所定古蹟及歷史建築，為年代長久且其重要部分仍完整之建造物及附屬設施群，包括祠堂、寺廟、宅第、城郭、關塞、衙署、車站、書院、碑碣、教堂、牌坊、墓葬、堤閘、燈塔、橋樑及產業設施等。 本法第三條第一款所定聚落，為具有歷史風貌或地域特色之建造物及附屬設施群，包括原住民部落、荷西時期街區、漢人街庄、清末洋人居留地、日治時期移民村、近代宿舍及眷村等。
第 3 條	本法第三條第二款所定遺物，指下列各款之一： 一、文化遺物：指各類石器、陶器、骨器、貝器、木器或金屬器等過去人類製造、使用之器物。 二、自然遺物：指動物、植物、岩石或土壤等與過去人類所生存生態環境有關之遺物。 本法第三條第二款所稱遺跡，指過去人類各種活動所構築或產生之非移動性結構或痕跡。 本法第三條第二款所定遺物、遺跡及其所定著之空間，包括陸地及水下。
第 4 條	本法第三條第三款所定文化景觀，包括神話傳說之場所、歷史文化路徑、宗教景觀、歷史名園、歷史事件場所、農林漁牧景觀、工業地景、交通地景、水利設施、軍事設施及其他人類與自然互動而形成之景觀。
第 5 條	本法第三條第四款所定傳統工藝美術，包括編織、刺繡、製陶、窯藝、琢玉、木作、髹漆、泥作、瓦作、剪粘、雕塑、彩繪、裱褙、造紙、摹搨、作筆製墨及金工等技藝。 本法第三條第四款所定傳統表演藝術，包括傳統之戲曲、音樂、歌謠、舞蹈、說唱、雜技等藝能。
第 6 條	本法第三條第五款所定風俗，包括出生、成年、婚嫁、喪葬、飲食、住屋、衣飾、漁獵、農事、宗族、習慣等生活方式。 本法第三條第五款所定信仰，包括教派、諸神、神話、傳說、神靈、偶像、祭典等儀式活動。 本法第三條第五款所定節慶，包括新正、元宵、清明、端午、中元、中秋、重陽、冬至等節氣慶典活動。
第 7 條	本法第三條第六款所稱藝術作品，指應用各類材料創作具賞析價值之藝術品，包括書法、繪畫、織繡等平面藝術與陶瓷、雕塑品等。 本法第三條第六款所稱生活及儀禮器物，指各類材質製作之日用器皿、信仰及禮儀用品、娛樂器皿、工具等，包括飲食器具、禮器、樂器、兵器、衣飾、貨幣、文玩、家具、印璽、舟車、工具等。 本法第三條第六款所定圖書文獻，包括圖書、文獻、證件、手稿、影音資料等文物。
第 8 條	本法第十二條、第三十七條、第五十三條、第五十七條、第七十七條及第八十七條所定主管機關普查或接受個人、團體提報具古蹟、歷史建築、聚落、遺址、文化景觀、傳統藝術、民俗及有關文物或自然地景價值者或具保護需要之文化資產保存技術及其保存者，其法定審查程序如下： 一、現場勘查或訪查。 二、作成是否列冊追蹤之決定。 前項第二款決定，主管機關應以書面通知提報之個人或團體。
第 9 條	縣主管機關依本法第十二條、第三十七條、第五十三條、第五十七條、第七十七條及第八十七條規定進行之普查，鄉（鎮、市）於必要時，得予協助。
第 10 條	公有古蹟之管理維護，依本法第十八條第二項規定辦理委任、委託或委辦時，應考量古蹟類別、古蹟現況、古蹟管理維護之目標及需求。 前項委任、委託或委辦，應以書面為之，並訂定管理維護事項之辦理期間，報主管機關備查。
第 11 條	古蹟或歷史建築之所有人、使用人或管理人依本法第二十三條規定提出重大災害修復計畫時，應考量建造物價值及其周圍環境整體風貌之維護。

第 12 條	主管機關依本法第二十六條第一項規定補助經費時，應斟酌古蹟、歷史建築及聚落之管理維護、修復及再利用情形，將下列事項以書面列為附款或約款： 一、補助經費之運用應與補助用途相符。 二、所有人、使用人或管理人應配合調查研究、工程進行等事宜。 三、所有人、使用人或管理人於工程完工後應維持修復後原貌，妥善管理維護。 四、古蹟、歷史建築及聚落所有權移轉時，契約應載明受讓人應遵守本條規定。 五、違反前四款規定者，主管機關得要求改善，並視情節輕重，追回全部或部分已撥之補助款。
第 13 條	本法第二十八條及第七十三條所定私有古蹟、國寶及重要古物所有權移轉之通知，應由其所有人為之。
第 14 條	本法第三十三條、第四十三條及第五十六條所定保存計畫，其內容應包括基礎調查、法令研究、體制建構、管理維護、地區發展及經營、相關圖面等項目。
第 15 條	本法第三十六條第二款所稱宅地之形成，指變更土地現況為建築用地。
第 16 條	直轄市、縣（市）主管機關依本法第五十五條第二項擬定之文化景觀保存維護計畫，其內容如下： 一、基本資料建檔。 二、日常維護管理。 三、相關圖面繪製。 四、其他相關事項。 前項保存維護計畫至少每五年應通盤檢討一次。
第 17 條	主管機關依本法第六十條擬定之保存維護計畫，其內容如下： 一、基本資料建檔。 二、保存紀錄製作。 三、傳習人才養成。 四、教育推廣活動。 五、定期追蹤紀錄。 六、其他相關事項。
第 18 條	國立古物保管機關（構）依本法第六十四條辦理古物暫行分級，應依其所保存管理古物具有之歷史、文化、藝術、科學等價值，及其珍貴稀有之程度，先行審定分級；並就具國寶、重要古物價值者，於本法施行一年內完成列冊，報中央主管機關審查。
第 19 條	本法第六十五條所定私有古物之審查登錄，得由其所有人向戶籍所在地之直轄市、縣（市）主管機關申請之。
第 20 條	本法第六十七條第一項之管理維護，其內容如下： 一、基本資料建檔。 二、日常管理維護。 三、定期專業檢測記錄。 四、特殊維護及其他應注意事項。
第 21 條	本法第七十四條所定發見具古物價值無主物之範圍，包含陸地及水下，其所有權之歸屬依國有財產法規定。
第 22 條	自然地景之管理維護者依本法第八十條第三項擬定之管理維護計畫，其內容如下： 一、基本資料：指定之目的、依據、所有人、使用人或管理人、自然保留區範圍圖、面積及位置圖或自然紀念物分布範圍及位置圖。 二、目標及內容：計畫之目標、期程、需求經費及內容。 三、地區環境特質及資源現況：自然及人文環境、自然資源現況（含自然紀念物分布數量或族群數量）、現有潛在因子、所面臨之威脅及因應策略。 四、維護及管制：環境資源、設施維護與重大災害應變。 五、委託管理規劃。 六、其他相關事項。 前項第一款範圍圖及位置圖比例尺，其面積在一千公頃以下者，不得小於五千分之一；面積逾一千公頃者，不得小於二萬五千分之一。 第一項之管理維護計畫至少每五年應通盤檢討一次。
第 23 條	自然紀念物，除依本法第八十三條但書核准之研究、陳列或國際交換外，一律禁止出口。 前項禁止出口項目，包括自然紀念物標本或其他任何取材於自然紀念物之產製品。
第 24 條	原住民族及研究機構依本法第八十三條但書規定向主管機關申請核准者，應檢具下列資料： 一、利用之自然紀念物（中名及學名）、數量、方法、地區、時間及目的。 二、執行人員名冊及身分證明文件正、反面影本。 三、原住民族供為傳統祭典需要或研究機構供為研究、陳列或國際交換需要之承諾書。 四、其他經主管機關指定之資料。 前項申請經核准後，其執行人員應攜帶核准文件及可供識別身分之證件，以備查驗。 第一項之研究機構應於完成研究、陳列或國際交換目的後一年內，將該自然紀念物之後續處理及利用成果，作成書面資料送主管機關備查。
第 25 條	本法第八十七條所稱文化資產保存技術，指進行文化資產保存及修復工作不可或缺，且必須加以保護需要之技術；其保存者，指保存技術之擁有、精通且能正確體現者。

第 26 條	直轄市、縣（市）主管機關應將本法第八十七條之列冊者，報中央主管機關備查。
第 27 條	本法第八十八條第一項所定審查指定，由中央主管機關審議委員審議之。
第 28 條	本法第八十八條第一項所定公告，應載明下列事項： 一、指定保存技術之名稱。 二、其保存者之姓名及其基本資料。 三、指定理由及其法令依據。 四、公告日期及文號。 五、保存技術描述。 前項公告，應刊登行政院公報，並得以揭示於中央主管機關公布欄、網際網路或其他適當方式為之。
第 29 條	文化資產保存技術及其保存者之廢止指定程序，準用前二條規定辦理。
第 30 條	本細則自發布日施行。

【表17】文化資產類別的負責單位一覽表

（一）2000.2.9 至 2005.11 文化資產類別的負責單位一覽表

	古物	民族藝術	民俗及有關文物	歷史建築	古蹟	自然文化景觀
	中央主管機關					
	教育部 社教司	教育部 社教司	內政部 民政司	文建會 中部辦公室	內政部 民政司	經濟部 農委會
	地方主管機關					
基隆市	文化中心（2003前） 文化局文化資產課（2004後）	文化中心 （2003前） 文化局博物館課 （2004後）	文化中心 （2003前） 文化局文化資產課 （2004後）	民政局禮俗文獻課 （2003前） 文化局文化資產課 （2004後）		海洋發展處
台北市	文化局第二科					建設局
台北縣	文化局文化資產課					農業局林務課
宜蘭縣	文化局文化資產課					農業局
桃園縣	文化局文化資產課					農業發展處
新竹市	文化局文化資產課					建設局
新竹縣	民政局（2001前）、文化局文化資產課（2002後）					農業局
苗栗縣	文化局文化資產課					農業局林務課
台中市	文化局文化資產課					經濟局農林畜產課
台中縣	文化局文化資產課					農業局
彰化縣	文化局視覺表演課			文化局文化資產課		農業局
南投縣	文化局文化資產課					農業局
雲林縣	文化局文化資產課					農業局
嘉義市	文化局文化資產課					建設局
嘉義縣	文化局文化資產課					農業局
台南市	文化局古蹟維護課					建設局
台南縣	文化局文化資產課					農業局
高雄市	文化局第二科			民政局第三科（2002前） 文化局第二科（2003後）		經濟發展局
高雄縣	文化局視覺藝術課	文化局表演藝術課	文化局文化發展課	文化局文化資產課		農業局
屏東縣	文化局文化資產課				民政局（2001前） 文化局文化資產課 （2002後）	農業局
台東縣	文化局文化資產課					農業局
花蓮縣	民政局（2001前） 文化局藝文推廣課（2002後）			文化局藝文推廣課	民政局（2001前） 文化局藝文推廣課 （2002後）	農業局
澎湖縣	民政局禮俗文獻課（2005前） 文化局（2006後）			文化局視覺藝術課	民政局禮俗文獻課 （2005前） 文化局（2006後）	農漁局
金門縣	文化局文化資產課			文化中心（2003前） 文化局文化資產課 （2004後）	民政局自治課 （2003前） 文化局文化資產課 （2004後）	建設局
連江縣 馬祖	文化局文化推廣課			文化中心（2002前） 文化局文化推廣課 （2003後）	民政局自治行政課 （2002前） 文化局文化推廣課 （2003後）	建設局

（二）2005.11 至 2010.12 文化資產類別的負責單位一覽表

	古蹟	歷史建築	聚落	遺址	文化景觀	傳統藝術	民俗及有關文物	古物	自然地景
						中央主管機關			
	文建會中部辦公室（2007.9.30以前）文資總處有形文化資產組（2007.10.1以後）	文資中心（2007.9.30以前）文資總處有形文化資產組（2007.10.1以後）	文建會第一處（2007.9.30以前）文資總處有形文化資產組（2007.10.1以後）			傳藝中心（2007.9.30以前）文資總處無形文化資產組（2007.10.1以後）		文資中心（2007.9.30以前）文資總處有形文化資產組（2007.10.1以後）	農委會林務局
						地方主管機關			
基隆市	文化局文化資產科								產業發展處
台北市	文化局第二科					文化局第三科	文獻委員會		產業發展局
台北縣	文化局文化資產科								農業局林務課
宜蘭縣	文化局文化資產科					文化局視覺藝術科、表演藝術科	文化局文化發展科		農業處
桃園縣	文化局文化資產科					文化局視覺藝術科、表演藝術科	文化局文化資產科	文化局視覺藝術科	農業發展處
新竹市	文化局文化資產課					文化局表演藝術課	文化局文化資產課		產業發展處農林畜牧科
新竹縣	文化局文化資產課					文化局表演藝術課	文化局展演藝術課	文化局史料文獻課	農業處
苗栗縣	國際文化觀光局文化資產課								農業局林務課
台中市	文化局文化資產課								經濟局農林畜產課
台中縣	文化局文化資產科								農業處
彰化縣	文化局文化資產課					文化局傳統戲曲課	文化局視覺表演課		農業處
南投縣	文化局文化資產課								農業處林務保育課
雲林縣	文化處文化資產科								農業處
嘉義市	文化局文化資產科								建設處農林畜牧課
嘉義縣	文化處文化資產科								農業處
台南市	文化觀光處古蹟維護科	文化觀光處文化資產科	文化觀光處古蹟維護科			文化觀光處文化發展科		文化觀光處文化資產科	建設及產業管理處
台南縣	文化處文化資產科								農業處
高雄市	文化局第二科					文化中心展覽課	文獻委員會	市立博物館典藏組	經濟發展局
高雄縣	文化局文化資產科					文化局表演藝術科	文化局文化發展科	文化局視覺藝術科	農業處自然生態保育課
屏東縣	文化局文化資產科					文化處表演藝術科	文化處藝文推廣科	文化處博物美術科	農業處林業及保育課
台東縣	文化暨觀光處文化資產科								農業處自然保育課
花蓮縣	文化局文化資產課								農業發展處
澎湖縣	民政局禮俗文獻課（2005前）文化局文化資產課（2006後）					文化局展演藝術課	民政局禮俗文獻課（2005前）文化局博物館課（2006後）		農漁局生態保育課
金門縣	文化局文化資產課								建設局農林課
連江縣馬祖	文化局文化推廣課								建設局農林管理課

附註：
1. 各縣市近年來逐漸將「課」改為「科」，以上名稱以 2008 年為準。
2. 2007 年 10 月 1 日成立「行政院文化建設委員會文化資產總管理處籌備處」。
3. 2012 年 5 月 20 日，文化部正式成立，將原籌備處改為「文化部文化資產局」。

（三）2016.7 至 2020.5 文化資產類別的負責單位一覽表

	古蹟	歷史建築	紀念建築	聚落建築群	文化景觀	史蹟	考古遺址	古物	民俗	傳統表演藝術	傳統工藝	口述傳統	傳統知識與實踐	保存技術與保存者	自然地景、自然紀念物
中央主管機關															
	文化部文化資產局古蹟聚落組						古物遺址組		文化部文化資產局傳統民俗組						農委會林務局
地方主管機關															
基隆市	文化局文化資產科														產業發展處
台北市	文化局文化資產科							文獻館	文化局藝術發展科						產業發展局
新北市	文化局文化資產科														農業局
宜蘭縣	文化局文化資產科														農業處
桃園市	文化局文化資產科														農業局
新竹市	文化局文化資產科														產業發展處
新竹縣	文化局文化資產科							史料文獻科	表演藝術科		展覽藝術科	史料文獻科		表演藝術科	農業處
苗栗縣	文化觀光局文化資產科														農業處
台中市	文化資產處古蹟歷建課／資產修復課							文化資產處遺產傳藝課							農業局
彰化縣	文化局文化資產科							視覺表演科	傳統戲曲與文化資源科		視覺表演科	傳統戲曲與文化資源科			農業處
南投縣	文化局文化資產科														農業處
雲林縣	文化觀光處文化資產科														農業處
嘉義市	文化局文化資產科														建設處
嘉義縣	文化觀光局文化資產科														農業處
台南市	文化資產管理處文化資產研究組／有形文化資產組								文化資產管理處無形文化資產組						農業局
高雄市	文化局文化資產中心							高雄市立歷史博物館						文資中心	農業局
屏東縣	文化資產保護所有形組								文化資產保護所無形組						農業處
台東縣	文化處文化資產科														農業處
花蓮縣	文化局文化資產科														農業處
澎湖縣	文化局文化資產科							博物館科	博物館科／展演藝術科	展演藝術科		文化局文化資產科			農漁局
金門縣	文化局文化資產科														建設處
連江縣馬祖	文化處文化資產科														產業發展局

附註：

一、2010 年 12 月 25 日，台南市與台南縣合併為台南市、台中市與台中縣合併為台中市、高雄市與高雄縣合併為高雄市、台北縣改稱為新北市，均改制為直轄市。2014 年 12 月 25 日，桃園縣改名為桃園市，並改制為直轄市。

二、依據《水下文化資產保存法》第二條規定，「水下遺產」主管單位為文化部，並不涉及各縣市。

三、以下各單位，如新北市十三行博物館、淡水古蹟博物館、黃金博物館，桃園市大溪木藝生態博物館等均為執行文化資產管理維護之相關工作。

四、本表格資料由文資局吳華宗先生與同仁協助核對而成，統計時間為 2020 年 5 月 28 日。

【表18】各類文化資產指定登錄解除變更權責一覽表

本表包括：（一）「文資法第1版」（1982.5-2005.2）指定登錄解除變更一覽表、（二）「文資法第2版」（2005.2-2016.7）指定登錄解除變更一覽表、（三）「文資法第3版」（2016.7-）指定登錄解除變更一覽表。

（一）「文資法第1版」指定登錄解除變更一覽表

	古物	古蹟	民族藝術	民俗及有關文物	自然文化景觀	歷史建築
中央指定	國寶 重要古物	國定	重要民族藝術	×	○	×
中央造冊	古物	×	×	×	×	×
地方指定	×	直轄市定、縣（市）定	×	○	×	×
地方登錄	×	×	×	×	×	○
地方造冊	古物	×	×	×	×	×
中央解除指定	國寶 重要古物	國定、直轄市定、縣（市）定	重要民族藝術	×	○	×
中央變更類別	×	國定、直轄市定、縣（市）定	×	×	×	×
地方廢止登錄	×	×	×	×	×	○

說明：「文資法1-1版」（1982.5.26公布）至「文資法1-2版」（1997.1.22公布）期間，古蹟分為第一級、第二級、第三級，由中央主管機關內政部負責指定、解除及變更指定工作；「文資法1-3版」（1997.5.14公布）中省（市）定古蹟，由省（市）政府負責指定、解除及變更指定工作，1998年省虛級化，於「文資法1-4版」（2000.2.5公布）後改為直轄市定古蹟；歷史建築為「文資法1-4版」所新增。本表的指定登錄變更名稱，以「文資法1-4版」者為準。
資料來源：「文資法第1版」的古物（第11條）、古蹟（第27條）、民族藝術（第41條）、民俗及有關文物（第46條）、自然文化景觀（第49條）、歷史建築（第27-1條）及「歷史建築登錄廢止審查及輔導辦法」（第6條）。

（二）「文資法第2版」指定登錄解除變更一覽表

	古蹟	歷史建築	聚落	遺址	文化景觀	傳統藝術	民俗及有關文物	古物	自然地景	保存技術及保存者
中央指定	國定古蹟	×	×	國定遺址	×	重要傳統藝術	重要民俗及有關文物	國寶重要古物	國定自然地景	○
中央登錄	×	×	重要聚落	×	×	×	×	×	×	×
中央地方列冊	○	○	○	○	○	○	○	○	○	
地方指定	直轄市定、縣（市）定古蹟	×	×	直轄市定、縣（市）定遺址	×	×	×	×	直轄市定、縣（市）定自然地景	×
地方登錄	×	○	聚落	×	○	傳統藝術	民俗及有關文物	一般古物	×	×
中央解除變更指定	所有古蹟	×	×	所有遺址	×	重要傳統藝術	重要民俗及有關文物	國寶重要古物	所有自然地景	○
中央廢止登錄	×	×	重要聚落	×	×	傳統藝術	民俗及有關文物	×	×	×
地方廢止登錄	×	○	聚落	×	○	×	×	一般古物	×	×

資料來源：古蹟：「文資法第2版」第14條；歷史建築：「文資法第2版」第15條、「歷史建築登錄廢止審查及輔助辦法」第7條；聚落：「文資法第2版」第16條、「聚落登錄廢止審查及輔助辦法」第10條；遺址：「文資法第2版」第40條；文化景觀：「文資法第2版」第54條、「文化景觀登錄及廢止審查辦法」第6條；傳統藝術、民俗及有關文物：「文資法第2版」第59條；古物：「文資法第2版」第64、65、66條、「古物分級登錄指定及廢止審查辦法」第11條；自然地景：「文資法第2版」第79條；保存技術及保存者：「文資法第2版」第87、88條。

（三）「文資法第 3 版」指定登錄解除變更一覽表

	古蹟	歷史建築紀念建築	聚落建築群	考古遺址	史蹟、文化景觀	古物	自然地景、自然紀念物	無形文化資產	文化資產保存技術及保存者
中央指定	國定	×	×	國定	×	國寶、重要古物	國定	×	×
中央登錄	×	×	重要	×	重要	×	×	重要	重要
中央及機關構列冊	×	×	×	×	×	○	×	×	×
地方列冊	○	○	○	○	○	○	○	○	○
地方指定	直轄市定、縣（市）定	×	×	直轄市定、縣（市）定	×	直轄市定、縣（市）定（一般古物）	直轄市定、縣（市）定	×	×
地方登錄	×	直轄市登錄、縣（市）登錄	直轄市登錄、縣（市）登錄	×	直轄市登錄、縣（市）登錄	×	×	直轄市登錄、縣（市）登錄	直轄市登錄、縣（市）登錄
中央解除變更指定	全部	×	×	全部	×	國寶、重要	全部	×	×
地方解除變更指定	×	×	×	×	×	一般	×	×	×
中央廢止登錄	×	×	重要	×	重要	×	×	全部	重要
地方廢止登錄	×	全部	地方登錄者	×	地方登錄者	×	×	×	地方登錄者
暫定	○	○	○	×	○	×	○	×	×

資料來源：2017 年 9 月文化資產局《文化資產法規彙編》

【表 19】自然地景、自然紀念物指定名單

一、於 1982 年 5 月 26 日「文化資產保存法」公布施行時，所稱「自然文化景觀」包括了生態保育區、自然保留區及珍貴稀有動植物；2005 年 2 月 5 日「文化資產保存法」修正公布後，改稱之為「自然地景」，包括自然保留區及自然紀念物，後者包括珍貴稀有植物及礦物（第七十六條）；2016 年 7 月 27 日「文化資產保存法」修正公布後，改稱之為「自然地景、自然紀念物」，前者包括自然保留區及地質公園，後者包括珍貴稀有植物、礦物、特殊地形及地質現象（第七十八條）。

二、至 2020 年以前，「自然紀念物」的「礦物」、「特殊地形」及「地質現象」並未指定。

三、本表包括：（一）珍貴稀有動物名單、（二）珍貴稀有植物名單、（三）自然保留區名單、（四）地質公園名單。

（一）珍貴稀有動物名單（至 2001.9.27）

	類別	名稱	學名	指定時間	附註
1	鳥類	帝雉	*Syrmaticus mikado*	1984.7.27	又名黑長尾雉、海雉、烏雉等，棲息於中央山脈 2,000 至 3,000 公尺森林下層之濃密矮竹叢中。
2	鳥類	林鵰	*Ictinaetus malayensis*	1989.1.30	為大型猛禽，分布於台灣北區、中區海拔約 1,100 至 2-300 公尺左右之森林。全身黑褐色，尾有暗色橫斑。
3	鳥類	朱鸝	*Oriolus traillii*	1989.1.30	又名紅鶯，為台灣特有亞種鳥類，多分布於海拔 300-900 公尺間之亞熱帶森林，體色除頭、頸及雙翼為黑色外，其他部分為朱紅色或緋紅色。
4	鳥類	藍腹鷴	*Lophura swinhoii*	1984.7.27	又名藍鷴、華雞、山雞、紅腳山雞、哇雞、烏尾雞、雉雞等，分布於 2,000 至 2-300 公尺之原始闊葉林底層。
5	鳥類	褐林鴞	*Strix leptogrammica*	1989.1.30	分布於海拔 2,000 公尺左右之森林地帶，為貓頭鷹類中體型較大者。
6	鳥類	灰林鴞	*Strix aluco*	1989.1.30	分布於海拔 1,000-2,500 公尺間之暖帶常綠闊葉林或溫帶針闊葉混合林中，為台灣特有亞種鳥類。
7	鳥類	黃魚鴞	*Ketupa flavipes*	1989.1.30	分布於北、中區海拔 1,000 公尺以下靠溪水旁之森林地帶，為台灣鴟鴞類中體型最大者，以魚類為主食。
8	鳥類	蘭嶼角鴞	*Otus elegans botelensis*	1989.1.30	又名紅角鴞、優雅角鴞等，分布於蘭嶼，為蘭嶼特有亞種，為夜行性鳥類。
9	鳥類	赫氏角鷹	*Spizaetus nipalensis*	1989.1.30	又名熊鷹、鷹鵰、大花雕等，分布於海拔 1,500 - 2,200 公尺之森林中，為台灣鷹類中體型較大者，平時棲於濃密的闊葉林或針闊葉混合林中。
10	魚類	櫻花鉤吻鮭	*Oncorhynchus masou*	1984.7.27	又名台灣櫻花鉤吻鮭、台灣鱒、梨山鱒、大甲鱒、次高山鱒、高山鱒、台灣鮭魚、台灣鮭、台灣陸封型櫻鮭、櫻鮭、石田氏鮭魚、台灣馬蘇麻哈魚、三文魚、本邦等，屬於冷水性之陸封性鮭魚，目前分布於大甲溪上游之七家灣溪與雪山溪。
11	魚類	高身鏟頜魚	*Scaphesthes alticorpus*	1989.1.30	又名高身鯝魚、鮑仔、敕免、免仔斗等，分布於高屏溪、卑南大溪、秀姑巒溪、花蓮溪等，為台灣特有的淡水魚。
12	哺乳類	雲豹	*Neofelis nebulosa brachyurus*	1989.1.30	為食肉目之大型貓科動物，為台灣特有亞種。屬夜行性樹棲動物，外形介於虎與豹之間，而身披不規則如雲般之花紋，目前之族群數已非常稀少不易發現。
13	哺乳類	水獺	*Lutra lutra chinensis*	1989.1.30	為食肉目貂科動物，擅泳、擅潛，行徑固定，平時在水邊築堤而居，具領域性，目前多生活於湖泊或海拔 1,000-1,500 公尺左右之淡水溪流附近。
14	哺乳類	台灣狐蝠	*Pteropus dasymallus formosus*	1989.1.30	又名飛蝠、台灣大蝠蝠等，分布以綠島為主，蘭嶼、花蓮、台東、高雄等地亦有發現。

	類別	名稱	學名	指定時間	附註
15	哺乳類	台灣黑熊	*Ursus thibetanus formosanus*	1989.1.30	又名狗熊、月熊等，其胸前有一「Ｖ」字型白帶，故又名「白喉熊」，為台灣陸上最大型之食肉目熊科動物。
16	爬蟲類	百步蛇	*Deinagkistrodon acutus*	1989.1.30	又名五步蛇、尖吻蝮等，為台灣主要毒蛇之一。體背自頭至尾有 25 個左右之黃色白邊之菱形斑，兩側介於各斑之間有同數之黑褐色三角形斑。
17	爬蟲類	玳瑁	*Eretmochels imbricata*	1989.1.30	又名毒瑁、鷹嘴海龜等，分布於印度洋和太平洋的溫暖水域。背甲外形似心臟，前寬後窄，背甲周圍鋸齒狀，表面略具光澤。
18	爬蟲類	革龜	*Dermochelys coriacea*	1989.1.30	又名稜皮龜、革背龜、舢板龜等，以往在東部蘇澳、南方澳及台灣南部近海一帶較常出現。
19	爬蟲類	綠蠵龜	*Chelonia mydas*	1989.1.30	又名海龜、綠海龜等，為大型迴游性海龜，多會固定在一處覓食，在另一處產卵。澎湖望安島設有綠蠵龜保育中心。
20	爬蟲類	赤蠵龜	*Caretta caretta*	1989.1.30	又名蠵龜、紅海龜等，於南方澳、蘭嶼及小琉球等地曾有出現之記錄。身體寬扁，背甲為褐色，腹甲為淡黃色。
21	昆蟲類	寬尾鳳蝶	*Agehana maraho*	1989.1.30	分布於北部羅東附近至中南部海拔約 1,000-2,000 公尺之地區，為台灣特產之大型蝶類。
22	昆蟲類	大紫蛺蝶	*Sasakia charonda formosana*	1989.1.30	為亞洲東部特產之種類，為台灣產蛺蝶類中體型最大者，於北部角板山及拉拉山附近之原始森林尚有極少數量。
23	昆蟲類	珠光鳳蝶	*Troides magellanus*	1989.1.30	又名珠光黃裳鳳蝶、蘭嶼翼鳳蝶、螢光裳鳳蝶等，分布於蘭嶼，為台灣產代表性菲律賓系之昆蟲。

說明：1989.6.23「野生動物保育法」公布施行，將保育類動物區分為：Ⅰ瀕臨絕種野生動物、Ⅱ珍貴稀有野生動物、及Ⅲ其他應予保育之野生動物；2001.9.27 行政院農業委員會自然文化景觀審議小組將「文化資產保存法」指定的全部珍貴稀有動物 23 筆解除指定，改列為瀕臨絕種野生動物；2008 年 7 月，將赫氏角鷹之外的鳥類、以及百步蛇改列為珍貴稀有野生動物，其餘者維持不變。本表學名依據 2008 年 7 月 2 日農林務字第 0971700777 號修正公告。

（二）珍貴稀有植物名單

	名稱	學名	公告時間	附註
1	台灣穗花杉	*Amentotaxus formosana Li*	1988.8.22	為穗花杉科常綠小喬木，高可達 10 公尺，胸徑 30 公分，葉呈鐮刀狀。種實核果狀，腋生，長柄，橢圓形，暗紫色。
2	台灣油杉	*Keteleeria davidiana (Franch) Beissner var. formosana Hayata*	1988.8.22	為台灣特有的松科常綠大喬木，高 35 公尺，直徑可達 1.5 公尺。
3	南湖柳葉菜	*Epilobium nankotaizanense Yamamoto*	1988.8.22	台灣特有柳葉菜科多年生草本植物。
4	台灣水青岡	*Fagus hayatae Palib ex Hayata*	1988.8.22	又名山毛櫸，為殼斗科落葉喬木，幹皮光滑，灰白色。
5	清水圓柏	*Juniperus chinensis L. var. tsukusiensis Masummune*	1988.8.22	為柏科常綠匍匐性或直立灌木或小喬木。
6	台灣水韭	*Lsoetes taiwanensis Devol*	1988.8.22	水生蕨類植物。 2001.9.27 解除指定。
7	台東蘇鐵	*Cycas taiwaniana Carr*	1988.8.22	為蘇鐵科，常綠棕櫚狀喬木，植株高可達 5 公尺左右。 2001.9.27 解除指定。

	名稱	學名	公告時間	附註
8	蘭嶼羅漢松	*Podocarpus costalis Presl*	1988.8.22	為羅漢松科小喬木或灌木。 2001.9.27 解除指定。
9	紅星杜鵑	*Rhododendron hyperythrum Hayata*	1988.8.22	台灣固有杜鵑花科常綠灌木或小喬木。 2002.1.14 解除指定。
10	烏來杜鵑	*Rododendron kanehirai Wilson*	1988.8.22	台灣特有杜鵑花科常綠灌木，高 1-2 公尺。 2002.1.14 解除指定。
11	鐘萼木	*Bretschneidera sinensis Hemsl*	1988.8.22	屬落葉性喬木。 2002.1.14 解除指定。

說明：本表學名依據 2008 年 7 月 2 日農林務字第 0971700777 號修正公告。

（三）自然保留區名單（至 2021.9 以前）

	名稱	位置概述	面積（公頃）	公告日期	主要保護對象	管理機關
1	關渡自然保留區	台北市關渡堤防外沼澤區	55	1986.6.27	水鳥	台北市政府
2	哈盆自然保留區	宜蘭事業區、烏來事業區	332.7	1986.6.27	天然闊葉林、山鳥、淡水魚類	農委會林試所
3	鴛鴦湖自然保留區	大溪事業區	374	1986.6.27	湖泊、沼澤、紅檜、東亞黑三棱	退輔會
4	坪林台灣油杉自然保留區	文山事業區	34.6	1986.6.27	台灣油杉	農委會林務局
5	淡水河紅樹林自然保留區	台北縣竹圍淡水河岸	76.41	1986.6.27	水筆仔	農委會林務局
6	苗栗三義火炎山自然保留區	大安溪事業區	219.04	1986.6.27	崩塌斷崖地理景觀、原生馬尾松林	農委會林務局
7	台東紅葉村台東蘇鐵自然保留區	延平事業區	290.46	1986.6.27	台東蘇鐵	農委會林務局
8	大武事業區台灣穗花杉自然保留區	大武事業區	86.4	1986.6.27	台灣穗花杉	農委會林務局
9	大武山自然保留區	大武事業區、台東事業區、屏東林區	47000	1988.1.13	野生動物及其棲息地、原始林、高山湖泊	農委會林務局
10	插天山自然保留區	大溪事業區、烏來事業區	7759.17	1992.3.12	櫟林帶、稀有動植物及其生態系	農委會林務局
11	南澳闊葉樹林自然保留區	和平事業區	200	1992.3.12	暖溫帶闊葉樹林、原始湖泊及稀有動植物	農委會林務局
12	澎湖玄武岩自然保留區	澎湖縣錠鉤嶼、雞善嶼、小白沙嶼	19.13（30.87）	1992.3.12	玄武岩地景	澎湖縣政府
13	台灣一葉蘭自然保留區	阿里山事業區	51.89	1992.3.12	台灣一葉蘭及其生態環境	農委會林務局
14	出雲山自然保留區	荖濃溪事業區	6248.74	1992.3.12	闊葉樹、針葉樹天然林、稀有動植物、森林溪流及淡水魚類	農委會林務局
15	烏山頂泥火山自然保留區	高雄縣燕巢鄉深水段	4.89	1992.3.12	泥火山地景	高雄縣政府
16	挖子尾自然保留區	台北縣八里鄉	30	1994.1.10	水筆仔純林及其伴生之動物	台北縣政府
17	烏石鼻海岸自然保留區	南澳事業區	347	1994.1.10	天然海岸林、特殊地景	農委會林務局

	名稱	位置概述	面積（公頃）	公告日期	主要保護對象	管理機關
18	墾丁高位珊瑚礁自然保留區	墾丁熱帶植物第3區	137.625	1994.1.10	高位珊瑚礁及其特殊生態系	農委會林務局
19	九九峰自然保留區	埔里事業區	1198.4466	2000.5.22	地震崩塌斷崖特殊地景	農委會林務局
20	澎湖南海玄武岩自然保留區（東吉嶼、西吉嶼、頭巾、鐵砧）	澎湖縣南海地區的四個島嶼	176.2544	2008.9.23	獨特地形、地質，展現自然地景之多樣性	澎湖縣政府
21	旭海：觀音鼻自然保留區	屏東縣牡丹鄉境內	841.3	2012.1.20	自然海岸帶，生物多樣性、獨特地形及地質等。	屏東縣政府
22	北投石自然保留區	台北市北投區	0.2	2013.12.26	獨特地形、地質，展現自然地景之多樣性	台北市政府

說明：位置概述及管理機關名稱於 2010 年 12 月 25 日以前，採用當時各縣市原有名稱；此後，採用改制後的名稱。

（四）地質公園名單（至 2021.9 以前）

	名稱	地理位置	面積（公頃）	公告日期	主管機關
1	馬祖地質公園	1.馬祖列島燕鷗保護區（包含鐵尖嶼、中島、進嶼、白廟、雙子礁、三連嶼、瀏泉礁和蛇山）、2.大澳山景觀區、3.秋桂山海岸景觀區、4.官帽山景觀區、5.東引世尾山景觀區、6.西引海岸景觀區、7.菜圃澳地質景觀區、8.福正海岸景觀區、9.東洋山步道景觀區、10.林坳嶼。	369.07	2018.11.29	交通部觀光局馬祖國家風景區管理處、連江縣縣政府產業發展處、連江縣相關鄉公所
2	草嶺地質公園	雲林縣古坑鄉（另有 231 平方公尺位於南投縣竹山鎮）	441.8064	2020.2.20	雲林縣政府
3	草漯沙丘地質公園	桃園市大園區老街溪出海口至觀音區大堀溪出海口間之沿海地帶	284	2020.6.11	桃園市政府
4	澎湖海洋地質公園	澎湖全區陸域、周圍潮間帶	12,796.36	2020.8.12	澎湖縣政府
5	利吉惡地地質公園	卑南鄉利吉村與富源村（不包含東邊卑南溪河道）	3,173.24	2020.9.30	台東縣政府
6	東部海岸富岡地質公園	緩衝區：與台東市富岡里行政區劃重疊，總面積約 6.08 平方公里，以黑髮溪為北界，西側以志航基地為界，南至卑南溪口。核心區：南以富岡漁港為界，向北延伸約 1.5 公里，至加路蘭遊憩區東側海岸為止。	608	2020.11.20	台東縣政府
7	野柳地質公園	新北市萬里區海洋段 55 筆地號土地	23.48	2021.1.11	新北市政府
8	龍崎牛埔惡地地質公園	台南市龍崎區番社段 99 筆地號土地	132.2058	2021.7.30	台南市政府
9	高雄泥岩惡地地質公園	包含 1 處核心區（烏山頂泥火山）及 9 處景觀區，有多樣的泥岩惡地、大部分類型的泥火山、曲流與切斷曲流地形、河階地形，不同岩性的特殊造型山體及典型的石灰岩崩塌、溶蝕和化學沉澱地景。	149.95	2021.9.10	高雄市政府

【表20】文化資產保存的授獎或保存者名單

本表包括：（一）重要民族藝術藝師名單、（二）民族藝術薪傳獎名單、（三）古蹟歷史建築紀念建築管理維護評鑑、（四）國家文化資產保存獎名單、（五）重要文化資產保存技術及保存者名單。

（一）重要民族藝術藝師名單

第一屆 1989	黃龜理（木雕）、張德成（皮影戲）、侯佑宗（鑼鼓樂）、孫毓芹（古琴）、李松林（木雕）、李天祿（布袋戲）、李祥石（南管）	
第二屆 1998	傳統工藝組	陳火慶（漆器）、黃塗山（籐竹器）、林再興（交趾陶）
	傳統表演藝術組	王金鳳（北管）、廖瓊枝（歌仔戲）、黃海岱（偶戲）

說明：由教育部社教司（第五科）主辦，共舉辦兩屆；第一屆為1989年，不分組；第二屆為1998年，分為傳統工藝組及傳統表演藝術組。

（二）民族藝術薪傳獎名單

第一屆 1985	傳統戲劇類	飛馬豫劇團、小西園掌中戲團、張岫雲（豫劇）、張瑞岐（秦腔）、李天祿（布袋戲）、葉讚生（歌仔戲）、張德成（皮影戲）、林讚成（傀儡戲）
	傳統工藝組	吳聖宗（竹器）、彭闊（竹器）、黃龜理（木雕）、李松林（木雕）、張心匏（燈籠）、林添木（交趾陶）
	傳統音樂類	南聲社（南管）、梨春園（北管）、魯聲國樂社（山東魯聲）、陳冠華（福佬民謠）、侯佑宗（鑼鼓樂）、孫毓芹（古琴）、徐炎之（崑笛）
	傳統舞蹈類	蘭嶼雅美族（髮舞）、中山科學院巨龍隊（舞龍）、空軍防砲祥獅隊（舞獅）
	說唱雜技類	吳韻集（彈詞）、邱家藝術高蹺開基本團（高蹺）、張自強（戲法）、陳寶蘭（說書）、馬元亮（八角鼓）、陳逸安（相聲）、魏龍豪（相聲）、楊錦池（彈詞）
第二屆 1986	傳統戲劇類	新美園北管劇團（北管）、黃海岱（布袋戲）、許福能（皮影戲）、關子龍（粵劇）、吳貴英（四平調）、張筱萍（江淮戲）
	傳統工藝類	林阿貴（油紙傘）、陳火慶（漆器）、張鎮森（粧佛）、林葆家（陶瓷）、崔國雄（石灣陶）
	傳統音樂類	台北靈安社（北管）、雅正齋南管研究社（南管）、南樂聚英社（南管）、賴碧霞（客家民謠）
	傳統舞蹈類	高椄（西藏舞）、包美琴（排灣族舞）
	說唱雜技類	中華民俗技藝補習班（民俗特技）、廣東皇后舞獅俱樂部（舞獅）、張天玉（大鼓）、謝闈枝（宋江陣）、程木屎（布馬陣）
第三屆 1987	傳統戲劇類	澎湖縣福建同鄉會業餘閩劇社（閩劇）、福龍軒傀儡劇團（傀儡戲）、王炎（布袋戲）、呂仁愛（北管）、李祥石（南管）、閻澤民（四川戲）、楊劍平（楚漢劇）
	傳統工藝類	林午（銅鑼製作）、潘振南（中國傳統製墨）、吳開興（陶瓷）、吳清波（神像雕刻）、顏水龍（傳統工藝材料研究）
	傳統音樂類	苗栗陳家八音團（客家八音）、余承堯（南管）、夏煥新（崑曲）、鄭其生（北管）
	傳統舞蹈類	劉鳳學（民族舞蹈）
	說唱雜技類	廖達鵬（跳繩、扯鈴）、田士林（北方大鼓）、陳萬玉（跳鼓陣）
第四屆 1988	傳統戲劇類	吳楨（秦腔）、許王（布袋戲）、廖瓊枝（歌仔戲）、汪秀珍（紹興戲）、林吳素霞（梨園戲）、蔡啟國（四川戲）
	傳統工藝類	陳合元（大木）、陳萬能（錫器）、吳敦厚（民俗燈籠）
	傳統音樂類	華聲南樂社（南管）、台東海端鄉布農族傳統音樂團（山地音樂）、台東馬蘭阿美族山地傳統音樂舞蹈團（山地音樂）、屏東三地村排灣族山地傳統音樂舞蹈團（山地音樂）
	傳統舞蹈類	李天民（民族舞蹈）
	說唱雜技類	丁仲（相聲）、孫澈（說唱）、吳富德（舞龍）、竺翊漢（中國戲法）

第五屆 1989	傳統戲劇類	王金鳳（亂彈戲）、陳旺欉（歌仔戲）、羅木生（歌仔戲）、吳楨（秦腔）
	傳統工藝類	謝苗（螺溪石硯）、邵來成（漆雕）
	傳統音樂及說唱類	羅東福蘭社（北管）、邱火榮（北管）、蔡添木（南管）、楊秀卿（說唱）
	傳統舞蹈類	（缺）
	傳統雜技類	陳學禮（牛犁陣）、張迎春（功夫舞）
第六屆 1990	傳統戲劇類	江清柳（歌仔戲）、潘玉嬌（亂彈戲）、林添盛（布袋戲）
	傳統工藝類	張憲平（籐竹器）、游禮海（木器）、謝水木（燈籠）
	傳統音樂及說唱類	吳昆仁（南管）、鄭叔簡（南管）、曾捷盛（北管）
	傳統舞蹈類	林香芸（民族舞蹈）
	傳統雜技類	鴻勝醒獅團（舞獅）、龜洞飛鷹跳鼓陣（跳鼓）
第七屆 1991	傳統戲劇類	復興閣皮影戲劇團（皮影戲）、陳明吉（歌仔戲）、蕭守梨（歌仔戲）、鍾任壁（布袋戲）
	傳統工藝類	李煥章（剪紙）、黃景南（捏麵彩繪）
	傳統音樂及說唱類	梁訓益（京戲）、劉鴻溝（南管）、黃宗識（古箏演奏潮州派）、林水金（北管）
	傳統舞蹈類	李彩娥（民族舞蹈）
	傳統雜技類	竹山兩廣國術團（舞獅）、石龜國小（陣頭）、金門烈嶼鄉上林村（宋江陣）、橫濱中華學院校友會（龍獅陣）、吳騰達（陣頭）
第八屆 1992	傳統戲劇類	今古奇觀掌中戲團（布袋戲）、生新樂歌劇團（高甲戲）、明華園歌仔戲團（歌仔戲）、榮興客家採茶劇團（客家採茶戲）、廖萬水（布袋戲）、石文戶（歌仔戲）、葉美景（北管）
	傳統工藝類	柯莊屘（編織）、施鎮洋（木雕）
	傳統音樂及說唱類	雲南民俗山歌打歌小調（雲南打歌）、漢唐樂府（南管）、王宋來（北管）、吳宗炎（相聲）
	傳統舞蹈類	楊素珍（民族舞蹈）
	傳統雜技類	林榮春（布馬陣）
第九屆 1993	傳統戲劇類	許再添（歌仔戲）、周水松（九甲戲）
	傳統工藝類	王錦木（大木）、陳專琳（大木）、潘麗水（彩繪）、黃塗山（竹器）
	傳統音樂及說唱類	台北市閩南樂府管絃研究會（南管）、林彥香（客家八音）、李添貴（十三音）
	傳統舞蹈類	郭惠良（民族舞蹈）
	傳統雜技類	鄭福仁（宋江陣）、張湧祥（舞獅）
	團體熱心推廣獎	板橋莒光國小（微宛然古典布袋戲團）、佳里延平國小（宋江陣）
第十屆 1994	傳統戲劇類	新和興歌劇團（歌仔戲）、陳剩（歌仔戲）、林爐香（落地掃）、吳清發（布袋戲）
	傳統工藝類	施至輝（神像雕刻）、李榮烈（竹編）、陳壽彝（彩繪）、李漢卿（彩繪）
	傳統音樂類	以成書院（禮樂）、尤奇芬（南管）、莊進才（北管）、江金樹（北管）
	傳統舞蹈類	蔡瑞月（民族舞蹈）
	傳統雜技類	金門烈嶼東林國術醒獅團（舞獅）、陳欽明（家將）

說明：
1. 由教育部社教司（第五科）主辦，1985-1994 年，舉辦 10 屆。
2. 據江韶瑩先生告知，吳楨於第四屆及第五屆連續得獎，分別代表台北秦腔實驗劇團及其本人。

（三）古蹟歷史建築紀念建築管理維護評鑑

102 年度	國定古蹟總統府	台北市市定古蹟勸業銀行舊廈
	台北市市定古蹟台灣總督府交通局遞信部	新竹市市定古蹟辛志平校長故居
	雲林縣歷史建築虎尾郡守官邸	嘉義市市定古蹟原嘉義神社附屬館所
	澎湖縣歷史建築澎湖廳長官舍	……

104 年度	優良	國定古蹟蔣中正宋美齡士林官邸	國定古蹟監察院
		國定古蹟霧峰林家下厝	國定古蹟原台南測候所
		台北市市定古蹟北投文物館	桃園市市定古蹟新屋范姜祖堂
		宜蘭縣縣定古蹟二結農會穀倉	花蓮縣縣定古蹟吉安慶修院
	特殊表現	桃園市歷史建築大溪和平路 48、48-1 號	新竹縣縣定古蹟新埔上枋寮劉宅
		新竹縣歷史建築竹東蕭如松故居建築群	嘉義市市定古蹟嘉義營林俱樂部
		花蓮縣歷史建築松園別館	澎湖縣縣定古蹟第一賓館
106 年度	優良	新北市市定古蹟 / 蘆洲李宅	新北市歷史建築 / 公司田溪程氏古厝
		桃園市歷史建築 / 八德中正堂	桃園市市定古蹟 / 大溪齋明寺
		嘉義縣縣定古蹟 / 六興宮	嘉義市市定古蹟 / 原嘉義神社暨附屬館所
		宜蘭縣歷史建築 / 宜蘭設治紀念館	……
	特殊表現	台北市市定古蹟 / 孫運璿重慶南路寓所	台北市市定古蹟 / 齊東街日式宿舍
		台南市國定古蹟 / 原台南州廳	……
108 年度	優良	台北市市定古蹟北投文物館	台北市市定古蹟新富市場 / 新富町文化市場
		台北市歷史建築廣和堂藥舖 / 迪化二〇七博物館	桃園市歷史建築大溪蘭室
		台中市市定古蹟摘星山莊	金門縣縣定古蹟黃宣顯六路大厝 / 卓家老舖中醫診所
		桃園市歷史建築大溪國小日式宿舍（壹號館） / 桃園市立大溪木藝生態博物館	嘉義市市定古蹟原嘉義神社暨附屬館所 / 昭和 J18 嘉義市史蹟資料館
		高雄市市定古蹟鳳儀書院	……
	入選	台北市市定古蹟台北工業學校紅樓	台北市歷史建築濟南路二段 25 號、27 號日式宿舍 / 國立台灣文學館 – 齊東詩舍
		新北市國定古蹟蘆洲李宅 / 蘆洲李宅古蹟 – 李友邦將軍紀念館	台中市歷史建築林之助畫室 / 林之助紀念館
		台中市歷史建築日治時期警察宿舍 / 台中文學館	嘉義縣縣定古蹟六興宮
		嘉義縣歷史建築中央廣播電台民雄分台廣播文物館	台南市市定古蹟台南鄭氏家廟
		高雄市市定古蹟橋仔頭糖廠 – 廠長宿舍	屏東縣縣定古蹟崇蘭蕭氏家廟

說明：以上資料整理自文化部文化資產局所出版的各年度的管理維護優良個案輯。

（四）國家文化資產保存獎名單

第一屆 2009	保存維護獎	國定古蹟「原台南測候所」修復工程、台南市市定古蹟「原台南州立第二中學校校舍本館暨講堂」修復工程
	保存貢獻獎	寶成集團蔡其瑞與蔡其建、陳國慈
	評審委員會特別獎	洪文雄
第二屆 2012	保存維護獎	台北市市定古蹟「勸業銀行舊廈」、台南市市定古蹟「麻豆總爺糖廠」
	保存貢獻獎	吳基瑞、秘克琳（外籍，2017 年取得本國國籍，蘭陽舞蹈團創辦人）、連照美
	保存傳承獎	梨春園北管樂團、陳錫煌、廖瓊枝
	評審委員特別獎紀念獎	林衡道、張光直
	評選委員特別獎終身成就獎	陳奇祿、宋文薰、漢寶德
第三屆 2014	保存維護獎	國定古蹟「專賣局台北樟腦廠」
	保存貢獻獎	財團法人「蘆洲李宅古蹟維護文教基金會」、臧振華、財團法人「陳德星堂」、財團法人「台灣省嘉義縣新港奉天宮何達煌」、財團法人「台北保安宮廖武治」
	保存傳承獎	王清霜
	評選委員特別獎終身成就獎	戴志蘭（戴綺霞）

第四屆 2017	保存維護獎	國定古蹟「台南地方法院」
	保存貢獻獎	木村勉、陳仲玉、財團法人「大二結文化基金會」
	保存傳承獎	王保原
第五屆 2020	保存維護獎	國定古蹟「台灣總督府交通局鐵道部」、國定古蹟「原台南水道」（水源地區）、國定古蹟「打狗英國領事館及官邸」、台鐵公文檔案（工務處石牌倉庫）及台鐵技術檔案（工務處石牌倉庫）
	保存貢獻獎	立偕生活文化有限公司
	保存傳承獎	許漢珍

主辦單位：

1. 於 2007 年 10 月以後稱為文建會文化資產總管理處籌備處。
2. 於 2012 年 5 月以後稱為文化部文化資產局。

（五）重要文化資產保存技術及保存者名單

年代	保存技術	保存者	主管機關（所在地）
2010	重要交趾陶修復技術	林洸沂	文化部（嘉義縣）
	重要石滬修造技術	澎湖海洋文化協會：吉貝保滬隊	文化部（澎湖縣）
2011	重要剪黏泥塑技術	王保原	文化部（台南市）
	重要古典布袋戲戲偶衣飾盔帽道具製作技術	陳錫煌	文化部（台北市）
2013	重要鑿花技術	李秉圭	文化部（彰化縣）
	重要傳統彩繪技術	黃友謙	文化部（澎湖縣）
2014	重要大木作技術	許漢珍	文化部（台南市）
	重要大木作技術	廖枝德（次年歿）	文化部（台南市）
2016	重要大木作技術	梁紹英	文化部（屏東縣）
	重要土水修造技術（瓦作）	莊西勢	文化部（金門縣）
		傅明光	文化部（新竹縣）
		廖文蜜	文化部（桃園市）
	重要大木作技術	翁水千	文化部（金門縣）
2021	重要製鼓技術	王錫坤	文化部（新北市）

主辦單位及說明：

1. 於 2016 年 7 月之前，由中央主管機關辦理指定工作，主管機關於 2007 年 10 月以後稱為文建會文化資產總管理處籌備處，於 2012 年 5 月以後改稱為文化部文化資產局。
2. 於 2016 年 7 月之後，文化資產保存技術及其保存者由各縣市政府自行遴選，已列冊或登錄者得由中央主管機關進一步審查登錄為重要文化資產保存技術及其保存者。
3. 於 2016 年以後歸屬或增列於無形文化資產的種類者，其於 2008 年之後，原被登錄（或指定）為「重要」者，並列「保存者」，其開始登錄時間、以及於 2020 年 7 月以前的登錄總數及具有保存者（各項具有 1-3 單元）分別為：（1）傳統表演藝術：2009、23 筆、22 項保存者，（2）傳統工藝：2010、18 筆、18 項保存者，（3）民俗：2008、22 筆、16 項保存者，（4）口述傳統：2019、1 筆、1 項保存者。相關資料，請參見文化資產局「國家文化資產網」。
4. 重要文化資產保存技術及保存者的資料來自於：文化資產局 2021 年 9 月的「國家文化資產網」。

【表 21】「大學聘任專業技術人員擔任教學辦法」

1996 年 6 月 5 日	教育部台（85）參字第 85504411 號令訂定發布
2004 年 1 月 12 日	教育部台參字第 0930002931A 號令修正部分條文
2005 年 3 月 7 日	教育部台參字第 0940022332C 號令修正發布第 9 條
2006 年 7 月 7 日	教育部台參字第 0950098539C 號令修正發布
2007 年 1 月 18 日	教育部台參字第 0960005757C 號令修正發布部分條文
2018 年 9 月 17 日	教育部台教人（三）字第 1070148424B 號令修正發布第 10 條條文

第一條	本辦法依大學法第十七條第四項規定訂定之。
第二條	本辦法所稱專業技術人員，係指具有特殊專業實務、造詣或成就，足以勝任教學工作者。
第三條	專業技術人員比照教師職務等級，分教授級、副教授級、助理教授及講師級四級。
第四條	教授級專業技術人員應具下列資格之一： 一、曾任副教授級專業技術人員三年以上，成績優良，並有具體事蹟者。 二、曾從事與應聘科目性質相關之專業性工作十五年以上，具有特殊造詣或成就者。但獲有國際級大獎者，其年限得酌減之。
第五條	副教授級專業技術人員應具有下列資格之一： 一、曾任助理教授級專業技術人員三年以上，成績優良，並有具體事蹟者。 二、曾從事與應聘科目性質相關之專業性工作十二年以上，具有特殊造詣或成就者。但獲有國際級大獎者，其年限得酌減之。
第六條	助理教授級專業技術人員應具有下列資格之一： 一、曾任講師級專業技術人員三年以上，成績優良，並有具體事蹟者。 二、曾從事與應聘科目性質相關之專業性工作九年以上，具有特殊造詣或成就者。但獲有國際級大獎者，其年限得酌減之。
第七條	講師級專業技術人員之資格，應曾從事與應聘科目性質相關之專業性工作六年以上，具有特殊造詣或成就者。但獲有國際級大獎或經認定確屬學校教學需要之人才者，其年限得酌減之。
第七條之一	本辦法所稱曾任各級專業技術人員年資及專業性工作年資，指專任年資。兼任年資，折半計算。
第八條	（刪除）
第九條	專業技術人員之資格審定、聘任、聘期、升等、具體事蹟、特殊造詣或成就之認定、國際級大獎之界定、確屬學校教學需要人才之認定及其年限之酌減等事項，由教師評審委員會辦理，其相關規定，由各校定之。 前項具體事蹟、特殊造詣或成就之認定，應先送請校（院、所、系）外學者或專家二人以上審查。
第十條	專業技術人員之解聘、停聘、不續聘與其通報、資訊蒐集、查詢及申訴等事項，比照教師之規定。
第十一條	專任專業技術人員每週授課時數、休假研究及進修，依其專業性質，由各校定之。
第十二條	專任專業技術人員之待遇、福利、退休、撫卹、資遣、年資晉薪等事項，依其聘任之等級，比照教師之規定；兼任人員按同級教師兼課鐘點費支給標準給與。
第十三條	本辦法自發布日施行。

【表 22】「古蹟土地容積移轉辦法」

1998（民國 87）年 9 月 7 日	內政部台（87）內營字第 8772698 號令發布
1999（民國 88）年 10 月 4 日	內政部台（88）內營字第 8874769 號令修正發布第 2 條條文
2006（民國 95）年 4 月 14 日	內政部台內營字第 0950801606 號令修正發布第 1 條、第 3 條、第 4 條、第 5 條、第 6 條、第 7 條、第 8 條、第 10 條條文
2007（民國 96）年 5 月 11 日	內政部台內營字第 0960802733 號令修正發布第 8 條條文
2011（民國 100）年 12 月 29 日	內政部台內營字第 1000811006 號令修正發布第 4 條條文
2012（民國 101）年 5 月 17 日	內政部台內營字第 1010803925 號令修正發布第 5、6 條條文
2019（民國 108）年 1 月 22 日	內政部台內營字第 1080800657 號令修正發布第 1 條條文

第一條	本辦法依文化資產保存法第四十一條第一項規定訂定之。
第二條	本辦法之主管機關：在中央為內政部；在直轄市為直轄市政府；在縣（市）為縣（市）政府。
第三條	實施容積率管制地區內，經指定為古蹟，除以政府機關為管理機關者外，其所定著之土地、古蹟保存用地、保存區、其他使用用地或分區內土地，因古蹟之指定、古蹟保存用地、保存區、其他使用用地或分區之劃定、編定或變更，致其原依法可建築之基準容積受到限制部分，土地所有權人得依本辦法申請移轉至其他地區建築使用。 本辦法所稱基準容積，指以都市計畫、區域計畫或其相關法規規定之容積率上限乘土地面積所得之積數。
第四條	依前條規定申請將原依法可建築之基準容積受到限制部分，移轉至其他地區建築使用之土地（以下簡稱送出基地），其可移出容積依下列規定計算： 一、未經依法劃定、編定或變更為古蹟保存用地、保存區、其他使用用地或分區者，按其基準容積為準。 二、經依法劃定、編定或變更為古蹟保存用地、保存區、其他使用用地或分區者，以其劃定、編定或變更前之基準容積為準。但劃定或變更為古蹟保存用地、保存區、其他使用用地或分區前，尚未實施容積率管制或屬公共設施用地者，以其毗鄰可建築土地容積率上限之平均數，乘其土地面積所得之乘積為準。 前項第二款之毗鄰土地均非屬可建築土地者，其可移出容積由直轄市、縣（市）主管機關參考鄰近地區發展及土地公告現值評定情況擬定，送該管都市計畫或區域計畫主管機關審定。 第一項可移出容積應扣除非屬古蹟之已建築容積。
第五條	送出基地可移出之容積，以移轉至同一都市主要計畫地區或區域計畫地區之同一直轄市、縣（市）內之其他任何一宗可建築土地建築使用為限。但經內政部都市計畫委員會審議通過後，得移轉至同一直轄市、縣（市）之其他主要計畫地區。
第六條	接受送出基地可移出容積之土地（以下簡稱接受基地）於申請建築時，因基地條件之限制，而未能完全使用其獲准移入之容積者，得依本辦法規定，移轉至同一都市主要計畫地區或區域計畫地區之同一直轄市、縣（市）內之其他建築基地建築使用，並以一次為限。但經內政部都市計畫委員會審議通過後，得移轉至同一直轄市、縣（市）之其他主要計畫地區。
第七條	接受基地之可移入容積，以不超過該土地基準容積之百分之四十原則。 位於整體開發地區、實施都市更新地區或面臨永久性空地之接受基地，其可移入容積，得酌予增加。但不得超過該接受基地基準容積之百分之五十。
第八條	送出基地移出之容積，於換算為接受基地移入之容積時，其計算公式如下： 接受基地移入容積＝送出基地移出之容積 ×（申請容積移轉當期送出基地之毗鄰可建築土地平均公告土地現值／申請容積移轉當期接受基地之公告土地現值） 前項送出基地非屬可建築土地者，以三筆距離最近之可建築土地公告現值平均計算之。 前二項之可建築土地平均公告土地現值較送出基地申請容積移轉當期公告土地現值為低者，以送出基地申請容積移轉當期公告土地現值計算。
第九條	送出基地之可移出容積，得分次移出。 接受基地在不超過第七條規定之可移入容積內，得分次移入不同送出基地之可移出容積。
第十條	辦理容積移轉時，應由送出基地所有權人及接受基地所有權人會同檢具下列文件，向該管直轄市、縣（市）主管機關申請許可： 一、申請書。 二、申請人之身分證明文件影本；其為法人者，其法人登記證明文件影本。 三、協議書。 四、送出基地及接受基地之土地登記簿謄本。 五、送出基地及接受基地之土地所有權狀影本。 六、古蹟管理維護計畫或古蹟主管機關核定之修復、再利用計畫。 七、送出基地所有權人及權利關係人同意書或其他相關證明文件。 八、其他經直轄市、縣（市）主管機關認為必要之文件。

第十一條	直轄市、縣（市）主管機關於許可容積移轉後，應將相關資料送由該管主管建築機關實施建築管理，並送請該管土地登記機關將相關資料建檔及開放供民眾查詢。 前項資料應永久保存。
第十二條	接受基地於依法申請建築時，除容積率管制事項外，仍應符合土地使用分區管制及建築法規之規定。
第十三條	本辦法自發布日施行。

【表 23 】 《台灣文化資產保存年鑑》年度要聞（2001-2011）

2001 年	2002 年
1. 台灣史前文化博物館正式開館及火災	1. 閒置空間再利用蔚為風潮
2. 霧峰林宅擬先確認古蹟範圍後再分期復建	2. 文建會推動將台灣的文化資產列入世界遺產
3. 文建會積極推動「文化資產保存法」的修訂工作	3. 多種重要的文化資產專書出版
4. 企業資助鹿港龍山寺修復	4. 國立台灣博物館藏品總清點
5.「文化資產年」及「世界古蹟日」活動反應熱烈	5. 高雄火車站暫時遷移
6. 歷史建築百景徵選活動反應熱烈	6. 大稻埕基督長老教會教堂遭到蓄意破壞
7. 花蓮港口遺址事件	7. 國立傳統藝術中心正式啟用
8. 數位典藏國家型科技計畫	8. 霧峰林宅部分建築物未被列為古蹟本體引發爭議
9. 嘉義稅務出張所遭到拆除	9. 中山橋遭到拆解
10. 南科園區陸續發現文化遺址	10. 阿里山發現早期史前遺址
2003 年	**2004 年**
1. 國立故宮博物院設立中南部分院	1. 華山藝文特區「新台灣藝文之星」計畫引起討論
2. 文資入新厝 文學慶開館	2. 古根漢台中分館建設事件
3. 望安中社村登錄為 2004 年世界 100 大文化紀念物	3. 樂生療養院古蹟指定事件引起討論
4. 台中市惠來里遺址有重大發現	4. 文建會推動編纂「台灣大百科」計畫
5. 十三行博物館開館引發熱潮	5.《台灣歷史辭典》等工具書問世受到重視
6. 文建會積極推動設立地方文化館計畫	6. 文建會人事更替
7.「福爾摩沙」及「天子之寶」展反應熱烈	7. 古蹟委外經營建成風氣
8. 大龍峒保安宮修復工程榮獲亞太文化資產保存獎	8. 金瓜石黃金博物館開園備受重視
9. 熱蘭遮城城址展開歷史考古試掘	9. 2008 台灣博覽會籌備計畫啟動
10. 澎湖七美考古新發現	10. 以台灣觀點看世界地圖
2005 年	**2006 年**
1.「文資法」修正案公布施行	1. 古蹟及歷史建築火災頻傳
2. 卑南文物陸續送返史前館	2. 新「文化資產保存法」體系建構完成
3. 樂生療養院指定為暫定古蹟	3. 卑南文物之移轉
4. 惠來遺址陸續有重大發現	4. 眷村文化資產保存工作啟動
5. 台灣協助瓜地馬拉整修古蹟	5. 多處古蹟遭人污損
6. 國立台灣博物館重新開館並積極策展	6. 文建會主委、故宮院長人事調動
7. 台灣第一個古蹟博物館：淡水古蹟博物館成立	7. 我國水下考古的啟動
8. 南科文化遺址發現稻米和狗骨骸化石	8. 國際博物館管理委員會在台北召開年會
9. 國際文化資產日活動熱烈展開	9. 台北賓館修復竣工並開放
10. 台南大天后宮媽祖神像修復引起爭議	10. 文建會完成「文化資產局」的籌設計畫

2007 年	2008 年
1.台灣民主紀念館指定為國定古蹟	1.國定古蹟鹿港龍山寺由企業贊助修復完成
2.草山行館失火	2.奇美集團成立國內第一個民間考古中心
3.文化資產總管理處籌備處成立	3.台灣贊助修復安地瓜古城聖方濟女修道院文物館落成
4.史前館台南館獲准成立	4.樂生院拆遷重組爭議不斷
5.三峽老街復舊工程完工啟用	5.「國軍老舊眷村文化保存選擇及審核辦法」草案條文擬定
6.國立台灣歷史博物館開館啟用	6.國立台灣傳統藝術總處籌備處成立
7.古蹟兩種子法進行修訂	7.岩佐嘉親捐贈畢生收藏予史前館
8.台灣民俗村部分建物指定為暫定古蹟	8.阿里山森林鐵路三合一 BOT 案爭議
9.寶藏巖聚落整建工程啟動	9.苗栗四方窯存廢引發爭議
10.國立故宮博物院正館重新啟用	10.邵族文化傳承及發展區籌備處成立
2009 年	2010 年
1.烏山頭水庫及嘉南大圳的文化價值受到高度肯定	1.文建會公布國內非物質文化遺產十大潛力點
2.台灣原住民族語言瀕臨滅絕危機	2.「文化創意產業發展法」公布施行
3.八八水災重創文化資產及原住民文化	3.甲骨文申請登錄「世界記憶」名錄未果
4.文建會積極推動無形文化資產的指定	4.文建會公布首批「重要民俗」及「重要傳統藝術保存者 / 團體」
5.八仙洞遺址年代確認超過 2 萬多年	5.「行政院組織法」修正案通過
6.「第一屆國家文化資產保存獎」頒獎	6.澎湖望安花宅登錄為首處重要聚落
7.台灣世界遺產潛力點新增推動對象	7.南島語言瀕臨消失危機
8.監察院糾正多件文化資產保存做為	8.台中市文化資產管理中心籌備處正式營運
9.行政院院會通過「客家基本法」草案	9.地方自籌古蹟歷建保存經費引發爭議
10.平埔西拉雅族正名運動	10.文化資產的相對價值與普同價值
2011 年	《2005-2008 年台灣無形文化資產保存年鑑》要聞
1.文化部將於 2012 年正式成立	1.文資法修正版開跑
2.阿塱壹古道劃定為自然保留區	2.「台灣戲曲學院」與「國立台灣歌仔戲劇團」
3.蘭嶼拼板舟慶祝建國百年引發爭議	3.南投丹大布農族試辦狩獵
4.中興新村高等研究園區開發計畫初步達成共識	4.2007 年文化資產總管理處籌備處在台中 TADA 成立
5.國家人權博物館籌備處正式成立	5.「海岱仙」返天庭搬戲
6.故宮員工涉嫌重製珍貴文物私售牟利	6.文建會計畫於雲林虎尾設立布袋戲傳習中心
7.古蹟土地容積移轉範圍放寬	7.阿里山鄒族反對 BOT
8.音樂劇「夢想家」引發爭議	8.傳統漢字（繁體字）欲申列世界文化遺產
9.陽明山美軍宿舍群再利用計畫引發爭議	9.漢人濫捕飛魚，成為蘭嶼新惡靈
10.台中市暫定古蹟瑞成堂遭破壞	10.原住民族語言書寫系統

台灣文化資產保存史綱 增訂版

The Outline of the History of Taiwan Cultural Heritages Conservation

作　　者｜林會承

執行主編｜張尊禎

行政編輯｜汪瑜菁

美術設計｜王大可工作室

出 版 者｜國立臺北藝術大學

　　發行人：陳愷璜

　　地址：台北市北投區學園路 1 號

　　電話：02-28961000 分機 1232~4（出版中心）

　　網址：https://w3.tnua.edu.tw

共同出版｜遠流出版事業股份有限公司

　　地址：台北市中山北路一段 11 號 13 樓

　　電話：02-25710297

　　傳真：02-25710197

　　劃撥帳號：0189456-1

　　網址：https://www.ylib.com

出版日期：2011 年 4 月初版

　　　　　2023 年 1 月增訂初版一刷

定　　價：新台幣 600 元

Ｉ Ｓ Ｂ Ｎ：9786267232057

Ｇ　Ｐ　Ｎ：1011200011

國家圖書館出版品預行編目（CIP）資料

台灣文化資產保存史綱＝The outline of the history
of Taiwan cultural heritages conservation / 林會承著.
－增訂初版. －臺北市：國立臺北藝術大學, 遠流出
版事業股份有限公司, 2023.01　　面；　公分

ISBN 978-626-7232-05-7(平裝)

1.CST: 文化資產保存 2.CST: 文化法規 3.CST: 臺灣

541.2933　　　　　　　　　　　111019466